はるけきモンゴル

田中克彦

新泉社

田中克彦セレクションⅣ

はるけきモンゴル

モンゴルと中央アジア篇

セレクションⅣへのまえがき

ぼくは一九六〇年、大学院生であった二十六歳のころから、研究論文のみならず、求められれば半学術的・非学術的なものでも引き受けて積極的に書きはじめた。それは、自分を小さな、狭い専門に閉じ込めておくことが意に添わず、どんな専門であれ、広く読者との対話の経路を保っておきたいという願いがあったからである。それは、自分がなぜ、こんなことに関心があるのか、広く知ってほしいからでもあった。学問は、とりわけ人文学は、読者＝国民の支持なしには成り立たないものであり、またこのようにして、自分の書く仕事が日本語を豊かにする上でも資するものであってほしいという願いがあったからである。

この考えは、ボン大学で、当時ヨーロッパ随一のモンゴル学のセンターを作った、ワルター・ハイシヒ教授の仕事ぶりから学んだものである。かれは、ドイツの製薬会社のピーアール誌などにも進んでモンゴル文学の作品を翻訳紹介しては、その抜き刷りをぼくにくれた。もちろん専門論文も、未発表のストックをつねに数編は準備していて、いつ注文があっても応じられるようにしているんだよ、とぼくに見せびらかして感心させることも忘れなかった。ぼくがこれで受けた感銘は、今も忘れられない強烈なものであった。かれは、このようにして、モンゴル研究の意義を絶えず世間に宣伝することによって、広く説得力を得て、このセンターを維持していたのである。ここで、ドイツは学術の国であるから、どんなにはやらない研究部門でも安泰だなどというのんきなことはないと知ったのである。アウグスト・シュレーゲルゆかりの、ドイツの誇るあのサンスクリト学、インド学の講座ですら、ある時に、一時廃絶されたと聞いた。

ぼくはモンゴル研究者として、ハイシヒのような仕事ぶりを日本でも展開しようとひそかに念じながら帰国した。そのような考えから、なるべく編集者からの期待にこたえて、執筆を引き受けることにしていた。

このようにして書き集めたものから、今回、まずなるべくことばに関する一般的・普遍的で、社会的に意義のあるものを選んで三冊のセレクションとして刊行した。そうして、残った、モンゴルを中心に、その周辺にかかわるものを集めたのが、今回の、最終回のこのセレクションⅣである。

ぼくが最初につとめた大学は、東京外国語大学のモンゴル語学科だった。最初に学生となったのも、このモンゴル語学科だったから（『田中克彦　自伝　あの時代、あの人びと』

（平凡社）を参照されたい）、モンゴル研究こそがぼくの本来の活動の場であった（かたわら、ドイツから帰ってから数年間は、法政大学でドイツ語を二こま担当していた）。だから、この巻をこそ、セレクションＩに置くべきだったかもしれない。

ところが、ぼくはモンゴル学については、ひそかに、ある理想主義的なかまえを持していた。それは、モンゴル語は一般的な教養からはずれた、変わり者が、ある限られた目的のためだけに修める「特殊言語」だと見なされることが多かったから、この言語を専門とする者は、一般的・普遍的な教養と感覚を欠く者か、すすんでそれを拒否する者と見られやすかったからである。モンゴル研究を孤立させないためには、少なくともそれを、この普遍的な諸学の中に置かねばならなかった。世界の、特にロシアのモンゴル学の歴史を見ると、歴代のモンゴル学者たちがいかにこの点で努力をつくしてきたかが見てとれる。ヨーロッパでは、モンゴル学者、一般的に東洋学者（漢文・ペルシャ・アラビア語文献に精通している）は諸学の中でも最高の教養人だったことがわかる。たとえばゲーテの『西東詩集』を、ぼくは東洋文学の教養が最高に晶出した作品と見るのである。ぼくがウノ・ハルヴァの『シャマニズム』（はじめ三省堂から刊行されたが、今は平凡社の『東洋文庫』の中に収められている）の翻訳にせいを出したのも、このような事情を考えて、モンゴル語を専攻する学生のため、不可欠の教養を与えようと願ってのことだった。

たぶんぼくのこのようなかまえに共感されたのであろう、岡山大学で言語学を担当していた江実教授から、「どうじゃあんた、わしの後任に来てくれんか」と強いさそいを受けたのである。今回のこのセレクションに収める勇気がなく、割愛した、ぼくの最初の文献学的研究ノート「一七世紀モンゴル史書『シャラ・トージ』とその周辺」(『一橋研究』6、一九六〇年)で、このまだお会いしたことのない江実先生のことを、世間知らずの若造特有の激しい語調で批判したのだが、先生は、この小さな論文をにぎりしめて来訪され、「あんたはわしのことを、こんなにひどく叩いたじゃないか。だから、あんたに来てもらわねばならん」と説得されたのである。こうした説得方法は反論を許さないものである。ぼくは病気がちな妻と、小学生だった二人の子どもを連れて岡山大学に赴任したのである。一九七二年のことであった。

江実先生は、ぼくに少しでも授業の負担を軽減して、モンゴルの文献研究に集中させようという心づかいから、先生御自身、長年用いてこられたという、黄ばんでよれよれになった冊子を示され、「あんたは新しいことは教えんでもいい。これを毎年くり返し教えていればいいんだ。できた時間であんたの研究をやりなさい」と申しわたされた。この小冊子はたぶんメイエの講演集のようなものだったと記憶する。しかしぼくは知っていた。江実先生は教師としてもそんな怠け者ではない。それどころかなかなか見栄っぱりである。広島の原爆で障がいを被った人たちの言語障がいについて研究論文をいくつか発表されていた。目的は、言語学専攻の学生たちに、言語障がい治療機関に就職する道を開拓するための作戦であった。

結局ぼくは江実先生の指示にも期待にもまったくこたえることをせず、言語学の授業に熱中することになってしまった。そうして当時ドイツやソ連で議論になっていた言語学の問題に引きつけられていたのみならず、熱心に講義を聞いてくれる学生諸君を裏切るわけにはいかなかったのである。

こうして短い四年の岡山大学時代に、ぼくは二冊の重要な著作をなした。一つは『草原の革命家たち』(中公新書、一九七三年)と、もう一つは『言語の思想——国家と民族のことば』(NHKブックス、一九七五年)である。

前者は、モンゴルの革命=独立とはいかなるものであったかを、ソ連の研究者たちやその意向をくんだモンゴルの御用学者たちがやったようにではなく、モンゴルの革命家自身が書き残したり語ったりした史料にもとづいて、たしかめ得るかぎり、真実を書いてみようと挑戦したものである。これも、あのハイシヒに負けまいと力をこめてやったのである。これはぼく自身の研究の強固な一歩にゆるぎない道標になった。マルクス主義的教条に固くしがみついている人たちからは、「これは歴史になっていない」と批判されたが無視することができたのは、日本に留学してやってくるモンゴル地域の学生の中には、この本によってはじめて我々の歴史を知りましたと言ってくれる人たちがいたからである。

『言語の思想』も、ぼく自身でつくりたい言語学のかまえをはっきりと示したもので、ここに述べたかまえは、基本的にはいまも変わっていない。言語学ではすべての人たちが「あんなものは言語学ではない」とはっきり言ったり、言わなくてもそのような態度を示した。最近試みに国語学会編の『国語学大辞典』(東京堂、初版一九八〇年)をのぞいてみたところ、その年表には、鈴木孝夫さんの『ことばと文化』、『閉ざされた言語・日本語の世界』、『ことばと社会』などが入っているのは当然として、丸谷才一さんの『日本語のために』までが出ていても、ぼくの『言語の思想』も、その数年後に書いた『ことばと国家』にも、まったく言及がないのである。日本の国語学会、言語学会が、ぼくの本に見向きもせず、いまもそうであることが、これではっきりわかるのである。

一方でしかし、たとえば法学関係の人たちは、これではじめて言語の問題に眼が開かれたと強い共感を示されたのである。たとえば立教大学の神島二郎さんは、『言語の思想』の読書会を開いてくださったし、福田歓一さんは、法学関係の学会にぼくを招いて講演をさせるというあんばいだった。最近気がついたことだが、『近代日本総合年表　第二版』（岩波書店、一九八四年）を見ると、一九七五年の「学術・教育・思想」欄の一二月一〇日の項には『言語の思想――国家と民族のことば』の出版が事件として登録されているではないか。ぼくの著作は国語学・言語学が認知していなくとも学術・思想界では、事件として認知してくれているのだった。この本も、さらにそれを発展させた『ことばと国家』（岩波新書）も、本来の言語学者であると自認している人たちからは、学問の正規の道をはずした汚らわしい本として、たぶんふれてみたこともないのみならず、ある言語学者は、これらの本を禁書に指定し、これを参考文献にかかげて提出した学生のレポートを不合格にしたそうだ。

この話を耳にした亀井孝先生は、「田中、それほどにくまれている君はよほどえらいんだねえ」と妙なはげまし方をされた。

――このようなわけで、このセレクシヨンに集められた諸論考は、すべて正統ならざる学問の道を歩みつづけた、もしかして学問以前の執筆の全体像である。これらは、セレクシヨンⅠ、Ⅱ、Ⅲにまとめた。

そして残った、モンゴルとそれにかかわる諸地域、諸問題を扱った小篇をまとめて、最終巻のⅣとしてここに提供するしだいである。

はっきりしていることは、研究は外交ではないということだ。外交は、対象となっている国家の政権担当者や権力者の顔色をうかがわねばならないが（たとえば中国研究のばあいがとりわけそうであるように）、研究にあっては、それが気にすべき唯一の対象は真実であって、ときには権力に抗することになるかもしれない、やんちゃで腕白な行為である。

ぼくは二十年ほど前のある時、内モンゴルの科学院で講演を求められた。担当者が事前に、「先生、今日の話で内モンゴルにはふれないでください」と深刻な表情で求めた。ぼくは、わかりましたと言って、その部分をフランス革命と言語についての話に置き換えて切りぬけたのである。しかし今回ここにまとめたものには、やんちゃと腕白を遠慮したものはほとんどない。

困難な状況の中で、ぼくを引き立て、介護してくれたモンゴル、ブリヤート、トゥバ、カルムィクのその都度の関係者たちに多大の不快を我慢していただいただろうことは数かぎりないと思う。若気の至りだった。

そんなことよりも、読者にお願いしたいのは次のことである。ぼくの言語学もモンゴル学も、日本の学界では、かならずしも主流に属しているとは認められていないということである。このセレクション四巻全体が、決して日本の学問の主流ではなく、本流からはずれているかもしれないが、ぼくにとっては最も大切だと思われることをひたすら論じているんだということを、すべての読者に心得ておいていただきたい。

しかし、本書の読者の皆さんには、学問は多数決民主主義できまるものではないと、ここであらためて強調することなんぞ、まったく無用であると信じている。

田中克彦

二〇一八年九月

目次

第三部 ブリヤート、トゥバ、カルムィク 265

第四部 チベット、カザフスタン、キルギズ 393

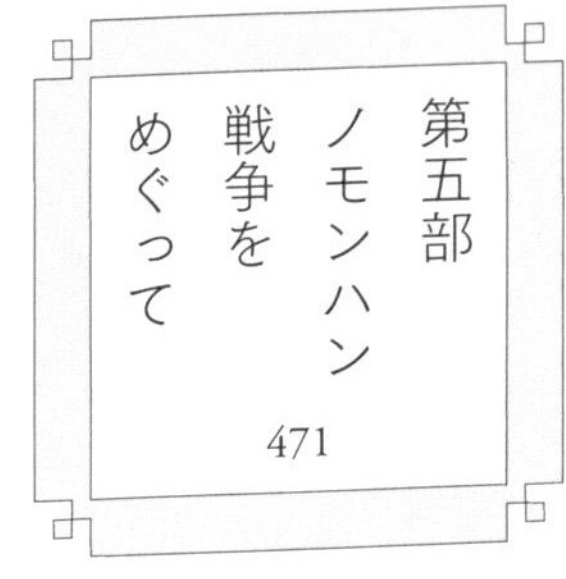

第五部 ノモンハン戦争をめぐって 471

第六部　北方アジアの神話と英雄叙事詩　519

凡例

・明らかな間違い、誤字、脱字などは修正した。
・地名・国名表記は当時のままとして、その論文・エッセイ中で統一をした。
・漢字の旧字体は新字体に変えた。
・文中で紹介している書籍・雑誌の出版元は、発表時のものを掲載している。とくに雑誌については、出版元がかわったり、休刊、廃刊しているものもある。
また、書籍については、現在、文庫になっているものも多くあるが、一部、古書店でしか手に入らないものもあることはご了承いただきたい。
・本書に収録した論文・エッセイのタイトルは、初出時のままを原則としたが、一部、タイトルを変更したものは、その文末に原題を掲げた。
・現在からみると、不適切な表現と思われるものもあるが、歴史性を考慮して、原文のままとした。
・文中の［　］は、本書出版にあたり、著者自身が加筆した注である。
・文末に【二〇一八年の〜】という形で、論文・エッセイ・講演録等掲載にあたっての著者のコメントを加筆した。

装画　柳智之
装幀　守先正

第一部　民族と言語の諸相

アルタイ［諸］語のゆび尺語彙について

一

人体の四肢の各部分を、長さをはかる単位として用いた起源は、おそらく、人類が長さおよびその単位という観念をもちはじめた時にさかのぼるであろうし、また、このように、少なくとも、同一種族内部でほぼ一致している身体的特徴を一定の集団内で用いることが、逆に単位の観念の形成をうながしたであろう。したがって、説文が「周制寸尺咫尋常仭諸度量皆以人之體為法」と述べているように（なお藤田元春『尺度綜攷』）、このようにして長さを測る方法は全人類的であったと考えられる。その分布は広く、また比較的近代のものさし単位の中にも生きていて、それが各言語に反映しているようである。とりわけ、古代エジプトに起源をもつ cubit（ラテン語 cubitus ひじ）に見られるように、上肢の使用が便利であったろうし、事実古代エジプトの象形文字では、キュービトの長さを示すのに前肢が描かれ、石や木で作ったキュービトの長さの棒が、方々の博物館に保存されているということである（F. G. Skinner: Measures and Weights,《*A History of Technology* ed.

by Ch. Singer, vol.1, Oxford, 1956 3, p.775)。上肢の基準単位は forearm、すなわち、ひじの曲がりかどからなか指の尖端までで、この長さは、両手を一直線にひろげて伸ばした、はじからはじまでの長さ、すなわち［日本語でいう］《一ひろ》の四分の一にあたるという便利さもある。

以上のような例を《うで尺》と呼ぶならば、より小さい長さを測るのに用いる《ゆび尺》というものがある。現代の欧米の主要なゆび尺の例をあげると、英語 span、ドイツ語 die Spanne、フランス語 empan (le)、ロシア語 pjadj などであり、英語、ドイツ語、フランス語は、いずれも、いっぱいにひろげた手のひらの、「おや指の先からこ指の先まで」の長さのことで、約九インチにあたる、と各種の辞書は説明している。いずれも語源を同じくするらしい。ロシア語の pjadj［пядь］は「おや指とひとさし指を張った間」をさすもので、他のものよりいくらか短い。

span は、great span と little span に区別されることがある。前者は、前に述べた形容詞なしのものと同じ内容をあらわし、後者は「ひとさし指と、こ指とをいっぱいに伸ばした、その両尖端をむすぶ長さであって、forearm の三分の一に等しい」(Skinner 前掲書)という記述から、うで尺とゆび尺との密接な関係を見失ってはならないことを教えられる。すなわち、後者は前者の下位単位として、つまり、うで尺はゆび尺の整数倍の上位単位として、たがいに関係しあっているのである。

二

私は、アルタイ諸語では《ゆび尺》語彙が比較的よく保たれている（或いは発達してい

	I	II	III
Mong. écrit ［モンゴル文語］	sögem（または sögüm）	töge	
Xalxa ［ハルハ方言］	sööm muxar ～*	töö muxar ～*	
Ordos ［オルドス方言］	sȫm muxur ～*	t'ȫ	
Kalmak ［カルムィク方言］	sȫm muxur ～*	tȫ muxur ～	
Ctu ［中央トゥングース方言］		tō, togor	
Manj. écrit ［満洲語］		to	
Even ［エヴェン語］		togar	

Evenki［エヴェンキ語］		toger, togor	
Tuva［トゥバ語］	söömmugur ～*		
	mugur ～*		
Kirgiz［キルギズ語］	sööm（ukum）		
Türk［トルコ語］			karyš
Özbek［ウズベク語］			qarič
Ujgur［ウイグル語］			γerič
Turkmän［トルクメン語］			garyš
Azerbajžan［アゼルバイジャン語］			garyš
Kumyk［クムィク語］			k'aryš
Xakas［ハカス語］			xarys
Kazax［カザフ語］	süjem		
Nogai［ノガイ語］	sujem		
Karakalpak［カラカルパク語］	süjem		qaryš
Tatar［タタール語］	sɔ̈jam		karys
Baškir［バシキール語］	höjæm**		qaryš

る）ことにたまたま気がついた。そこでは三つの系統が区別され、今見たヨーロッパ語のそれよりも、だいぶ手のこんだものも見られるので、まず、それらを整理して示そう。

この［前ページ］表は、形の対応を中心にして整理したものである。したがって、Ⅰ、Ⅱ、Ⅲの各欄の語の内容［意味］も同じであると、ただちに解釈することはできない。このような慎重さを要する理由の第一は、bilingual system にもとづく辞書の訳語には、正確を欠いたものが少なくないだけでなく、ともすれば、このような些末な語彙の記述は、綿密周到でない観察が誤ることが少なくないからである。第二には、ゆれも多少はあるからである。たとえば、ロシア語の pjadj は span と英訳してあるが（A. I. Smirnickij, Russko-angliskij slovarj）、事実は、ロシア語の方は「おや指とひとさし指との間」（Ušakov）をさすのであって、英語の span とはちがう。もっとも、これは NED の 'to measure by means of the outstretched hand' (Vol.9, Part 1, p.503) のように、「ゆび尺一般」をさすものとして当てたと考えることもできる。

また、ゆれの例としては、'The distance from the tip of the thumb to the tip of the little finger, or sometimes to the tip of the forefinger, when the hand is fully extended'（同上書 p．502）

フランス語の場合は 'Nom que les brodeurs et les passementiers donnent improprement à une longueur égale à la distance mesuré par les deux bras étendus (*Larousse du* XX e siècle).

これだけの断りをしておいた上で、先の表の各群の大体の意味を示せば、

I群：おや指と、ひとさし指の間の長さ

II群：おや指と、なか指の間の長さ

III群：おや指と、こ指の間の長さ

となる。つまり例をかりていえば、I群はロシア語のpjadj、III群は英語などのspanの大きさにあたる。

モンゴル諸語は（テュルク系ではTuva［トゥバ語］だけ）*をつけて示しておいたように、muxar［にぶい、角のとれた］の形容詞を伴っているのがおもしろい。muxar söömは、おや指と、二つの関節を曲げたひとさし指を張った両端をむすぶ長さであり、muxar töö も、おや指と、そのような状態に折ったなか指との長さを示すことを、RAMSTEDT, MOSTAERT, LUVSANDENDEVなどの権威ある辞書が記しているので、信じてもよいと思う。おもしろいことに、**をつけたバシキール語のhöjæmは、それだけで、おや指と、曲げたひとさし指の長さをあらわす。

ではなにゆえにmuxar～式の、関節を曲げた測り方が存在理由をもっているのだろう

か。理由はいくつかあるだろうが、我々はゆび尺をうで尺の下位単位と理解することによって、次のような解釈が許されはしないだろうか。span, すなわち、おや指とこ指を張った長さが、ちょうどcubit = forearm すなわち、ひじからなか指の先までの長さの二分の一になっているように、muxar söömは、この前肢の長さのほぼ三分の一にあたっているからである。これはまた例のSKINNERの言うlittle spanの長さとほぼ一致する。同様にして、muxar töö についていえば、モンゴル文語などでは「一ひろ」をaldaといい、その半分にdelimという単位がある。これはキュービト、つまり伸ばした腕のなか指の突端から胸の中心線までの長さであるから、muxal töö はその五分の一であるということになる。

先の表は、たまたま手元にある辞書を利用して作ったものにすぎないので、埋められるべき空白を残しているだろう。したがって、この空白はなしではない。積極的になしと記入することは、とても難しい。これ以上解釈を加えるにはこの表は不完全すぎるであろうが、私は、この空白にやはり意味があるものとみたい。第一に、II群とIII群をともに持つアルタイ語はないらしい。つまり、II群の語彙とIII群の語彙とは、補いあう分布を見せて各言語に現れている。第二には、それに反して、I群とII群、I群とIII群は同一言語内に共存し、その共存のしかたにはある傾向があるらしいことである。

第一の点は次のように解釈しよう。おや指となか指の間の長さと、おや指とこ指の間の長さとは、ほとんど差がない。だから、同一言語内で、何か特別の価値感情が加わらないかぎり、同じ長さをあらわすのに別々の方法と、その各々に附した別々の語彙とを持つというぜいたくは許されないだろう。同じ長さをあらわすのに、おや指を起点として、こ指を用いる集団となか指を用いる集団とは、それぞれ独立にゆび尺を発達させた。こ指の使用は主としてテュルク系、なか指の使用を好んでいるのはモンゴル系とマンシュー・トゥングース系である。

『五体清文鑑』は、sögüm に mdzub-mtho, töge に guṅ-mtho のチベット語の訳語を与えており、mtho は Das によれば、'a span, from the tip of the thumb to the tip of the middle finger when extended (p.602)' と記述されている。なお、mdzub-mo はひとさし指、guṅ-mo がなか指であるとの辞書の言にしたがえば、mtho には一般化したゆび尺の意味が附されているものと解しうる。そこで、私は何ら論証をしたわけではないが、tčö 類の起源はおそらくチベット語のこの mtho に発し、仏教の北伝に乗ってモンゴルにひろまり、さらにシベリアに達したのではなかろうか、そしてまた、イスラム教徒であるテュルク諸族のもつ、karyš 類の勢力がこれに対抗し、その西方への進出が阻まれたのではなかろうか、と考える。

第二の点について言えば、モンゴル系はすべてI群をもっているのに、テュルク系はそれを欠いているものが少なくない。したがって、これはモンゴル起源と解釈できないだろうか。ラマ教の洗礼をうける前のモンゴル人が文化接触によって言語的にいちじるしい影響をあたえたトゥバ人を通じて、キルギズ、カザフ、ノガイなどのテュルク族に手渡されたのであろう。これはまったくの思いつきにすぎないが、一つの解釈として述べておく。

三

先の表の語彙は、単に辞書によったものであって、これらが実際に用いられている文脈中において確かめねば安心できないが、残念なことにあまり目にとまらない。ささやかながら手持ちのものを記しておこう。

（一）tende tere čilaγun genedte böged öbesüben qaγaraγsan u dotura ača qas buu nere tü qas tamaγa urtuγuliγ* ba örgen inu nige *töge;* aru tur inu yasutu menekei yin degere qoγar luu oriyaldun aγsan;

（『蒙古源流』SCHMIDT本70ページ；MOSTAERTのOrdos写本MSS. A. 71ページ、B. 63ページ、C. 75ページ；ウルガ本29r。*なおシュミット本、MSS. A.、ウルガ本はいずれもurtuγulin とある）

——「すると、その石は突然ひとりでに割れて、中からハス・ボーなる玉璽（ぎょくじ）で、長さ、巾は 1 töge; その裏には亀の背に二つの竜がからみあっていた」——これは、ジンギスという名の起源を説明するくだりに続く部分であるが、漢訳は、問題の個所を「方広倶五寸許」として、ゆび尺語彙は用いていない。だからといって中国語にゆび尺語彙が無いのではなく、現に『五体清文鑑』は töge に《一扎》をあてており、鐘ケ江、『中国語辞典』によると《一楂》をあげて、「おや指となか指を開いた長さ」との説明がある（九三〇ページ）。

（二） sayiqan tala yin sayiri tala ban quriyaγad bumba yin nayan mayiman alda segül yen sayiri degere ben segleged irebe, ǰirγuγan *töge* čiki ben qayičilaγad örüm ün esi soyoγa bar iyan kürel mönggün joojai yi doliyalaγad... （ジャンガル第二章）

美しい野の美しい野をあつめて、ボムバの八十八アルダ（ひろ）の尾を美しくたててやってきた。六 töge の耳をはさみのようにぴんと立て、ねじきりの柄のような牙で青銅・銀のくつわをなめずって

（三） Zasgijn gazar juu č gej bajsan xamaagüj, bid sööm č gazar Amerikijn baz bolgoxgüj (C. Damdinsüren, *Japony tuxaj temdeglel* Ulaanbaatar, 1958) ——「政府が何といおうとも、われわれは sööm の土地だってアメリカの基地にはしない」。

この用法はかなり比喩的である。

（四）Qat-qat tŭnli,
　　Qarič bŭjli.
　　ひだひだ重ねのきもの着て、
　　せたけはカリチなあに。
（M. Sams, *Ŭzbek tili darsligi, bošlanyič maktabning 1-sinti učun*, Toškent, 1957, 63p）。この答えはキャベツである。このようななぞなぞ（Topišmoq）に残っている用例は、化石化した場合があるので警戒を要するが、小学一年の教科書に見られることは、日常生活からさして遠くないことを教えている。

四

さてわが日本では、ゆび尺の語彙にどんなものがあるか、試みにかなりの人に質問を発してみたが、誰も答えを与えてくれない。指でものの長さを測ることは、我々の日常、時に経験することもあるが、そのような方法を日本人がもっていることと、それに対する語彙をもっていることとは全く別のことである。たまたま、大修館の『スタンダード仏和』が、'empan' に対して「ひとあたり（一当たり）」という訳語をあたえていた。

日本人が漢文化を受け入れる前にもっていたと覚しき尺度には、古事記などで「十拳劔」、「八拳須」、「七拳脛」などの《拳》（つか）があり、「拳は搏（ツカム）にて四指を並たる長を云」（本居宣長）であるから、英語でいえば hand-breadth にあたるもので、本来のゆび尺とは異なる。やはり古事記に見える「八尺鏡」には「訓八尺云八阿多」との注が入っており、書紀には「八咫鏡」とあるところから、「ヤタ」を「ヤ・アタ」と分解し、このアタを長さの単位とするに種々の説あることを知った。《咫》の字面そのものは漢字からの借字で、先に説文の言うところをひいたが、さらに続いて「中婦人手長八寸謂之咫」との記述があるという（諸橋大漢和）。

さてこの《アタ》の意味については、現行の権威ある注釈書、辞書の記述は一致していない。たとえば、倉野憲司・武田祐吉校注『古事記 祝詞』（日本古典文学大系一、一九五八年、岩波書店）には「咫は八寸であるから……」とあり、大槻文彦『大言海』には、「食指ト中指トヲ開キタル広サナルベク、後ニ云フ、二寸ホドナラム」、また諸橋大漢和の咫の邦意として「一説に、大指と小指とを張った間」とあり、その他の辞典類はこれら三説のどれかに準じている。『古事記伝』をひもとくと、「さて此、八咫の義を、古来とりどりに説れども、皆かなへりと聞えじ」として種々の説を紹介批判して、それらをことごとく退けた後、かれ自身は「八咫」を形状をあらわすものとし、「八咫烏」もそのように解いている（この説は前記倉野校注で否定されている）。宣長もアタをゆび尺とする説を引いて、「人の大指と中指をはるを咫と云ひ、其一咫は八寸ある故に八あたとも云て、八は咫八つの謂には非じ」との一説に対して「一咫は八寸ある故に八あたと云と云れるは心得じ若然らば、直に八寸とか咫とか云うべきを、いかでかまぎらはしく重ね云む」と述べてはいるが、かんじんのゆび尺としての単位にはこれ以上言質を与えていない。ともかく、宣長のころすでに「アタ」の意味が失われてしまっていた、或いはゆび尺語彙が失われていた。ざっとこんなぐあいであるから、アタを安易にゆび尺の一種であるときめこむわけにはいかないが、指を張ってものを測る記憶はここに伝えられている。思うに現行の辞書類の言うところは、宣長時代の説に発しているのであろう。

なお「咫」は八と結合するだけでなく、『古語拾遺』には次のような例もある。「有一神居天八達之衢其鼻長七咫背長七尺」。ここでは同じ個所で「咫」と「尺」が使いわけられているので、古事記の「八尺鏡」を日本書紀の「八咫鏡」によってただす一つの根拠があると思う。

五

ゆび尺が明らかに語彙に残っている所と、記憶にさえ留められていない所とのちがいは何にもとづくのだろうか。文化史が答えねばならぬ問題である。ここでは資料を紹介するにとどめる。
語彙検出に用いた辞書は、わずらわしいのでいちいちその名をあげなかった。また正書法がロシア文字にもとづいているものが多いが、すべて文字面をそのままローマ字にうつした。大林太良、亀井孝両先生より文献についてお教えいただいた。

（『民族学研究』1962年9月26巻4号　日本民族学会編集　誠文堂新光社）

【二〇一八年における感想】
アルタイ語というのは、本来、トルコ語、モンゴル語、トゥングース語など、それ自体いくつもの似かよった言語を含む言語群からなる一大語族を指すものであるが、簡単に「アルタイ語」とまとめて呼ぶ慣用があった。今日では、アルタイ諸語とすべきものである。さらにソ連の政策によって、かつてオイロトと呼ばれていた民族がアルタイと改称された結果、新たに固有のアルタイ語が生まれた。この呼称と区別するために、ここで扱ったテーマはアルタイ諸語とすべきである。手足の指の長さを、大きさを測る単位として用いるのは、「基礎語彙」の基礎をなすものと見当をつけて、このような比較を行った。極めてプリミティヴな論考である。

カランダーシ
――借用の構造――

一　ロシア語におけるテュルク語要素

現代ロシア語を、英・独・仏語などとならぶヨーロッパの近代文明諸語の一つに数えるならば、これら近代の学術と文芸の乗り物たる言語のうち、ロシア語ほど少なくともその語彙の分野で東方の諸民族に多くを負うている言語は他に無いであろう。たしかにロシア民族はその民族語形成過程において、隣接の非印欧語的要素を多数含み込んできただけでなく、その後におけるロシア民族の生活圏の膨張は、多様な分布をなす先住民の言語地帯の上にロシア語をかぶせることになった。その最も顕著な例は、一四世紀にはじまるキプチャク・ハン国からの政治、経済、文化の面にわたるテュルク・モンゴル的、およびそれを仲介としたペルシア・アラビア的言語要素のロシア語における受容である。

ロシア語彙の語源に対する関心は、もちろん民族語としてのロシア文章語の確立による民族意識が先導したのであるが、カラムジン［ロシア語の近代化につくした作家、歴史家。一七六六―一八二六］においては、まだ具体的にあれこれの語彙をテュルクの語源によって説明するという試みはなかった。こうした作業が意識的に行なわれ、ある程度まとまった結果を生むのは、一九世紀後半以降である。その当時に生まれた文献をポッペが調査したところによれば、グリゴリエフは二百語、カゼムベックは二百二十五語、ペトロフは百五十語、ベレジンは三百五十語をロシア語彙の中につきとめた。この種の研究にとって何よりも重要なことは、一口にテュルク系諸語と言っても、アナトリア半島から中央アジアを経て、最北東端のヤクートに至るまでの多様なテュルク系諸言語、もしくは諸方言の詳細な比較研究が前提として存在しなければならないし、それに劣らず重要なことは、テュルク諸語の文献学的・史的研究である。前者はブダゴフとラドロフの記念碑的比較辞書によってある水準まで達成されたし、後者は、Codex Cumanicus の研究をはじめとする一連の古い語彙集の研究が代表している。

このような事情から、ロシア語におけるテュルク要素を拾い出す作業には、スラヴィスト、あるいはロシア語学者よりは、むしろテュルコローグやアルタイストが熱意をもって参加してきた。すなわちアルタイストの関心からすれば、ロシア語の語彙そのものが、アルタイ諸語、とりわけテュルクとモンゴルの語彙の研究にとって、一大宝庫として注目されるからである。このような角度からのロシア語彙の研究は、すでにカール・メンゲスの「ロシア最古のエーポス、イーゴリ軍譚の語彙に現われた東洋的要素」(一九五一年)に見ることができよう。だがスラヴィストをも含む、言語と文化史の研究者の広汎な注目をこの問題に向けたのは、ファースマーの語源辞典の出版であり、さらにソビエト・テュルク学の成果を多数補って出版された、そのロシア語版であった。ソビエトのテュルク学者セヴォルチャンの計算によると、ファースマーはロシア語彙全体のうちから千七百語をテュルク起源に帰し、そのうちから方言的、地域的借用を除いた約五百語が、現代ロシア文章語の中に生きて用い続けられているという。ロシア語版ファースマーの刊行は、ソビエトにおけるロシア語語源の研究に新たな刺激をよびおこし、たとえばシャンスキーの語源辞典の刊行となってあらわれたのである。

このような、ロシア語源研究と並行して、ソビエトにおけるテュルク語彙の研究がいかに強力にすすめられているか、その文献を列挙するだけでも容易ではない。だが語源研究の避けられない運命がここにもあって、テュルク起源としてあげられる語彙の数は、解釈のちがいによってかなりの幅をもって動揺せざるを得ないのである。ソビエトの、あとで述べるであろう、冷静な観察眼で知られるテュルク学者ドミトリエフは、一九五八年の論文で三百四十九を挙げている。したがってロシア語に借用されたテュルク系語彙は、三百から五百と考えておくのが一応はおだやかな線であろうかと思われる。

このような借用関係確定にあたっての解釈に動揺が生ずる原因は、「テュルク諸語」という概念の規定のしかたそのものの中にある。最近のソビエト・テュルク学は、この点で大きな進歩をとげているのであるが、ある語彙が、多様なテュルク諸語のうらの具体的にどの言語に由来するかという判断は、テュルク方言学の精細な知識を必要とする。テュルクの諸語と言って総括的に呼んではいるが、じつはテュルクの語彙に占める外来要素の流入源は、それぞれの方言が置かれた文化的環境によって一様ではない。ヤクートやトゥバの言語におけるモンゴルの著しい影響とは対照的に、中央アジアの諸語は、ペルシア、アラビアに多くを負うている。ロシア語への直接の借用は、テュルクからであっても、それがペルシア、アラビアに由来する例は極めて多いのである。

以上はテュルク学から見た問題点であり、争点は比較的明瞭である。しかしモンゴル学、あるいはアルタイ学からこの問題に接近すれば、議論は解き難いもつれの中に踏み込まざるを得ない。テュルク語とモンゴル語の同系関係はいまだ証明されたわけではないが、両者の関係はかなり密接である。したがってロシア語における借用形が、テュルク語とモンゴル語のいずれにも見出されるばあい、その由来を確定するのは、それ自体アルタイ言語学における借用の問題、すなわち言語外的要因をも含む複雑な問題となる。

たとえば богатырь をあげてみよう。プレオブラジェンスキーはこれをペルシア起源(bahadur)とし、テュルクを介しての借用と解く。ところで、ロシア語に残っている第二

音節の子音 г は、カライム方言を除く大多数の現代テュルク諸語には現れない。そこでプレオブラジェンスキーは、г を残すモンゴル形を挙げねばならなかったのである。ファースマーは、ペルシア起源説は весьма сомнительно とし、古代テュルク語 *bayatur に帰している。我々は、Codex Cumanicus の中にこの語が掲げられており、グレンベクはそれをモンゴル起源としていることを知っている。ラムステットもまたモンゴル起源とするが、これら三様の解釈に決定的断定をくだすには、まだ時間を要するであろう。

そこでいま右のような基本的作業にかかわる点をさけて、ロシア語におけるテュルク語の借用が、何故広い興味の対象になるかという点にもどろう。ロシア語は、いまや近代的な科学、技術の言語である。それが何故このように、強力な文字言語を最近に至るまで持ち得なかったアルタイ諸語からの語彙を多数摂取し、なおもそれを今まで使用し続けているかという点である。

遊牧と狩猟とを主たるなりわいとするアルタイ諸族が有し、ロシア人には欠けていた家畜のさまざまな分類方式やその毛色に関する語彙が、断片的にロシア語に採用されてもそれは不思議ではない。この現象は、たとえばカヤックやアノラックのような、エスキモーの語彙がインターナショナルになった例にたとえられる。

しかし家畜、特に馬の毛色に関するかぎり、テュルク起源と推定される語彙の占有率はかなり高いものとなろう。比較的なじみのあるものから буланый, бурый, карий, каурый, саврасый, чалый, чубарый, ……を思いうかべてみれば、くどい説明は無用であろう。

もっと興味深いのは「馬」そのものの一般名称さえ、今日ではテュルク起源と考えられていることである。スラヴ共通祖語からの継承形である конь と кобыла は、それぞれ元来はオス馬とメス馬を意味したのであって、馬の generic term ではない。このすき間を埋めたのは、またしてもテュルク起源の лошадь であった。

もっともこうした借用関係の解明、具体的には語源解釈においては、それを可能なかぎり印欧諸語に結びつけようとする人たちと、意識的にテュルク諸語を援用しようとする人たちの前学問的な背景も大きく関与するばあいが生ずる。たとえば、前者の立場にある人は кобыла をラテン語 caballus に結びつけるのに反し、テュルク käväl「速（馬）」との関係を主張する人もいるし、さらにすすんで caballus をも käväl によって説明しようという試みさえ現れる。しかし、借用語彙の分野が、これら牧畜、狩猟の範囲にのみとどまるならばまだしも、утюг（「火熨斗（ひのし）」アイロン）のような文化的道具にまで及んでいるし、もっと驚くべきは、очаг（かまど）のような語彙的中枢にまで ot（火）に起源するテュルク要素が及んでいることである。

通常の рыба［魚］に対し、乾燥、燻製の保存用加工を加えたものを呼ぶのに、テュル

ク語の一般名称 балык を用い、виноград［ぶどう］に対し、乾燥の工程を加えたものをまたしてもテュルク語から借用した изюм で呼ぶ。この現象は、アングロ・サクソン語を下層の語として、これに上層として加わったノルマン・フランス語の beef, mutton, pork のたぐいを特に加工形としてとり入れた英語のばあいを想起させる。

このような例に勇気づけられて、ロシア語彙のうち印欧語によって起源の説明のつかないものは、非印欧語と一層密接に結びつけられる結果、деньги（〈täŋkä〉), книга（〈古テュルク küinig〉、あるいは中国「巻」）のような文化語彙までが東方要素とされるに至ったのである。

二　カランダーシは「黒石」か？

このような文化語彙の基礎的なものの一つ、鉛筆をあらわすロシアの語彙が、その素材となった黒鉛の発見地イギリス、あるいは近代的製品の先がけとなったドイツ、フランスの語彙を引きつぐことなく、語源を東洋の語彙にあおいでいるということ、これもまた「書物」の例と考えあわせてみて、ロシア語の特異な点と見なすに充分である。

カランダーシがテュルク系言語からの借用であって、кара（黒い）と даш（石）から成る合成であるという解釈は、すでにプレオブラジェンスキーが採用しただけでなく、ファースマーにおいてもそのまま踏襲されている。そして、アルタイストのメンゲスもまた特に異をとなえなかった。кара についてはとりたてて問題はないとしておこう。даш は、多くの方言で、たとえばトルコ語で taş であらわれるが、トルクメン語、クリミア・タタールの方言では、語頭が有声音の形であらわれる。だが問題は、この二つの要素の間に入った -н- をどう説明するかである。意味の上では、кара と даш（таш）の合成から、「黒い石」で石墨を指すと解釈してほとんど疑問の余地は無いように思われるとしても、このような疑問から、カランダーシの語源について新たな解釈を試みたネーメット（Julius Németh）の論文は、ロシア語源のいわば定説的解釈に深い疑問を投げかけているにもかかわらず、スラヴィストが通常注意を払うことの少ないテュルク学の論文集に収められているせいか、一般的な知識になっていないので、いまここでもそれを紹介しておくねうちがあると思われるのである。そのうえこの論文は、その五年後にあらわれたポッペ（Jr）の専門の著作においても省みられていない。

　ネーメットによれば、カランダーシ＝黒石説の最初の提唱者はアントン・マッツェナウアーであって、いずれもチェコ語で書かれた一八七〇年の論文と、一八八一年の辞書に見られるという。この見解はミクローシチによって一層ひろめられ、ファースマーに引き継がれた。だがソビエトの、炯眼（けいがん）なテュルク学者ドミトリエフが、まず両語の間に介在する

-n- に疑問を投げかけ、それに同調したネーメットは、たとえこの -n- を無視するとしても、現代トルコ語をはじめテュルク系諸語の中に、カラ・タシ（黒石）を鉛筆の意味で用いている言語はないと述べた。

そこで従来の「黒石」説に代わる別の解釈としてネーメットが示したのは、*qalam-daš である。前半の語は、現代トルコ語でも kalem という形で、日常的にペンを指す意味で用いられている。この語はアラビア語の葦に発しており、この葦を切り整えて筆記用具としたものが、イスラム世界にひろく普及したことは言うまでもない（このアラビア語じたい、κάλαμος, calamus とヨーロッパ古典世界の語彙とつながっていたことはここでは詳論しない）。

しかし *qalam-daš の解釈に伴う大きな難点二つを、提唱者のネーメット自身が挙げている。まず二要素のシンタクティクな関係についてである。これを日本語ふうに移せば「筆・石」となるのであって、アルタイ的統辞の型に従うならば、「石・筆」となる方がノーマルである。だがこの点についてネーメットは、

現ウイグル語　таш көмү(р)
トゥバ語　хөмүр даш　いずれも石炭

あるいは、

カザフ語　　карындаш тас
クムィク語　таш карандаш　いずれも鉛筆

のように二様の型が存在する例をあげ、*qalam-daš という語順の結合もまた不可能ではないと説く。これはわが国の「消しゴム」と「ゴム消し」の方言的差異を思わせる。だがこの説明はカラ・タシの統辞型を弁護するのに充分説得的ではない。

しかし、ネーメット説にとってより重大な難点は、карандаш の r と *qalam-daš の l とをどう関連づけるかという問題である。そこでかれはペルシア語の l が、テュルク語に r で借用された例をいくつか示し、l＞r の変化があり得なくはないと説く。-mt-＞-nd- の変化は、音声学的には特に手のこんだ説明は要しない。

とにかくネーメットは、様々な条件を与えて説明することによって、一五世紀のキプチャク汗国においては *qalam-daš＞*qaram-daš が生まれており、これがロシア語の原型になったのだと主張する。だがこの説の弱いところは、qalam の l が r で借用された例が他に見つからないという点である。

r と l との交代を自在に用いれば、ロシア語への借用形が、アルタイ語の語源によってもっと容易にすすむ例が他にもある。たとえば телега をとって見よう。この語はすでにメンゲスがアルタイ・テレウト tayarak（環・輪）、レベジタタール tagalak（転がる）などのテュルク語によって解こうとしたが、ポッペは、もっと容易に結びつくモンゴル語のtelegen（車）による説明を試みた（メンゲス一九五一を参照）。だが、モンゴル語で車を指す一般的な形は terge（n）である。ポッペは、ここで r～l の混同によるのではなく、tel-, ter- という別の動詞語根をたてて解釈を試みているのである。しかしポッペが論拠としている telge（n）の形は、『元朝秘史』では「帖列格」として二か所に現れるのみである（他は帖児格、帖児堅など）。問題はこのばあい、列～児の対立を、機械的に l～r に置きかえていいかどうかである。この点の詳論は別にゆずるとして、ネーメット説を受け入れるにはまた議論の余地がある。

三　カランダーシの伝播

以上によって、カランダーシの借用の語源解釈についてにわかに決しがたい意見の分かれがあることが明らかになった。しかしともかく諸説は、この語をテュルク語起源であるとする点では一致している。そして借用の源流についても、――*qalam をとるにせよ qara をとるにせよ――それがキプチャク汗国文化圏からのものであることに特に異存はないであろう。ことばの問題をはなれて、ものそれ自体についてみるならば、鉛筆の芯の材料の発見となった一六世紀イギリスにさきがけて、すでに一四世紀、中央アジアのアルタイ系民族のもとで鉛筆の原型の如きものが発明、使用され、その後ロシアに受け入れられて、言語の上に定着されていたことである。問題は、何故このカランダーンがロシアのみにとどまって、ひろく西欧の諸語に採用されなかったかである。それはおそらく、中央アジアに興ってロシアに普及した鉛筆と、西欧に起源した鉛筆との間に何か技術上の点で大きな相異があったためであろうと思われる。カランダーシは西欧のみならず、ポーランド（ołowek）、セルボクロアチア（olovka）をはじめ、スラヴ系諸語の中にも見出すことができず、もっぱらロシア語にだけ限定されている。興味深いのは、スラヴのうち、テュルクと最も交渉の深いブルガリア語にすら、カランダーシの同類を見出すことはできない。その形 молив はむしろギリシア語 μολύβδος（鉛、黒鉛）を源とする、現代ギリシア語 μολύβι に対応する。

もっと意外なことは、カランダーシの語源を提供したはずのテュルク諸語そのものの中にカランダーシの原型が存在していないことである。正書法面でのわずかなちがいを無視するならば、少なくともイスラム書写文化の中心、およびそれに近い地域の言語は、いずれも qalam を鉛筆の意味で用いている（カザフ、ウズベク、トルクメン、タタール、バシキール、カラカルパク等々）。

参考になるのはバシキールに見られる карандаш кәләм あるいは таш кәләм であって、一般筆記用具をカランダーシ、または石によって限定した統辞型が見られることである。

それに対し、書写の習慣の確立が革命後まで下る、いわゆる младописьменный のアルタイ、ハカス、トゥバ、クムィク、ノガイ等々では、карандаш という借用が、正書法そのものを伴って通用している。しかし注意しなくてはならないのは、実際の発音が、正書法のかげにかくれてしまっているかもしれないということである。ときに実際の発音が正書法を押しのけて、独自の語形を生み出した例もあり、たとえばヤクート語の харандаас にそれを見る。ヤクート語で石は таас であるから、この語形は、単に全体としてのロシア語の発音のなぞりではなく、語源解釈がはたらいたことになる。こうして хара таас ⇄ харандаас の距離は一挙にちぢまるのみならず、хара харандаас（黒鉛筆）という結合のモデルは、はじめて鉛筆という筆記用具をとり入れたすべてのテュルク系民族にとって、借用語であるロシア語に先立ってかれらの語源解釈の手がかりを準備していることになり、外来語であるという意識の入り込むすきもない。

　事情はモンゴルにあっても同様である。モンゴルに харандаа の形を伝えたのは、おそらくブリヤート語である。しかしロシア語の体系的な知識が普及してくるとともに、一度は辞書が記録したこの形（たとえば一九五四年のロシア・ブリヤート語辞典）もロシア語の語形に統一され、民族形は見出し語からも削られる方向にある。

四　スイス製カランダーシ

専門の関心からすれば、ネーメット氏の所論の紹介はここで終わるべきである。だが氏は、ここで筆を止めるには惜しい、かならずしも専門にはかかわらないがしかしめずらしい話題を提供している。

カランダーシが、二つの点でヨーロッパによく知られた固有名詞であること、そしてそれがロシア語としてではなく、固有のヨーロッパ語であると意識されていることなどは、特にこの紙面をかりて伝えるほどのねうちのある知識ではないかもしれない。だが、ことのついでにやはりこの機会にふれておこう。

ヨーロッパのカランダ（ー）シの一つは、スイスにあるCaran d'Acheを商標とする鉛筆である。この鉛筆会社は一九二四年、ジュネーブにFabrique Suisse de Crayon Caran d'Acheの名で設立された。このカランダシとはいったい何であろうか。

ソビエト大百科（第三版）のカランダーシの項目の一つは、現代ソビエトの著名なサーカス道化師M・H・ルミャンツェフの芸名として挙げ、この芸名はフランス人の挿絵画家Caran d'Acheからとられたものであると説明している。つまり鉛筆とは何の関係もないのである。そこでフランス人カランダシについては、欧米の主要百科辞典のすべてが説明しているのだが、ここではネーメット氏の好奇に満ちた探索心に敬意を表し、その記述を参照することにする。

カランダシ氏の実名はEmmanuel Poiré（1858―1909）であって、父はナポレオンと共にロシアに従軍したが、そのままモスクワにとどまった。そこで生まれたのがこのポワレ氏、つまりカランダシであった。ポワレは長じてパリにもどり、挿絵画家として売れっ子になった。スイスの鉛筆会社が選んだ商標名カランダシは、決してロシアの鉛筆にちなんだのではなく、この流行挿絵画家にあやかったことは言うまでもない。

民間語源説の楽しい行きちがいが生ずるには、うってつけのケースである。ネーメットは、ロシアの普通名詞カランダーシは、この鉛筆を愛用した画家の名に由来するものと一度は考えた人のことを紹介している。

Caran d'Acheの造語の巧みさは、このアシという姓が、ヨーロッパではなじみのあることによっている。たとえばゲッティンゲン大学には、モンゴル、カルムィクなどの貴重な写本をおさめたアシ文庫があるが、その蒐集を命じたvon Asch男爵は、一八世紀末、ペテルブルクで軍医長をつとめていた。ポワレが、その芸名のヒントをこの男爵から得たかどうかは明らかでない。

主要参考文献

Дмитриев, Н. К. Строй тюркских языков, Москва 1962.

Grønbech, K. Komanisches Wörterbuch, København 1942.

Menges, K. H. The Oriental Elements in the Vocaburary of the Oldest Russian Epos, the Igor' Tale, Slovo o pЪlku Igoreve.《Supplement to Word 7》, 1951.

——, Altaic Loan Words in Slavic.《Language XX: 2》, 1944.

——, Schwierige slavisch-orientalische Lehnbeziehungen.《Ural-altaische Jahrbücher XXX》, 1959.

Hемет, Ю. Происхождение русского слова《карандаш》.《Тюркологический сборник》, Москва 1966.

Poppe, N. Jr. Studies of Turkic Loan Words in Russian. Wiesbaden 1971.

Сетаров, Д. С. Тюркизмы в русской коневодческой терминологии.《Тюркизмы в восточнославянских языках》. Москва 1974.

Трубачев, О. Н. Происхождение названий домашных животных в славянских языках. Москва 1960.

（『ロシアの思想と文学：その伝統と変革の道』１９７７年１月20日　金子幸彦編　恒文社）

文体の国際化

ひとくちに翻訳といっても、ヨーロッパ諸語間のばあいと、日本語との間のばあいとでは、手間のかかりかたがうんとちがう。日本のように、翻訳書に訳者の名が著者と対等にれいれいしく印刷されている例は外国にはめずらしく、どうも翻訳者に不当に高い地位があてがわれているのではないかなどという批判は、かならずしもあたっているわけではない。その苦労はイタリア語をフランス語になどという場合の比ではない。こうしたちがいは欧米でもよく知られていて、東洋学関係の学位論文なら、きちんとした翻訳と注釈でりっぱに成りたつのである。また近くは、日本文学の翻訳で名声を確立した人のことを思い出せばよい。

ところで、この翻訳の難易は、決して言語の系統とか、文法構造が似ているとかいないとかで決まるのではない。たとえばモンゴル語はその文法構造が日本語に酷似しているから、単語を逐語的に置きかえただけですぐに意味のとれる日本語になる。しかしそのままでまともな文になることはめったにない。意味はとれても翻訳はむつかしいのである。そのむつかしさを次のようにたとえてみよう。何かモンゴル語の作品に、ロシア語訳かドイツ語訳があるとする。意味をとるだけが目的であれば私はじかにモンゴル語原文を読むだろう。しかし日本文にするためであれば、ロシア語かドイツ語訳をとる。その方がずっとらくに行くのだ。何故なら、これらのヨーロッパ語であれば、日本語にするばあい「こうくればこうやる」という定式が確立されている。それは永い間の、豊富な経験の蓄積のおかげであり、また最近は、英語教育が義務化されたため、すべての日本人が、教室で「こうくればこう」の定式の訓練を受けているからだ。というよりも、私たちの言語表現が、このようにしてヨーロッパ文の方式に鋳込まれて、いわば脱ヤマト＝国際化されてしまったからだ。

モンゴル文も新しい時代のことばは、大変翻訳しやすくなっている。それは、マルクス主義文献のロシア語経由の翻訳によって、モンゴル語が近代的に鍛えあげられ、整形された結果である。ヒツジやラクダを追う草原の民も、いまは、材料はモンゴルのものだが、内容においてはヨーロッパ文で書かれた新聞を読んでいる。つまり日本文の欧化に次いでモンゴル文の欧化が進行したおかげで、両者の間に橋がかかったのである。これを言語表現の近代化、もしくは国際化という。しかしこうなると、モンゴル語ならではの味わいはすでに失せている。

かつて江実（ごうみのる）は、一七世紀に書かれた『蒙古源流』を日本文に移すにさきだち、上田秋成を読み込み、その文体を身につけてから翻訳にとりかかったと私に話した。私もまた原文のスタイルを伝えるのに、これほどふさわしい方式は他になかったと思い感銘をうけた。文体には明らかに進化がある。しかし、それは異なる言語の影響をぬきに、どの程度考えられるのか、むつかしい問題である。

（『月刊翻訳の世界』1977年4月　日本翻訳家養成センター）

【二〇一八年における感想】

これは「むつかしい問題である」と、ここでやめて、突き放してはならないテーマである。いな、むしろ、ぼくの言語研究の究極の関心はここにあると言ってもいいくらいである。同じヨーロッパの言語でありながら、いちじるしい文体的対照を見せるフランス語とドイツ語について、「フランス語は明晰（*la clarté*）を好み、ドイツ語は詳密（*des précisions*）に熱中する：一は目標に直進し、他は細部に気をくばる。」（小林英夫訳）と言ってのけたシャルル・バイイは、すでに言語学の枠をこえて、はるかに民族的性格論の領域に踏み込んでいる。

ロシア語と民族語

ロシア語はヨーロッパの近代諸語のなかで最も保守的で古風な特色をとどめる言語の一つであるが、他方、テュルク、モンゴル、ペルシャ、アラビア等、東方の諸民族の文化にむかって、これほど開放的なヨーロッパ語はほかにない。多彩なその語彙は、いろとりどりのエキゾチックな輝きを発する宝石をちりばめられているかのようである。

ロシア人が中央アジアの諸民族との長い交流のなかで、家畜や牧畜文化にかかわる名称の多くを、これら非ヨーロッパの諸族から受け入れたことは何らふしぎではない。しかし、次のような、いわゆる文化語彙、それも近代の文物にかかわるものが、いくつも東から入っているのは、ロシア語特有の現象と言うべきであろう。すなわち、「オチャーグ」（かまど、テュルク系）、「デーニギ」（お金、テュルク・モンゴル系）、「カランダーシ」（鉛筆、テュルク系）、「クニーガ」（本、シナあるいはテュルク系）、「ネフチ」（石油、ペルシャ系）、「カルマン」（ポケット、テュルク系）等々。

なかでも、テュルク・モンゴル系の借用語はおびただしい数にのぼり、一九七六年、シポヴァ女史がカザフ共和国で出版した『ロシア語に入ったテュルク語彙辞典』には、約二千語にのぼる項目が収めてある。西欧ごのみのロシア人には、〈タタールのくびき〉の歴史的刻印として、こうした語彙の素性を知るのは快くはないかもしれないが、東方の諸族にとっては、ロシア語の語彙のうちの多くが、自分たちの母語と共有されていることは、心あたたまる思いがするであろう。

これらの語彙のひびきは、ロシア語に特有の柔らかさを添え、それを親しみやすいものにしている。つまり、ロシア語は東に向かって最も突出し、東方の香りをしっかりと吸い込んだヨーロッパ語であると言える。

そのロシア語は、ソビエト連邦の誕生とともに、これら諸族の多様な言語を従えて、その中で決定的な役割を演ずるようになった。

多数の異言語の存在

今日、ソ連邦の中で、ほぼ百三十の異なる言語が話されている。これら言語の数は、いつも一定というわけではなく、政治の状況によって大きく変動する。たとえば、一九二七年には百六十九の言語が登録されていたのに、四九年には七十に減少した。二〇年代のソ連邦では、多様な諸言語の維持は、それ自体、民族政策における当局の寛容さを示すものであり、ソビエト的民主主義の証明でもあると意識されていたのであるが、第二次大戦直後における言語数の半減は、多言語が負担と感じられるようになったこと、また、数多くの言語が独立の存在として認められなくなったことを物語っている。ヴォルガの下流域で、ドイツ軍の占領下に入った諸族のあるものは、いまこそソビエト政権の支配から解放されるチャンスとばかり、ドイツ軍に協力したかどで、民族としての存在を否認された。その言語による出版のための印刷設備や紙の供給が断たれた。すなわち、ソビエトにおいて、ある民族、およびその民族が話す言語の存在は、国家の認知を受けてはじめて表に出るのであって、単にそこにあるだけのものではない。

ソ連邦でいかに多様な言語が話されているかはその国章を見ただけでもわかる。槌と鎌を抱く麦の穂に巻きつけられた赤い帯には中央にロシア語で「万国の労働者団結せよ」とあり、その左右にはロシア語以外の十四の言語で同じ内容が書かれている。用いられている文字は、なじみのあるキリル文字とラテン文字のほかに、アルメニア文字とグルジア文字もあって、この最後の二つは、ソ連邦でのみ用いられているめずらしいものだ。

これら十四の言語は、ソ連邦を構成する共和国の主要住民の言語であって、それぞれの共和国の大学や科学アカデミーで教え、研究されることによって確実に保障されている。「ソビエト学」に従事する研究者は、厳密に言うと、これら、連邦構成共和国の言語のいくつかに一とおり通じておくのが理想であるが、実際にはロシア語だけで用をすませる「ロシア学者」にとどまっている。「ソビエト学」が包含する巨大な研究領域のことを考えると、真の「ソビエト学者」の誕生はまだ先のことである。

ロシア語以外のこれら十四の言語のほかにも、有力な言語があり、また、使用者の数は少ないが、研究上貴重な地位を占めるものも多い。たとえば、音韻組織や文法構造の点で特異なカフカス諸語は、地図で見ると、この小さな一角に、約五十もの方言に分岐して話されているが、それらはソビエト連邦の外のどこにおいても話されていない。つまり、言語学者の抱く羨望の気持ちをこめて言うならば、ソ連はカフカス語とその研究の機会を専有しているのである。

ソ連邦で話されている言語は、その数の多さによってのみならず、その種類の多様さにおいて、他国に例がない。ロシア語をはじめとする印欧諸語のほか、多様に分化したテュルク系諸言語、エストニア語や、ラップと同系のサーメの言語などのフィン・ウゴール系諸語、シベリアの広大な原野にひろがるツングース系の諸言語等々と列挙していくと、ソ連邦一国で、世界の主要な言語の大半の見本が出そろってしまうほどである。

しかし、民族が民族学者のために存在するのではないのと同様に、さまざまな言語も、言語学者に仕事を提供するために話されているのではない。かつて、ノルウェーの言語学者、A・ソンメルフェルトが言ったように、いかなる政権も、自分の国を言語や民族の博物館にしておこうなどという気は起こさないものだからである。言語と民族との多様は、いずれの国家にとっても大きな負担であり、ことによると、その統一をゆるがす危険な火だねになりかねない。

それにもかかわらず、ソ連邦は、こうした多様性を包み込んだところにその存在理由があり、その統合を、固有の歴史的課題として引き受けているのだと言えよう。多元に耐えられることこそ中央権力の政治的な実力の証明であり、一元化への性急な焦りはその弱さのあらわれである。歴代の政権指導者の発言は、状況に応じて、多元と統合とを両極とする緊張関係の中で、はげしく揺れ動いてきた。たとえば、「民族の自決とは、独自の民族国家の形成である」と明快に言い切ったレーニンが、他方においては「われわれは無条件に中央集権化に賛成であり、連邦的関係などという素町人的な理想には反対である」と言わねばならなかった。多様と統合の難題を前にして、ソビエト文化とは、「形式においては民族的、内容においては社会主義的」と、スターリンが苦心の表現を与えたとき、理論の世界においても、言語学者のマルは、諸民族の言語の一元的起源説と、その進化の普遍性に関する図式の構築に余念がなかった。ソビエトにおける政治と学問(理論)との間に見られる密接な呼応関係を、もっぱら後者の前者への従属としてのみ見てはならない。

そこには現実の政策が、机上の理論に合致しようとの強い願望、理論に忠誠であろうとする気まじめな気風がうかがえる。

「族際語」としてのロシア語

たとえばスターリンは、一九五〇年に言語学について書いた論文の中で、世界的規模で社会主義が勝利した後には、「ドイツ語でもロシア語でも英語でもない、新しい言語」が生まれるであろうと予言した。これは、かれがはじめて、一九三〇年の党大会で述べた理想主義的な願望の確認であって、明らかに、諸言語の融合という、マルの理論を下敷きにしている。しかし、この伝統的なソビエト的理想主義は、六〇年代フルシチョフ時代の、実務的な現実主義によって一笑に付されてしまった。今日、理論が現実の前に大きく後退してしまったソビエトでは、こうした夢物語は誰も信じなくなっており、「ソビエト連邦語」の候補者は、具体的に存在するロシア語をおいて他に求めるべきものはないと思われている。しかし、ここでも立ちはだかっているのは、いずれの、特定の言語に対しても、「国家の言語」たる特権的な地位をあてがうべきではないと言い残した、レーニンの理想主義的原則である。ボリシェヴィキの革命は、多くの点でフランス革命におけるジャコバン主義の再現であったが、革命によって「国家語」を生んだフランスと根本的にちがう点がここにある。

こうした事情のため、事実上は「連邦語」、あるいは「ソビエト語」の役割を演ずべきロシア語のために考案された表現は「族際語」、すなわち「諸民族間の共用語」であった。ソビエトの言語学・教育学は、いまや諸民族語とロシア語とのバイリンガルな状態の実現をさしせまった課題と考えるに至った。しかし、あらゆる経験が教えているように、バイリンガリズムとは、威信が低く、通用力の小さい言語から、大言語へと移行する、不安定で過渡的な状態でしかない。教育が普及すればするほど、民族の母語は公共の機関と学校から排除されて、家庭内で老人と女との間だけで、「家族語」として細々と維持されるにすぎない。

非ロシア語以外のこれら民族語の維持と消失の度合は、その話し手人口と、言語の機能領域とにいちじるしく依存している。東シベリア最北端のユカギール族とか、カムチャトカのイテリメン族とかの母語の話し手は、今日では四百人前後と推定される。こうした少数者のばあいには、ロシア語への乗りかえは最もすみやかに、まさつなく実現し得るであろう。

しかし、国外に、話せば通じあえる同系言語が有力な国家の言語として存在しているようなばあいはどうであろうか。たとえばソ連邦トルクメン共和国のトルクメン語は、わずかな歩み寄りでトルコ共和国のトルコ語に近づける。このような言語は、ややもすれば国外に言語的祖国をもとうとしたり、ソ連邦の同系諸言語との間に、歴史的文語を介して、共和国を超えるレヴェルでの言語的統一を求めようとする。モンゴル系諸語のばあいも、カルムィクやブリヤートの言語が、文語を介してモンゴル人民共和国のハルハ語に求心的な動きを見せたことがあった。この種の企ては、その都度汎テュルク主義、汎モンゴル主義と呼ばれ、憎むべき反ソビエト的敵対行為と見なされてきた。

政治的にみたソビエト連邦が、中央集権制と連邦制との妥協の上に維持されているのに並行して、そこの多様な母語と族際語たるロシア語との間に生ずる関係は、社会言語学が独自のテーマとして設けている、大部分の問題にかかわっているのである。ソビエトの言語的現実は、最もソビエト的な現象として、私たちの注意を惹きつづけるにちがいない。

（世界の国シリーズ９「ソビエト連邦」１９８３年８月　講談社出版研究所）

《読書ノート》

『マルクス主義と民族問題』

（ヨシフ・V・スターリン著）

この論文は、レーニンが主宰して発行していた、ボリシェヴィキの雑誌『プロスヴェシチェーニエ』の第三号から五号（一九一三年）まで、三回にわたって「民族問題と社会民主党」の表題で掲載され、翌一四年、『マルクス主義と民族問題』の題名で一冊にまとめられて、ペテルブルクで刊行された。

レーニンの期待によって執筆されたこの一篇は、スターリンが三十二歳のときに、亡命中のウィーンで書きあげられた。レーニンはゴーリキーに宛てた手紙のなかで、「すばらしいグルジア人がいる。彼はそのためにオーストリアやその他の資料を全部あつめている」と賞賛している。全体は「民族」「民族運動」「問題と提起」「文化的＝民族自治制」「ブンド、その民族主義、その分離主義」「カフカーズ派、解党派の協議会」「ロシアにおける民族問題」の七つの節から成り、冒頭の「民族」の節はその後、社会主義圏で民族問題が取りあげられるたびに、「民族の定義」を示す準拠として参照された。そのために本書は二〇世紀を通じて、民族の定義を示した古典としてたえず参照され、長い生命をもち続けてきた。中国ではソ連邦崩壊後の今日でもまだこの事情は変わらない。

ロシア革命期の民族問題

ロシアのマルクス主義者が当面しなければならない革命の舞台は、欧亜にまたがって分布する二百に近い多様な民族を擁していた。ところが、西欧の正統マルクス主義はこのような、ヨーロッパのみならずアジアをも含む多民族状況を視野に入れたことがなく、また潜在的に民族問題が存在していても、民族そのものが、廃絶されるべき否定的な、あるいはせいぜいマージナルな存在として考えられていたから、それを正面に据えて論ずることはしなかった。

ところがこの論文が書かれた当時、ボリシェヴィキはタタール人のもとでの汎イスラム主義運動やユダヤ人社会民主主義者の組織であるブンドから、党を解体に導きかねない深刻な挑戦を受けていた。そこで、多民族の存在を、解消すべき負の遺産としてではなく、社会主義体制建設の積極的な要因であると認めたうえで、なおかつマルクス主義的インターナショナリズムを擁護しなければならないという、矛盾に満ちた課題の前に、ロシアのマルクス主義者は立たされていた。しかも個々の問題を状況に応じてその都度取りあつかうのではなく、その後にも生じるかもしれないさまざまな民族のもとでの問題を予想しながら、一般的、原理的な基準を立てなければならなかった。

その場合、マルクス主義者があつかうべき民族問題の具体的なケースは、やはり多民族の帝国であるオーストリアにおける社会民主党の経験に求めざるをえなかった。ところがオットー・バウアーに代表される彼らの思想は、ボリシェヴィキにとって有害な要素を含んでいた。しかもその思想は、ロシアの党内にも強い影響をおよぼしていた。スターリンはそれらの点を論破することを、本論文の重要な目的の一つとした。執筆の場所がウィーンであったことは、本論文の性格を示す点で象徴的である。

民族の定義

第一節はまず「民族(ナーツィヤ)とは何か?」という設問から始められる。それはひとまず、「人々の偶然な、あるいは一時的な混合物ではなく、人々の堅固な共同体」であると、一般的な答えが示され、その共同体を築く要因が一つ一つ取りあげて論じられる。そのうえで、「民族とは、言語、地域、経済生活、および文化の共通性のうちにあらわれる心理状態、の共通性を基礎として生じたところの、歴史的に構成された、人々の堅固な共同体である」と定義風にまとめられている。さらに、これらの一つ一つの項目が民族をつくるのではなく、「すべての特徴が同時に存在する場合に、はじめて民族があたえられるのである」

と念を押している。

これらの項目の一つ一つは、決して自明のものと解してはならず、それぞれが、この定義のなかで特有の意味を帯びていることを念頭に置いておかねばならない。たとえば、ここに言う「言語」は、西欧のマルクス主義者にありがちな、単なるコミュニケーションの道具にとどまるものではなく、精神の形成に関わっていることが示唆されている。さらに注目すべきことは、おくれた言語が、より進化した言語によって取りかえられうるものだといったような進化主義的な認識は、たとえばエンゲルスなどの場合とは異なって、まったく見られないことである。

地域の共通性

民族の存続にとって、言語を不可欠の項目として取りあげる伝統は、ヨーロッパにおいては、すでに古典的な地位を占めている。しかし地域の強調は、バウアーらのいわゆる「文化的＝民族自治」原理に対抗するというコンテクストのなかでは圧倒的な重みをもっている。

「文化的＝民族自治」においては、行政の単位としての民族は、特定の地域を生活空間として所有する必要はないとする。民族は地域に限定されず、どこに住んでいても、その

「民族文化、民族的性格」を担う個々人によって構成される。したがって、ある民族の成員は、超地域、脱地域の民族的帰属性にもとづいて、民族の自治を行使するものと規定される。この理論にあっては、民族の帰属性を決めるのは文化であり、それが個々人を通じてあらわれる「民族的性格」というものがとくに熱心に論じられた。

それに対してスターリンは、地域を基盤にした経済生活の一体性によって、はじめて政治的存在としての民族の存続が可能であると主張する。言語ももちろん、この一体性のある地域によって保証されるのであるから、地域はこの四項目すべてを貫くようなしかたで、とりわけバウアーの「文化的自治」との対比において、突出した重要性をもっている。

この定義のなかの最後にあらわれる「心理状態 psikhicheskij sklad」という、素朴な読者をとまどわせるかもしれない奇妙な用語については、とくに説明が必要だろう。「文化の共通性のうちにあらわれる心理状態」という説明句をともなっているこの語は、バウアーが「文化的自治」の根拠とする文化的概念であって、それと組み合わさった民族的「性格(カラクテル)」とほとんど同義語に近い。極論すれば、スターリンの「心理状態」は、バウアーの「民族的性格」をほぼそのまま受け入れることになってしまうために、それからあえて区別されるよう、この語を選んだと考えられる。ここには論敵と同じ用語を用いることによって、その轍にはまってしまうことを避けるための周到な、意味論(セマンチク)的な配慮がうかがわれるのである。

「自治ではなく自決を」の意味――「地域」の重要性

スターリンのみならず、レーニンも、「文化的自治」に対抗して提示するのは、「民族の自決」である。彼自身のことばにしたがえば、自決権とは、「民族の運命をきめる権利をもつものは民族自身だけである」こと、そしてさらに、「他の民族と連邦関係にはいる権利」「完全に分離する権利」であると表現されている。ここにいう分離とは、連邦、あるいは国家から分離し、独立することにほかならない。

一方、文化的自治は、ある一国内において、その民族が居住する地域とは無関係に、言いかえれば超地域的に、個人が申告した民族所属の登録簿にもとづいて自治権を行使する、というものである。つまりここでは、民族は地域をもった政治体ではなく、文化体にとどまる。それに対して、民族には、「完全に分離する権利」すなわち「民族自決権」を保証すべきだというスターリンの主張は、すこぶる急進的に見える。

社会主義民族理論におけるこの思想の源流は、一八九八年のインターナショナル・ロンドン大会の決定にもとづいており、ロシア社会民主労働者党が一九〇三年にそれを綱領のなかに採択したところに発する。そしてこの民族自決権は、二四年に制定された最初のソビエト連邦憲法で保証されて以来、三六年のいわゆるスターリン憲法、七七年のブレジネフ憲法においても確認、踏襲され、ソ連邦崩壊にいたるまで、その政治的現実とは無関係に維持されたのである。

分離権をも含む民族自決権は、それが究極にまで行使されれば、国家にとってはきわめて重大で決定的な効果をもたらすであろう。それに対して「文化的＝民族自治」は直接には国家の政治的分裂をもたらすにはいたらない。スターリンはそのことを「〔オーストリア社会民主党の〕出発点は、オーストリアの国家的統一性〔を維持すること〕」であり、また事実そうであることを、「オーストリアの諸民族が、彼らのいま生活している国家的結合のなかにとどまるであろう」という、バウアー自身のことばを引きつつ、その限界として指摘する。それに対して、「ロシア社会民主党ははじめから民族自決の見地にたっていて、この見地によると民族は分離権をもっているからである」と、その急進性、徹底性を一層きわだてて強調している。

それにもかかわらず、なぜ「自決」の徹底した急進性が、「国家的統一」の枠を壊さないはずの文化的「自治」をおそれねばならないのだろうかという問題が生じる。

手ごわい「文化的自治」

一見したところ、特定の地域（領土）を単位とした民族自決の保証は、国家の一体性の保持にとって、致命的な脅威になりそうであるのに、実際には、文化的自治の主張の方が、党の一体性の「一体性をたもつ」うえではるかに重大な結果をもたらしかねなかった。問題はユダヤ人の党組織であるブンドと、カフカスの党組織が、民族別の独自の党をもとうとしたときに始まった。本論文が、ブンドとカフカスの党に、それぞれ独立の節を設けて論じていることからもうかがえるように、本論文執筆の主眼は、民族問題一般について述べるところにではなく、このような「民族別の党」への分裂を理論的に阻止することにあった。

すなわち、オーストリア社会民主党の文化的＝民族自治は、「一定のまとまった地域」（スターリン）をもたないユダヤ人にとってこそ、地域抜きに一つの政治体として独立の党を組織できる論拠を与えたのである。そこでは、地域を越えた共通の母胎である、イディシュ語の使用、土曜日を安息日とする権利などの、非政治的で文化的な特有性が突出して強調されえたのである。

ブンドが採用して発展させた文化的自治の思想は、ほかの「固有の地域」をもたない諸民族に、とりわけカフカスの諸民族に強い影響をおよぼしていった。スターリンが相手に

しなければならなかったのは、グルジアの新聞に掲げられた次のような主張である。いわく、

「グルジア人は、どこに住んでいても、ひとしくグルジア語の運命に関心をもっている」「……この場合、地域はなんの役割も演じてはいない」。この主張はさらに続けて、「つまり、あらゆる文化的・民族的事業の管理と指導とは、これに関係のある民族自身に任されなければならない」と結論づける。

このような、民族を地域に依存しない、それ自体で自立した文化的存在だという主張に対するスターリンの立場は、単なる文化的自治ではなく、「政治的自決」こそが民族の権利を保証できること、政治的自決はかならず一定領域の地域を背景にもつものであること、そして、この地域が分離する権利をもつこと——これが政治的自決の意味するものだと説明される。地域をもたない制度をスターリンは「架空のもの」だと言う。

しかし、この「架空のもの」が「架空」であるゆえに強力であることは、スターリンが引いている、グルジア語の新聞の次のような議論が鋭く示している。

「地方の物質的発展の問題が諸民族を団結させるとすれば、民族的・文化的問題は彼らを分裂させて、これら各民族を個々の活動舞台に立たせる。第一の種類〔物質的発展〕の活動は一定の地域とむすびついている」。ところが「文化的・民族的問題はそうではない。

それは、一定の地域と関連するのではなく一定の民族の存在と関連している」。

文化とは、いわば分裂的で超地域的なものを本質に宿していると主張することによって、この論の急進性は、政治をしのぐものになりうる。そしてこの論は、ユダヤ人、アルメニア人をはじめとするディアスポラの民族をはげしく動かす要因を含んでいる。

この地域を越えた文化への所属を梃子とする民族別の党の要求は、すでに一九〇三年にアルメニアの党員からだされていた。それはいわば「党の自決」と呼ぶべきものである。レーニンはこの要求に対して、必要なのは「民族の自決ではなしに、各民族内のプロレタリアートの自決だ」と述べるにとどまっていた。しかしスターリンは「民族とは何か」と問い、その定義から説いていき、そのなかで「文化」に対抗する「地域」の決定的な重要性を強調したのである。

民族の権利とプロレタリアートの利益

レーニンが「必要なのは民族の自決ではなくプロレタリアートの自決だ」と述べ、それをよりはっきりと「プロレタリアートの階級闘争の利益に、民族自決の要求を従属させなければならない」(たとえば一九〇三年「われわれの綱領における民族問題」)と明確に述べることができたのは、そこには、「民族の自由は、市民的自由一般のうちの一種にすぎない」という単純な考え方があったからである。

民族対階級という、この根源的な矛盾は、正統マルクス主義者としてのレーニンにおいては大きなとまどいとはならず、民族というカテゴリーは文明の発展の過程で、終局的には意味を失って、階級のなかに解消していくものと考えられていたのに対し、スターリンにおいては、実体をともなう堅固な共同体として考えられていた。

それは決して市民的自由一般のなかに解消できるものではなかった。おそらくその背景には、彼自身、グルジア人として、カフカスの複雑な民族空間の体験者であったということが指摘できるだろう。そこから、「一方にはマルクス主義者の義務があり、他方には種々の階級からなる民族の権利がある」という、深い苦渋に満ちた表現となったのであろう。

その後の展開

スターリンによる「民族」の定義において、また民族と階級とのアポリアをあつかうなかで、言語はとくに精密な考察を要する地位を占めていた。たとえば、言語を一つのまとまったカテゴリーと見るのではなく、それをさらに社会的ヒエラルキーのなかで区別する試みは、すでに本論文のなかで次のようにおこなわれている。

バウアーの「文化的＝民族自治制は、発達した文化や文学をもった、多少とも発達した民族を前提としている」。ところが、「カフカスには、原始的な文化や特殊な言語をもってはいるが、自分の文字をもたないような数多くの民族体（ナロードノスチ）がある」。「これらの民族に文化的＝民族自治制をどう適用するのか？」とスターリンは問題を提起する。その母語が書きことばをもっているか否かのちがいに対応するナーツィヤの言語とナロードノスチの言語との社会的形態の区別は、その後のソ連邦の言語政策の上に反映されただけでなく、今日の社会言語学のテーマの一つとしても確立されている。

　またスターリンが母語への権利、尊厳を、いわば不可侵のテーゼとして示したために、二〇年代には、ナロードノスチの言語がこぞってナーツィヤの言語の地位を獲得し、ソ連邦には予想もしない多言語状態が出現した。そのことをスターリンは、「社会主義革命は言語の数を〔カウツキーの言うように〕減少させずに増加させている。なぜなら、社会主義革命は、人類の底の底までゆり動かし、彼らを政治の舞台におしだすことによって、今まで知られなかったか、あまり知られていなかったいくたの新しい民族を、新しい生活へとめざめさせているからである」と、母語の解放の成果を誇示した。それはフランス革命が示した、「文明語」による単一国語への統合の道とは正反対である。

　しかも、こうして生まれた多言語状況のなかで、特定の有力言語に、たとえば「国家語」の地位をあてがう試みは、オーストリア社会民主党の民族綱領のひそみにならって、レーニンが一九一四年の論文ですでに禁じておいたから、何らかの政策的な方向づけが示されねばならなかった。それに応ずるべくスターリンが案出してひろめたスローガンは、「形式においては民族的、内容においては社会主義的な文化」の建設であった。その際、形式を代表するものは言語であった。

その後スターリンが育成した、言語の一元的発生、一元的発展の図式を理論上つくりあげようとしたソビエト言語学の苦闘は三〇—四〇年代にかけて続けられたが、五〇年、スターリン自身が、彼の『マルクス主義と言語学の諸問題』で全面的に否定した。一九一三年に書かれた本論文と、五〇年の言語学論文とのあいだの期間に演じられた民族・言語のソビエト的ドラマは、理論と現実との深い亀裂を拡げながら、未完のままに幕を閉じた。

参考文献

V・I・レーニン『民族問題にかんする批判的覚書　他二十二篇』川内唯彦訳、国民文庫一一七、大月書店、一九五三年

V・I・レーニン『民族自決権について』レーニン選集第五冊、マルクス＝レーニン主

義研究所訳、大月書店、一九五七年所収
田中克彦『「スターリン言語学」精読』岩波現代文庫、二〇〇〇年
田中克彦『言語からみた民族と国家』岩波現代文庫、二〇〇一年
オットー・バウアー『民族問題と社会民主主義』丸山敬一他訳、御茶の水書房、二〇〇一年
丸山敬一編『民族問題——現代のアポリア』ナカニシヤ出版、一九九七年
相田慎一『カウツキー研究——民族と分権』昭和堂、一九九四年
ローザ・ルクセンブルク『マルクス主義と民族問題』丸山敬一訳、福村出版、一九七四年
加藤一夫『アポリアとしての民族問題——ローザ・ルクセンブルクとインターナショナリズム』社会評論社、一九九一年
上条勇『民族と民族問題の社会思想史——オットー・バウアー民族理論の再評価』梓出版社、一九九六年
Iosif V. Stalin, *Marksizm i natsional'nyi vopros*, 1914.
平沢三郎訳『マルクス主義と民族問題　他十篇』国民文庫二〇三、大月書店、一九五三年

（『ナショナリズム論の名著50』２００２年1月　大澤真幸編　平凡社）
原題「ヨシフ・V・スターリン『マルクス主義と民族問題』」

【二〇一八年における感想】

近代ヨーロッパの歴史を通じて、言語についての考え方で対立する二つの大きな流れが現れた。一つは、言語は文明を運ぶための手段であって、いかなる民族も、そのような大文明語に乗らずしては、世界の歴史に参加できないとする考え方。これは小さな民族の言語は、それ自体では無意味なものとして、フランス国家（ナシオン）の言語に吸収してしまったフランス型言語理解。それに対して、いかに小さな言語でも、それを話すフォルク（民族）にとってはかけがえのないものとして、つまり、民族の魂のやどる場所は、言語をおいて他にないとして、民族の母語を絶対的におもんずる立場、これはロマン主義時代のドイツにおいて発生し、形成された。同じマルクス主義者でも、エンゲルス、レーニンはフランス型に属し、スターリンはロマン主義、ドイツ型に属する。マルクス主義言語論にかかわる人はすべて、この差異に注目しつつ文献を読みすすむようすすめる。

日本のユーラシア研究の貧困について

「ユーラシア研究所創立二十周年によせて」というテーマで何か言うようにとのことです。私はこの研究所の創立にかかわったこともなく、その後の歴史もまったく知らないので、「まちがっているところがあるかも知れないが」日本のユーラシア研究について、かねてから感じてきたことを述べさせていただきます。

（一）ユーラシアは非インド・ヨーロッパ諸語を母語とする諸民族が、西はヨーロッパ語世界、東は漢語世界と接触しながら、独特の文明を形成してきた空間です。そこはロシア語とロシア文化の滲透を深く受けてきたために、他のヨーロッパ化され、漢化された空間とは異なる特徴づけを帯びています。

この空間を、単に未開で後れたものであるとする一方で、ロシアにとって積極的意味を持つものだとする考えがあり、この点で、ロシアの思想界が二つに対立し、論争してきたことが、ロシアの文明論と宗教論にとって、欠かせない遺産となっていることは周知の事実です。

（二）このユーラシアの核をなすトゥラン（ツラン）地域の文化は、一九世紀の並々ならぬ興味の対象でした。このトゥラン概念は、第二次大戦前夜から、日本でも話題になったことがあります。たとえば私の手もとには、『汎ツラン主義と大東亜新秩序』（一九四四年）という小冊子があって、著者は当時の駐日フィンランド公使館（日本との関係は当時、大使級ではなかったために、まだ大使館がなかったのでしょう）のアタッシェ（駐在武官）、アラノ・カイラという人です。トゥラン主義の本場は、ヨーロッパではトルコからハンガリーに移りました。というのは、かれらはヨーロッパにいながら、非ヨーロッパ語を母語にしているからで、その点ではフィンランドも同様です。

一九四二年には、ハンガリー語をよくした今岡十一郎（私は学生時代に会ったことがある）が『ツラン民族圏』という本を書いて、大いに気を吐いたのですが、戦後は、こういう思想は嫌われ、今ではすっかり忘れられたかに見えます。

（三）ところが、今ロシアでは、「トゥラン」の名を冠した書物がいくつも現れています。私の手もとにある一冊は、Б. И. Вайнберг, Этнография Турана в древности, Москва 1999 です。さらに最近、Атлас: Туран на старинных картах 2008 なんてものが出たと報ぜられています。私がロシアの学問に深い敬意を抱くゆえんです。

私にとってトゥラン文化について重要だと思われるのは、たとえばN・トルベツコイの

О туранском элементе в русской культуре（1927?）です。トルベツコイは、言語学者からあの聖書のようにあがめられている『音韻論の原理』でしか知られていないけれども、ここに見るような一連の論文にはユーラシアを見るための、豊かな思想が蔵されています。

（四）ここで私はつくづく、日本の学問の貧しさ、したがって「ユーラシア学の貧困」について語らないわけにはいきません。たとえば、平凡社の『〔新版〕ロシアを知る事典』（二〇〇四年）には、トゥランもトゥラニズムもまったく出てきません。もちろん項目にもないのです。そのために、この事典は、項目も内容もソビエト大百科事典を翻訳しただけのもののように見えてしまいます。ボリシェヴィキは、これらエスニックな内容を含んだ概念を好みませんでした。

日本のユーラシア学なるものは、この『事典』と同様に、ロシア語からの翻訳・焼きなおし・引き写し学問にとどまり、まだ固有・独自のものを生み出すにいたっていません。ちなみに、同じ平凡社の『世界民族問題事典』（一九九五年）には、家田修さんという人が「トゥラニズム」の項に立派な説明を書いていることをつけ加えておきます。

（『ユーラシア研究』２００９年5月№40　ユーラシア研究所編　東洋書店）

民族と国家

―「ナシオン」と「民族」の隘路をくぐり抜けて―

「民族」は国産［I］

「民族」ということばには、学問の用語としては、単なる記述的意味をはるかに越えて、高い感情価値が付着している。そのせいか、学問の世界では、この語はあまり好まれず、この語の概念だけでなく、とりわけその出自もいかがわしいものとされる傾向がある。たとえば次のような文章を見よう。


民族などというものは、実際には存在しない。あたかも実体のあるもののように扱われがちだが、本当は純粋に観念の産物である。

それればかりではない。現代日本の多くの言葉がヨーロッパ語の翻訳であるのと違って、「民族」は、二十世紀の初め、明治の末の日本で生まれた、純国産の言葉である。だから日本語の「民族」には、それに当たるヨーロッパ語がない。

(『岡田英弘著作集I　歴史とは何か』二〇六ページ)

これはまだひかえ目な方だが、「民族」は、実体を欠いた、単なる観念の産物にすぎない——このようなことばを、学問の世界では「幽霊ことば」と呼ぶ——だけでなく、学問的にもいかがわしい用語であるとする意見は、岡田氏以外にも多くの著者が好んで表明するところである。が、いまはそうした証言を集めているいとまはない。

私が問題としたいのは、学問上のある用語が「純国産」であることが、その語の正当性をいささかも傷つけるものではなく、他の多くの学術用語が、確立された西欧語から翻訳によって導入されたことにくらべれば、はるかに、日本の社会と学問からの需要が高かったことを示しているのであるから、とりわけその存在意義に注目しなければならないということになる。

この純国産の「民族」は、それにあたる西洋語のナシオン nation が、登場の当初から今にいたるまで、この語の多義性——国民、国家、民族などの——に悩んでいるのを見れば、逆に、西洋語に導入してあげたいほどの、日本語としては例外的にあっぱれな出来というべきであろう。

「民族」の用例の初出の年代を、私はいま手放しで確実に言うことはできないけれども、かなりな程度で信頼できるのは、福沢諭吉『西洋事情』が現れた明治三（一八七〇）年あたりからとして大きな誤りはないと思う。その根拠は、佐藤亨氏の尊敬すべき『現代に生きる 幕末・明治初期漢語辞典』（明治書院）が、『西洋事情』から次のように引いているからである。

往古魯西亜ノ地方ニハ「シチアン」ト云ヘル蛮野ノ民族アリテ荒漠ノ原野ニ住居シ

「シチアン」とはスキタイのことであろう。ここで大切なことは、「民族」に「蛮野ノ」が冠せられていることであり、それはいわば、文明の域に達しない、したがってたとえば、「国民」とは呼べない、今日言うところのエスニック・グループに当たるものを想像させるための工夫だったのであろう。この場合の福沢の「民族」は、後世長く用いるに耐えられるよう、すこぶる配慮の行きとどいた造語と言うべきではなかろうか。とすれば、日本には「民族」という概念の需要が本来的に存在したということであって、無理やりに外から移植するまでもなかったということが明らかになる。

静的でなく動的（ダイナミック）な民族

今日の日本の学界で、とりわけ非左翼の面々から、「民族」という語がうとまれているらしいもう一つの理由を、私は次のように考える。

あとでも述べるが、「民族」が用いられるのは、複数の民族があって、その中の主要民族が他のより劣勢な民族を支配しようとしている状況において、かかる国家、とりわけ外国の強力な帝国主義国家に抵抗する集団を強調して呼ぶ場合に好んで用いられるという事実である。

たとえば、戦後間もない頃に高校生であった私が、デモ行進の隊列の中から必ずと言っていいほど聞いたものに、「民族独立行動隊の歌」というのがある。それは次のようにはじまる。

民族の自由を守れ
決起せよ祖国の労働者
栄えある革命の伝統を守れ

この歌詞を私はずっと、フランスかどこかの革命歌の翻訳だと思っていたが、この原稿を書くにあたって調べてみたところ、そうではないことがわかった。ここで注目すべきは、「民族」が「自由」、「労働者」、さらに「祖国」と結びついて現れていることである。

この歌詞は一九五〇年、日本占領軍の司令官マッカーサー元帥の命令によってレッドパージ（共産主義者の追放）が発せられたときに、国鉄大井工場の一労働者が煙突の上で作ったものだということである。この場合、「民族」は反米・反占領軍労働運動の中で、ほかでもない日本人を自ら呼ぶものとして、愛用されたのである。

この歌が示しているような、日本人はアメリカの支配からの解放のために戦っている「民族」なのだという反米的雰囲気の高まりの中で石母田正の『歴史と民族の発見』（東京大学出版会、一九五二年）があらわれて、若い読者に熱狂的に迎えられた。この書名は当時「民族」がどのような用いられ方をしていたかを象徴的に示している。あらゆる用語がそうであるように、学術用語もまた、最初生まれたままの状態にとどまっているのではなく、新たな状態のもとで、新たに生まれた意味を帯びながら成長を遂げていくのである。

その新たな意味は、被抑圧、占領状態からの「解放」、「独立」を求めて闘う情熱を抱いた集団による使用が加えるものであり、それはたとえば文化人類学などが地図を描いて、ここに分布しているのは〇〇民族でありますなどと説明するような、教科書的に分類された静的な民族ではなく、むしろ地図を塗りかえていく、動的な集団として示されている。

石母田の『歴史と民族の発見』が刊行された昭和二七［一九五二］年は、メーデー事件があった年であり、私は高校三年生としてその事件に参加していた。この本は、事件のあった五月に二か月先立つ三月に刊行されていたのである。

したがって、注目すべきはこの本が、皇居前メーデー事件がもたらした結果によって多くの学生と若者の心をつかんだのではなく、逆にメーデー事件を先導していたことである。当時は、出版物が、それほどまでに、若者を動かす威力をたたえていたのである。

では敗戦直後の日本は、どこから、このエネルギーにあふれた民族像と民族概念を手に入れたのであろうか。それはためらうことなく、ソビエト・マルクス主義からであると私は言いたい。

ソビエト・マルクス主義文献の励まし

ここで私が、「マルクス主義」の前に、「ソビエト」を冠するのには深い理由がある。それは、民族という問題に関するかぎり、ソビエト・マルクス主義者の理論、ソビエト・マルクス主義は、マルクス主義の元祖と言うべきマルクス・エンゲルスの立場とは大きく異なり、むしろ、それからの逸脱だということを強調したいためであり、そのことはあとで述べるであろう。

当時の日本人を動かしたソビエト・マルクス主義の代表的な著作として、ここでは二つをあげよう。一つはレーニンが一九一六年前後に書いた論文集『帝国主義と民族・植民地問題』であり、いま一つはスターリンの一九一三年の論文を中心にしてまとめた『マルクス主義と民族問題他』である。いずれも大部で高価な全集を買う余裕のない学生、労働者のためにと刊行された「国民文庫」（大月書店）の中に収めてあり、前者は一九五四年の初版が七四年には二十三刷を数え、後者は一九五三年の初刷が六八年には四刷を数えた。

とりわけ後者は、「民族とは……」の書き出しで示されたあの有名な民族の定義が、スターリンが没後人気を失う頃までは、権威をもつものとして、「民族」を論ずる際には必ずといってもいいほど引用されるならいであったためか、強い影響力を持っていた。

この二冊にさらに加えてもいい、レーニンの『民族自決権について他』もまた一九五三年の初刷が七四年には十六刷を数えていた。

これら「ソビエト・マルクス主義」文献は民族自決権に圧倒的な支持を与えていて、ソ連邦内の諸民族は、その自決のためには、「ソ連邦からの分離・独立」までをも認める覚悟すら表明していたから、これらの著作が述べるところは強い正当性をもって読者を説得していたのである。

しかしその後、ソ連邦の実態は大きく変質して、自決権は、ソ連邦のみならず共産主義国家にとって不都合な桎梏（しっこく）となっていったのである。

ソ連邦にならって発足した中華人民共和国でも、さきにあげたスターリンの著作から、くりかえしくりかえし、「民族」の定義が教条として引かれた。しかしそれはやがて、民族の自決を認めたくない、反動化した中国にとって、望ましくないものとなった。一九九〇年代、私は北京の中国社会科学院で講演した際に、スターリンの定義の意義に言及したところ、会を主催した人たちは「あれはだめです。スターリンは間違っています」と簡単にほごにしてしまったのである。このことによって私は、かえってスターリンが戦闘的であったことに気がついたのである。

エンゲルスの「歴史なき民族」

さきに述べたソビエト・マルクス主義の文献によって、日本の心ある知識人たちや学生たちは、それらの拠る理論的基盤がマルクス主義と銘うたれていることから、マルクス主義は、無条件に民族の独立のための戦いを鼓舞すると思ってしまった。

しかし、さかのぼって始祖たちの著作を吟味してみると、かれらは決して、民族の自決を支持する人ではなくて、場合によってはその逆であることが明らかになる。

かれらにとって社会変革の主要な関心事はプロレタリアートの主導による階級の解放であり、民族の解放はそれに付随して生ずるもの、あるいは階級の解放に収斂するものであった。しかも、民族は階級の解放の道程において、それを阻害する望ましくない要因ですらあった。このことは、エンゲルスが「歴史ある民族」に対して、「歴史なき民族」に罵声をあびせた時に明らかになったのである。

一八四八年、中部ヨーロッパをおおった革命の進行の中で、事態を混乱させ、複雑にさせる諸民族の動きを見てとって、エンゲルスは耐えがたいいら立ちを感じた。少数民族の動きは、階級の原理にあわない、不合理で反革命的な様相を呈したからである。エンゲルスは、ある民族の中にひそむ、一種の体質的な反革命性を見たのであろう。

かれは、歴史の主体となって革命を進めることのできる大民族を「歴史ある民族」とし、それに対して、革命の足かせでしかない民族を「歴史なき民族」と称んだ。その「歴史なき民族」［と］は「自分たちの歴史をもったことが一度もなく、もっとも未開な文明段階にやっと到達するときにはもう異民族によって支配されている民族、あるいは異民族の圧政をとおしてはじめて最初の文明段階にむりやりにひきずり込まれた民族」（『マルクス・エンゲルス全集』第六巻、二七五ページ）であると見た。

私をも含めた非歴史家のしろうとにとって、物理的な時間は、すべての人間に平等に流れている。したがって、すべての民族は時間と同様に歴史ももっていると考える。しかし歴史家にとってはそうではない。

「歴史をもつ民族」と「歴史のない民族」の区別を与えたのはヘーゲルであった。かれは、シナ人にはある歴史を、インド人には「求めても得られない」と指摘した（『歴史哲学（上）』武市健人訳、岩波文庫、三〇六ページ）。エンゲルスによる民族の分類はこのヘーゲルによっているのであるが、それによれば、ヨーロッパでも、特に中部ヨーロッパでは歴史をもつ民族はわずかでしかない。今日でいういわゆる少数民族は、すべて歴史をもたない民族である。

ここで、「歴史」があるかないかを問題にしている日本のもう一人の歴史家、岡田英弘を登場させておかねばならない。

岡田は、「歴史のある文明」は、「日本、西ヨーロッパ」とし、反対に「歴史のない文明」として、「アメリカ、ロシア、中国」をあげている（前掲書、八九ページ以下）。ヘーゲルが「歴史のある国」としてアジアでは中国を筆頭にあげ、「歴史はシナから始めなければならない」としているのとは対照的に、岡田は中国を「歴史のない文明」としている。

ヘーゲルは二百年前の人で、しかも自らシナの文献にたずさわった人でもないから、我々は、生涯をシナの文献に埋もれて暮した岡田の言に、より耳をかたむけねばならないけれども、いまはこの議論の泥沼から、早めに足を洗わねばならない。いまここでの問題はヘーゲルではなくて、エンゲルスである。エンゲルスにとって、「歴史ある民族」とは、革命を遂行するにあたって頼りになる民族のことであった。それはドイツ人とマジャール人くらいであり、スラヴではポーランド人を除いては、ロシア人すらも頼りにならなかったのである。

このような、マルクス主義の、しかも民族問題について発言した唯一の始祖の発言から、二〇世紀の、真にしいたげられ、たたかう諸民族が聞くべきものは何もなかったのである。

問題は国家のない民族

ヘーゲルは「世界史において問題になり得るのは、ただ国家を形成した民族だけである」と述べている（前掲書）。文脈からはずして、このような引用をなすことには危険が伴うことを知った上で、今はあえて行なう。国家がなぜそのようなものであるかは、「世界史は自由の意識によって産み出される」（前掲書、一五一ページ）という、かれのテーゼが背後にあることを飲み込んでおかねばならないが、ここではそれについて論ずることは省略せねばならない。エンゲルスは、こうしたいわば哲学的な解釈を経た上でのヘーゲル的国家を念頭に置いているのに対して、ソビエト・マルクス主義者は、言語、風習、心性といった、いわば、客観的な生活の実態に即した民族国家を考えた。すなわち、エンゲルスが国家を歴史哲学的に考えたのに対し、後者は、より実務的、さらに内容からすれば民族誌的に考えたのである。

それは、ヘーゲル的な「理性」や「観念」の実現ではなく、また自由が先行して作るのではなく、形成にともなって自由が現れてくるような、マテリアルな土台と背景がまず作る国家である。

フランス革命は、理性をもったフランス・ナシオン（民族nation）のもとに、さまざまな「歴史なき民族」（nation）すなわち「民族以前の屑」を熔融させて国民（nation）および国家（nation）を同時に作り出し、それらは一体となった。このようなナシオンは、この語の背後にあるすべての矛盾を消してしまったが、一八四八年の革命はナシオンという合財袋を破って、その中からナシオン以前のナシオンを踊り出させてしまったのである。

これら、ナシオン以前のナシオンに対して、ドイツ語はNationに対するNationalitätの語をあたえた。ロシアのマルクス主義者たちは、それをロシア語でなぞってнарод（ナロード）に対するнародность（ナロードノスチ）を作り出し、それを我が国のマルクス学者たちは「民族体」と訳したのである。そして論者たちは、「民族体」と訳されたこの語を［「国体」にならって］神秘化させたあげく、この神秘的な「民族体」について、えんえんと議論をかさねたのである。それも悪くはないが、あっさり「少数民族」と言いかえても大きな誤解は生まれなかったのである。言わんとするところがヘーゲル的な国民に至る以前の段階にある潜在的な国民、すなわち準国民にあるとすれば。そのように解釈して、近似的には中国における漢民族以外のいわゆる少数民族のような地位にあるものとして理解しても、大きな誤りはなかったのである。実は中国の「少数民族」の中には、人口数千人から数百万人に達するまでの規模の大きな差があり、ナロードもナロードノスチもいっしょくたに含まれていることさえ理解しておけば。

以上述べてきたことから、日本語が漢語を用いて日本製、純国産の「民族」を発明、製造したことは、民族の生成を世界史の全過程の中で理解する上で大きな貢献だったとほめたたえてもいいくらいである。このことによって、フランス革命以来のナシオンという語がもたらした混乱のかなりの部分が解消されるであろう。「ナシオン」は、まさにフランス革命が産み出した近代国民国家が含む、ありとあらゆる矛盾、とりわけ民族的不公正を隠蔽するためのマジック・ワードだったのである。

(『環』2014年春号 Vol.57 藤原書店)

第二部
モンゴル人民共和国からモンゴル国へ

モンゴル研究者として

ひとつの研究領域において、自分がその専門家であるという意識が生まれるのはどのような段階においてであろうか。あるとき、停年前の老練な教授たちの懐旧談を聞くともなしに耳にしていて、大学の卒業論文がその後の研究・教育活動を決定していたという話を聞いた。そのような充実感を味わなかった私には、たいへん羨ましい話である。そこで聞いたような、古典的模範学者としての生活は私にとって、すこぶる縁遠い世界である。こういうはめになってしまったそもそもの原因は、すべて戸山での高校生活にある。一年のとき朝鮮戦争がはじまり、二年で安保条約、三年でメーデー事件と、当時の一連のできごとは、基本的には現代史における結節点としての性格を変えず今日に至っている。当時、まだ多感な少年としての私は、受験準備のために、このような現実から一時であれとにかく目をふさぎ、耳を覆いきることは不可能だった。

戸山［高校］を出て二十年近い月日が去った。知的飢餓感を伴った悔恨の念なしに、あの時代を回想しないわけにはいかない。そしていま、私は、自身の実感からは遠いながら、モンゴル研究の専門家ということになっている。戦前の日本はモンゴル研究において、国際的に高い地位を得ていた。だから研究の軌道は敷かれていたとはいうものの、それはわれわれの世代の要求にふさわしく組み立てなおす必要があった。この作業の上で最も大きい影響をうけたのは、二年間のドイツ留学であった。私はこの二年を、すべての自衛的武装をみずから解除して、市民社会の中に身をしずめ、西欧における学問の意味を私なりにとらえなおすところから出発しなおそうとつとめた。

私の本来の研究の場であるモンゴルを訪問することができたのは、ドイツから帰って二年の後である。ここでモンゴルというのは、かつて外蒙古とよばれ、いまは独立国として国連の一員に加わっているモンゴル人民共和国のことである。この国を一九六八、六九、七一年と三度にわたって訪問した。一九二一年、十月革命の影響のもとに、ソビエトに次ぐ社会主義国となった、この国の革命を担い得た人物とはどんなものだったろうかという素朴な問いが、私の新しい研究の出発点となった。私の仕事は、当時の活動家たちが語り、書きとめた原資料を、かれらのことばで理解するという、当然の手続きからはじめられた。この仕事は着手したばかりではあるが、その一部は読者の注意をひいたらしく、出版社のすすめもあって、『草原と革命』と題するささやかな一冊となった。モンゴル革命五十周年を祝う今夏、この一冊をたずさえて現地を訪れ、モンゴルの学者たちの批判を乞うた。この本はすでにモンゴル語の翻訳がすすめられていて、現地で間もなく出版のはこびになるというから、モンゴルの広い読者から批判が得られるであろうと期待している。

本誌の編集者から、私の最近のしごとについて書くよう求められて、深い当惑につきあたった。書くべきことはすでに与えられた機会に発表したあとでもあるし、私は同じことを二度とは書かぬという原則を堅持しているからである。今日のような情報公害の渦のなかでは、寡黙はますます美徳となりつつある。それにもかかわらずおひきうけしたのは、最近モンゴルについて、時々ものを書いているあの人間は、戸山高の卒業生なんだそうだと認識してもらえるだけでもいいではないかというおすすめがあったからにほかならない。話がそういうことであれば、ここでついでに便乗させていただきたいことがある。

モンゴル人民共和国は、敗戦後捕虜としてそこで過ごした人以外には、日本人にとって永らく禁断の地であった。今日では訪れるに至極困難というわけではないが、しかし、日本から訪問したケースはすこぶるわずかである。そこに私は三度行ったとはいえ、もう一つの大きなモンゴル人地帯、いわゆる「内蒙古」は、今日中国の中に自治区として含まれており、当分は訪れることはできないであろうと思われる。しかし、かつて日本人が行くことのできたのは例外なしにこの内モンゴルであった。四中［府立四中――つまり都立戸山高校の前身］の先輩の中には、特に軍関係者が少なくなかったと言われるから、そこでの豊富な生活体験や、書籍、記録などを持っておられる方も少なくないであろうと推察される。モンゴル字で書かれたものであれば、それが紙きれ一つでも貴重であるから、私にお教えいただき、あるいは当時の体験などお聞かせいただければありがたいと思う。この点で、私が訳したハイシッヒ著『モンゴルの歴史と文化』（岩波書店）はドイツの学者たちが、いかにモンゴル語文献をたいせつにしているかをよく示している。

モンゴルと日本との間には少額なりとはいえ、交易関係がある。昨年［一九七〇年］は往復百万ドルという額が報告されている。草原や砂漠を走る車のタイヤには日本のマークが入っており、日本から数種類の医学雑誌を定期購読している医師もいる。交流が望まれているにもかかわらず正規の外交関係がないのは、日本政府がモンゴルを承認していないからである。このような現状ではあるが、この国と、経済、文化、政治など各領域で交流してみたいというアイディアがあれば、私にもいくらかモンゴルの知人がいるので、それをむこうに伝えるくらいのことはできる。政府間に窓口ができるまでは、私も可能なばあいには、こうした交流の役にたちたいと考えている。中途はんぱな文章になったが、かつての師友とりわけ、やさしかった女友達には、私が健在なこと、また戸山からも、世界的にみて数少ないモンゴル研究者の一人が現れていることなど知っていただき、何かの折には、ああ、あいつだと思っていただけるよすがとなるならば、この一文の目的は達せられたことになる。

(『城北会誌』1971年12月No.19　社団法人城北会)

【二〇一八年の感慨】

戸山高校の同窓会誌に発表した一文であるが、この翌年七二年には、モンゴルと日本の間に国交が樹立されることになり、それからあっという間に、モンゴルは、今では週に二度も直行便の航空路が定着し、特にめずらしい国ではなくなった。「それに何といってもすもうとりたちの活躍である。」しかし、当時、わが母校では、こんなヘンな変わった国の研究をしている異常なやつがいるというので、ぼくに執筆依頼が来たらしい。

モンゴル
――内陸アジアの視点

未知の国への旅

直線距離にして三千キロ、飛行機で直行できれば数時間という近いはずのモンゴルも、日本にとっては依然として、「未知の国」と呼ばれる「遠い国」である。地球上には、今なお月よりも遠く感じられる国がある。

日本からモンゴルにはいる道すじの大部分は、近年、ヨーロッパにむかう大量の日本人によく知られているシベリア・ルートである。ヨーロッパに往き来する人たちが、じつは、モンゴルのすぐ近くをかすめて通っていることに気づいてもらえるためにも、またこの旅程はあとで述べるようにモンゴルの国際的立場を理解するうえにも知っておく必要があるので、わずらわしいようではあるが、やはり書いておこう。

旅はまず横浜港からはじまる。ソビエトの客船の中で二泊、上陸地のナホトカで入国手続をする。ソビエトへの入・出国は、気骨の折れる外貨所持高の申告手続のほかに、私のようにテープレコーダーまで持っていると、よけいな気苦労をする。原則としては、テープレコーダーの持ち込みは許されないからである。ここから汽車に乗り、車中で一泊してハバロフスク着。横浜からの他の旅客は大部分、ここから直接モスクワへむかう。しかし私は、ここでまた一泊して翌日の飛行機でイルクーツクに着く。この町は［北］朝鮮、モンゴル、中国への入口であって、中国人旅行者は当面とだえているとはいえ、空港内の案内には中国語も併記されたまま残っている。ここから目指すウランバートルまでは、わずか一時間である。

しかし、この一時間の旅にそなえて、二、三泊はしなければならない。第一には、ここに常駐するモンゴル領事からビザを受けとるためであり、第二に、毎日飛ぶとは限らないウランバートル行の飛行機を待つためである。たとえば、イルクーツクに着いた日が金曜日ならば、続いて土、日はモンゴル領事の休暇にあわせてこちらも待ち、月曜日に待望のビザが取れれば、はれて火曜日の飛行機に乗れる運びとなる。これまで三度とも、事前の連絡がうまくついていたため［連絡は電報か、当時は先進的であったテレックスを用いた］、ビザが得られない場合はなかったとはいえ、即日発行してもらえるという保証もないのである。運が悪ければ、イルクーツクの滞在は数日にもわたるだろう。だが、ここには［北］朝鮮の領事館がないそうであるから、そうすると、朝鮮へ行きたい人は、いやでもモスクワまで遠まわりしなければならない。

出典：『中央公論』1971年11月特大号、p.255より改変

帰路はイルクーツクでソ連に入国する際、税関のもっとこまかい追及が待っている。とりわけうるさいのは印刷物であって、おそらく中国からの反ソ印刷物の流入をおそれているとしか思えない。漢字とか、見慣れない文字があると、検査官は顔色を変えるからである。だから、イルクーツク税関で口論しないですんだことは一度もない［口論の手段はもちろんロシア語である］。

そういうわけで、モンゴルにたどりついたときは、すでに緊張に満ちた一週間の大旅行のために疲れはてている。ただ、出むかえの車に乗せられて、空港から市内に向かう途中、アスファルト道路の路面にまではみ出して遊ぶ牛や羊の群れを容赦なく追い散らしながら、草原をわたるかぐわしい風を切ってホテルに運ばれるあいだに、とげとげしい思いは去り、しだいに心がなごんでくるのである。

もっともモンゴルへ行くには、このようなアジア・コースではなしに、ヨーロッパに一度はいったうえで、また逆もどりするコースのほうがよほど速い。つまり、西の入口モスクワまで飛び、再び日本の方向へむかって帰るのである。しかし、一介の安サラリーマンである私のような者に、モスクワまでわけもなく往復するというような捨て金は使えないのである。

こうして何重もの障害を乗りこえて敢行した旅行から、どれだけの成果が得られるか。その成果が莫大であるか寡少であるかは単純には計れない。とにかく今回は、アカデミーの許しを得て、革命史に関する若干の文献が複写できたことが、成果の一つであった［こうして『草原の革命家たち――モンゴル独立への道』（中公新書、一九七三年）が生まれた］。モンゴル税関からも無事許可されて帰国の途についたとき、私はこの［複写した］数百ページに対して二ヵ月余の給料に相当する金額を支払ったのだとしみじみ感じた。

この感じは、いくぶんさびしいものであったが、次の瞬間、千年以上も昔の唐代に、みほとけのことばを集めた書物を求めて、はるか天竺にまで、しかも国禁を犯して旅した三蔵法師のためしもあったではないかと心いさむ連想が湧き起こるや、にわかに英雄的とすら言えそうな興奮をおぼえて満足したのである。この連想はさして不自然ではない。いまだ中世の夢のさめやらぬ一九二〇年ごろのモンゴルで、突如、社会主義革命の嵐をうけた草原の革命家たちが、どのような革命の像を描いていたかは、かれらが命をかけて書き残した、これらの記録の中にこそつきとめられるからである。ただ、この英雄的興奮と満足感に対しては、税務署が必要経費として認めてくれない、ポケット・マニーと言うには大きすぎる代価を支払わねばならなかったのである。

ドルの支配を打ち破り、GNPを高々とかかげた、大日本の国立大学教師のせりふとしては、申しわけないがみみっちい。それにもまして、羊を飼い牛を牧しながらつましく暮す、人の好いモンゴル人に、かれらがどれほど客好きだとて、一週間か十日ほど、食べさせてくださいとの無心は心ぐるしい。いわんやモンゴルのレストランでビールがよく冷えてないなどと言ったら、ばちがあたる。この高価な東独製のビール「ラーデベルガーと言ったかな」をあがなうために、モンゴルの牧民は、手塩にかけた馬や羊を売ったにちがいないと思われるのである。

米中接近のなかで

とにかく、この永い旅程がはじまったころ、ハバロフスクの駅で買った『プラウダ』で、たまたま目にはいったのがニクソン訪中のニュースであった。そしてモンゴルに着いた七月二〇日当日、モンゴル語紙『ウネン』は、最後のページの最下段に、北京一六日発として、「北京、ニクソンを招く」という小さな記事を掲げていた。東京ではおそらく、大きな活字が躍っているだろう。さまざまな評論家が、いろいろな思いつきをひろげて見せているだろうなどと想像すると、新しくすべり出した五ヵ年計画の各地での進行状態を述べた記事に比して、この北京発電がいかにも平凡にとりあげられているのはむしろほほえましいぐらいに感じられた。その後もニクソン訪中はひとびとの大きな話題にものぼらず、新聞もそれについてみずから発言することを避けた。

それから一週間を経て、『プラウダ』にのったアレクサンドロフ署名の解説記事を訳載し、その他の新聞たとえば『文芸』新聞（八月六日）が、外国各紙に見られる反響をのせた。おもしろいことにこれも、ソ連の『文学新聞』からの転載である旨明記してあった。モンゴルの新聞が中国について書くばあい、従来ソビエトの新聞に発表された署名入り論文を転載するという方式をとりつづけてきたが、今回もそれが守られていた。

これをもって、モンゴルは中国の問題について、いかなる自主的判断をももたず、ただただソビエトの見解をおうむのようにくり返す以外に能がないなどとは、私にはとても考えられない。

モンゴルに関しては、このような対しかたこそ、思慮深く、賢明な配慮から発しているのだと思わざるをえない理由がある。すくなくとも当面、新たな五ヵ年計画がすべり出し、農・工業部門にも安定した基礎がすえられようとしているとき、こうした国内の充実への関心から離れて、中国のアメリカ接近を、モンゴルがヒステリックに、またセンセーショナルに、むきになってがなり立てる必要はほとんど無いのである。すくなくともモンゴルはそれによって自国の運命が左右されるほどの、たとえば日・ソのような大国ではない。多弁を弄さずとも、中国がモンゴルにとってどのような国であればよいかは、モンゴル人にとっては自明のことである。

中国はモンゴルにとって、その全歴史を通じ血のつながった日常的な関係の一つをなしている。新華社電は八月一九日、中国大使が鉄道によってウランバートルに着任したと報じて中・モ関係改善のきざしを予告したが、私の滞在当時、八月はじめ政府関係のある知人は、その夜、中国大使館のレセプションに出席するのだと言って、服装を整えていた。

この種のつき合いは日常的なものであるらしく、いかに関係が密でなくなったとはいえ、好むと好まざるとにかかわらず相手を避けることのできない隣人に対して、日本で行われているように、責任の裏づけのない放談を、気楽にはやれないであろう。中国の問題は、モンゴルにとっては、すくなくとも茶飲話や、雄弁をためすためのテーマではありえない。モンゴル人の中国への願望はもっと深刻なものであり、ソ連に対するばあいと同様に、一たび口から出たことばには全責任を持たねばならない。

中国とモンゴルとの最大の共通項は、いずれも台湾によって、日本とのあるべき関係が断たれているという事実にある。モンゴルの国連加盟が永らく実現しなかったのはひとえに国連内における台湾の反対工作のためであり、日本政府がモンゴルとの国交正常化に踏み切れない最大の障害は、やはり台湾問題である。モンゴル独立の当初から、その領有権を主張して譲らなかった当時の中華民国は、一九四五年に行われた、独立の確認を問う住民投票の圧倒的結果にたじろいで、一度はその独立を承認した。しかし、一九五三年に至って、ふたたび前言をとり消した。こうして台湾は今もなおモンゴルを「偽国家」と称し、その領土権まで主張している。モンゴルと中国の関係を臆測する前にまずこの問題に対する自らの立場を明らかにしておかねばならない。

短いモンゴル滞在をきりあげて帰国した私は、留守中たまった一ヵ月分の新聞に目を通しながら、あふれる情報に恵まれる喜びを味わった。とはいえ、この味は腹ごたえのあるものではなかった。それよりは続いて起こったドルショックのほうに、より現実的な迫力があった。

日本の郵便局の窓口にモンゴル宛の郵便を差し出して、すぐに料金のわかることは稀である。郵政省が印刷して、各郵便局に貼り出している色刷の地帯別区分図には、モンゴルの国名表示がないだけでなく、「中国本土」という文字で示されている部分に、国境線一つ引かれず、モンゴルが含まれている。そこが「中国本土」とは別の部分であるとわかるのは、私のようにこのあたりの地図をしばしば見ている者には、ソ連との、特徴ある国境線の曲がりぐあいによってである。書き添えておけば、この料金地図は、昭和四六年印刷の新しいものでも変わっていない。この地図は日本人の外国認識の一つのあらわれであるが、モンゴルのような国を、中国、あるいはソ連のいずれかに付帯させて考えるという一種の民族無視、大国主義的態度を示している。忘れてならないことは、国境線なしに、中国とひとまとめに示されているこの国と、日本は、「ノモンハン事件」という、事件ならぬ一大決戦を敢行して、この国の運命を左右したことがあるという事実である。

私のモンゴル旅行に関心が抱かれるとしても、主眼は常に中国、あるいはソ連に向けられているから、モンゴルはせいぜいそのための媒介であり、中・ソのできごとを説明するための補助資料と見なされている。

かつてモロトフが外相の地位から退けられて駐モンゴル大使になったころ［一九五七年］、日本としてはモンゴル承認を早めるべきだという意見が政府部内にあったという。中ソの情報を得るのに好都合な場所に位置しており、アメリカとしても、日本の外交機関のウランバートル進出を歓迎するむきがあるとも伝えられた。この考えかたは、さきに述べた傾向を端的に言いあらわしているし、またアメリカの肩がわりをするという大義名分で東南アジアその他の地域研究でおこぼれにあずかろうとした研究者の姿勢ともよく似通っている。

私がモンゴルを訪れるのは、中・ソ研究の補助部門としてではなく、モンゴルそのものの研究のためであり、それは日本人がこの国の民族にどのような態度をとってきたかという私の認識と関係がある。モンゴルはすくなくとも、中国のように条件をもちだして、日本の態度に改変をせまる物質的実力をもっていない。他方日本は圧力によってしか、しかも資本の利害に対する圧力によってしか反省することができない。モンゴルと日本との関係は、ある点で中国と日本との関係の陰画であると言えよう。そこで私としては、モンゴルでたまたま出会って知りあった、ハルハ河戦（ノモンハン事件）の参戦者と交した会話のほうが、ニクソン訪中に対する感想を聞くよりももっと重要である。

私はいままでのところ、モンゴルがニクソン訪中に関して、正確な意味での公式見解などというものを発表したというニュースを聞かない。そしてモンゴル滞在中、私がかれらにむかって、ニクソン訪中をどう思いますかときりだす勇気をもちあわせていなかったし、いまもない。皮肉好きなかれらは、「それを聞いてどうなりますか」とでも問い返してくるにちがいない。このような質問を発することによって、そこにひそむ無責任でさもしい考えが暴露されるよりは沈黙をえらぼう。私はやはり、そのような質問を出す資格が、こっちにあるかどうかを自問してしまう。モンゴルとつきあっているうちに、私はいつしか、そういう態度をとるようになってしまった。

モンゴルへの視角

飛行機で一時間ひと飛びのイルクーツクを目の前にして三日も泊るのはいかにももどかしい。しかし、携帯ラジオを持っていれば、いくらか慰められる点もある。モンゴル語放送がよく聞こえるからである。日本ではめったに聞かれないモンゴル語を耳にして、すでに目的地に到達できたかのような心地にひたって耳を慣らし、心の備えをすることにしている。

だが、最初この放送を聞いて意外であったのは、それが北京放送であるとわかったときである。毛語録の一節の朗読によってはじまる北京からのモンゴル語放送は、イルクーツクではもっとも鮮明に聞かれる対外放送の一つであり、それはまたウランバートルでもよく聞きとることができる。外国からのモンゴル語放送には、このほかにもモスクワからのもあり、時間によってはウランバートルがそれを中継する。人口百数十万［今日では約三百万］のモンゴル人民共和国の住民を対象に、こうした放送があるということは、たしかに北京とモスクワのモンゴルへの関心がなみでないことを示す一例である。

ウランバートルもまた、外にむかってロシア語と中国語の週刊新聞を発行している。中国語版は『蒙古消息報』という。モンゴルを訪れた日本人は、きまって、中国人はもういないのかとたずねるが、私はこういう質問も、さきに述べたような理由で発する気にはなれない。そして、モンゴルを取材して帰った新聞記者は、「中ソ対立後、中国人はすべて引き揚げてしまった」と書く。六九年訪問した際も、今回も、私は、「ほら、あそこに中国人がいますよ」と、モンゴル人からすすんで教えられた。六九年のばあい、革命記念日の催しが行われた国立競技場近くの木蔭に休んでいた工人服の数人がそうだった。ことし〔一九七一年〕も、出発の前日、トーラ河畔の保養地に草摘みに出かけたとき、家族連れで遊びに来ている中国人の姿を見た。かれらは友好時代にやってきて、そのまま、いろいろな事情から住みついたものだという。「あんたも、モンゴルの娘さんをもう一人お嫁さんにもらって、あの中国人のように住みついてみないかね」と、友人は冗談を言った。

だから六九年に「この年、私は日本モンゴル親善協会の事務局長との肩書きで、超党派国会議員団といっしょにウランバートルに行った。モンゴルとの間に国交がはじまったのはその三年後であった」私どもに同行した『毎日新聞』の記者が伝えている、「あなたが中国人だったら首根っこをひっかいてやる」と言った、モンゴルの大学生の発言（八月四日付夕刊）は、どうも日本人特有の「鬼畜米英」的発想の産物のように思われる。私は、モンゴルに残留した中国人が「首根っこをひっかかれた」とは聞かないし、第一、この記者が、どのような言語的手段によってこの取材をなしえたか明らかでないのである。

「未知の国」と称しつつも、名の知られた日本の報道機関はほとんどこの国を取材した経験をもっている。しかし取材にあたった人たちは、あるいは勉強しすぎのためか、逆に不勉強のためか、あらかじめ材料をつめるべき枠を作ってたずさえて行く。枠の組立ては、たいていは単純なものであるらしく、「中ソ対立の谷間のモンゴル」「ソ連一辺倒の」「中国に敵対するソ連の同調者」などがそれであって、モンゴルの土を踏んでも、新しい視点を発見するためにではなく、できあいの枠に、いかにうまく材料を盛るかに終始しているようだ。二度と訪れることはないであろうし、いかに異議を申したてられたにせよ、それによっておびえる必要のない相手であるから所詮は書き捨ての旅の恥ということになる。

またある記者はウランバートルに着くや、街を走る乗用車はボルガが多く、チャイカは少ないとか、そういうことに多大の注意を払っていた。こういうことが新聞記者にはたいせつなんですと、かれは言った。そして、こういう経験はすべて、「ソ連への寄りかかり」という枠の中に押し込まれるのである。

モンゴル人は、中国人の首根っこをひっかくどころか、その首都のいたるところに残された中国人建設労働者の貢献のあとをかくそうとはしない。土木工事に不慣れなモンゴル人が中国人労働者の骨折りに感謝した時代の名残りであろうか、「中国人労働者通り」という名称と標識はそのまま残っている。今度新たに大使が着任したという中国大使館は、ポーランド大使館の隣りにあって、私は毎日のようにその前を通って散歩した。通りにそった塀には、中国の近況を伝える写真が展示され、門から前庭をのぞきこむと、工人服の数人がのんびりと立ち話していた。大使館の活動はほとんど休止しているのであろうが、毎年更新される貿易協定によって、軽工業製品がはいってきている。ソ連には無くて、中国からしか買えない製品［代表的なのがまほうびん］もあるので、いまは大使館員から個人的にわけてもらわなければならないとある人は話していた。デパートにならぶクレヨン、鉛筆のような学用品はほとんど［北］朝鮮製であったが、毛筆までそうであるのは、やはり中国との関係が滞っているしるしであろう。

二つの文字、二つの語録

私はこのように、中国とモンゴルの不可避的隣人関係を強調しながらも、新華社の次のような解説記事を思い出さずにはいられない。すなわち「モンゴルの勤労人民は、かれらの国の富に対するソ連修正主義裏切者集団の残酷な略奪がかれらの生活を日ましに貧困へと追いやっている重要な原因であると見てとるようになっている」と述べて、「わが国はかつてはこのように貧しくはなかった。これは、われわれの指導者がソ連に頼り、かれらの命令のままに動き、人民の生活を無視しているからである」という「モンゴルの一公民」のことばが引かれている（『東風新聞』一九六九年三月一七日より抜粋）。

こうした、いささか現実感のともなわない激越な論調が、今もなお継続しているかどうかは明らかでないが、毛語録の二つのモンゴル語訳に見られる中国の態度には、モンゴル人民共和国の言語的現実を尊重する、別の姿勢がうかがわれる。

この問題にはいる前に、一般の読者には若干の予備知識が必要であろう。モンゴル人民共和国が六百年の歴史をもつ伝統的文字を廃して、キリル（ロシア）文字による正書法にきりかえた事実は、西側モンゴル研究家が「ソビエト帝国主義の植民地主義」の実例としてひきあいに出す、有名な攻撃目標である。一九三〇年代の末ごろ、モンゴルにもソビエト連邦内の非スラヴ系少数民族のばあいと同様、ラテン文字が導入された。しかしラテン文字の運命は短く、四〇年代に至ってロシア文字への変更がなされ、五〇年代には言語生活の中に深く定着した。今日では、三十代以下の若い世代は、ほとんど現行の文字だけを学んでいるので日本人の私に古い文字が書けるといって感嘆するほどである。おもしろいことにかえって、新文字導入政策にあずかった政府機関の年輩の高官たちのほうが、伝統的文字によってメモをとっている。

たしか一九五六年ごろと記憶しているが、中国の内モンゴル自治区でも、共和国で成功したこの文字（言語）改革をそのまま採り入れ、ロシア文字正書法による教科書が印刷されて、一部は日本にも輸入された。また教科書以外に学術書でも、モンゴル研究に関係のあるものには、中国語の書名とならべて、共和国の新正字法によるモンゴル語書名が印刷されるようになった。しかしこのような試みは永くは続かず、たちまちのうちにもとの伝統的正書法にもどった。こうして、旧内・外、二つのモンゴルに、二つの文字体系が併存することになったのである。

文字面では異なっているとはいえ、両地帯のモンゴル語はきわめて近い関係にある。伝統的な旧文字で書かれた文章を、そのまま、ロシア字の正書法で置き換えれば、それで共和国用のテキストができると言っていいほどである。すくなくとも、若干の方言的差異を補正すれば、りっぱに読めるものができるから、モンゴル語訳毛語録のこの二つの版は、せいぜい文字づらのちがいにとどまるものと私などは考えていた。ところが、この二つを実際に読みくらべてみて、その差が、このような機械的なものではなく、両版の文体そのものに大きなちがいがあることに驚いたのである。

まず書名をくらべてみよう。

『マオ・ジュシの語録』（旧文字版）

『ダルガ・マオ・ツェ・トンの語録』（新文字版）

ジュシは言うまでもなく、「主席」の直接借用語。新文字版のダルガは、今日のモンゴル語では、「党・」政府・官庁機関の「長」を指す肩書であり、これが人名の前に立つ、最近の共和国モンゴル語の特徴は、ここに忠実に示されている。両版の全体を通じて、一方の「毛主席」は、他方では一貫して、「ダルガ毛沢東」に呼びかえられている。

また、共産圏の政治出版物の冒頭をかざる「万国の労働者団結せよ」というスローガンは、この二つのモンゴル語版にも掲げられているが、わずか四ないし五語からなるこの短い一句のうちの一語も、この両者に共通するものはない。強いてあげれば「万国の」のの と「団結せよ」のせよという二つの文法要素くらいのものである。新文字版では「労働者」にあたる語はプロレターリとロシア語からの借用語であり、旧文字版では文なし、貧民という語が用いられているのは、それぞれマルクス主義用語の借用経路のちがいにもとづくだけの、言語にとって本質的問題ではないのに反し、他の部分は伝統的モンゴル語彙を用いながら、その枠の中での差異である。

こうした例を見るにつけ、同一言語を話す民族の南北あるいは東西分断のばあいが思い出される。輝かしい言語遺産をもつドイツ民族にとって、この問題はとりわけ深刻に感じとられているようである（たとえば『一橋論叢』一九六三年七月号のモーザ『ドイツの政治的分割の言語的結果』、リームシュタイン『一九四五年以来のドイツのソビエト占領地区におけるドイツ語の変化』の二著に関する橋本郁雄氏の紹介を参照)。いま二つの毛語録にふれて、こうした例が思いあわされたのは、中国はこの二つのモンゴル語テキストを刊行することによって、モンゴル民族の政治的分割を、言語的側面から確認することを意図しているのだというような流儀で話のすじを導きたいためでもなければ、中ソの国家的エゴイズムが、こうして単一民族の言語を分断したという証明として思いついたのでもない。

毛語録の訳者としては、内モンゴル用のテキストに若干の手を加えてロシア文字に直せば共和国向けとして充分通用するはずのところをそうはしなかった。新文字版のモンゴル語は、共和国の、もっとも現代的な、もっとも一般的な政治文献の言語的スタイルに、そのままのっとっているという、そのおそるべき厳密さ、共和国の言語的現実をそのまま認め、それに従った客観主義に驚かされるのである。私の経験では、モンゴル人民共和国に毛語録の読者は一人も見いだすことはできなかった。しかるに、この新文字版のモンゴル語テキストにも印刷にも、細心の注意が払われており、内モンゴル版とは独立の、いわば別の国語版を作るための作業が行われたといい表わすべき性質のものである。

中国のモンゴル人民共和国に対する態度は、良くも悪くも、毛語録のモンゴル語版に二つの版を作った、このことの中に見てとれるであろう。中国は、自国のモンゴル人が、ロシア字を用いてその母語を書くことを拒否した。しかし、ロシア字を用いて、すでにりっぱな活字文化を形成している共和国のモンゴル語に対しては、その現実を尊重し、ロシア語からの借用度にそのままあわせて、毛語録もまた翻訳したのである。こうした事実は、時事評論家の目をまぬかれやすいものであるが、中国の対外的な基本姿勢の一つの面として記憶しておかねばならない。

孤立を脱して

一九六一年、モンゴルは革命四十周年を記念するとともに、盛大に国連加盟を祝った。これは、モンゴル人民共和国を、はじめて国際社会の中において独立の民族国家としての市民権を得させたできごとであり、一四世紀以来失っていた民族的・国家的生存の基盤を得させた歴史的事件であった。国際社会におけるモンゴルに関する知識は、ジンギスカンから一足とびに国連加盟へとつながっているのである。首都の主要道路の一つは「国連通り」と命名され、多色刷りの記念切手シリーズが発行された。国連加盟によって、モンゴルは共産主義諸国のみならず別の世界とも、広い接触面を持ちうる機会を得たのである。独立国としてのモンゴルの存在を広く国際的に印象づけ、多元的な関係をうちたてることが、この国の独立を保障する最大の要因である。

モンゴルにおいて、あるいはそこに往来する飛行機の中で多数の東独人、それにハンガリー、チェコ、ブルガリアなどの東欧人を見かける。ソ連とはちがって、ここでは東独のピルセン風ビール、ラーデベルガーが飲めるというぜいたくさである。煙草の名称はモンゴル名であるが、ブルガリアに委託生産をさせている。こうした食料品をはじめ、日用品のどれだけ多くが東欧製のものであるか、調べあげれば相当の項目に達すると思われる。モンゴルではいま、夏に郊外へ出て魚を釣る風習がひろまっている。モンゴル人は気味悪がって魚は食べないと聞いていただけに、実際に目で見るまでは信じられなかった。数十センチに達するマスに似た魚は、まだ文明に悪ずれしていないせいか、疑似餌をつけた釣糸を投げ込むだけで、容易にひっかかってくる。釣具はすべて輸入品と思われる西欧式のもので、デパートには釣具コーナーがある。

もちろんソビエトの製品にモンゴル人が寄せる信頼には絶大なものがあり、日本の資本家が聞いたら妬ましいほどのものである。たとえば、零下四十度の厳寒期にもただちに始動する自動車、とりわけ、草原のどのような地帯でも進むことのできるガーズというソビエト製ジープ、それに飛行機である。にもかかわらず、少数ながら生じているマイカー族はチェコ製の小型のシュコダを高く評価しているし、ホテルの周辺に駐車している車の半数は、真新しいベンツである。そうして、こうした車のかなりのものが、日本のオーツ・タイヤをつけていた。

私は市場調査に出かけたのではないから、このような列挙はここでやめておくとして、外国のすぐれた商品を安価に輸入することに対する、モンゴル人の意欲はすこぶる強いものがある。私の持って行った二台の日本製のカメラは、高級品には属さないが、その性能と値段には、いつも質問が集中し、日本のカメラは世界一だとほめられた。あるとき、いつものように二台のカメラを胸に吊して、モンゴル人としては写真にとられたくないであろうような、うす汚れた裏小路を歩いていた。向こうからやってきたモンゴルの男も、やはりカメラを持っていて、微笑しながらそれを指さしていた。それには日本の商標名がはいっていた。

ソビエト、とくにシベリアを旅行した人が、子供や、りっぱな大人からもねだられるものにチューインガムがある。私のような世代の者にとっては、チューインガムは敗戦の屈辱感とつながっている。当時、田舎の子供たちは、これを進駐軍といわれるアメリカ占領軍からもらってはじめて知った。ソビエト人民にとってチューインガムはどのような意味をもっているのであろうか。ブルジョア風俗としてしりぞけているからであろうか、とにかくソビエトはそれを輸入もしなければ製造もしていないのである。そこで、私は、ソビエトの人に世話になって、感謝の意を示したい機会に出あったときの準備のために、いつでも、少しのチューインガムを持って行くことにしている。しかし今回、モンゴルにはいってびっくりしたことには、チューインガムが売られていた。私は持ってくる必要はなかったのだ。ガムは西ドイツ、ハンブルクの会社のものであった。西ドイツからの輸入品はベンツとガムだけではなかろう。

西ドイツについては、私はあることが記憶にあって注意を引かれた、昨七〇年、ウランバートルでモンゴル学者の国際会議が開かれた。西ドイツの大学にいる私の友人は、そのころ、自分は生涯モンゴルの地を踏めないだろうと無念の手紙を私に送ってきた。かれはライプツィヒであったか、ドレスデンだったかでチベット、モンゴル学にはいり、その後、西に逃げた経歴がある。もとからの西ドイツの市民ならば問題はないが、元東独人は、東独側がモンゴルで同席を容認しないからだとその手紙は述べていた「この人はボン大学のクラウス・ザガスターさんである。その後かれは国際モンゴル学会の会長だか何かになって、何度もモンゴルを訪れているらしい」。

この一例を見ても、政治的現実は厳しい。それにもかかわらず、モンゴルはさまざまな義理にもかかわらず、世界中から、もっともすぐれた製品を買うことに対する意欲をもやしている。

革命五十周年記念にモンゴルが発行したアルバムは、ベルギーが印刷し、絵はがきの一部は日本が印刷した。ここでもまた、常にすぐれたものを安価に手に入れるという努力をモンゴルは惜しんでいない。

このような現実主義は、遊牧民の開放的性格ともあいまって、この国のさまざまな面にあらわれている。すべては、この国の生活を高め、独立を強固にし、国際社会に地歩を得る――この三点は相互に、密接につながっている――という目的のために効果的であるかどうかという基準から、発しているように思われる。

このことは、モンゴルの研究者、とくに歴史学者が過去の歴史事実に対するときの態度の中にもうかがわれるように思われる。一九二一年の人民革命についての資料、二八、九年における党の要人の追放、また三七年、八年ごろの粛清と、クリティカルな時期を通じて、現実に目をふさぐことなく事実に直面しようという姿勢は私にはすこぶる心強く感じられる。私はこうした歴史学者たちと話をしていて、かれらこそ、歴史学者として生きる深い苦悩を身で味わっているように思われた。

スターリン全盛時代に建てられた、科学アカデミー入口のスターリン像は、批判の嵐にもまれながらも、そのまま今日も立ちつづけているし［その後一九九〇年二月に撤去され、今日のリンチン博士の像にとりかえられた。これについては私の『モンゴル―民族と自由』（同時代ライブラリー、一九九二年、岩波書店）を参照されたい］、国立大学前のチョイバルサン像も、もとのままである。一九二一年の革命の発端から党の結成に力を尽くしたチョイバルサンは、公式の党史の中で、首相時代に個人崇拝を強要し、有能な人物を粛清に追いこんだスターリン主義追随者として非難されたにもかかわらず、その名を付した都市の名も改称されずに今日に存続している。私はチョイバルサンの『革命史』を翻訳するにあたって、その冒頭のスターリンの著作からの引用文を略すことなく付した。これに対してモンゴルの人たちは、とくに不機嫌にはならなかった。かれらにとってはすべては否定できない歴史的事実である。

日本の左翼人がソビエトや中国に対してさまざまの、時に現実を超えた期待を寄せて裏切られたり、あるいはピンポン玉の飛び方で中国に対する見方を変えたりするには、モンゴルの人たちはあまりにも直接的な試練を経すぎている。日本の理論好きのインテリにとって、モンゴル人はあまりにも手ごたえがなさすぎるとしてもいたしかたない。モンゴル人のもとに、革命は、ネクタイをしめてやってきたのでもなければ、しゃれたことばに包まれて、春風のように訪れたのでもなかったのである。

内陸アジアの平和と知恵

モンゴルに視線が注がれるのはまた、中ソの国境に緊張が伝えられるときである。日本の四倍に達する面積を、百数十万の人口によって占めねばならないというこの現実を見るならば、この種の軍事問題に関心の深い人たちの防衛理論からは、このばあい、どのような方策が導き出されるであろうか。この広大無辺の「八千キロ近い」国境線を軍事的に防衛するには、全人口を投入したとて十分とはいえない。

このような途方もない防衛を考えるよりさきに、この国に大きな課題となっているのは、交通・通信網の維持である。滞在中、同行された未來社の西谷能雄氏とモンゴル国立書店総裁との一問一答は、この点で興味深いものがあった。

西谷氏は日本における書籍の出版と販売における利益配分を説明して、モンゴルのばあいをたずねた。モンゴルでは、低い人口密度にもかかわらず、これだけ広大な地域に新聞を含めたすべての刊行物をとどけなければならない国立書店の負担はあまりにも重すぎるという返事であった。

モンゴルでは都市と若干の工業地帯を除いては、道路はまだ舗装されていない。草原の中を走れば、すなわちわだちの跡がはげて道となるといったありさまでは、自動車は時速六十キロが限度である。鉄道は限られた一部の地域にしかない。それにもかかわらず、地方から注文をうけた出版物が数日のうちにとどけられるのは飛行機のおかげである。じっさい、モンゴル国内機の活躍は称讃にあたいする。三十数席の双発プロペラ機「アントノフ」は、天候のさだまったころを見はからって、草原から草原へと飛ぶ。とくに作られた滑走路はなく、無造作に草の上へ降りる。

ひとびとは飛行機の降りた地点まで馬で駆けつけていたようであった。はげしい雨が一過すれば、たちまち川が流れるような地形では、自動車の活動もにぶる。自動車の運転免許をとるには最低六ヵ月かかるという説明も理解できた。自然条件を誤りなく判断し、いかなる故障をも克服する技術を身につけねばならないからである。しかし状況によれば、給油も要せず、部品の交換も要しない馬のほうがなおすぐれているのである。馬は後進のしるしではない。馬と飛行機とを巧みに使いわけているのが今日のモンゴルであると、比喩的に言うことができよう。多大の投資を要する鉄道や舗装道路は、今のところ人口稀薄なモンゴルの目的にかなってはいない。

同じ理由から、モンゴルでは地下資源の埋蔵量の調査すらも十分には行われておらず、たとえ実態がつかめているばあいでも、開発に労働力を割く余裕がないという。地表の利用さえおぼつかないものをどうして地下までのぞく必要があろうかと言いたげであった。このようなモンゴルにとって、国際緊張がどれほど大きな犠牲を強いるかは明らかである。とくに、この国を密封するようなかたちで国境を接しているソビエトと中国との関係はモンゴルの建設に直接ひびくものである。中国との関係の悪化が、モンゴルにますます東欧との接近を余儀なくさせているように思われる。いかなる点から見ても、モンゴルが中・ソの一方に進んで加担し、みずから緊張関係の渦中に巻きこまれてゆかねばならない理由はないのである。

ここ二、三年間、モンゴルの人たちが強調するのは、農業の発展であり、小麦はすでに自給を越えて輸出国になったということである。これは、党や政府の経済発展に関する報告書にも、しばしば見うけられるところである。私は現実にその実態を知る以前には、公式見解をまるのみにしたたんなるくり返しであろうという疑念をとり去るわけにはいかなかった。そして、小麦の自給ということが、この人たちの心をなぜこうも捕えるのだろうかと不思議に感じたものである。

このたび私は、一三世紀のモンゴルの古都、東アジアから東欧に至るまでの、ユーラシア国家の発祥の地である、カラコルムを訪れたが、そこにさしかかる前、大草原のはるか彼方から、見渡すかぎり、黒々と土の露出した地帯が目にとまり、これがあの有名なハラホリン（カラコルムの現代音による呼称）の国営農場だと知った。ジープは五十～六十キロのスピードで走っていた。その間、この黒い土と、何やら明瞭ではないが、周辺の野草とは明らかに色の異なる栽培植物の帯は、二時間以上も途切れることなく続き、それは遂にハラホリンの町まで達していた。

町からその黒い土の地帯までは満水の灌漑水路が走っていた。播種、施肥、刈取りなどここではすべて機械が行っており、この地平の彼方まで続く農場の中に、「農民」の集落を認めることはできなかった。土に直接手を触れる、典型的な意味での「農民」をこの農場に発見することは困難であろう。かれらはすべて農業技術者、あるいは農業機械操縦者と称んだ方がふさわしい。古都カラコルムの廃跡から町のほうを望むと、煙突の列から黒煙が立ちのぼっていた。これは火力発電所であった。

このような農場、というよりは一種の栽培工場を見て、小麦が国内需要を超えて、輸出されているという話に疑いは抱けなかった。そして、モンゴルを去るにあたってたまたま遭遇したできごとから、食糧、とくに穀物の自給が、この国にとって、どれほど重大な意味を持つかを思い知ったのである。

モンゴルにはいる日本人旅行者は、通常、日本を出るときすでに、帰路用のソビエトのビザを用意しておく。私はモンゴルにおける滞在日数を確定しておかなかったので、ウランバートルのソビエト大使館から、あらためて帰国用ビザを手に入れればよいと考えていた。しかし、ことはそれほど簡単ではなかった。イルクーツクにある、ソビエト国営旅行社インツーリストから、私を受け入れる旨の電話、あるいは電報による確約がなければビザは発行できないということであった。ところが、バイカル湖周辺はもとより、イルクーツク―ウランバートル間は、折から降りつづいた大雨のために電信、電話線、鉄道がすべて水没したため、当面修復の見通しはないということが明らかになった。モンゴルの友人は例によって、「やっぱりここでもう一度嫁さんをもらうんだな。日本のあんたのカミさんには電報を打つよ」と冗談を言ったが、電報すら不通なので、しらけた冗談となってしまった。

たびたび渡りあった一等書記官イワノフ氏をはじめソビエト大使館員たちに、私はうらみを持つどころか、また会ってみたいと思うほど、打ちとけた気持ちを抱いているが、その融通のきかなさのために遂にビザ無しでソビエトに入国し、ここに述べる余裕はないけれども、けっして愉快な滞在はできなかったことは記しておかねばならない。鉄道が不通になったことはもっと不安を大きくした。鉄道でやってきて、鉄道で帰る予定でいた人たちが飛行機に殺到したため、いつ座席がとれるとも知れない状態になっていた。自然の猛威は、モンゴルをソビエトから孤立させてしまったのだ。

当然のことながら、私は日本の旅券法を無視して、鉄道で北京へ南下して帰る可能性もあろうと考えた。しかし、中国のビザを取ることはソ連のビザを取るよりも、もっと困難であろう。北の道は自然が、南の道は政治が閉ざしていた。これは一種の半封鎖状態ではないか。

いずれにせよ、モンゴルにとって、常に最小限必要な食糧を確保することは、「自衛のために」軍備を維持することなどより、より緊急度が高い。かつて農耕地帯に侵入しては掠奪、殺戮をこととした、遊牧民の悪名高い周期運動の理由の一つに、穀物をはじめ、農耕社会の生産物に対する強度の需要があげられている。こうした歴史的事実にてらしても、モンゴルにおける穀物生産が、たんに遊牧から集団化へ、あるいは牧畜から農耕へといったような机上の図式の要請による、実験や演習以上の重要性をもっているのだと痛感させられたのである。

さきに私は、中国、ソ連へのつけたりとしてのモンゴルではなく、それ自体としてのモンゴルを対象とすると述べた。それ自体としてということは、人口百数十万［今日では三百万前後となってはいるが］の国を北と南とから、すっぽり包みこんでいる億の単位の大国と切り離して論ずるというものではない。むしろそれは不可能であって、「大国」というものの意味を、小国の目で考えてみるという立場から、中・ソが登場するのである。

また、今日のモンゴルにおいて、中国のかげは、あらわなかたちでは感じられないとも述べた。しかし日本人がモンゴルへ行こうと思い、モンゴル人が日本へ来ようと思いたったその瞬間に、中国が登場してくる。五〇年代、モンゴルと日本の間にささやかな人的交流のいとぐちができたとき、モンゴルからの最初の訪問客は北京を経由し、香港から日本へはいった。［一九五七年の］原水爆禁止世界大会の代表としてであった。日本人もまた、この経路によってモンゴルにはいった。ところが文化大革命のころから、すくなくとも日本人には北京経由の道は閉ざされた。ソビエトにも、もしかして、このような外国人の通過を禁ずる事態が起きたらどうなるであろうか。言うまでもない答えだが、第三国からはモンゴルにはいれず、モンゴルからも容易には外に出られない。すなわち、中・ソにとっては国内問題であっても、モンゴルにとっては国際問題の重みをもつのである。したがって、ソ連の国境を通ることがいかに不快であるにせよ、ソ連はモンゴルへの通路を開いておいてくれるだけでも恩恵を垂れていることになるのである。

モンゴル人が、モンゴル人民共和国を保持していくこと自体の中に、どれほどの忍耐と、勇気と知恵がこめられているかを、われわれは理解しなければならない。いま、日本との国交樹立を強く望んでいるこの国にとって、過去において、日本の姿がどのようにうつっていたか、大国にはなりえない、平和のみがその独立を保障するこうしたアジアの国国にとって、アジアはどのようなものとならなければならないかを、かれらは大きな声をはりあげて明示することはしない。われわれのアジア研究になにほどかの意味があるとすれば、ひたむきな歩みを続けるこのような国の声々が、ともすればかき消されそうな大国の叫び声の間をぬって、われわれの耳に聞こえるようになるからである。

（『中央公論』1971年11月特大号　中央公論社）

【二〇一八年における思い出】

これは今から四十七年前、日本との国交がはじまる一年前の記録である。久しぶり――何十年かぶりに本稿が掲載されている『中央公論』を開いてみて、ここに書いたことの大半を忘れていた。今読みかえしてみると、半世紀近い昔のモンゴルをしのぶのに意味がないわけでもないと考えて、本セレクションに入れた。当時の『中央公論』の編集者は、わざわざ私の勤務地であった岡山大学までやってきて、本稿の執筆を熱心にすすめられたのである。

ぼくは今まで何となく、世の中はゆったりと大きな流れとなって動いていて、人間の方だけがせわしなく、こまごまと揺れ動いているのだと思っていたが、こうしてモンゴルを見ていると、このぼくという存在はほとんど何も変わったことはないのに、モンゴルを含む世界の方が、かえって目まぐるしく変化しているように思えて、ふしぎな感じがしている。これを書いた頃、モンゴルの若者が相ついで日本にやってきて、日本のすもう界を独占してしまうなどと、いったい誰が想像しただろうか。

モンゴルにおける言語生活の近代化とモンゴル語

一

一九四〇年に発布されたモンゴル人民共和国の、いわゆるチョイバルサン憲法は、この国の基本的な性格を「帝国主義的・封建的圧迫を排除して、将来社会主義に移行するために、資本主義によらない発展の道を歩む」ものと規定したが、一九六〇年の全面的改訂をほどこした新憲法はすでに「人民民主主義のかたちをとる社会主義国家である」と表現している。言うまでもなく、資本主義のめばえすらなかったモンゴルは一九二一年の革命後、四十年の建設時代を送り、封建制度と社会主義制度の両端が、まさにこの四十年の中で、じかに接続しているのである。右に掲げた、憲法の二つの表現は、モンゴルの文化全体、とりわけ、言語が経験したはげしい歩みの跡をも象徴的に暗示しているのである。

近代西欧諸国では、数世紀にわたる資本主義への道のりの中で、個々の社会現象や、新しく獲得された概念を表現・定着すべき語彙を、ギリシア・ローマ文化の伝統の中で徐々に内部から作りだしていったのであるが、太古からの遊牧生活のまま、世界史の主要な舞台から取り残されていたモンゴル人は、このような期間を省略して、ひといきに社会主義の高みをめざしたのだった。この国にとって社会主義を建設するということは、遊牧社会には全く未知の理論体系とその諸概念とを摂取して、現状を分析し、計画をたて、検討するということだけでなく、友好諸国（特にソ連邦）を通じて国際社会の一員となることをも意味したのである。結局のところ、モンゴルの人々は、先祖伝来のモンゴル語を育てることによって建設に成功し、言語生活の豊かな局面をきりひらいてきた。本稿の目的は、はげしい社会変革の中で、この言語がその影響をどのように受けとめ、また自ら機能しているかを、いくらかでも明らかにすることにある（中国内モンゴル自治区、ブリヤート・モンゴル自治共和国にも文章語が成立していて、それぞれ中国語あるいはロシア語からの影響の度合は、ここに述べるモンゴル本国とはやや異なっているけれども、ここではモンゴル人民共和国だけに話をかぎる）。［二〇一八年——モンゴルという名のもとに、中国、ロシアにおけるモンゴル語も視野に入れるべきであるという汎モンゴル的な視点が暗黙のうちに前提されていることに注目したい。］

二

今日、モンゴルの文字表記は、ロシア字アルファベットに二つの母音字を加えたものによって行なわれ、古典の学術的研究用の原典類を除いて、すべての出版物がこの表記によっている。けれどもソ連邦に含まれる、中央アジア、シベリアの、文字を全くもっていないか、たとい文字の伝統があっても、人々の生活の中でほとんど機能を果たしていないというような諸民族にあっては、革命後、それぞれラテン字にもとづく文章語の確立をめざしての努力が全般的に行なわれ、各地での経験は相互に密接に交換された。モンゴルも、この試みを行なった例外ではなく、たとえばポッペ氏は、一九三二年の『モンゴル・アルファベットのラテン化によせて』と題する一文で次のように述べている。「モンゴルおよびブリヤートにおける高率の文盲は、社会的経済的な性質の一般的原因のほかに、文語の学習は、極めて古い時代に形ができ、あらゆる活きたモンゴル諸方言とは同じように著しくかけはなれ、そのいずれかの方言の話し手にとっては第二の言語であるような、口語とは本質的に異なる別の書きことばの学習でもあるということによって説明がつく」と。けれども、このようなラテン化案は、結局は実用化以前にロシア字化案に置きかえられてしまったことは、中央アジア・シベリアの諸民族におけるばあいと同様である。

我々はここで、国家の政治的指導者の文字改革への態度を知る意味で、なおチョイバルサン元帥の発言を引用させていただこう。「文化と教育の問題にふれて、もう一つ重大な点に注意しなければならない。(中略)その文字は我が国の今日の発展からはるかにとり残され、人民の話しことばと鋭く相違してしまった。（中略）他方、外来語や公式の術語表記の際大いに不自由である。それ故、古い文字は我らの発展からとり残され、文化教育の課題からもとり残されている」。この発言は一九四〇年三月のものであるが、翌四一年三月の決定「新モンゴル・アルファベットの導入」の第五条には「一九四〇年七月二六日附二七号の閣僚会議の決定および一九四一年二月二一日附一七・一三号の閣僚会議、党中央委員会幹部会の決定『ラテン字母にもとづく新モンゴル・アルファベットの導入について』を廃止する」と記してあるところから、ラテン字母からロシア字母への転換は、わずか数か月の間に行なわれたことが知られる。公式資料は、四六年よりすべての新聞が新文字に移され、五〇年よりあらゆる仕事の面に及ぼされたと伝えている。

モンゴル人は一三世紀以来、中央アジアの先進的民族であるウイグル人より借り入れた文字を用い、これに多少の手を加えたとはいえ、二〇世紀まで根本的には大きな改変なしに使い伝えてきた。この文字体系は借り入れの最初からモンゴル語にとって大きな欠陥をもったままで、重要な音素のちがいを書き分けることができなかった。このように不都合な文字体系が永く存続した理由の一つとして、文語はあったが文章語（すなわち話しことばにもとづいた）は成立していなかったという点をあげることができるのではなかろうか。正書法の字面はほとんどそのまま伝えられてきたので、結果として口語の発音とは大きなへだたりができてしまった。また前述の発言のように、外来語を写すばあい、長母音は間接的にしか示されないとか、母音調和の制約などで原音をかなりゆがめてしまう欠点があった。技術的には、旧モンゴル字は横書きができないという点でも改革が望まれたのだろうと考えられる。ラテン字よりロシア字が選ばれたことに内在的理由はなく、地理的にも文化的にも近い諸民族と共通のものを選んだにすぎない。

モンゴルにおけるロシア字化は、我が国や中国におけるラテン化の困難さに比べれば、さほど大きな問題はなかった。第一に旧モンゴル文字はアルファベット式の単音文字で、しかもきわめて不完全であったから、同一の単音文字という体系内部での改良であり、民族固有の文字に対する愛着を別にすれば、利点こそあれ否定面はゼロに近かった。この点ではトルコ語のばあいと事情は似ている。第二には我が国語のように同音異義語がおびただしくないだけでなく、かえって同形異義語をとり除く効果さえあった。第三には、読み書き人口の層が薄く、特殊の領域に集中していたので、保守主義者の抵抗は強力なものとなりえなかった。したがって文字改革はモンゴル語にとって深刻な問題とはならなかった。

モンゴルのばあい、文字改革の意味の重要さは、すでにあるものを別のものによってとりかえたという単純な技術的操作としてではなく、広汎な大衆にはじめて**共通の読み書き**

生活への道を開いたものと理解すべきであると思う。文字はひとりでやってきたのではなく、それは新しい、とりわけ抽象的な概念と相たずさえてやってきたのである。この点で、文字改革はあらゆる面における近代化のテコであった。

三

ところが語彙の問題となると事態は深刻そのものであった。モンゴル語は、アラビア語におけるらくだを表わす語彙の例とともに引きあいに出され、家畜名称を示す語彙はよく発達していて細かい区別がなされるが、一般的・抽象的概念を示す語彙は貧弱であるなどと言われる。ここで注意しなければならないのは、家畜名称のぜいたくが抽象語彙のまずしさの反面であるかのように、この有名な話を解釈することである。両者の現象は互いに無関係である。同時に、抽象語彙の貧富を問うとしても、これらの語彙がどんな材料によって、どんな手だてを用いてくみたてられているかを考えに入れねばならないだろう。

モンゴル語の語彙は、文献以前にさかのぼるテュルク諸語ときわめて深い関係にあった時代は別として、一六世紀後半以降、チベット文化圏を通じて大きな改変をうけた。仏教という高度な異質の文化にふれて、しかもそれを体系的に摂取する必要にせまられた。当時モンゴルはアルタン・ハーンのもとに内陸アジアに一つの政治的中心を作っており、チベット僧侶階級の権威の象徴であるダライ・ラマ三世をモンゴルにむかえた。またいわゆるウルガ［今日のウランバートル］の活仏は、第一次革命と呼ばれる一九二一年にもなお権威を失わなかったほどの、仏教文化の一つの中心でもあった。一七、八世紀を通じて、モンゴルは仏教文化一色にぬりつぶされ、いわゆるアルタン・トプチやエルデニイン・トプチ（蒙古源流）などが代表する当時の書かれた言語作品は、一貫してチベット仏教史の叙述形式を手本としており、当時の年代記はすなわち仏教史と極言してもさしつかえないほど、形式においても内容においても、チベット文化圏の分家であることを示している。

同じように仏教圏に属していても、我が国では、中国伝来の仏典の翻訳の試みがほとんどなかったのに反し、モンゴルではチャハルのリンダン・ハーンのもとで、チベット大蔵経の大がかりな訳経・開版事業が興された。ラマ教仏教学の、モンゴル人にとっては目もくらむばかりの豊かで精緻な理論や諸概念を自国語に移す際に定訳をたてるために、学識高い僧侶らの手で、翻訳者のための手引き書として、チベット・モンゴル語の対照語彙索引や辞書が編まれた。

これを機会にチベット語、またその仲だちでサンスクリット語の語彙がある程度入りこんだが、それらは我が国の仏典漢語が日常生活や基礎的な語彙の中にまでもぐりこんだのとは大いに事情がちがって、比較的かぎられた領域に孤立した群をなしていた。このような閉鎖的な群は、その領域が社会生活の中で大きな意味をもたなくなると大部分、古語・廃語としての運命をたどるであろう。モンゴル語の曜日名はチベット語から借用されたまま今日に至っているが、この群の単語が基になって新たな造語を行なった形跡はない。

日本では漢語の借用というできごとが、同時に漢字の借用に先導されていて、しかも漢字の入ったころは文字的に真空状態であったことが、漢語に大きな行動半径を許したのであろう。ヨーロッパのラテン語、日本・朝鮮における漢語などと同じ資格でモンゴルにおけるチベット語と言うならば、この最後の例は、すでに固有の文字言語を形成していたという点で異なる。しかも仏教時代のモンゴルの学識者は仏典の自国語訳の仕事にはかなり熱心であって、宗教改革以後のラマ教の精髄であるツォン・カパのラム・リム（菩提道次第論）のようなきわめて理論的作品が少なくとも三度翻訳されたことがわかっている。

したがって我が国では明治のヨーロッパ思想の消化に際しては、仏典漢語という文化遺産が新たに賦活され、よそおいを新たにして大活躍したのであるが、モンゴルのばあい、このような文化遺産はなく、あるとすれば、さかんな自国語訳の意欲であった。同じ現象の反面として、モンゴル語の造語力は、語彙相互間のニュアンスの識別力をいくらかぎせいにして守られていたという点がある。

ともあれ、一九二一年後のモンゴルは、モンゴル人の言語生活史の上でかつてない爆発的成長の時期をむかえて、困難な諸問題と対決しなければならなかったのであるが、この期の言語変革の過程をことさらに成長と呼びうるのは、それが、少なくとも結果的には、モンゴル語の主体性において行なわれた点にあるからである。いまここで、社会的・文化的影響を最も反映しやすく、それゆえに文化の指標、文化の言語における反映でもあるような種類の語彙について見ていこう。

四

すでに述べたように、過去における借用語の供給源は直接的にはウイグル語・チベット語・マンシュー語・中国語などであったが、それらは現代モンゴル語の語彙体系内で孤立しているばかりか、社会変革の過程で棄て去られたものも少なくなかった。それに代わってロシア語の役割が増大したことは、文字が共通であるという点からもただちに予想されることであるが、そうかといって新時代の語彙はロシア語に肩がわりしてもらったわけではない。ロシア語はある条件においてのみ公認され、その他のばあいはできるかぎりモンゴル語でやっていこうとの意識的努力があったことが察せられる。私はここでも、自国語訳仏典を成立させた過去における言語的経験が現代に投影されているとの感を深くするのである。

私はいま、今年［一九六二年］四、五月のモンゴル語の日刊新聞『ウネン』の中からロシア語から借用された単語を拾いあげてみよう。

академи（アカデミ）, ассамблей（アッサムブレイ）, бригад（ブリガード）, империалист（イムペリアリスト）, капитализм（カピタリズム）, комбайн（コムバイン）, комбинат（コムビナート）, коммунизм（コムニズム）, материал（マテリアル）, машин（マシン）, механик（メハニク）, нефть（ネフチ）（石油）, профессор（プロフェッソル）, радио（ラジオ）, ревизионизм（レヴィジオニズム）, станц（スタンツ）, техник（テフニク）, фабрик（ファブリク）, фашист（ファシスト）, феодал（フェオダル）

ここに示した単語は、どれをとっても本来ロシア語であるものはほとんどなく、ロシア語を通じての国際的語彙のとり入れにほかならない。ассамблей はモンゴルの国連加盟が問題になってから用いられた単語で、国連総会というときに限って用いられる。また「〇〇主義」を表わす単語を除いては抽象的な概念に関係のない、概して具体的な事物を表わす単語である。また品詞の種別から言えば名詞に集中していて、たとえば同じアルタイ語でも、タタール語におけるように、ロシア語の借用が接続詞や副詞におよぶことはない。もっとも、タタール語のばあいの借用はソビエト期以前にさかのぼるのかもしれない（以下の例はブルナシェワ『現代タタール文章語の語彙成分の発達に及ぼしたロシア語の影響』一九五五年による）。

タタール語	ロシア語	ロシア語の意味
ә	а	けれども
ату	а то	そうでないと
тулько лиш	только лишь	ただ単に
ишшу	еще	さらに
хата	хотя	……だけれども
будта	будто	……のように

さきにあげたモンゴル語における借用語は、語幹の部分は、活字面ではロシア語の正字法そのままであるけれども、実際は音節の構造が異なり、母音調和があるため、発音はかなりモンゴル化されていることはまちがいなく、それが正字法にも反映している例として、ロシア語のба́за（バーザ）（基盤）がбааз となっているかたちをあげておこう。また右記の借用の例も安易に行なわれたのではなくて、それに対するモンゴル語訳も考案された。

たとえば

ロシア語借用形	モンゴル語訳
коммунизм（コムニズム）	эв хамт（和・ともに）
социализм（ソツィアリズム）	нийгэм журам（公共の秩序）
капитализм（カピタリズム）	хөрөнгөтөн（財産を持つもの）
кино（キノー）（映画）	цахилгаан сүүдэр（電気の影）

などであって、これら二、三〇年代に盛んに作られた中のあるものは現在もなお生命をもっていて、このような語彙の二層性にたいして、文脈のちがいと発言者の社会的地位の差などが根拠を与えていると考えられる。

では、モンゴル語自体のてもちの材料はどのように活かされたであろうか。それは、**てもちの語彙の意味を転用**することである。

	新しい意味		もとの意味
бөмбөг	爆　弾	←	たま、球
гэрээ	条　約	←	保証、証拠
ногоо	野　菜	←	草、みどり

нэвтрүүлэх	普及させる	←	しみこませる
сайд	大　臣	←	高官、貴族
сонин	新　聞	←	めずらしい
үндсэн	基　礎	←	根っこ
хувьсгал	革　命	←	あらためること
хөгжих	発展する	←	もえさかる、拡がる
хэмжээ	水準、範囲	←	長さ、大きさ
хөрөнгө	資　本	←	発酵乳のたね酵母、所有物
цахилгаан	電　気	←	いなずま
хөлс	賃　銀	←	あせ
шат	（発展の）段階	←	はしご
утас	電　話	←	いと

じつはこのような意味の転用の定着は、これらの語が、ある特定の文脈での使用度数が高まることによって別の意味を獲得するという点に発生の根をもっているのであって、その著しい例は、**二つの語をくみ合わせて一つの概念をあらわす**やりかたである。以下の例

は、二つの成分の間に従属関係がなく、対等の資格で結ばれたばあいである。

арга хэмжээ　手だて・大きさ　→　方　策
ач холбогдол　むくい・つながり　→　意　味
аж ахуй　在って・在ること　→　経済・経営
үзэл суртал　見解・教説　→　イデオロギー
эрх чөлөө　権利・ひま　→　自　由
улс төр　国・政体　→　政　治
сан хүү　国庫・利子　→　財　政
орлого зарлага　入ること・費すこと　→　予　算

このように、同じような意味の二語を組みあわせることにより、独立の概念を与える造語法はモンゴル語だけでなく、テュルク語などにも見られる現象である（たとえばA. Кайдаров, Парные сдова в современном уйгурском языке, Алма-Ата 1958. Р. А. Аганин, Повторы и однородные парные сочетания в современном турецком языке. Москва 1959 参照）。このほかに、かなり翻訳調のものがあり、この場合、二語の間に従属関係が認められる。

төмөр зам	鉄の道	→ 鉄　道
газрын зураг	土地の絵	→ 地　図
үндсэн хууль	根本の法律	→ 憲　法
тусгаал тогтнол	離れて定まる	→ 独　立
бичиг мэдэхгүй	文字を知らない	→ 文　盲
гар үйлдвэр	手の産業	→ 手工業
нисэх онгоц	飛ぶ舟	→ 飛行機
олон түмэн	多数の万	→ 大　衆

以上述べた二語組みあわせに属する、たとえば соёл боловсрол（文化←教え・成熟）は、「文化」という意味に固定されたためか、最近では、本来、「教え」という意味であった соёл だけで「文化」の意味に用いられ、соёлоор харилцах「文化で関係をもつ」→「文化交流する」といったふうに現れる。じつは「新聞」も сонин бичиг「めずらしい書きつけ」に根をもっているのである。これはまた次に見るように、双語の説明的先導者であるロシア語——（　）内に入れた——が捨て去られることによって、モンゴル語が、新たな意味に安定を得たのである（ロシア語はあくまで説明者であって、主役はモンゴル語自体にあ

る)。

(телефон) утас　　(テレフォン・)糸

(радио) нэвтрүүлэг　(ラジオ)ひろめ

造語にロシア語が、このようなかくれたささえを提供していることは、新語の背景に、ロシア語の語彙の構成や、語味関連などの背景がすけて見えるばあいから察せられる。たとえば гишүүн はもと「枝・四肢」であったが、ロシア語の член「四肢→メンバー」にそって、新しい意味をえたらしい。また ус төрөгч「水素」はロシア語の водо-род にそって、арга хэмжээ(方策)の成分 хэмжээ「大きさ」はロシア語の мера「分量→手段」が背景にあって、それに説明的に арга(てだて)を付けたのであろう。

接辞による造語力は豊かであって、その現状と将来は楽観してよい。いま接辞の前にハイフンを置いて若干の例を示そう。

ажил-чин　しごと　→　労働者

ард-чилах　人民、平民　→　民主化する

био-лүүлэх　からだ　→　実現する
зөв-лөл　正しい　→　会　議
төлөв-лөгөө　かたち　→　計画する
хамт-рал　ともに　→　集　団

いま、一つの語根が接辞により展開されるありさまを見よう。

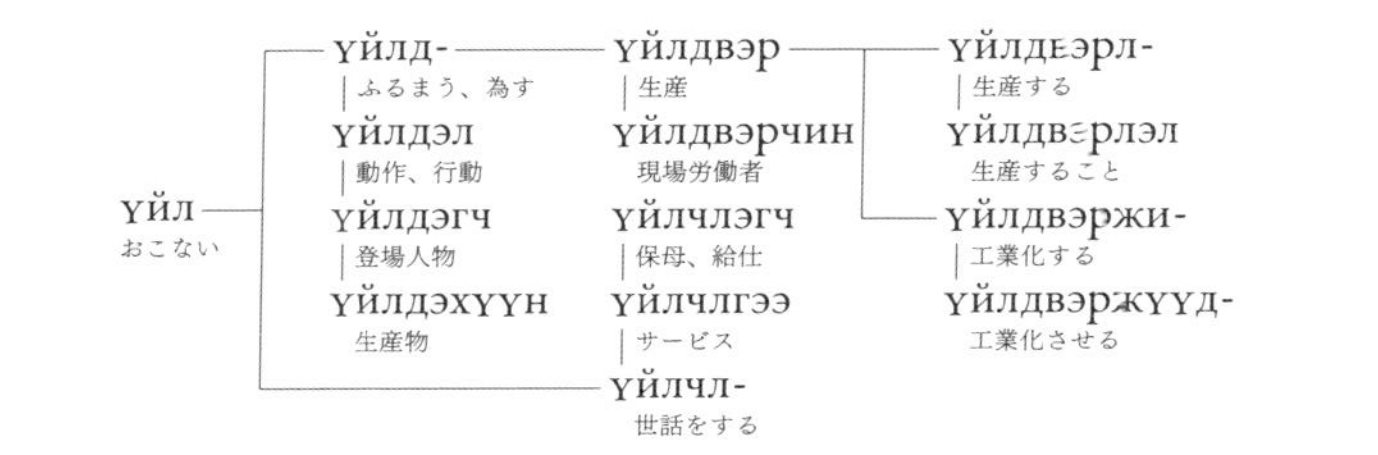

この語根は例外的に多産であるわけではない。派生形もまたこれ以外に考えられる。
これらの接辞はまた、**ロシア語を語幹としても派生させる。**

археологи-ч　考古学者
геологи-ч　地理学者
роль-той　役割をもつ
механик-жуулах　機械化する
слав-чилсан　スラブ化した

また語彙の新顔は、かなりの量にのぼる略語である。

БНМАУ=Бүгд Найрамдах Монгол Ард Улс　モンゴル人民共和国（こぞって仲良くするモンゴル人民の国）
НҮБ=Нэгдсэн Үндэстний Байгууллага　国際連合（一つになった諸民族の機関）
АНУ=Америкийн Нэгдсэн Улс　アメリカ合衆国（アメリカの一つになった国）
ЗХУ=Зөвлөлт Холбоот Улс　ソビエト連邦（会議(ソビエト)の結びあう国）

これらは頭文字を機械的に連ねた例であるが、

МОНЦАМЭ=Монгол Цахилгаан Мэдээ　モンゴル電信

は、語頭音節を並べたもので、モンゴル語としてはこのほうが自然であるように思われる。

ロシア語の影響は個々の語彙の中に認められるだけでなく、むしろ表現的・文体的特徴として現れるばあいのほうがより重要で、本質的な作用を及ぼしていると考えられる。じじつ我が国でも多少とも論理的な文章を作るばあい、明治以来しだいに固まってきた翻訳調に頼らずにすますことはできない。それは日本語の文体の一つとしてもはや、ゆるぎない地位を得ている。モンゴル語にあっても、ロシア語の政治文献の文体的特徴はいち早く論文の文体形成に多くの見本を提供したが、一方、モンゴル言語作品の最も豊かな領域である伝統的な韻文の文体とは、かなりはっきりした対立を保ちつづけている。これらの点を明瞭に述べるためには、やや複雑な手続きを必要とするので、ここではその余裕がない。ただ参考までに、最近の新聞から一例を挙げておくにとどめる。

Монголын үйлдвэрчний эвлэл нь МАХН-ы бодлогыг олон түмний дунд үнэн түуиштай нэвтрүүлж найдвартай түшиг тулгуур нь болж ирсэн, болсоор ч байна.（モンゴル労働組合は、

モンゴル人民革命党の考えを大衆の中に一貫して広めて、頼りがいのある文柱となってきたし、また現になりつつある。)

傍線の部分は、ソビエトの政治家が一時好んで用いたかたちである。なお特に注意しておきたいのは、この文に含まれているすべての単語が、固有のモンゴル語であるということである。

五

言語におけるこのような変革は、その社会の言語的環境の変革ときりはなしては考えられない。変革の基礎は読み書き人口の飛躍的増大にあった。革命前にはおおやけの学校は無いにひとしく、ラマ教寺院や王侯私設の機関にすべてが任されていた。この頃の読み書き人口は数パーセントを出なかったであろうと言われる。今日、国民の九十九パーセント以上が読み書きできると言われる。小学校、専門学校、大学のほかに、牧地から牧地へ転々と遊牧生活する人々のために、その先々に移動学校、移動映写隊などが随行する。

このような数の上の変化は質の変化となっても現れる。読み書きは僧侶や貴族の専有をはなれて、社会のあらゆる階層に行きわたったために、言語作品は仏典・法典・占星書・

史書以外の新しいジャンルにおいても成立し、国民の現実のなまなましい生活が、言語作品の中に市民権を得た。モンゴルの人々は遊牧経済の社会主義化という課題にとりくむために、マルクス主義理論の学習をめざして、古典的作品からレーニン、スターリンの著作に至るまで翻訳をやりとげ、モンゴル人自身も数々の著作を行なった。

国内には約二十の出版所、約三十の新聞、約二十の雑誌が発行されている（『ウネン』四月一九日号）。文学の領域でも、たとえば作家同盟の機関誌『ひばな』には、小説・詩・随筆・外国文学・批評・文学研究といった区分けがあり、翻訳文学はロシア・ソビエトの作家のものだけでなく、アナトール・フランス、モーパッサン、シャーロク・ホームズ、マーク・トウェインなどがモンゴル語で読まれている。

言語ほど、文化の総体と密接にむすびついているものは稀であり、とりわけ語彙の発達は、文化のあらゆる領域の活動のたかまりを反映する。語彙体系のみが、文化と離れてひとりでに豊かになることもなければ、語彙体系がまずしい状態にとどまったままで、文化のめざましい高まりもありえない。その国の言語と、その言語の上にくみたてられる言語的文化の発達は、たがいにあいての発達を予想しないではいない。モンゴルにおいても、言語生活の新しい領域の空前のひろがりは新しい語彙の展開をうながして、より精緻な概念の定着を徐々に成しとげつつある。

モンゴル語そのものは、基本的には自国語にもとづく語彙づくりの手段をすりへらさないで生かしていて、一見傲慢とさえ感じられる自国語による消化の気風があり、外部からこれをいかに「諺解（げんかい）」式［服部四郎の表現］であると評してみたところで、その歩みをとどめることはできないであろう。なるほど将来この国の読み書き生活が質的に向上していく中で、現行の一語一語にもっと厳しい意味のとりきめをやり直す必要は起きてくるであろう。げんに、用語の交通整理の案内書とでも言えるようなものが、国立術語委員会の名で発行されている。困難は大きいだろうが、この試練はむくいられるだろう。

外国文化の体系的摂取にとりくむとき、たとえば我が国のような、きまじめな本家尊重の気風といったような傾向は、いうまでもなく歴史的に形成されたものであり、共時的には型としてこれをとらえることは学問的にはむしろ望ましい手続きであっても、現実に少なくとも言語的には周辺文化の重荷をせおう我々自身が歴史を生きていることに思いをいたしながら、このつたない一文を閉じることにする。

（『言語生活』1962年7月号　国立国語研究所監修　筑摩書房）

モンゴル人民共和国の言語生活

一　言語生活と話し手人口

せまい意味での言語学では、ある言語がどのくらいの人口の話し手によって維持されているのか、またその話し手たちが作る社会の中で、言語の機能はどのような領域に及んでいるかなどという問いは立てないことになっている。そんなことに気をとられるのは、求めようとしている体系の純度をさげるものだというふうに考えられている。

しかし、言語体系にとって外的であるとしても、こうした要因は、言語の存続や、人間の運命にとっては外的ではない。だから、言語の存在様式を明らかにするための、一つの学問領域を定めようとする努力は、それぞれの言語が置かれている状況に応じて試みられてきた。日本語の中に、いわば自生した〝言語生活〟という用語もその一つであるから、当然ヨーロッパの言語学者たちによっても見逃されてはいない（Jan Průha,c Present-Day Soviet Linguistics.《Linguistics》88, 1972, p. 47)。

とりわけ、本来の話し手社会をこえて、その外に拡散する力をもつ言語のばあいとは異なって、母語の境界を維持し、もっぱらその境界内での言語的防衛につとめなければならない、比較的少数の話し手だけに用いられる言語のばあい、その言語共同体の維持への関心から言語生活の上に大きな注意が払われる。まさにモンゴル人民共和国のばあいがそれである。

モンゴル人民共和国の人口は約百三十万人〔今日では約三百万人〕で、これはほぼ神戸市一市の人口に等しい。国土面積は日本の約四倍と言われるから、全国平均の人口密度はおそろしく稀薄である。しかし近代におけるこの国の人口動態の大きな特徴は、牧草地帯から都市への人口集中であり、また牧地における密集集落への集中である。とりわけ、首都ウランバートルの人口は、総人口の三十パーセントにまで迫ろうとしている。こうした現象は、単に工業化の要請に沿っているだけでなく、厚い読書人口と、強力な言語的中核を創りだす上に役立っている。

人口の点から見れば、モンゴルはたしかに小国である。そして小国といえば、ヨーロッパには人口わずか一万五、六千人のリーヒテンシュタインとかサンマリーノのような国もある。しかし言語的にみれば、これらの国はドイツ語とかイタリア語を用いているので、その国の独立は、行政上の独立にとどまるのであって、言語的文化的に独立しているのではない。

ところが同じ小国でも、アイスランドとかアルバニヤとなると事情はちがってくる。アイスランドにはアイスランド語、アルバニヤにはアルバニヤ語という、それぞれ固有の言語がまもられているからである。そして、アイスランドの人口は二十万、アルバニヤは百七十万というから、モンゴル人民共和国は、両者の中間の位置を占めると言えるだろう。

二　分断されたモンゴル語地帯

モンゴルの人口が百三十万だといっても、この数字がそのままモンゴル語人口ではない。まず北に地つづきのブリヤート・モンゴル語地帯があって、これはソ連の中に包含されている。南と東には、やはり地つづきに内モンゴル地域があってこれは中華人民共和国の不可分の領土とされる〝内蒙古自治区〟である。そのほか、一七世紀にヴォルガ河の下流域に移り住んだカルムィク・モンゴルの住居地も、まがうかたのないモンゴル語地帯ではあるが、これは、地つづきでないので、いまの話題からは除いておこう。

さて、言語的には何ら境界のないはずのモンゴル語地帯が、北はソ連領、南は中国領となり、伝統的に外モンゴルと称ばれていた地域だけがモンゴル人民共和国として唯一の独立国をなしている。そうして、これら三つの地域のモンゴル人人口の総計は三百万人にも達するであろう。

二〇世紀はじめ、モンゴル諸地域の民族主義者たちが、政治的軍事的統一は不可能だとしても、ここに、すくなくとも言語的統一をつくり出そうという考えのあったことは、当然のこととして理解できる。先にも述べたとおり、比較的少数の人口からなる言語共同体は、みずからの防衛のために、母語による統一を求めるからである。

ブリヤートの民族主義者たちは、自分たちの方言のうち、できるだけ外モンゴルの言語に近いものをえらんで、それを普及することでこの二つの地域の言語的統一をはかろうとねらっていた。しかしこのもくろみは一九三〇年頃に至って徐々に圧迫を受けるようになり、一九三七年のソ連における大がかりな粛清事件と平行して、このような構想を実行にうつそうとしていた民族インテリたちは、二度と口が開けないようにされてしまった。

この時代までは、旧いたて書きの、左から右へと書いていくモンゴル文字が、いかなる政治的境界をも乗り越えて、モンゴル民族の一体感を保つ要具として通用していた。また一九三〇年代の初期から、ソ連の非ロシア語民族のもとでの経験をもとに、モンゴル語にラテン文字を適用する試みがなされたときも、このラテン化はブリヤートと外モンゴルにおいて、可能なかぎり、へだたりが生じないように配慮されていた。こうした民族主義者、もっと正確に言えば言語民族主義者(ドイツ語の用法でいえばSprachnationalist)たちの努力は、一九三九年からはじまったロシア字化の決定によって致命的な打撃をうけたのであった。それは、ロシア字の導入そのものによってではなく、それを機会にブリヤート・モンゴル語の方言的基礎が、外モンゴルの言語とはかなり隔たった別の方言の上に移されたからである。このことがあって以後、ブリヤートと外モンゴルの言語は、全く別の言語としての道を歩みはじめたのであった。

内モンゴルにおけるモンゴル語の運命はどうであったか。一九五〇年代、中ソの仲たがいがまだ表面化しなかった頃、ここでもまたロシア字化の試みがあって、それは外モンゴル（人民共和国）の正書法に極めて近いすがたで出発しようとしていた。ところがそれは突如とりやめになって、旧い伝統的なたて書きのモンゴル字に逆もどりすることになった。

このようにして、モンゴル語地帯は、政治的に三分されたのと平行して、言語的にも三分された。一方では文章語確立のための方言的基礎を分裂させることによって、他方では異なる文字体系をあてがうことによって――そしてそのいずれのばあいも、モンゴル語を母語とする人たちの自由な討論と研究の上にたって、かれらの言語的利益のためにとられた施策とは考えがたいのである。

三　言語的自立——対漢語

ヨーロッパ人のなかには、日本語という固有の言語があることを知らず、何となく中国語の方言くらいに思いこんでいる人がある。

モンゴル語も、その国の外では、求めて学ばれることが最も少ない言語の一つである。それだけではなく、他の何語でもない、独自のモンゴル語ということばがあることにびっくりする人は、欧米の人たちだけではなく、日本人のなかにもある。だから、ここでは、まずモンゴル人がモンゴル人であり続けているのは、かれらが固有の言語を持っているからであるということを強調しておくとともに、かれらが、いかなる外国語をも、生活の中で併用してはいないという事実もつけ加えておかねばならない。すなわち、たった百三十万人で話されているにすぎないモンゴル語が、家庭でも役所でも大学でも、軍隊でも用いられているということである。ブリヤートでは、ブリヤート語が公的生活で用いられる機会は激減し、小学校の課目からも外されて、家族間のごく親密な会話にだけ、その使用が限定されているのとは大きなちがいである。また内モンゴルにおけるモンゴル語が、中国語の前に決定的な後退を示しているらしいのともまったくちがっている。

モンゴル語はたしかに少数の人口しかもたない。しかもこの少数のモンゴル人の中に、またさらに少数の民族がいる。たとえば、約五パーセントを占めるカザフであって、かれらにはカザフ語の新聞が発行され、カザフ語による文字活動が保障されている。しかし、それにもかかわらず、全体としてはモンゴルの言語は、方言的差異の少ない、かなりな均質性を保っており、したがって規範意識も充分に発達している。

しかし、極めておくれた状態から急激に社会主義化の波の中に投げこまれたモンゴルのようなばあい、近代的な概念をあらわすのに必要ないろいろな語彙は、中国語やロシア語に依存しているものと思う人もいるかもしれない。この問題をモンゴル語はどう解決しているだろうか——これは、現代モンゴル語の性格を考える上で、最も注目される点である。

モンゴル語がロシア語でも中国語でもない別の言語であるとしても、その語彙が、もし、これらの外国語からの借用語で埋めつくされてしまっているならば、それは依然モンゴル語であると言い張ってみたところで、現実にはその固有の言語を維持する意味はどんどん小さくなってゆく。〝言語生活〟の上で、語彙が演ずる役割は最も直接的である。

過去数十年のあいだ、モンゴル語が当面してきたこういう問題を、明治のはじめ、ヨーロッパ語の移植に心をくだいた日本語の経験にひきあてて考えてみるのはある点では正しいとしても、大きな思いちがいをおかすことになる。というのは、モンゴル語は漢語に頼ろうにも、まずその文字を受けつけておらず、語彙も、極めて限られた範囲の語彙しかとり入れてはいないからだ。ダーリンバ（褡連布―綾木綿）、ツォーヤンボ（粗洋布―キャラコ）のような布地とか、ボーズ（包子）とかバンシ（扁食―ギョーザ）のような食品名とかに限られていた。したがって、モンゴル語はその意味では、日本語のように漢字にたよることなく、孤立無援の状態のまま、近代の生活の中に入っていかざるを得なかった。

電気、電信、電話、飛行機、映画……とこう並べてみただけでも、日本語は、ひとつとして、漢字によらないものはない。これらをモンゴル語は徹底的に翻訳し、言いかえた。おどろくべきことは、こうした新語創出の作業を管轄指導する、アカデミー・フランセーズや国語審議会のような、計画的な組織が存在せずいわば自然発生的に行なわれたということである。そしてまた、こうした語彙を印刷してひろめ、定着させていくような定まった出版物もなく、読者層も形成されていない時代に、こういう仕事を誰がやったかということは、モンゴル語史の上でぜひ解明しておかねばならないことだ。ほぼ言えることは、先に掲げたような語彙の多くが内モンゴルで生まれて広まっていたということだ。これらの語彙には、たとえば映画のことを〝電気のかげ〟と訳していることから、〝電影〟という漢語が下じきになっていることがはっきりと見てとれるものが多い。

四　言語的自立――対ロシア語

前のような日常生活の中で自然に生まれてくる語彙とは異なり、一九二一年の革命以来、外モンゴルには、より抽象的な概念を、組織的に語彙化する要請が生まれてきた。それはまず何よりもソビエト・イデオロギー、ソビエト的行政技術、計画経済用語を根づかせるためであった。

こうした問題がもちあがったときには、どこでも大きく対立しあう二つの主張があらわれる。一つはまずもとのロシア語のそのままの形での導入、第二は、モンゴル語による言いかえである。第一の立場をとって、ロシア文字をそっくり導入するならば、それらの語彙は、文字ごと、手を加えずともとり入れることができるわけである。しかしここでも、モンゴルの民族主義者たちは、なまのままのロシア語の導入に反対し、とにかくなまにえでもよいから、モンゴル語のフィルターを通してからとり入れるように意識的な努力をはらった。このような努力に熱中するのはプーリズム（純化主義）であり、それに力をかす者はプーリスト（純化主義者）と非難された。それにもかかわらず、民族インテリの努力はみのって、最もソビエト的な〝ソビエト〟ということばさえモンゴル語化されて定着してしまった。だから、〝文化、社会、組織、資本、哲学、階級、イデオロギー〟のような一般的抽象概念だけでなく、〝党、中央委員会、政治局、細胞、煽動〟などのような社会主義的政治技術に関する用語までも民族化されてしまった。言うまでもなく、こうした努力は、政治的弾圧にささえさされたのである。

社会主義共通語彙ともいうべき、これらの語彙の民族化は、プロレタリアート国際主義に反するものだと考えられる一面がある。ソビエト圏の諸民族の新聞を見ると、政治記事はおびただしい社会主義体制共通語彙で埋まっている。それは、その言語を知らない者にも、おおよそどのようなテーマで書かれているかをあやまたず推測せしめるほどのものである。それに対してモンゴル語は、ロシア文字で書かれているというだけであって、こうした語彙の含まれている度合は低いから、はた目にちょっと眺めただけでは内容を推測できないようになっている。つまり、純化主義はことばとことばの相互理解に障害を設けて、国際的統一にブレーキをかけているのである。この同じブレーキが、同一現象の反面として、ロシア語の流入にもブレーキをかけていることになるのである。そこで言語的純度ということになれば、モンゴル語のそれは、日本語とは比較にならないほど高いのである。

五　モンゴル人の外国語意識

モンゴル語とモンゴル人が純化主義的傾向をとっているということは、かれらが、外国語に無関心であったり、それに拒否的な態度をとっているということでは決してない。モンゴル人は人口的に少数の民族によく見られるように、異民族の言語をすばやく身につける独得の才をもっている。

特にロシア語の知識は相当広く深くゆきわたっている。すべての教養への窓口、昇進への道が、ロシア語によって開かれるからである。しかし、これは驚くべきことなのであるが、母語とロシア語との間にかれらが設けているけじめはじつに厳格なものである。私はモンゴルの人と話をするときに、新しい語彙を知らず、やむをえずロシア語をそのところにはめ込んで、まにあわせをしてきりぬける。モンゴルの人は、そこでちょっと表情をくもらせて、すぐにモンゴル語の語彙を示して言いなおすようにうながすのである。母語の純度を汚す言語行為には自動的に警報が発せられるしかけになっているかのような感じすらする。この人たちは、決してロシア語が下手でもきらいでもないのである。

モンゴル人は一般に、外国語の知識をもっていることに深い敬意を示す。モンゴル入国のビザを申請する人は、かならず〝あなたはどんな外国語ができますか〟という質問項目に答えなければならない。この質問は思いきって直訳すれば、〝どんな舌を持っていますか〟ということになる。答え方は、〝ロシアの舌、ドイツの舌、日本の舌、イギリスの舌を持っています〟というぐあいになる。フランス語、トルコ語、ロシア語などと同様、モンゴル語でも舌とことばは同じ単語で示されるからだ。

この舌も、モンゴルにはハンガリー、ポーランド、チェコなどの舌を持っている人が比較的多い。東欧の技術、工業と密接な交流が進められているからである。

私はモンゴル旅行中、この舌のことで大変得意な思いをしたことがある。三人の日本人が、先客でいっぱいの一台の観光バスに便乗した。日本人は私と、未來社の西谷能雄夫妻であった。先客はハンガリーと東独の労組代表各十五名ずつくらいであった。ガイドのモンゴル人少女はブタペストでの留学を終えてきたというだけに流暢なハンガリー語をしゃべっていた。しかしどうしたわけかドイツ語の通訳が都合がつかず、ドイツ人にはこの通訳嬢の説明は全く通じなかった。あとで草原の上で仔羊をほふって祝宴となったときには、ことば不通のもどかしさはいっそうつのった。応急処置はこうだった。通訳嬢がハンガリー語からモンゴル語へ、私がそれをドイツ語に、あるいは私がドイツ語をモンゴル語にして、通訳嬢にバトンタッチし通訳嬢がそれをハンガリー語にした。モンゴルとドイツの舌を持った日本人がいるといううわさを聞いて、あとで、ライプツィヒ帰りのモンゴル人青年が私のところへやってきた。だが、この人のドイツ語の方が数段上だったことは言うまでもない。しかしとにかく私は、二つの舌によって大いに評価されたのであった。

どのような外国の語彙でも貪欲に自分のものにしてしまわねばならないモンゴル人は、

時に外国語に奇妙な語源解釈を加えて、ユーモラスなことばを作って楽しむ。

モンゴル人は外国の賓客をむかえた晴れの席では、よくコニャックをたしなむが、そのコニャックはたいていグルジヤ産のものである。つまり、あくまでロシアからやってきた酒ではあるが、ロシア語によってはこの名は解釈できない。そこで、これをコニ・ヤクと分析してみる。すると、ロシア語でコーニ（馬）とヤクという、二つながらにモンゴル人に親しい家畜の名があらわれる。ヤクは言うまでもなく、チベットからモンゴルの寒冷な高原地帯に［かけて］飼育される、毛の長いウシの一種である。次はこの二つの家畜名をモンゴル語に置きかえることである。結果はモリ・サルラクとなる。つまり、コニャックはモンゴル人の製造した語源解釈によれば、〝馬とヤクとのかけ合わせ〟で、大変結構な飲み物ということになるのだ。

私はモンゴル語が全体としてすこぶる好ましい道を歩んでいるという印象を抱き、賞讃を惜しまないが、やはり残念な点もある。それはソビエトとの政治・経済・文化の密着がますます強まる中で抵抗しがたいことなのかもしれないが、たとえば固有名詞を導入するにあたって、ロシア語特有の発音に置きかえられたままの形で受け入れられることである。ロシア語にはh音が存在せず外来語のhはg音で代用されるため、ヘーゲルがゲーゲリに、ヨコハマがヨコガマとなる。ところでモンゴル語には、このhに近い発音が存在する。かれらは苦労なくヨコハマと言えるのに、この名をロシア語の形でおぼえる。同様にホンコンがゴンコンである。おもしろいのは、ピオネールのつけている赤いネッカチーフはガールストゥクで、ロシア語からのそのままの借用である。しかしgをもとのhにもどせば、ただちにHalstuchというドイツ語があらわれる。ロシア語にはもとのドイツ語の意味をなぞって作られたことばが多い。モンゴル語はそのロシア語をさらになぞる。こうして、モンゴル語がロシア語を介してドイツ語やその他のヨーロッパ語につながっている場合が少なくない。

（『言語生活』1975年10月号　国立国語研究所監修　筑摩書房）

【二〇一八年の感慨】

今日のモンゴルにおける外国語知識は大きく変化してしまった。すなわちロシア語の知識は大きく後退し、ドイツ語はさらにである。そのあとを襲ったのが英語と韓国語とわずかに日本語である。韓国に職を求めるモンゴル人の増加は目ざましい。

《読書ノート》

『ロシアの東方進出とネルチンスク条約』

（吉田金一著／近代中国研究センター）

一

ロシアとシナが、今、それぞれソ連邦、中国という体制をもって、相互の間にいずれにも属さぬ空間を残すことなく、ただ一つの国境線を接して分かれている状態は、ふつうそう思われているほどには、決して当然のすがたではない。ここでただ一つ、例外として目をつぶったモンゴル人民共和国、すなわちソ連と三千五キロメートル、中国と四千六百七十三キロメートルの国境線を作りながら、両者の間にたちはだかる空間――このような空間がいくつか残る方が、むしろ常態であったはずである。しかし、ロ・シ、あるいは中・ソ両国はたがいにそれを許さず、この唯一の例外をなすモンゴル人地帯ですら、内モンゴルは中国側にあり、北に連なる重要なモンゴル地域であるブリヤートはソ連側にある。この国境をさらに西へたどっていくと、ここでもカザフ、ウイグル、キルギスなどの、それぞれ国家をなし得るほどの大きな規模の民族が、中ソの国境線のこちらとむこうとに引き裂かれている。それは、民族というべき自然の境界が、国家という新来の別の原理によって組みかえられた結果である。ロシアとシナとのあいだで、数世紀にわたって展開された、この「あいだの地」の分割と再編の過程は、その中に時おり埋めがたい矛盾を露わにしながら、現代に至るまで演じられている。

吉田氏のこの大著は、先に述べたようなこの過程を、「ロシアの東方進出」という視点からまとめ、その中でひときわ目立つ結節点をなす、康熙二八年、一六八九年のネルチンスク条約に至るまでの背景を、事実としての面で明らかにしようとしたものである。そこでは、当時の第一次史料から、今日の研究者の論著におよぶ多様な資料が利用しつくされている。私など書棚に積んだまま、いまだひもとくいとまもない、この方面での最近の成果が、じつによく拾い出され、役立てられている。しかしその反面、とりあえず事実の究明に何よりも主力が注がれている点、とりあげられている史料の評価や扱いに、いつでもバランスが保たれているわけではないので、この分野になじみのうすい読者にとっては、かなり読み解きにくい、こなれの悪い著作であるという印象も否めない。

しかし専門の徒としては、「あいだの地」の究明には、いつでも、やむをえず、こうした難点が伴わざるを得ないという事情もよく理解できるのである。漢語の資料に加えて、満、蒙語のみならず、ラテン語、いな、ときにはタタール語の資料すら用いなければならないということが本書を読めばよくわかる。こうした多種多様な言語資料を、とにかく日本の読者によく読めるようにし、さらにできごとの脈絡の中に置いて提供するしごと自体が大した骨折りである。したがって、本書もまた、それ自体で自立した、完成度の高い作品というよりは、それぞれの関心によって、もう一度読み解かれるべき、素材的性格の強い著作だと言える。そこで、この「あいだの地」が、ロシアとシナとの間で最後的に分割される契機が相次いで生じた一七世紀に、その「あいだの地」の土着の指導者たち、オイラートのガルダンやハルハの諸侯たちの、いわば最後のたたかいが述べられるのであるが、読者自身が相当のそなえをもっていないと、見通しよく本書を読むことはむつかしいであろう。

さて、こうした「あいだの地」は、ロシア、シナ、スペイン、イギリスなどによっていつでも「発見」され、「征服」され、「平定」されるのであって、そこに「あいだの地」じたいの主体が認められることはめったにない。あいだの地は「紛争」の温床であるから、その所属をさだめて「解決」しなければならない。ただ、ロ・シ間のあいだの地は、新大陸の原住諸族のばあいとはちがって、その周辺に向かって強いインパクトを与え、主張を行った歴史も記憶されていた。それは、チンギス・ハーンの子孫たちの名に結びついて想起されることがらだけではなく、まさに本書がとりあげている時代そのものの中にもある。

決して歴史記述の主役にはなれなかったロ・シのあいだの民にとって、この両大国が国境の画定をはたし、さまざまな方法で「紛争」を解決するにつれて、これらの民は生活の舞台を奪われ、自由を失っていった。今日の状況から見ると、ネルチンスク以前には、そこには今日とは異なる原理にたつ政治的地理的空間が存在しており、今日では想像もできないほど大幅な自由がかれらのもとにあった。たとえばブリヤートである。ブリヤート人のうちの有力なホリ族は、一七世紀中頃までまだハルハに貢納し、「明や清と直接の関係はなかった」（四七ページ）。それだけではなく、ハルハ・モンゴルの軍がセレンギンスクやウディンスクにまで来襲し（一三四ページ）、ヴェルホレンスクのブリヤート人からのヤサクの共同徴集をロシヤ当局に呼びかける（一二七ページ）など、ハルハとブリヤートとの関係は、一体的で密接なものであった。密接というより、ハルハの諸侯の意識においては、元来、両者は不可分のものであったであろう。

「一六六九年にモンゴルのタイシャがネルチンスク管内に現われ、ツングース族を追出すという事件があり、一六七一年には一万五千のモンゴル人が来て、ネルチンスク周辺で遊牧していたブリヤート人を連れ去っている」等々の一連のできごとは、本書においては、やがてはネルチンスク条約締結へと結果する序奏部となる「紛争」として述べられているが、「あいだ」の立場に身を置いて考えるならば、むしろ民族的生活を保障する、その生活空間の一体性に対する危機の認識が、モンゴル諸族の封建諸侯をさまざまな抵抗へとかりたてたのである。ロシアとシナの、この二つの外来の侵入者に対して、「あいだの地」の遊牧・狩猟の民たちはもちろん、自らの生存権の主張をかかげる、すじ道のたった方法を知らず、またそんな方法が、意味を持ち得る時代でもなかった。生活空間の解体と伝統的生業への侵害とが、民族としての生存に破滅をもたらすという判断から、ブリヤートの地におけるロシア的土地制度の導入に反対する意見が、印刷の形をとって露都の出版物にあらわれるのは、やっと二〇世紀のはじめになってからのことであって、それはジャムツアラノーのようなブリヤート自身の知識によってはじめて為し得た主張であった。

「あいだの地」はまた、ロシアにとっては革命までの永きにわたってもっぱら人捨て場として機能してきたが、それはシナ側にとっても同様であった。本書に言う、「罪囚の満州流徒」(六九ページ)である。その後、一九世紀ロシアでは、たとえばウクライナの連邦主義などの影響をうけてであろう、シベリアに、従属的ではない、人捨て場たることを拒否した、独自の空間を回復する、シビールスキエ・オブラストニキー[シベリア自決主義]の運動が起きた。しかし近代の諸国家は、地球上のいたるところで起きた、こうした「あいだの地」の自立の要求を許さず、強権をもって、あますところなく、かれらの間で分割し、かれらの原理によって再編する以外の道をとらなかった。

二

いったい、ロシアとシナのように、あらゆる点で異なる二つの国家の間の交渉はどのような言語的手段によっておこなわれてきたのだろうかといった疑問は、決して小さな末梢的な問題ではない。本書はこの点で、かなりくわしくその間の事情を教えている。

まずロシアはシナにむけて、ロシア語とタタール語を併せ用い、シナ側もそれを読むことができた。この時代において、タタール語が諸族間交渉用語として重要であったことを知っておかねばならない。タタール語という、この広い内容を含む表現で指される書きことばには、たとえばトルキスタン諸族の方言差をこえて、広大な地域をおおう、チャガタイ文語もあったかもしれない。また、一六七〇年になってスパファリがシナに向かうときには、さらにラテン語が加わった。このほか清朝の公用語であるマンシュー語が実用されたことも記憶されるべきである。清朝の官僚がマンシュー語で話したことが、通訳によってモンゴル語に訳され、それがさらにロシア語に訳されて、ロシア側に伝えられた（一六二ページ）というぐあいに、マンシュー語が威信をそなえた公式用語であるとするならば、モンゴル語は実用において重きをなす媒介言語であった。境界碑もマンシュー語、漢語、モンゴル語、ロシア語、ラテン語の五言語によって刻まれるというふうに、多彩であり、このことは「両国」の交渉に、この「あいだの地」の諸族の言語が、まだ重きをなしていたことを象徴的に物語っている。

ロ・シの交渉にあたっては、シナ側にたって、滞在中のジェズイト派神父たちが活動したことが、ロ・シ間の交渉を容易にし、「ラテン語が通訳に使われるようになって、露清間の意思の疎通が格段と容易になった」と著者は述べている。すでによく言われていることであるが、アダム・シャールやフェルビーストが、ユークリッド幾何学をシナに導入する際、マンシュー語が果たした役割は極めて大きかった。漢語よりは、西洋人にとってははるかに近づきやすいマンシュー語にまず、それら西洋の著作は翻訳され、次いで、漢語に移されたのである。また、ロシアの勅書は、そのラテン語訳から「フェルビーストが満訳した」(一四八ページ)のであった。すなわち、ロシアとシナの、厚い壁で隔てられた言語世界をつなぐのは、マンシュー語とラテン語だったのである。しかし、ラテン語の教養を身につけるいとまのなかったロシアの官僚にとっては、依然モンゴル語の知識の方がなじみ深かったものとみえ、ラテン語訳の勅書に加えてモンゴル語訳も添付するよう求めているのである(二〇四ページ)。外交交渉にこれほどの多言語が、しかも話しことばにとどまらず、書きことばとしても用いられたケースは他に見られないであろう。こうした経験はその後のロシアの東洋学の発展に好ましい影響を及ぼすことになる。私はこの点でとりわけ、東方に顔を向けたロシアの知的前哨であったカザン大学のことについて述べておきたい。

カザン大学が創設された一八〇四年当時、それはロシアの最も東端に位する大学で、しかも日本をも含む、そこから以東における、最初の近代的大学であった。カザン大学はその後、特異な発展の道をあゆむ。すなわち、一八二七年から四六年までの二十年間にわたってここの学長として派遣されたロバチェフスキーは、非ユークリッド幾何学に道を開いた天才として数学史上に名をとどめているが、ほかならぬ彼が、ここに東洋諸言語のための講座を設けて、いわば今日のロシア東洋学の土台を準備したことは、もっと知られ、顕彰されていいことだ。カザンはもともとタタール人の文化的中心であり、まずそのタタール語をはじめ、アラビア語、ペルシャ語、モンゴル語、チベット語、マンシュー語、漢語などの教授が行われたのである。ポーランドの独立運動に参加したかどでロシアに追放され、そこでモンゴル語を研究することになったO・M・コワレフスキーの、あの記念碑的著作、『モンゴル・ロシア・フランス語辞典』三巻も、このカザンで印刷され、発行されたことを忘れてはならない。

ここにはまた、数多くのネイティヴスピーカーが教授に加わり、「あいだの地」の諸族の中に知識人を作りだす機縁を作った。その中には、ブリヤートの最初の学者となったドルジ・バンザロフや、ラマのガルサン・ゴンボエフの名を挙げることができる。

ロシアのシベリア研究や東洋学に寄与した人物の中にコワレフスキー以外にも多数の流刑人や、流刑外国人がいた。ヤクート研究に不朽の名をとどめたペカルスキーやセロシェフスキーもそのような運命をたどったポーランド人であったし、ブリヤート学の創始の時期には、デカブリストの流刑人の果たした役割が大きかった。この意味で、ロシアの「あいだの地」の研究の背景には、流罪になった、高い西欧的教養を身につけた外国人と土着人との協力があったことを見逃してはならない。カザン大学にはまた、近代言語学の源流的思想の祖の一人であるボドゥアン・ド・クルテネが教えていた（一八七五〜八三年）。

三

外国人はロシアの学問の分野に参加しただけではない。一六七六年、ロシア政府の大任を負って清国に入ったスパファリの事蹟は本書の中で、一般の読者にとっても興味深い部分である。かれは、ギリシャのモルダヴィア貴族の生まれで、ラテン語を含む、いくつかのヨーロッパの言語に通じ、豊かな外交経験をもち、旧約聖書のルーマニア語訳も行った人物であったという。さまざまな諸国遊歴と政治参加ののち、王位をねらった陰謀が発覚したために、「鼻孔軟骨切断の刑に処され」（一三六ページ）たと著者は紹介しているが、この解剖学的厳密さをもって直訳された刑の名は、「鼻そぎ」とすべきではなかろうか

（この外、資料からの熟さぬ異様な直訳が、本書を必要以上に読みにくくしていることをついでに指摘しておきたい。たとえば、くり返し現れる「馬と有角家畜を掠奪した」といったような表現がそれであり、「有角家畜」というもってまわった動物名は、平たく言うとウシのことである）。とにかく、スパファリは、そぎ落とされた鼻の治療のために故国を去って後、諸国を遍歴しているうちにモスクワに行ったことが縁となって、東西交流の歴史的な一こまを演ずることになったのであるが、その時この偉大なロシア大使の顔には鼻が欠けていたはずである（あるいは「つぎ鼻」で、その部分が補われていたかもしれない）。

スパファリの使節団がその中に画家、宝石貴金属鑑定官を加え、各種の観測計測用器材を携行したこともまたその後の同様の旅行隊のモデルになったであろう。画家は今日のカメラマン、宝石金属鑑定官は鉱物学者、地質学者に当たる。当時ロシアが送ったこのような外交使節団は単に政治的な目的を帯びていたのみならず、地理学、地質学、天文学、動植物学、鉱物学——要するにかつて博物学と称されていた、総合的学術の調査隊の役割をも演じていたのである。その約一世紀後に組織されたP・S・パラスの探険隊は、さらに言語・民族学の領域をも加えた純学術調査を任務とし、歴史に残る壮挙となったのである。

ロシア、シナだけではなく、その「あいだの地」の専門に関心がある私としては、この二つの国が「紛争」を解決し、安定した関係を作り出すという利益のために、破壊され、失われた、多数の文化や生活のことを考えざるを得ない。たとえば、本書にも述べられているアルバジンの破壊である。こうした破壊の対象となった集落や町の多くは軍事的な動機から生まれたものとはいえ、すでにこの地の生活空間の中で役割を演じはじめていたはずである。ロ・シ両国の利益のために、町は破壊され、住民はかれらの定住地を追われた。

ロ・シ両国の相克の結果生まれたネルチンスク条約をはじめとするさまざまな交渉には、そのいずれの側にも、一方はスパファリやイスブラント＝イデスのような、他方はジェズイトの神父たちのような、当事国以外の人物が加わっていたことが、この条約の国際的性格をいっそうひろげる上に役立ったのではないかと思われる。それだけに注目されるのは、本書の付録として収められた、条約文のラテン語からの訳文からみるところ、その締結の日付には西暦もロシア暦の日付も記されておらず、ただ康熙の日付だけが記載されていることである。のち、二〇世紀に入ってからのキャフタ三国協定においては、ロシア、中国、モンゴルと、それぞれが自らの暦年の記載を主張し、宗主権を主張するシナ側からモンゴル暦の日付による記載が拒まれるというできごとがあったことを比べてみると、ロシア人もまたそれ以外の西方人たちも、ラテン文テキストにさえ、かれらの暦による記載を主張しなかったことが異様に思われる。ネルチンスク条約はそんなにのどかな一面を持っていたのだろうかと。

以上は私のごくかぎられた、それゆえにかたよった関心からの読みかたであろうが、今後このような「あいだの地と民」に関する研究が、なるべく多くの人々にとって新しい、解放されたものの見方に近づく手がかりになるためには、書き手は、大いに自らの書く文章に責任を持たなければならないという感想をつけ加えておきたい。とりわけ漢文史料は、訓みくだし文で投げ出されてしまうために、書き手自身にさえ、より深い洞察へと降りていく途をはばむ性質をもっている。アジアについての研究が、真にアジアのものとなるためには、訓みくだし文という、まがいものの日本語がまともな日本語へと脱皮しなければならない。そうでなければこのような研究はいつまでたっても生命を帯びることができず、書庫の中に積まれたままで朽ちるために書き続けられるであろう。

(『日中経済協会会報』1985年3月　日中経済協会)

原題「17世紀中露関係の今日的意味　吉田金一著『ロシアの東方進出とネルチンスク条約』をめぐって／論評　ロシヤとシナのあいだの地」

モンゴルの民と国家

国家建設の経緯

モンゴル諸族の分布領域は、アジアからヨーロッパにまたがる広範囲なものである。南北についていえば、アフガニスタンからバイカル湖に達し、東西でいえば中国旧マンシュー地域から、ヴォルガ右岸一帯にまで及んでいる。アフガニスタンのモゴール人は一三―一四世紀のモンゴル帝国膨張時代のなごりであって、人種学的対象とはなりえても、現代政治の場では何ら意味を持ち得ない極小グループである。しかし、それ以外の地域のものは、いずれも現代史の上で激動に満ちた政治生活を経験してきた。たとえばヴォルガ右岸、すなわちヨーロッパ側に住むカルムィク族のばあいを考えてみよう。かれらは一七世紀はじめ、清朝の支配を不服として、新疆ジュンガル地方からここに移り、のち、同胞の大部分が再び故地に帰還したあとも、やむを得ず居残った者たちの子孫である。伝承によれば、一族こぞって東にむかう予定にしていたところ、ヴォルガの結氷が破れて、渡れなくなったためであるという。かれらはソ連邦の内部で自治区を経て、一九三六年には自治共和国に移行した。ところが第二次大戦中、この地域はドイツ軍の占領下に入ったため、[この地域を利用して]ソ連の外に逃亡したり、進んでドイツ軍に協力した者がいたという理由で、ドイツ軍が撤退した後、自治共和国は解体させられた。のみならず、罰としカルムィク人の大多数は、シベリアやアルタイ地方に運ばれ分散させられた。しかし一九五八年には彼らは再び故地に帰還を許され、自治共和国が再興された。その時、かつての十数万あった人口は六万余に激減していたという。

同じくソ連邦内で自治共和国の地位を維持しつづけているのはブリヤート族で、モンゴル諸族のあいだでは最も多くのインテリと前衛民族主義者を出し、重要な役割を演じた。すでに一九世紀の半ば、ここの出身者ドルジ・バンザロフは、自族の民俗宗教シャマニズムに関する、初の体系的記述を発表し、世界から注目された。ブリヤート族の文化に関する研究はそれ以来長い伝統につちかわれ、ブリヤート学という固有の研究領域をすら生むに至った。今世紀はじめの最大のモンゴル研究も、ブリヤート族出身のジャムツァラノーにより達成された。かれの研究は法制史を含む広い意味での民族学が中心であったが、それは来るべきモンゴル諸族の統一近代国家創出の理念と不可分に結びついていた。かれは少年の頃から露都に留学して学問を修め、様々な進歩思想にふれ、モンゴルの伝統を重んじながら、ヨーロッパ近代国家をモデルにしたモンゴル人のための国家を計画していた。

イルクーツクにコミンテルンの極東書記局が開設されたときも、かれは積極的にそれに加わり、外モンゴルの革命家がソビエト・ロシアに助けを求めてきたときも、その導き手となった。一九二一年にモンゴル人民党の綱領を作ったのもかれならば、今日のモンゴル人民共和国科学アカデミーの基礎を築いたのもかれであったが、一九三〇年代のソビエト当局はジャムツァラノーがそれ以上生きつづけるのを許しておかなかった。どこかの強制収容所で生涯を閉じたといわれている。

さて、モンゴル族の政治・文化の中核地域は何といっても内、外モンゴルである。外モンゴルは一九二一年に独立してモンゴル人民共和国となったが、それが世界的な規模で認知されたのは、やはり一九六一年の国連加盟の年であると考えてよかろう。人民共和国こそは、モンゴル人が所有する唯一の独立国家であり、それゆえジャムツァラノーをはじめとする多数のブリヤート人もこの国の将来に夢をかけ、命を賭したのであった。

モンゴル族の研究者にとってどうしても気にかかるのは内モンゴルの事態である。内モンゴルは中国の中でチベット族やウイグル族などと同様、自治区をあてがわれているが、人口の点では共和国の倍に近い優勢さである。一九五〇年代、国境をへだてたこれら内外モンゴルは文化的な一体性を維持するよう、言語政策の面でも努力していたが、中ソの対立が激化するとともに、研究者の交流すら阻まれたため、「引き裂かれた民族」となってしまった。しかし、最近の中国における政策転換とともに、内モンゴルからの来日が活発となり、モンゴル問題の進展のうえに新たな局面が見られるようになった。おどろくべきは、内モンゴルの指導者のうちには、戦前における日本留学の経験者が多く、日本語に堪能な人もまれでないという事実である。

大国主義とモンゴル語族

以上、モンゴル諸族を全体としてみれば、約五百万人の人口が、ソ連、中国の中でそれぞれ自治的な地位を維持しており、ちょうどその間にはさまれて、モンゴル人民共和国という独立国が存続しているのである。しかしかれらが言語・文化によって共通に結ばれていることに何の疑いもない。しかも興味深いことに共和国のモンゴル人はいうに及ばず、ブリヤート族は、バイカル湖畔で最北端の仏教をまもり、カルムィク族はヨーロッパでの唯一の仏教徒としてその最前哨に立つというぐあいに、ひとしく仏教文化を持続しているという事実である。

モンゴル人が言語・文化のあらゆる面でこうした一体性をもつのは客観的事実であるのに、その交通を阻害しているのは、かれらを支配する大国であり、その大国のすべてが、兄弟の連帯をうたいあげる社会主義国であることに当惑せざるを得ない。モンゴル族の運命は、二〇世紀国家主義から由来するものであり、その政治的地位のなりゆき自体がそのまま世界史の証言となる。ロシア革命の激動期、日本はシベリアに軍をおくって干渉し、反ソビエトを意図した汎モンゴル運動を画策した。このことがあって以来、モンゴル諸族の統一運動はすべて汚らわしい日本流汎モンゴル運動のかたわれと解釈されてタブーとなった。このタブーは、中ソのいずれの利益にも合致しているため、モンゴル諸族は不幸な分断状態に釘づけされたままである。

(『国際協力』1981年2月　国際協力機構研究所)

【二〇一八年における感慨】

モンゴル諸族をめぐる状況は、これを書いてから四十年近くたった——その間にはソ連邦の崩壊という大事件があった——今も、ほとんど何一つ変わっていない。

《対談》

教条と現実のあいだで

――モンゴル文学の可能性――

（田中克彦・吉岡忍）

文学における無意識の現実表現

吉岡　今年（一九八〇年）の九月二日から九日まで、モンゴルの首都ウランバートルで、アジア・アフリカ作家会議モンゴル集会が開催されました。日本からは、日本AA作家会議副議長の小田実と、世話人である私が出席しました。出発が決まったのが一ヵ月ぐらい前でしたので、急いで資料を探したんですが、ほとんどないんですね。ほんのわずかに見つけたのが、香港で出ている『オール・エイシア・ガイド』という観光旅行ガイドで、それも二、三ページしか書いてない。仕方なくモンゴル大使館へ行きまして、地図と、革命以後のさまざまな資料集をもらいましたが、なかなか全体像がつかめない。それから田中さんの書かれた『草原と革命』（晶文社）とか、『草原の革命家たち』（中公新書）を読み始めまして、きわどいにわか勉強で現地へ行ったんですね。ですから、モンゴルについての知識は全くないにひとしくスタートしたわけです。これまでも東南アジアに行って、作家や詩人に会ったりということをここ何年間かにわたってやってきたんですけれども、モンゴルという国はなかなかリアリティがつかめないですね。

田中　リアリティがつかみにくいというのは的を射た感じかただと思いますが、それはどういう意味ですか。

吉岡　ウランバートルに着きまして、とにかく英語で読めるものをということで、ダムディンスレンという長老の作家が一九四七年に書いた短編小説『妻はどう変わったか』を読んだんですね。この小説は、女房のいる男がゴビ砂漠の国境警備に徴兵されたとき、新聞に出ていた女の写真をネタに兵隊仲間と女談義をして、こういう女がよいなという話をするのだけれども、徴兵があけて家に帰ってみたら、新聞の女がなんと自分の女房だった、という話なんです。その女房がなぜそのように変わったかというと、近くにできた学校に行ったからで、いわばそれが社会主義革命の成果であるということなんです。非常に図式的なものが確かにあります。ところが、実際にウランバートルへ行くと、あそこはご存知のように山肌が透けて見えるような高原都市で、しかも人口稠密度が非常に低いところです。こういう場所で読むと、国境地帯の光景にしても、パオの生活にしても、ほんとに小説に描かれているとおりですね。「もしかしたら、これはリアリティがあるんじゃないかな」という感じがするんですよ。日本でこの小説を読んだら、全く想像外のことだという気がする。そういうリアリティ、手ごたえを感じるには、モンゴルは日本から非常に離れた国ですね。

田中　いまお話しになった小説は、しばらく前までは、モンゴルの典型的な短編小説の一つだったものです。おそらく最初は新聞に載ったのだと思いますが、日常的に普通の人が読む作品ですね。こういう作品はたしかに図式的ではあるのですが、それでいて、ときには作家自身が本来意識して計画したのではなく、無意識に思わず現実が露出してしまったという部分があります。そういうものにこそ、むしろモンゴルのリアルな現実が表現されている。そういう無意識に出てしまう部分が、モンゴルの現実とつながっているところにおもしろさがあると思うんです。

吉岡　社会主義リアリズム文学が、非常に類型的で公式的である一方で、にもかかわらず本来ならば作者が言いたいところではないところにはからずもリアリティが出てくることがある。食べものや住居や衣服、そこでの人々のつきあい方というのは、たんにひとつの光景ではなくて、じつは考え方や登場人物の喜怒哀楽を決定する重要な要素だということがわかりますね。それは、文学とは何かという議論とはずれるかもしれないけれども、非常におもしろい感じがしましたね。

田中　そういう意味でぼくなどは、モンゴル文学そのものを研究しようというつもりはあまりないのです。社会学とか人類学が、人間の生活と意識を一番直接に取り扱う研究領域なんだけれども、残念ながらモンゴルでは社会学がまだ完全には成立していない。かつてソビエトにおいても、人類学と社会学は最も反動的なブルジョア学問ということになっていて、市民権が与えられていなかった。最近やっとモンゴルでも芽生えが出てきたところです。ですから、モンゴルの人たちが日常どういう生活をしているか、草原生活の近代化にどういう評価を抱いているか、あるいは革命期の歴史に対してどういうイメージを持っているか、を知るための一番の手がかりは文学なんですよ。作家は、自分の責任感でもって、あるいは当局がこういうふうに書いてほしいという要請に従って書いているわけだけれども、それは広い池の中に投げ込んでポカッと浮かんでいる造花のようなものであって、作家はその造花を浮かべることを意図しているんだろうけど、こっちは池のほうを読んでしまう。それが読めるという楽しみで、かろうじてモンゴル文学とつき合ってきたという面があるわけです。

変化しつつあるモンゴル文学の伝統

吉岡　今度のＡＡ作家会議の集まりは、大体三十ヵ国、六十人弱の規模でした。第三世界と日本、ソビエト、それから東欧がちょっと来ましたね。会議は四つのセクションに分かれていまして、第一番目は、ＡＡ作家会議の本部をどこに置くかということ。シリアのダマスカスに置こうという話が煮詰まってきています。二番目は、ＡＡ作家会議で雑誌『ロータス』を年に四回出しているんですけれども、その編集会議です。三番目が、事務局会議。四番目は、モンゴル作家同盟の主催の「社会的自覚と形成における文学の役割と意義」というシンポジウムです。このシンポジウムでは、時間がなくて、あまりつっこんだ議論はできなかったんですが、ロビーの立ち話や食事をしながらの話題では、社会主義文学に対する疑問を口にする小説家や詩人はけっして少なくありませんでした。

たとえばポーランドの自主労組にシンパシーを感じている東欧からの参加者である詩人と個人的に話してみると、「社会主義リアリズムだけでは、もうだめなのではないか」と言う。これはまあ、わかる気がするんですが、それと同じことをモンゴルの作家も言う。たとえば、モンゴル作家同盟の国際部部長のウリアンハイさんと立ち話をしたとき、「モンゴルの小説はこれからどうなるんですか」と聞いたら、「ラテン・アメリカ文学に対する関心がかなり広まっている」と言うんですね。「どうしてか」と聞いたら、「文学は政治の補完物ではないんだ」と言い、大変に関心のある作家として、ラテン・アメリカのガルシア・マルケスを挙げています。彼の小説は、自然とか事物とかへの連想を非常に大切にする手法をとっている。現実をなぞるだけではなくて、そういう想像力をはばたかせる。

しかもそれは、われわれがよく言う「都市文明のなかにおける想像力」ではなくて、人口百五十万という国のなかでの自然や人間関係の連想、むしろ幻想なんでしょうね。そういうなかでもう一度現実の社会をとらえ直すことが必要なのではないか。そういう関心があるから、逆にいえば、ラテン・アメリカに対する関心もあるんですね。まだそれほど広範にあるとは思いませんが、少しずつ出てきているという気がします。ダムディンスレンさんが精力的に活躍したのは、一九三〇年代か四〇年代ですね。その頃の文学状況から少しずつ変わってきているという印象を私は受けたんですよ。

田中　それは変化の一つですね。モンゴル文学の伝統はなくはないのであって、一三世紀に『元朝秘史』という名前で知られているジンギスカンの時代の、歴史的な、叙事詩的な作品があります。これに基づいていろいろな尾ヒレをくっつけて、『青い狼』などの作品がつくられる。歴史小説的なジャンルのなかで、不変のテーマをコンスタントに与えられているネタが、もう一三世紀にあったということは、モンゴル民族においてしばしば回顧される遺産の一つなわけです。また、一七世紀頃にも、かなり豊かな文献、主に年代記が書かれ、仏教説話なども入ってくる。しかし、現代文学の形成ということになりますと、その伝統がどこまで直接的につながり得るかは大問題でして、やはり革命によって始まっているんです。革命の最中に、歌や口碑がいろいろできてきて、非常に小さい芽だけれども、現代文学の一つの要素がそこにはあった。
もう一つ重要な刺激は、外国文学との広い意味での接触ですね。きわめて具体的な例が、モンゴルのプーシキンになぞらえられる最初の詩人ナツァグドルジは、第一回の留学生としてライプツィヒに留学している。当時、印刷術を学ぶために、ベルリンやライプツィヒに留学した若いモンゴル人がたくさんいて、彼らはなんらかの形でその体験を文章にしたりして残しているわけです。それから、それと同じ時代ですけれども、その連中を留学させたときの文部大臣をやっていたエルデニ・バトハーンという男が、当時ソレントに療養に行っていたゴーリキーに次のような手紙を書いています。「これからのモンゴル人には、どういうものを文学のモデルとして提供してやったらいいのか。そのためにどういうものを翻訳していけばいいのか」と。ゴーリキーは、ガルバルディの物語とか、パスツールの伝記のことをいろいろ言っていますね。
吉岡　たしか『十五少年漂流記』も……。
田中　ええ、それもね。モンゴル文学における翻訳作品の演じた役割は、まだ体系的にとりあげられていないんですよ。しかし、翻訳作品のカタログみたいなものは出版されています。モンゴルの近代文学の成立過程は、日本とかなり様子が似ています。モンゴルのほうが何十年か遅れてその段階を歩んでいることになりますけれども、やはり翻訳することによって、近代的な文学作品の文体ができてきた。翻訳の直接の元の本は全部ロシア語で、ロシア語訳を介してやってはいます。しかし、たとえばラブレーの『ガルガンチュアとパンタグリュエル』まで翻訳されている。それからジュール・ヴェルヌ。この人は、日本での最初の翻訳文学だといいますね。その辺はよく似ていて、非常におもしろい。

モンゴル革命史の問題点

吉岡　たとえば、いまお話に出たモンゴル近代文学の始祖といわれるナツァグドルジは『ユンデンとナンサルマー』という史劇を書きましたね。私は、ちょうどウランバートル大学に日本語講師で行っていた人の試訳で読んだのですが、これは、封建制打倒のたたかいと恋愛とを描いた史劇です。恋人までも勝手に奪っていく封建領主の横暴を倒すべく、恋人を奪われた若者が人々といっしょに起ちあがり、最後には恋人と結ばれる物語ですが、彼の場合は、伝統的な口誦文学と近代的な文学的手法とを融合しようという意識は持っていたのですか。

田中　それは重要な点です。さきほどは作品の中身のことを言いましたが、実はもっと重要なことは、作品の形式なんです。極端にいえば、モンゴルには散文で書かれた文学的な作品がなかったわけです。作品と目されるものはすべて韻文で、書かれたというよりも口で唱えられていたんです。われわれの概念でいう文学は、プリミティブなものも含めてすべて韻文であった。その韻文のなかから、いかにして散文を生み出すかが、モンゴルの作家が最初に当面した問題でした。ナツァグドルジは、モンゴルの韻文のうまさを百パーセント使いながら、しかも中身も非常にモンゴル的なんだけれども、無理のない形で近代的な内容をそこに載せていった。そういう意味では、彼は確かにおそるべき天才で、それ以後ああいう人はあまり出てきていませんね。

吉岡　社会主義リアリズムが出てきてから、韻文的な世界から全く切れてしまったといえますか。

田中　いや、そうではない。いまの党員が党大会でしゃべったりする言葉のなかにも、多かれ少なかれ韻文的な要素が入っているわけです。党大会で使われる言葉には、きわめて韻文的でない、新しく作られた言葉が多いし、その叙述のスタイルの根本はソビエトで行われるものの翻訳なんだけれども、細かく注意していくと、やはり口で人に説明する、説きふせるというスタイルが出ている。あくまで韻文を基調としながら言語表現を行っていくという伝統がつながっているんです。しかし、韻文を意識的に拒否するという傾向ももう一つあると思います。それに依存していては、リアルな文章がいつまでも作れないということがあるんですね。

吉岡　それは社会主義リアリズムからの要請ではなくて、ですか。

田中　そうではないでしょう。それはもうすでにごく初期に彼らが自覚していたことです。一九二一年にモンゴル革命が起きて、来年（一九八一年）で六十周年になります。しかしぼく自身は、二一年の革命は社会主義の革命であるかどうか疑わしいと最近は思っています。コミンテルンの極東書記局が指導していたのだけれども、この極東書記局のなかには仏教徒がたくさんいたわけですね。もちろん、古い支配階級とたたかって、民族独立、植民地支配を断ち切るということでやったんだけれども、社会主義的な共同体とか、社会主義諸国の連帯という意識はなくて、むしろコミンテルンを利用してナショナルな独立を遂げるんだということが表面に出ていた。だから、当時一番活躍した、モンゴルやチベットに革命の種を植えようとした人たちは、三七、八年頃にはこぞって処刑、粛清されて、生き残っていないわけですよ。二六、七年頃までは、その連中がちゃんとリーダーシップをとっていた。

二四年に、人民共和国制を党大会で確認するわけですが、その過程でも、ソビエト的な鋳型がほとんど感じられなかった。他にモデルがないから、それを使いながら、あくまでナショナルにやっていくという意図をみんな持っていたんです。したがって、最初の留学生はソ連に出さないで、きわめてよい雰囲気のワイマール共和国へ遣った。ナツァグドルジもそこで育ったわけですよ。はじめてメーデーというものを見て感激して、思わず詩を書いてしまう。その頃の若い指導的な連中のなかで最も注目すべき作品に、ダンバドルジの『トルボ・ノール』という革命戦の戦記を扱った作品があります。これは韻文の支配を破って、なるべく冷静なドキュメントとして書き残しておこうという意図で作られたものと思われます。ダンバドルジも三四年には死んでしまうわけだけれども、こういう人たちが、社会主義リアリズムが喧伝されるはるか以前に、散文文学の土台を作っていたわけです。これは、彼らがロシア語とその作品を知っていたからですね。

吉岡　モンゴルにおけるロシアの影響は相当なものがありますね。モンゴルからはいま、六百人から一千人の留学生を毎年送っていますね。人口百五十万人の国ではたいへんな率ですよ。それはいつ頃から始まったわけですか。

田中　モンゴルの北に、ブリヤート社会主義自治共和国があります。モンゴル民族という言葉を使うならば、モンゴル民族は、内外モンゴルと、ブリヤートと、ヴォルガの下流にあるカルムィク・モンゴルに分断されています。このなかでは、ブリヤート族が一番早くから西欧化していた民族です。一番のきっかけは、デカブリストが流刑になったことです。ブリヤートは、ザ・バイカルですからね。そのデカブリストがすでに早くからヨーロッパ文学を持ち込んで、一部のブリヤート人はそういうものを読んで、早くからヨーロッパに目が開かれていたわけです。

公式の革命史や現代のモンゴルの歴史には、すべてそう書いてあるんだけれども、モンゴルの革命は十月革命と分かちがたく結びついていて、十月革命の直接の影響の下に生まれた、とされている。そこから革命史を出発させるから、モンゴルの現代史がわからなくなってしまうんです。それ以前にペテルブルクに留学したブリヤート人たちが、早くから革命思想に触れているわけですよ。とりわけ、ナロードニキの思想に触れていた。しかも彼らは仏教主義者です。仏教主義者でありながら、ヨーロッパ文明になるべく早く適合して、しかし決してヨーロッパの「悪い文明」には染まらないで、有用な部分だけを使う。あるいはむしろ、ヨーロッパ文明に対して防衛的な態度で、民族独自の手によって改革していかなくてはならない。ジャムツアラノーという人は、革命以前から、モンゴル人特有の慣習法の研究をしたり、フォークロアを集めたりしていた。フォークロアを集めるということは、新しい文学を作ろうという意識があって出てくるわけですからね。

彼らが民族教育の土台を作っているさなかにロシア革命が起きた。一部分は、ロシア革命の波に乗って、それを使った。しかし一部分は、それに対して非常な警戒をしながら、ブリヤート民族戦線みたいなものをつくって、独自な運動をやっていたわけです。そこでコミンテルンの極東書記局がイルクーツクにできる。彼らは、コミンテルンの依頼もあるし、自分からもそれを利用するために進んでそこに参画した。ところがブリヤートは、やがてボリシェビキ政権が押さえてしまったので、自分たち独自の路線を実現するのは、モンゴル（いまの人民共和国）しかないということで、そこへ落ちのびていくんです。二六、七年頃までは、そこの中枢部を占めますが、三〇年代に入ると、ソ連にとって危険な存在ということが、だんだん気づかれ始めて、三七、八年には根こそぎ追っ払われてしまうわけですよ。だから、一九世紀の終わりから三七、八年を一つの時代区分としてモンゴルの近代化を見ていかないとだめなんです。十月革命を出発点にするとソビエト史の一部分になってしまう。

モンゴルと日本との距離

吉岡　田中さんが最初にモンゴルにいらしたのはいつですか。

田中　一九六八年です。

吉岡　何回いらしたんですか。

田中　七回ぐらいですが、たいていは招かれざる客として、しぶしぶ入れてもらっているんですよ（笑）。

吉岡　いまはどうなんでしょう。

田中　いまもあまり招かれていない（笑）。

吉岡　ビザを申請しても、なかなかむずかしいですか。

田中　むずかしいです。去年（一九七九年）の三月二八日に日本を出発して、北京経由でモンゴルに行って、それからボンに行って、最後はヘルシンキを回って帰ってきたんですけれども、そのビザを申請して許可されるまでに二ヵ月ぐらいかかりましたね。

吉岡　いま、日本とモンゴルの関係は、全くないにひとしいみたいなところがあると思うんです。留学生を四人ずつ交換していますし、カシミヤの工場ができつつありますし、そういうなかで関係が全くないといったらおかしいんだけれども……。

田中　そのカシミヤ工場のことなんだけれども、これは世界でも第一級の技術をそなえた大工場になるはずなんだが、私の知るかぎり、モンゴルの新聞は全くそれについてふれないのです。ソ連のことなら、じつにつまらないことをこまごまと報じて最大級の讃辞をつらねるはずです。しかしモンゴルにはそこの事情があるということを、関係の日本人はよく呑み込んだうえできちんと仕事をやっているようです。

吉岡さんは、モンゴル研究に関してはいわば素人ですよね。ふつう素人には、モンゴルをなるべくポジティブに、なるべく日本と密接なものとして、無理にでも理解しようというこじつけの態度があるんですよ。他方で専門家は専門家で、実際以上にモンゴルとの関係をあつく見せかけようという無理をする。ぼくは長いあいだ東京外語大のモンゴル語科の教師をしていて、それで食っていた人間だから、なるべくモンゴルをほめて、密接な関係だということを常に強調しなければならない立場だった。ところが、いまぼくはモンゴルのことをやらなくても食っていける状態になって、客観的になれるわけです。そうすると、モンゴルと日本の関係はほとんど何もないという意見が、案外当たっているのではないかと思えてくるのです。だから、いまのそういう判断が、ぼくには非常におもしろいと思われますね。

吉岡　ぼくも、そこのところは何とかこじつけてみようという考え方は一方にあるわけですよ。たとえば、蒙古斑の話からしても、赤ん坊のお尻を見ると、確かにありますね。乏しい知識を動員して、元寇の時代がどうだったとか、いろいろ考えてみたりする。しかし、それは非常に無理があることを、向こうに行ってみて実感する。東南アジアのことを考えてみますと、ぼくらが切ろう切ろうと思っても、否応なしに関係があるんですよ。日本の文化的・経済的侵略の問題がどうしても出てきますからね。モンゴルの場合は切れている。ですから、ある意味では対等なんですね。東南アジアを旅行するときは、ちょっと引け目がありますよ。アメリカへ行くときは、それはない。こっちが右往左往させられているると思っているから。モンゴルへ行くと奇妙な感じなんですね。プラスの意味でもマイナスの意味でも、関係がなくなっちゃうんです。

ウランバートルの郊外に、レーニン・ミュージアムがあるでしょ。あそこにも、コピーですが、レーニンのいろいろな資料が置いてありますね。そこで写真展があったんですが、ほとんどハルハの会戦、日本ではノモンハン事件と呼ばれますが、それに関するものですよ。モンゴルの対日感情は、そんなによくないですね。ハバロフスクの飛行場でも同じような写真展をやっていたんですが、それは日本がいかに中国を侵略したか、ソ連とモンゴルはノモンハンでいかにたたかったかという写真ばかりなんです。「どうしてこういう写真展をやるのか」とソ連の人に聞いたら、「いやあ、おわかりでしょ。おたくのほうでも最近はにぎやかにソ連のことをやっているじゃないですか」と言う。対抗手段なんでしょうけどね。歴史的なことでいえば、まさにノモンハンのことでしか、日本とのとっかかりはないということがあると思います。

もう一つ、ヒロシマ・ナガサキがありますね。これは詩にもなっていますし、歌謡にもなっています。ぼくらが行ったときには、ヒロシマの原爆投下についての歌をやっていました。だから、モンゴル人にとっての日本人のイメージは、ノモンハンであり、ヒロシマ・ナガサキであり、あとは車とカメラと電器製品ぐらいだなという感じがしましたね。

田中　「原爆の図」の丸木位里・俊夫妻は、たいへんなモンゴルファンで、戦後非常に早い時期にモンゴルと交渉を持ったんです。ウランバートルで「原爆の図」の展覧会もやっています。いまは友好運動・親善運動から離れておられますけどね。

モンゴル文学とその出版状況

田中　さっきの、日本とモンゴルの関係が切れているという話に戻りますが、ぼくらから見ると、日本とモンゴルの関係がいまほど盛んになっているときはないと思われるんです。密接という意味じゃなくて、盛んなんですね。たとえばこの一二月には、ウランバートルで日本商品の見本市が開かれます。人口がたった百五十万人の、日本でいえば神戸市ぐらいの国に、その方面での経済界の代表がこぞって出かけて行くんですよ。これはもちろん商売のためで、採算を無視して行くのではないけれども、それ以上にモンゴルとの付き合いを重視している。あるいは執着を持っている人たちがいるという特殊な関係があるからなんです。ふつうだったら、むくわれない付き合いにとっくに見きりをつけているかもしれない関係です。ところが、ある一部の篤志家が非常な熱意で支えているのです。日本人のモンゴルフィール、モンゴルびいきというのは世界でも類のない現象ですが、それにもかかわらず実感として疎遠なものがあるとすれば、一つは風土の問題、これが大きいと思うんです。モンゴルでは主に肉を食べるし、日本人は植物性の人種という違いがあります。それから政治的な状況の違い。東南アジアのように往来が自由でないということ。だから、表面だけの、都合のよいところだけを見せている関係ならば、つまり政治家などはそれでいいかもしれないけれども、少なくとも文学における交流は存在し得ないということですよ。

吉岡　そうですね。だから、モンゴルの小説が翻訳されたとしても、ぼくらはそれに対するリアリティが感じられない。最初は目新しいから読むかもしれないけれども、ディテールでおもしろさが感じられなかったら、文学は読めないものでしょう。ただ、ぼくはその無関係の関係というのを、とてもおもしろいと思うんですよ。モンゴル人の顔や体つきはほんとに日本人とよく似ていますね。日本人が似たのかもしれないけど。しかし、面と向きあっても、そこには関係というものがない。少なくとも両者ともに、そこに立ちかえらなければコミュニケーションが成立しないという歴史的、政治的、文化的な前提がない。逆にいえば、あらかじめ方向づけられた関係がないから、全方位に発展する関係の可能性がある。それはぼくにはとてもおもしろいんですね。しかし、こと文学ということになると、それはとっかかりがないことでもありますね。無理をしておもしろがるということも出てくる。

田中　そうです。文学は義理で読むものではないですからね。ところが、社会主義の国の文学は、えてして義理で読むものが多いわけですよ。義理でないものが出版できない制度になっている。モンゴルには、森林もあって、木材もたくさんあるんだけれども、まだパルプ工場ができていない。自分の国で紙がつくれない。紙はソ連から輸入するんです。都合の悪い出版物には紙を供給しないわけです。たとえば、これは都合の悪い出版物ではないけれども、ゴーリキーのソレントからの手紙を扱った『ゴーリキーとモンゴル文学』という本でも、すぐ売り切れてしまうのに、三千部しか出さない。モンゴルで文学をきちんとやっていくためには、まず紙が自由に使える状態をつくらなければならないと思いますね。今年（一九八〇年）の三月にぼくは、フィンランドのヘルシンキ大学で保存しているモンゴル文献の調査に行ったんだけれども、そこにモンゴルからの通商代表団が紙を買いに来ていた。これは非常によいことだと思いましたね。ソ連を飛び越えていろいろな国から紙が買えるルートを確保しておかなければならないわけですからね。

吉岡　モンゴル側の努力が始まってきているということでしょうか。

田中　始まっているというか、彼らはモンゴル民族の歴史が始まって以来ずっとこの方、ロシア人と中国人とのあいだにはさまって、いつでもあたう限りの可能性を確保しておくという態勢を組んでいたんです。そうしなければ生きていけない民族ですよ。どんなに日本と関係が密接になっても、「しかし、あくまでもソ連が大切なんですよ」と言っておかなければならない。ソ連が許可してくれなければ、日本との関係も始まらないわけですから。そういうことを全部承知の上で、モンゴル側も日本の人たちもやっているんです。あまり日本とのことを一生懸命やると、失脚するかもしれないですよ。ソ連から買わないで、なぜ日本から買うのかということになる。そういうことが背景にあったのではないかと思われるような官僚の更迭をいくつか見ていますから。

ひらかれた国モンゴル

吉岡　ぼくはこれまで東南アジアで十何人かの詩人や小説家に会ってきたわけですが、そこでラテン・アメリカ文学についての関心を語る文学者に会ったこともなく、ラテン・アメリカ文学についての話を聞いたこともなかったわけです。ところが、モンゴルでそういう話が出た。ぼくはまさかモンゴルでラテン・アメリカ文学の話を聞くとは思わなかったんです。いっしょにいた小田実さんも、ほんとにびっくりしていた。彼らはロシア語でラテン・アメリカ文学を読んでいる。ソ連の影響は確かに強いけれども、それだけの翻訳が行われているわけです。そういう点からいっても、あれだけ中・ソにはさまれ、閉ざされた国でありながら、東南アジアなどよりも文化的に開かれているのではないかという気がするんです。だから、閉ざされた環境の国ということだけでとらえると、モンゴルを見誤ることになると思います。

ぼくはいま三十二歳で、今回の会議の参加者のなかで一番若かったわけですが、ぼくと同じ歳ぐらいのモンゴル人と話をしましたら、「一体いまの日本の高校生・大学生は、自分の社会をどういうふうにしたいと思っているのか。そういうことをちゃんと議論しているのかどうか」と聞かれたので、「日本ではいまそういう議論はあまり行われていない。それ自体は憂うべき事態だ」とぼくは一般的に答えたわけです。すると、「実はモンゴルでもそうなんだ。いまの若い奴は本当に世の中のことに関心が薄くて困る」と言う。一九六〇年代の後半、彼らが大学生の頃、二十万人くらいの工業労働力しかないところで、一体この国をどうしていくのか、ということを一生懸命議論した、そしてビートルズもローリング・ストーンズも、パオのなかで聴いた、と言うんですね。その頃、日本にはベトナム反戦運動や全共闘運動があり、アメリカにもブラック・パワーの運動やベトナム反戦運動があり、ヨーロッパでもいろいろなことがあった。そういう一つの環のなかにモンゴルもあったのだということを聞いて、ぼくは愕然としたんですよ。ぼくはモンゴルで六〇年代後半にそういう運動があったとは全然知らなかったし、運動がなくても、少なくとも同じような年代の連中が同じようなことを考えていたり、同じような音楽を聴いていた、ということは想像もしなかったんです。それだけモンゴルと日本が切れていたということもあるでしょうけれどもね。しかし、単に中国とソ連にはさまれて、閉ざされた国だということではない、何かがあるという気はするんですよ。ラテン・アメリカ文学についての関心を語った作家は「じゃあおまえはどういう作品を書いているか」と言われたら困るけれども、とあらかじめ断って話をしていましたが、まだそれに触発されて新しい文学が出てくるほどではないにしても、動いているな、という感触はありました。

田中　近頃の日本のシルクロードブームがありますね。シルクロードは、昔マルコ・ポーロも通っていった道というだけなのに、日本人は全く隔絶した世界のように「シルクロード、シルクロード」と言って騒ぐ。シルクロードは、決してロマンチックなところではなくて、ものすごく荒れ果てたひどい世界なわけですよ。山賊や盗賊も出た。それに対して、通行の安全を保障するジンギスカンの勢力のようなものが出てきて、やっと安全を保障してやったんです。日本人の非常に甘っちょろい、無理にでも幻想をつくるという習性が、モンゴルを見る目を誤らせている。モンゴルとしては、それを利用したほうが有利にはちがいありませんが。しかも、真実を書かなければならない歴史小説家が、百も承知で自分をだましながら世間をだましている。井上靖にもそのようなうさんくさいところがあるが、困ったことは歴史や民族学の研究者までがそれに乗って、火に油を注いできたことです。

吉岡　司馬遼太郎にしても、モンゴル人はみんな馬やラクダに乗っているみたいな話をしているでしょ。首都のウランバートルでは「ラクダに乗ったことなんかない」という若いモンゴル人がたくさんいるんですけどね。

田中　文学もそういう意味では一種のイメージ商品、ステレオタイプ製品といえます。モンゴルの文学についても、風土についても、学問についても、いつまでたってもイメージを壊そうとしない。ふつうのモンゴル人の意識とはますます合わないものが別に形成されてしまっているんですね。モンゴル人はおいてけぼりで、モンゴルのことが書けるのです。

教条をうちやぶる新しい文学

田中　ところで、吉岡さんは今回、モンゴルの作家ではどんな人に会いましたか。

吉岡　たくさんの作家や詩人に会いましたが、じっくり話をした人は、さっき言ったダムディンスレンさんと、作家同盟国際部のウリアンハイさんと、それからいまモスクワに留学している若い詩人の何人かですね。彼らと話していて、モンゴルの文学のなかに世界文学に対する認識がきちんとあるということに、ぼくはちょっと驚いたわけです。世界的関心が集まることに、モンゴルの作家たちも関心を持っている。その関心の持ち方は、みずからの文化的伝統や実作上の困難とせめぎあっているだけに、ややもすれば新しいものが好きだというだけに終わってしまう日本の場合より切実かもしれません。ダムディンスレンさんは、「もうぼくらの時代は終わった。いまの若い人たちはもっとむずかしいだろう。若い人たちは、モンゴル国内だけでなく、諸外国に出かけている。そこでいろいろ見聞きし、その眼でもって今度はモンゴルを見る。そういうなかから生まれてくる文学に非常に期待している」ということをかなり強調していました。彼はモンゴルの文壇――といっていいかどうかわかりませんが――のなかではかなりの長老で、七十歳を超えていますから、ちょっと迫力がありましたね。そういうふうに言う人は、日本の作家ではあまりいないですからね。

田中　あの人は、一九五七年頃に、戦後初めてモンゴルから日本に来た作家なんですよ。原水爆禁止世界大会の代表として来たわけですけれども、まだ国交がなかったから、指紋をとられた人たちです。あの人はたいへんな文献学者で、ものすごく精密な研究をしています。そしてあれだけのいい作品を書く。文化政策では指導的な人でしたけれども、その人が「われわれの時代は終わった」と外国人に向かってしゃべるということは、モンゴルにおいてこれまであまり見られなかった変化が、かなり大きな流れになって起きているということではないかと思いますね。モンゴルは、これまではまっすぐ前を見て進んできたけれども、つらい時代にさしかかっているんだなという気がします。閉鎖の平和郷を味わっているだけならいいんだけれども、残念なことにモンゴル人は外国のことを非常によく知っているんです。留学生が多いですからね。彼らが持ってくる知識はたいへんなものですよ。日本人が実は知らないだけで、モンゴル人は何でも知っているんです。知っていて、しかし、あるところからはみだしてはいけないという範囲のなかで活動している。そのことがわかった上で不満なのは、モンゴルの作家が、そういうことを知った上で本当の仕事をしていないのではないか、という感じを持つんですね。

ぼくが会ったモンゴルの作家のなかで一番尊敬している人に、ガーダンバという人がいます。一九七六年のモンゴル学者会議で会っている。この人は『元朝秘史』の文学性という研究をやって、いまは学者になってしまったけれども、もとは作家なんです。彼の小説は、一種の諷刺小説みたいなもので、非常におもしろくて、ぼくはモンゴル文学を学生などに読ませるときには、必ず彼の作品を使っていたんですよ。どういうわけか、作家同盟の中でどんどん出世していく道からはずれてしまって、いまはやや学問的な論文を書いていますけれどもね。

吉岡　モンゴルでは、小説は短編ですし、詩が多いですね。作家という場合、詩人をさすことが多いわけです。アジアは大体そういうところがあると思うんですが、小田実さんの説によれば、小説家はおとなしくて、詩人はプレイボーイですね。パーティをやったときに、一人のごっついおじさんがこう言うんです。「見てみろ。モンゴル人はやせているやつが多いだろう。こういう会場に来て、やせているやつを見たら詩人だと思え。おれみたいなごっついやつが来たら小説家だと思え」、よくよく見ると、確かにそうなんです（笑）。そういう話までするようになると、彼らはかなりユーモアもあるし、いろいろなことを見ていることがわかる。小説にもそういう日常的なユーモアの感覚が出てくれば、ものすごくおもしろいものができるんじゃないか、という気がしましたね。

田中　モンゴルの作家たちとのつき合いでは、彼らが書いたものを読むよりも、話をしたほうがよほどおもしろいということは、一般的にいえるんです。こういう魅力のある人物が、どうしてあんなにおもしろくないものを書くんだろうかと思うことが多いですよ。

吉岡　これまでのモンゴルの近代文学は、社会主義リアリズムそのものですか。

田中　社会主義リアリズムというのはスローガンですからね。それにどれだけの中身があるかは、また国ごとに違うと思います。社会主義リアリズムというのは、ソビエト的官僚文学という一面を持っているんだけれども、ソ連の官僚たちがモンゴル語を読めるわけはないんで、ソ連が検閲しているとは思えないわけです。つまり、モンゴルの作家たち自身に、文学というのはこういうふうに書くべきものだという、最初に教えられた教条が、まだ長く生きているということだと思うんです。その教条を破っていくときがいつ出てくるかということが問題ですね。

吉岡　作品として実際に目に見える形で破られていくのがいつかはわからないですけれども、ぼくは、少なくとも意識のなかでは始まってきているのではないかと思うんですよ。

田中　始まっています。さっき言ったガーダンバという作家などは、とっくの昔にそれをやっているんですよ。しかし、主流の下にいつでも隠れていて見えないわけです。大部数発行されて簡単に読める書物は、どうしても主流のものになってしまいます。そうでないものを発見していくのが、モンゴル文学の研究者の仕事であり、その力量を備えていなければならないんだけれども、モンゴルの作家会議を訪問して、何を翻訳していいかとたずねると、印刷されたリストができていて、何年に賞をとったこれこれを訳したほうがいいでしょう、といわれるわけです。ところが、こっちが読んで本当にいいなと思ったものとのあいだには、かなり大きなずれがあるんですね。

日本にとってモンゴルとは、西欧とは？

吉岡　田中さんがモンゴルの研究をずっとなさってきたなかで、逆に日本のものが見えてきたということはありますか。

田中　モンゴルはソ連に依存し、すべてモデルがソ連にあるというけれども、同じことを日本がやってきたということがあります。近代化の過程の問題などでは、日本の場合にはバリエーションの幅がかなりあるわけです。モンゴルの場合には日本の一面をカリカチュアにしたようなものが行なわれている。ただ、外来文化に対しては、モンゴル人のほうがはるかにすれているという感じです。簡単に夢を持たない。寒々としているぐらい外国に対してさめている。どんなにいい話をしても、「それは見てみにゃわからないぜ」という言い方をするんです。そういう意味では、モンゴルはたいへんな経験主義で、日本は理想主義ですよ。いかに歴史的な試練で鍛えられているかという年輪で見ると、日本のほうがはるかに甘っちょろい。日本においては、文化的なシンボルの力が強いということですね。

吉岡　確かに彼らはいろいろなことを知っているんですが、それはぼくらが活字メディアなどによって知っているというのとちょっと違う形で知っているという印象を受けるんですよ。

田中　活字のほうがより精密で理論的だというのは、ある意味ではうそなのであって、活字になったとたんに、情報がきれいごとになっているということがあります。活字になった情報は、金を払ってもらって提供しているわけです。彼らの口コミは無料奉仕です。話したいことしか話していない。聞きたいことを要求する。話すほうも報酬なくして話している。そういう情報の世界が、モンゴルにはずっと伝統的にあるということですよ。

吉岡　そうですね。だからヨーロッパとの距離でいえば、日本よりモンゴルのほうがはるかに近いという感じがしたんです。

田中　ぼくはモンゴルに初めて行ったときに、ヨーロッパの極点、ヨーロッパの行き止まりだなと思いました。

吉岡　モンゴルはイーストであって、日本はファー・イースト（極東）になってしまうんですね。ぼくらがヨーロッパというときに、モスクワはささないです。それはパリであったり、ロンドンであったり、ミュンヘンであったりするわけです。日本ではヨーロッパの概念が非常に狭く限定されていると思うんですね。ところが、モンゴルにとってヨーロッパというのは、まずはロシアであるわけでしょう。

田中　それは違うんですよ。ヨーロッパの情報源はモスクワやレニングラードにあるけれども、ロシアは中継地だということを、モンゴル人は百も承知なんです。価値としては、モスクワのはるか西を見ている。しかし、官僚として出世しようとか、作家として出世しようとかという点では、モスクワに中枢があるんですよ。

吉岡　つまり、モスクワは西洋文明のある翻訳機関ということですか。

田中　翻訳機関、中継機関、そういう意味でのセンターですね。しかし、もっと西へ行かなければならないという意識を、彼らは持っているんですよ。

吉岡　ぼくがモンゴルを旅行してみて思ったのは、ぼくらは普段モンゴルについて見えていないわけだけれども、その見えていない人たちの視点でもってわれわれ日本人を見たら、一体どういうふうに見えるのだろうか、そういう視点を逆にぼくらが持ってみる必要があるのではないか、ということを強く感じたということですね。同じヨーロッパを見るときでも、モンゴル人がモスクワを経由してヨーロッパを見る見方と、ぼくら日本人がヨーロッパを見る見方は違うはずです。そういうことを比較してみたら、すごくおもしろいのではないかという気がしたんですね。

田中　モンゴルは、モスクワを通じてヨーロッパに直接に連続しているんですよ。ところが日本は、直接ヨーロッパにいっているようだけれども、実は断絶の上で連続しているというより接続しているわけです。モンゴルは、ヨーロッパと点でつながっているのではなくて、線でつながっているんです。どんなに閉鎖の時代があったとしても、そういう世界認識がモンゴルには根本的にあるということがいえると思います。

とにかく、ぼくのモンゴルに対する感じ方は、ことによると専門業的にかたよっているのかもしれないと思っていましたが、きょう、吉岡さんの手あかにまみれていない率直なお話をうかがい、感じ方があまりにも一致しているのでおどろいたしだいです。

（『新日本文学』1981年1月号No.401　新日本文学会）

【二〇一八年における感慨】

どういういきさつでこの対談にのぞんだのか、今となってはまったくおぼえていない。吉岡さんがどういう人だったかも記憶にはないが、今あらためて読みなおしてみると、当時のモンゴルへの印象がかなりよく出ていると思わざるを得ない。ぼくはモンゴルについて、さまざまな人と対談したが、このセレクションに対談は入れないことにした。しかしこれは唯一の例外として加えることにした。なお冒頭に吉岡さんがふれているダムディンスレンの短篇で、妻が別の女のように変わったというのは、学校に行ったからというだけではなくて、読み書きできるようになったからであり、ぼくはこの短篇を楽しく読み、授業でも用いたのである。その後の日本におけるモンゴル文学研究の進展を示すものとして、芝山豊・岡田和行編『モンゴル文学への誘い』（明石書店、二〇〇三年）をあげておきたい。

味覚における民族性と国際性

ヨーロッパを旅行した日本人が、その土地土地の特色ある料理をしりめに、ひたすら日本料理や中華料理の味を恋いしたって、大してうまくもない、そうした店に通うはなしがよくある。どんなに祖国を呪って異国の放浪を続けている人でも、味という、生理に結びついた感覚をも拒否することはまれである。それぞれの民族は、おのおのその風土によって、味覚に対する異なった好みを発達させた。民族料理とは、その民族の生活舞台における、自然と文化との、まことに微妙な出合いのたまものである。

日本とモンゴルはたがいにアジアの国だと言っても、味覚のちがいはこの二つの民族を大きくへだてているように思われる。モンゴルを旅した日本人は、たいてい食事に参ってしまうらしい。モンゴル料理の代表格は羊肉を主としたものだ。あるいは多種多様な乳製品だが、これは旅行者にはほとんど提供されることがない。モンゴル人はいつとも知れない大昔から羊を主とする家畜を飼い、その乳と肉で暮らしをたててきた。高温多湿の島国でコメを作ってきた日本人とはこの点で全くちがっている。

日本人はコメと野菜を食べる人種だという知識は、モンゴル人たちの間にひろまってい て、私のメニューには、特にコメを使い、モンゴルでは高価な、キュウリやトマトを豊富に添えた料理が準備される。だが「わが国で暮らすには、草ばかり食べていてはからだが持ちませんぞ」と注意される。モンゴル人が人と家畜との関係をどのように把握しているかを示そう。「まず草がある。家畜はそれを食べて肉に変える。人間はそれを食べるのであって、直接草を食べるものではない」。だから、かれらの目から見た日本人はせいぜい羊並みなのだ。

日本人とちがって、ヨーロッパ人はモンゴルでいきいきしている。かれらはモンゴル人と同じく、根が牧畜の民だから、基本的には肉と乳があれば不足は無いのである。それは食事の作法にもあらわれていて、今日のモンゴルでは、ハシで食事のできる人を見つけるのは大変困難である。同じ肉食文化のヨーロッパ流のフォークとナイフの食事は、モンゴル人にとってより自然なのであって、決して「ソ連の文化的侵略」によるのではない。

モンゴル滞在中に、たまたま朝鮮大使夫人が、巻きずしなど作って私の味覚をなぐさめてくださった。この鉄火巻のシンは新鮮な肉だった。そのほかにも、「日本」大使館の庭で特別な温室栽培で作られたという生野菜の心づくしもあった。なるほど、朝鮮は、少なくとも味覚において日本の身内だと、しみじみ感じたものである。

しかし、モンゴル人の食事が単調なものだと思い込んでしまうのは、旅行者の早のみこみというものだ。私は夏の末の休日を、ウランバートルの郊外で過ごしたとき、家族づれのモンゴル人が、手に手にかごやバケツを持って野草を摘んでいるのに出あった。草はにらの一種で、ちょうど花が咲いていたが、この人たちはこの花を摘んで塩漬けにしておくのだと言っていた。野草や木の実で、家庭料理に用いられる種類は意外に多く、中でも薬効のあるものは液汁をしぼったり、リキュールにしたりして利用される。

私が一度味わってみたいと思ってはたせないのは、きのこ料理である。郵便切手で見るところ、マッシュルームの大型のようなものもある。これをモンゴル人は肉と一緒に煮込んだり、サラダにして食べたり、ヨーグルトのようなものとまぜて食べたりするという。人民革命党の機関紙は、シーズンになると、こういう自然の食品をむだなくいかそうと呼びかけている。

だがこれらの有用植物食品は商品化するのがむつかしい。一般に、日常的、民族的な味覚ほど商品化のむつかしいものはないのである。かんづめ、ソーセージなどの近代的保存食品――つまり最も悪しき国際的味覚――の普及の一方で、モンゴルの人たちは民族的味覚の保存の必要を感じるようになったらしく、民族料理の規格を設け、そのうまい作りかたを普及し、食堂でも積極的にメニューの中に入れようなどの提案が目につくようになった。「コンビナートで屠った肉はうまくない。昔からのやり方が一番だね」とつぶやいた年輩の人のことばが思い出される。

（『朝日アジアレビュー』1975年冬　朝日新聞社）
原題「アジアのこころ（モンゴル）味覚における民族性と国際性」

【二〇一八年における見解】

これは、大多数の日本人にとって、モンゴル人なんて見たこともないと言っていた時代に書かれたものである。しかし今は肉食いのモンゴルの若者が群をなして日本に押し寄せ、チャンコ鍋ですもう取り用のからだを作っている時代である。この変化の過程でかれらのからだにどのようなことが生じるのか研究してもらいたいと思う。

馬乳酒と骨つぎ

モンゴル人の民族的飲料であるアイラクは、世界的にかなり知られている。しかし、それはアイラクというモンゴル語の名によってではなく、トルコ系のクミスということばか、あるいは、その実体をもっとはっきりさせた馬乳酒ということばによってである。ただしかし、これは必ずしも馬の乳からだけではなく牛乳とかラクダの乳からもかもすことがあるので、単に乳酒と言った方がよいかもしれない。

とにかく、農耕をせず、自前の穀物を持たない内陸アジアの遊牧民たちは、アルコール分をも家畜に依存していたのであるから、乳酒の分布は極めて広い。乳の成分のうちでアルコールになり得るのは、言うまでもなく［炭水化物である］乳糖部分だけである。馬乳は家畜の中では、乳糖の含有量が最も高いので、アルコール発酵には最も適している。

しかも、乳糖は、人間の胃の中では消化が悪い。よく日本では牛乳の消費量が少ないと言われるが、牛乳を生のまま多飲する民族はあまりいない。欧米における牛乳消費は、ほとんどチーズなどの発酵製品を通して行われている。モンゴル人も同様に乳をそのまま飲むのはむしろ例外的なばあいである。現代小説を読んでいると、婚礼の席で新郎新婦が乳を生のままで飲んで、かための儀とする情景が描かれている。あるいは英雄叙事詩においては、敵に毒を盛られた英雄が乳を飲み、毒と一緒に吐き出して、一命をとりとめるくだりが語られる。乳はこのように毒を去る効力を宿すものとして神聖視されているが、それをますます保証しているのは、その白い色のせいでもある。モンゴル語でツァガーン・スーと言うときのツァガーン（白い）は神聖さを示す一種のまくらことばのようなものとなっている。要するに発酵乳は、乳の中に含まれている栄養分を完全に利用するための、原始の人たちの深いちえであったのだ。

三島海雲の創製にかかわるカルピスのヒントは、かれが内モンゴル旅行中に試飲したアイラクであったということだが、その独得のくさみと、かなり強い酸味は、カルピスにおいては取り除かれたり、別のもので置きかえられたりしている。とにかく、アイラクの味は飲む場所や時期によって、大変異なっている。発酵の度合いは毎日変わっているから、モンゴル人たちは今ならだれそれのところのがちょうど飲みごろだなどと話しあっている。飲みごろが過ぎると、酸味は日を追うて強くなることは言うまでもない。

モンゴル人たちはこれを大量に飲む。野菜や果物のまれな遊牧の生活において、栄養素のバランスをとる上でアイラクの演ずる役割は甚だ大きい。その日常的な効用のみならず、アイラクだけを飲みながら健康を回復するための特別の療養所があるという。

アイラクは人体にとっていわば万能薬である。しかし、ただ一つ、これを絶対に口にしてはいけないケースがあることを聞いて私はびっくりしたことがある。この話をしてくれたのは、ウランバートル郊外にある療養所の所長さんだったが、民間医療や占い狩猟習慣などについては、まるで生き字引と言ってもいいくらいの物知りだった。

所長さんは言う。骨を折って、それをつないでもらった人は、三年間はアイラクを飲んではいけないと。どういうわけだか、つながっていた骨も、アイラクを飲むと、また離れてしまうのだそうだ。「アイラクは肉の手術には別条ないが、骨の手術にはあぶない」と言う。話はそれから先である。この原理を利用して、ずれたり、ゆがんだりしてくっついてしまった骨は、アイラクを飲むことによってまた離すことができるのだそうだ。ただし三年以内という限定がある。離した骨は、もう一度正しい位置につなぎなおす。しかし、これは特別の民間接骨師以外だれもやれないと所長さんはつけ加えた。

どういうわけか、モンゴル人には骨折が多い。知人の消息などたずねると、あの人は骨を折って療養中だなどと聞かされることが少なくない。一三世紀の『元朝秘史』にも「名を折るよりは骨を折れ」などということわざがあるくらいだ。一つには馬に乗る機会が多いこともあろうし、何か栄養学的な理由かもしれない。とにかく、骨のつぎ間違いのある人は三年以内だったらまだ間にあうから、モンゴルに行って、つぎ直してもらうとよい。

（『朝日アジアレビュー』1976年春　朝日新聞社）
原題「アジアのこころ（モンゴル）馬乳酒と骨つぎ」

【二〇一八年に思う】

モンゴルでは接骨師（バリヤーチ）については、さまざまな奇術をほしいままにする神秘の医師というイメージが定着している。たとえばモスクワ大学入学のための受験勉強で頭のおかしくなった若い女性が、骨を正しく並べかえる施術を受けたおかげで、一瞬にして正常をとりもどしたというような話である。施術は、からだを一通りさわった後、一瞬のかけ声とか、そんな、よくは理解できない神秘的な、要するに神がかりの秘力がはたらくらしいのである。

発酵しない馬乳

マルコ・ポーロの昔から、西欧の旅行者がモンゴルで出あった驚異の飲み物としてあげているものに馬乳酒がある。それはトルコ系諸族のあいだでひろく愛飲されているため、かれらの言語のクミスという呼び名で、ひろく世界に知られている。

馬乳酒は、馬乳の中に含まれる炭水化物である乳糖を、発酵作用によってアルコールに変えたものだが、同時に乳酸発酵をも伴っているため、日本人が飲めば、まずその酸味を強く感じ、酒とはとても思わないであろう。しかし、含有量二パーセント前後にすぎないこの微量のアルコール含有発酵乳も、蒸留すれば、日本酒に似て、よく澄んだほんものの酒になる。

乳をそのまま飲むと下痢を起こす人がいる。それは、乳に含まれる乳糖が原因である。乳糖は成人の胃袋では消化されにくい。ところで馬乳は家畜の中でも最も多く乳糖を含む点で、そのまま飲むには最も適さないが、発酵は、この最も都合の悪い成分を最も得がたい製品へと転換してくれるのである。みずから穀物を作ることのなかった遊牧民にとって、馬乳はまさに、酔いをさずけてくれる唯一の原料だったのである。

馬乳のほかに、牛の乳もラクダの乳も、アルコール発酵させることができる。家伝のとっておきの酵母を使うこともあれば、時には、ただかきまぜたり、放置しておくだけでも自然がアルコール発酵をひきおこす。

三年前の夏、私は乳製品の専門家とともに、伝統的な乳利用の実態を知るため、モンゴル高原を旅したのであるが、そこでちょっと残念な話を聞いた。近頃では家畜に抗生物質を注射したり、飼料に混ぜたりすることがある。そうすると、その家畜からしぼった乳は決して発酵しなくなるというのである。手つかずの自然が残っているはずのモンゴル高原においても、文明はやはり確実に自然の一角をむしばんでいるのである。


（月刊『健康』1979年5月　月刊健康発行所）


【二〇一八年にしるす】

ここに書いた話、いつの間にかぼくの中に沈殿して、確信になってしまったが、発酵の専門家にこの話がとどいたら、ぜひご意見をうかがいたい。

草原のペレストロイカと言語・民族《講演録》

今日、ここに掲げられている演題、「草原のペレストロイカ」の「草原」は、今日のモンゴル国を象徴的に指しているのですが、この狭い意味でのモンゴルは、かつては「外モンゴル」と称ばれ、中国の一部でした。一九二一年に独立を宣言し、次いで二四年から九二年までモンゴル人民共和国であったのが、ソ連邦の崩壊によってその羈絆を脱し、市場経済への道を歩むことになりました。この国は、北はシベリア・ロシアに、南は中国によって密封された、東西二千四百キロメートル南北千二百六十キロメートルの、横長の形をしています。自然地理的には北から南へと大まかに、森林、草原、砂漠地帯と、三つの帯状に分けることができます。

モンゴルといえば、「ゴビ砂漠」と結びついたステレオ・タイプができあがっていますが、アラビアのローレンスなどの映画で見るような、砂丘がうねっているところは、ごく一部です。ゴビは全く不毛というわけではなく、油分の多い、火をつけるとよく燃える灌木や、リキュールにできる、赤い実をつけた植物もあります。北西部の、ロシアと接する国境線は、二千から四千メートルにも達する高峰を連ねた、アルタイ山脈をはじめとする峨々たる山脈で区切られています。

北の国境線に接する東側の北には、世界で最も深いバイカル湖に沿って、ブリヤート・モンゴル共和国があります。ここもモンゴル語が話されている地域ですが、一九五八年に、ソ連当局が、モンゴルから分断するために、本来のブリヤート・モンゴルという名の、モンゴルという部分を使うことを禁止して、あたかも、ブリヤートという、モンゴル人とは異なる別の民族があるかのように仕立ててしまいました。

このブリヤートの東南は、マンシューのホロンボイル草原へとつながっています。この草原の名は我がビワ湖の三倍もあるホロン湖（二千二百平方キロメートル）と、ビワ湖よりやや小さいボイル湖（六百十五平方キロメートル）という、ふたつの大湖の名にちなんでいます。ここからぐるりと、モンゴル国の南に沿って、中国の新疆ウイグル自治区の方にまで延びた一帯は内モンゴル自治区となっていて、中国の領土です。内モンゴル自治区の面積は、ほぼ百二十万平方キロで日本の約三倍、モンゴル国の面積は百五十六万平方キロですから約四倍ということになります。

ホロンボイル草原という名は、かつては日本で［ホロンバイルという名で］よく知られていました。それは一九三九年の夏に、当時の満州国とモンゴル人民共和国とが接する一帯で、ノモンハン事件という激しい戦闘のあったところだからです。ちょうどこの二つの国境線上にあったノモンハン・ブルド・オボー（オボーは塚という意味）のあたりで戦争があったからで、ちょうどそのあたりがホロンボイル草原の西端をなしていました。以上が、いわゆる内・外モンゴルと言われるモンゴル地帯の心臓部であって、その北にブリヤートがつらなっているわけです。

ブリヤートの西に位置し、モンゴル国の西部国境の北側にはトゥバ共和国というのがあって、ロシア領です。しかし、ここは一九二一年までは、外モンゴルの一部で、したがって清朝の支配下にあって、タンヌ・ウリヤンハイ地方と呼ばれていました。それが、外モンゴルの独立と同時に、コミンテルンのしわざによって「タンヌ・トゥバ人民共和国」という名の独立国とされ、さらに二六年には「トゥバ人民共和国」と改称されました。独立当時人口七万でしたが、一九四四年にソ連に併合されたときは二十万人くらいになっていました。独立国だから郵便切手も出しておりまして、今なおめずらしい切手として世界の収集家の関心をあつめています。［本セレクションⅡのカバーには、これらの切手をあしらった装幀がほどこされている。］

この国は世界に全く閉ざされていて、ソ連邦崩壊後やっと外国人も入国できるようになりました。私は、この国に入ることが永い間の夢でした。去年［一九九三年］、この国に入りたい旨電報を打ったところ、すぐに返電を受けとり、それを駐日ロシア大使館に見せてビザをもらい、八月に行ってきました。その時の話は、「トゥバという国」と題して、『図書』一九九四年一月号に書いておきました〔本書三五五―三六三ページ〕。

トゥバは外モンゴルの一部だとは言っても、住民の大部分はトルコ系のトゥバ語を用いています。しかし、トゥバ語には書きことばがなかったので、一九三〇年までは、公式文書はすべてモンゴル語で書かれていました。

以上がアジアにおけるモンゴル地帯であって、それらはずっと連続した地理的空間を形づくっています。このエスニックな連続体は、今日、三つの国家に分断されています。すなわち、ブリヤートとトゥバはロシアに、内モンゴルは中国に属し、そして外モンゴルだけが独立国として残っています。こういうわけですから、ペレストロイカ――すなわち、社会主義という理想をかかげて今世紀初頭に出発した体制が、同じ世紀の末における崩壊として生じたこの現象を、このエスノ・ジェオグラフィックな連続体の運命として考えるばあいには、モンゴル国だけを切りはなして考えるわけにはいきません。

以上述べた、アジアにおけるモンゴル諸族の連続体のほかに、もう一つ、ヨーロッパにおけるモンゴル族である、カルムィク族のことを述べなければなりません。ここで言うヨーロッパとは、ヴォルガとウラルを結ぶ線の彼方という定義に従ったものです。カルムィク族はいま、ヴォルガの下流からカスピ海の沿岸にかけてのロシア連邦内にカルムィク共和国を持っています。その起源は一七世紀にはじまります。かれらの先祖はもと、中国のジュンガル盆地に住んでいました。今日の新疆ウイグル自治区の北部、すなわち、アルタイ山脈の南、天山山脈の北の一帯です。

一六二八年、ここに牧地をもっていた西モンゴル諸族のうち、トルグート族を中心とした五万家族が突然、西に向かって移動を開始し、一六三〇年頃、ヴォルガの下流域に到達したのです。しかしその後、およそ一世紀半ほどたった一七七一年、かれらはロシアの支配を忌避して、再びジュンガル草原をめざして出発しました。ところが、結氷していたヴォルガの氷が割れてしまい、右岸だけがとり残されてしまい、帰れなくなったまま、今日に至ったのです。この人たちを、カルムィク族というのです。ヴォルガを渡る必要のなかった左岸［東側］はまっしぐらにジュンガルをめざして帰ってきました。しかし、かれらの中国の故土への帰還は、なまやさしいものではありませんでした。その行く手をさえぎろうというロシア側の意を帯した、カザフ族やキルギス族の襲撃をうけて、途中せいさんな殺りくが行われました。こうしたもようを描いた作家に、リヴァーという人がいます。彼の作品『トルグート族』は一九四〇年頃、生活社というところから上下二冊として翻訳出版されました。何しろ昔読んだ本なので、原作者がどんな人なのかはよくはわかりませんが、たいへんユニークでめずらしい作品です。

カルムィク族は波瀾に富んだ歴史をもっているので、作家の創作意欲を刺激しないではおきません。もっと有名な作家が、このできごとについて小説を書いております。それは、トーマス・ドクインシー（一七八五―一八五九）の『タタールの反乱』（一八三七）です。くわしいことは、かれの全集でしらべればすぐにわかることですが、まだしらべていません。ただ私の手もとには一九八四年にパリで出た仏訳本、La Révolte de Tartaresがあって、それにもとづいてお話ししているのです。

このカルムィクやトルグート族のもとに伝えられている英雄叙事詩にジャンガルというのがあって、今日でも語り手によって伝えられております。一九九二年、私は天山山脈に住むトルグート族のもとでおこなわれた、ジャンガルについてのシンポジウムに［若松寛さんとともに］招かれて行きました。この年はちょうど、トルグート族がヴォルガから帰還して二百二十年になるので、それを記念した催しでもあったのです。

さて、ペレストロイカということになりますと、どうしても、ロシアに残ったカルムィク族の運命について話さないわけにはいきません。かれらは革命後いちはやく、一九二〇年に自治州となり、一九三五年、ソビエト体制のもと、カルムィク自治共和国になりました。しかし、その後独ソ戦がはじまり、一九四二年にナチス・ドイツ軍の占領下に入り、翌年ナチから解放されました。ところが、その間にカルムィク族はドイツ軍に協力したというので、罰として自治共和国は廃絶され、カルムィク人はシベリアや中央アジアに強制移住させられ、分散させられました。カルムィク族の存在そのものを抹殺するためでした。しかしその後、スターリンが批判されて、こうした政策そのものが誤りであったとされ、一九五七年に、自治州は復興されました。その翌年から、散り散りになったカルムィク族はもどってきて、ペレストロイカに続くソ連邦の解体の後に、共和国となり、今日に至っています。

ここで話をアジアのモンゴル連続体にもどしましょう。この連続体は、一七世紀から一八世紀にかけて、ロシアと清との間の国境画定によって切りきざまれました。歴史上、ネルチンスク条約（一六八九年）とかキャフタ条約（一七二七年）とかと呼ばれているものがそれです。それによって、まずブリヤートがロシアの支配下に入りました。中国の清朝の内外モンゴルのうち、外モンゴルはロシアの支配下で形だけの独立をはたし、モンゴル人民共和国となります。

二〇世紀の初頭は、連続体を分断されたモンゴル諸族が、その連続性、一体性を政治的にも回復できる唯一のチャンスだったのかもしれません。まず、一九一一年の辛亥革命です。すなわち清朝の崩壊は、漢族にとって満州族の支配からの解放を意味したとすれば、モンゴル族にとっても同様のことが言えるはずです。そこで外モンゴルはクーロン（現ウランバートル）の活仏を元首にたてて独立を宣言しました。ロシアはかげにひなたにそれを支援していましたが、一七年の革命で、モンゴルから手を引きます。すると一九年に、中国は軍隊を投入して実力でもって、独立をやめさせます。ところが二一年には、モンゴル独立の志士たちが、シベリアに成立した極東共和国の軍隊の援助のもとに首都を占領し、ここに独立を宣言します。これが今日のモンゴル国の直接の起源です。

モンゴルが独立した後、その文化や科学を築いていく過程で、ブリヤートの知識人が多数そこに移り住んで協力しました。初期の文部大臣や、科学アカデミーの前身となる典籍委員会を作った人々、それからモンゴル語を近代化するためにローマ字アルファベットを考案し、普及させたのはすべてブリヤート人でしたが、かれらは一九三七年頃にソ連当局によって一斉に投獄されたり処刑されたりして消されてしまいました。

内モンゴルでも、外モンゴルの独立に呼応して、独立運動が起きました。この勢力の中には、日本の援助をたよりにしたもの、さらにアメリカに期待した青年グループなどがありました。親日派のうち、最も有名なのがデムチュクドンロブ、短くしてデーワン（徳王）と称された人でしたが、この一派は日本軍の敗退によってよりどころを失いました。そして中共政権の成立後、親米派は台湾やアメリカに逃亡しました。

徳王は日本敗退後の一九四七年、モンゴル人民共和国のさそいかけでウランバートルに行きますが、五〇年に逮捕されて中国に送還され、投獄されます。そして六三年に釈放されて六六年に死にます。その間に口述筆記された回想録が『徳王自伝――モンゴル再興の夢と挫折』として、最近岩波書店から翻訳出版されました。〔その書評は本書四七二―四八七所収。〕

第二次大戦の終結期は、内外モンゴル合体の好機でした。しかしそれは、中国、ソ連の双方がのぞまぬところでした。独立の志士たちの夢はここで永遠に禁じられたのです。

その後、中ソ二大帝国による「草原」の分割支配という図式は微動だにしないものだと思われていました。ところが一九八九年から九〇年にかけて、予想もしない激変が生じ、ついにはソビエト連邦が解体するという事態が起きました。まずモンゴルがその支配から脱して、ほんものの独立を手に入れました。

ブリヤート、トゥバ、カルムィクは、ロシア連邦の中で独自の憲法をもつ共和国となりました。これら三共和国は、民族としての新たなアイデンティティを構築するために固有の文化的伝統を強調しはじめました。その動きの中で最も注目すべきものは、それまで禁圧されていた仏教文化のよみがえりです。各地に寺院（ラマ廟）が建てられ、信者を増やしております。それを加勢するために、これらすべての共和国にダライ・ラマが訪れております。

おさえがたいロシア化の奔流の中で、仏教は、これらの共和国相互を、さらにモンゴルとを結ぶ紐帯となっています。中国の内モンゴルでは文化大革命期に寺院が破壊されたことはありますが、仏教が禁圧されたことは一度もありません。そのかわりここは、ダライ・ラマが立ち入ることを決して許さぬ地帯です。

追記：以上は一九九四年一二月二日、聖徳大学で行った講演の要旨です。これとは別に当日の録音にもとづく要旨が大学から送られてきましたが、私の話があまりにも冗漫に感じられたので、それをぐっと縮約してまとめたのがこれです。

この講演があってから今日まで、ここに述べた「草原」についての私の体験はさらに広がりました。モンゴルとブリヤートには何度も出かけ、今まで見たことのない土地に行けただけでなく、九六年の五月には、はじめてカルムィク共和国に行って、日本語も話す三十四歳の大統領に会うこともできました。それらのことがらについての私の短い文章など、発表したものを以下に記して、さらに関心のある方々の参考に供したいと思います。

参考文献

メンヒェン＝ヘルフェン『トゥバ紀行』（岩波文庫　一九九六年）

田中克彦、バーバル対談「二一世紀世界と遊牧国家モンゴルの道」『世界』一九九六年八月号

「トゥバとカルムク――ロシアの二つの共和国」『図書』一九九六年八月号［本書三六四―三七〇所収］

（『聖徳大学総合研究所論叢4』1997年3月第17巻　聖徳大学総合研究所）

【二〇一八年の感慨】

エスニックなモンゴル連続体の国家間での近代的分断はスターリン時代より、はるかに陰険なやり方ですすめられている。しかもこの分断は、外国人にはほとんど気づかれないような方法によってである。それを非専門家の眼にもわかるようにあばいて見せることがモンゴル研究者には課せられている。

《読書ノート》

『ホテル・ウランバートル』

（工藤美代子著／作品社）

どこかなぞめいた響きのある『ホテル・ウランバートル』とは気の利いた題名である。私は一九六八年に初めてそこに滞在して以来、もう十数回も泊まっているし、つい十日ほど前にそこから帰ってきただけでなく、一週間後にまたそこへ行く。著者の工藤さんは、八九年の夏に初めてここに滞在してから、その後、今年の一月から六月までの半年のあいだに四回も出かけている。たいへんなことだ。二十年前、ウランバートルという名を発しても、それがモンゴル人民共和国の首都だとすぐにわかってくれるのは一部のツウの人だけだったし、横浜から船で二泊し、汽車～飛行機～汽車と乗り継いで四、五日かけてへとへとになってそこにたどり着いたころから思えば、この名もポピュラーになったものだ。

それに比べれば、いまは北京で一泊すれば、翌日にはウランバートル行きの飛行機に乗れるから楽なものだ。それでもまだ、ヨーロッパへ行くよりは、ずっと大仕事だ。飛行機は週一回しか飛ばないので、急に思いついて行けるわけではない。

では著者を、こんなに割の合わない旅行をあえてしてまで、ウランバートルに引き付けたものはなんだったのだろうか。それは、モンゴルのペレストロイカの中で、複数政党制をつくっていく運動の中心になった民主化のリーダーで、二十七歳のゾリッグという青年、その実像に迫りたいという執念であった。去る七月二九日の総選挙には、ゾリッグの党以外にも、「社会民主党」、「民族進歩党」などのユニークな主張を掲げた政党、またそれを指導するバトバヤル、ガンボルドなどのイデオローグたちが活躍して、モンゴルの政治ムードを、別の国かと思うばかりにすっかり変えてしまったが、その先がけをつくったのは、なんといってもゾリッグだった。この本は、著者がゾリッグに迫っていく苦労話を中心に展開する。やっと捕まえたこの青年についての著者の感想はこうだ。「普通の若者だ。顔立ちは、お世辞にもハンサムとは言えないが、さすがに知的な雰囲気は身につけている」、「ピカピカした感じがしない」、革命家にしては「情熱がなさすぎる気がする。……あまりに無表情だ」などといささか失望し、最後には「なつかない性質！」と心の中でつぶやいたりしている。私が会った印象も、著者とあまり違わない。ひとつだけつけ加えると、若いころの大江健三郎氏をもうすこしニヒルにした感じだということだ。

　しかし著者はさらに踏み込んで、ゾリッグにガールフレンドがいないかとせんさくし、あげくの果ては、「道連れが必要だと思いません？　あなたは、どんな女性がお好きなの？」などと迫っている。これは既に、頭のいい年下の青年を見るときの、年上の女の、慈しみをまじえた憧れの表明以外のなにものでもない。
著者はこんな気持ちを込めながら、モンゴルの政治改革や、それをめぐる人びとの姿を描きだしていく。まことに好機を捕らえたいい記録になった。しかし残念なことに、この人はモンゴル語を理解しないから、通訳をとおした耳学問に終わっている。たとえば、ゾリッグの母や、その母のロシア人の父の政治的運命（三七年に逮捕され、四四年の最後の手紙のあと処刑されたらしい）などについては、新聞がいろいろと明らかにしているのに。専門の立場から見ると、正したい誤りもあるが、至るところに共感できる指摘もある。いわく、「モンゴルの改革とか民主化とか言われるものの本質は、その多くが対ソ関係の決着なのである」という指摘や、「ジャーナリストなんて浅はかな人種だ。いつも社会に善玉と悪玉を欲しがる」などに。
本書を引き立たせているのは、宇佐美博幸カメラマンのすばらしい写真だ。私としてはしかし、本書に登場する人物のうち最も愛らしく描かれているのはほかでもない「私」、すなわち著者自身ではないかと思う。ゾリッグが「なつかない性質」なら、この人はすこぶる「なつく性質」の人だというべきだろう。

（『Ｅｎｇｌｉｓｈ　Ｊｏｕｒｎａｌ』１９９０年11月号　アルク）

原題「BOOKS　民主化の嵐吹き荒れるモンゴルに若き革命家を追う『ホテル・ウランバートル』」

馬上のことばと書物

商品としての書物の誕生のためには、今日ではあまりにも当然のこととして忘れ去られている、次のような前提条件があった。何よりも、母語による書きことばの成立である。それ以前は、書物のことばは、特別に学ばなければならないラテン語、漢文ときまっていたが、日常の母語は、文字さえあてがえばだれでも自由に読み書きできる。ドイツ語世界で、この重要な仕事のさきがけとなったのが、マルティン・ルターのドイツ語訳聖書であったことはよく知られている。そして読者もまた、母語による聖書を読み、理解することによって、標準ドイツ語の創出に参加したのである。

印刷物が、聖書から他のさまざまな出版物に広まっていくにしたがって、印刷業者は、それがどんな方言によって書かれているかに並々ならぬ関心を寄せた。できるだけ広い範囲の読者に迎えられるようにと、かれらは著者の方言的特徴をおさえて原稿に干渉し、次第に印刷言語を形成していったのである。カントのような大学者でも例外ではなかったらしい。かれは『実践理性批判』を書いたとき、「決して高額とはいえない」現金のほかにソーセージや嗅ぎたばこをもらったので、そのため印刷・出版業者が文章に口出しするのを我慢せざるを得なかった。

英、独、仏語のようなヨーロッパの大言語は、容易に修得できるアルファベット文字によって、標準印刷言語を作り、それが近代国家創設の前提となった。このモデルはたちまち、より小さな言語にも採用されたのである。

世界には、いま五千、六千もの言語があり、その半数は今世紀中に絶滅すると予測されているが、そのほとんどすべては文字を持つにいたっていないものである。二〇世紀に入ると、小さな言語に文字をあてがう仕事が爆発的にすすめられた。それを模範的に行ったのはソ連邦で、中国もその「ソ連邦の」専門家の指導を受けた。

こうした作業は、小さな民族の自立を助けるものとして大いに宣伝されたが、他方では、言語と民族を分割するために利用された。すなわち、願えば統一できそうな方言的差異を別々の正書法をあてがうことによって拡大し、別の言語にしてしまうという深慮遠謀である。このようにして少数言語は勢力をそがれる。

以上のような作業は、書物を生み出す基礎を築くための、一種の言語工学であるが、それに劣らぬ価値があり、高次な作業は、読者層、すなわち印刷商品消費者の形成であろう。それは、具体的には、新聞・雑誌・書物などを読む姿がいかに魅力的であるかを宣伝し、人々の心象の中に深く刻みつけることであった。

外モンゴルが一九二一年に中国からの独立を宣言し、やがて人民革命党政権にうつったとき、数百キロを馬に乗って党大会に集まった代議員たちの大半は文字を知らなかった。しかしその後、急速に母語による印刷物が生産され、読者層が形成された。書物の判型は、馬の背に乗って羊群を見守る遊牧民たちの乗馬靴の中におさまるように作られた。当時のモンゴル人の人口は百万前後にすぎなかった。この数字をいくぶん上げて、数百万の人口を持つフィンランド語、デンマーク語などにあてはめてみると、たとえ国外に読者を期待できないとはいえ、国内には確かな読者層がある。国境の壁は言語の壁を保障しているのである。

それに対して、大言語国家に含まれて少数者の地位にある言語の状況は、極めてきびしい。たとえば、ロシアにおけるブリヤート語、タタール語など、中国におけるモンゴル語、チベット語など、そしてスイスでは、人口五万人が母語とするレト・ロマン語である。

このような少数者言語がその周りをとり巻く大言語と共存するための方法としてしばしば説かれるのが、分担領域を画定したバイリンガリズムである。すなわち、国家的、国際的レベルのことがらは大言語で、家庭や地域のことがらは少数者言語でという分業である。このような方法で、少数者の言語の生存が「保障」されるという主張がいかに欺瞞であるかは自ら実践の場にのぞんでみるとたちまちに暴露される。

ある言語が「独立している」と言えるためには、それが生活のあらゆる分野とレベルで、すなわち、どのようなジャンルにおいても使われていなければならない。しかし、それが現実にはいかに困難であるかということは、これらの言語によって現れた出版物を見ればあきらかである。最も多く見られるのは古典、英雄叙事詩や口頭伝承の出版物である。言語の存続にとって最も重要なはずの実用散文は、民俗行事や料理読本などの部分に追いつめられて細々と生き残っているのみである。そして、現代文学の主役は「依然として」韻文である。

こうした大国の中での少数者言語に比べれば、あの人口わずか三百万にも満たないモンゴルの、馬や駱駝の背で、あるいは遊牧テントの中で読まれる書物や新聞が、じつに英雄的に見えてくるのである。ソ連崩壊後は、堰を切ったように何十種類もの新聞が新たに創刊されて、人々を読書への新たな情熱へと向けた。それは、読書を美風として確立した伝統の、生きた力であろうと思われる。

このような広域にわたって分散した少数者言語にとってこそ、インターネットは有力な武器だと言われる。新聞・雑誌・書籍など、これら印刷商品の刊行を可能にするのはある程度まとまった部数であるとするならば、インターネットは、部数の制約を受けない情報商品だと言えるのであろうか。しかしこうした商品もまた、馬の背や遊牧天幕にとどくには、やはり肉感のある書物の姿をとらなければならないのではないだろうか。

（『季刊・本とコンピュータ』2001年秋号　株式会社トランスアート）

【二〇一八年における感想】

ここに持ち出した問題は、いわゆる少数民族にとって最も重要で、最も困難な性質のものである。学者は小さな方言の細部に至るまで立ち入った精密な確認に精を出して、自らの研究の厳密さを誇示しようとする。しかし、それら小方言を大言語に統合することにはほとんど無関心であるにとどまらず、時には敵意をさえ示すことがある。

《インタビュー》言葉と国を見つめて

一九四五年「民族解放」の衝撃

子どもの頃の言葉の体験は、印象深いものです。

生まれ育った兵庫県の八鹿町（現養父市）では「そうだ」と言いますが、同じ但馬でも、北に二十キロほど離れた母の実家では「そうや」と言う。逆に南の谷をちょっと上がった大屋のあたりでは「そうじゃ」になる。「そうだ」と言う私は生意気だと殴られました。

家の裏手にクニモト君、カネハラ君という二人の兄弟のいる家族がひっそりと住んでいました。二人とは家でも学校でも、よく一緒に遊びました。ところが、一九四五年八月の「玉音放送」の何日か後、二人の家族は突然大声で朝鮮語を話す人たちに変わり、マンセーを叫ぶ人たちと一緒にトラックに乗ってどこかに行ってしまった。外国語を聞いた初めての体験でした。「民族解放」という言葉は、いつもこのシーンと結びついています。

モンゴルで見た社会主義の裏面

モンゴル語を選んだのは、中国、旧ソ連を含む中央アジアを広く学べると思ったからです。

教科書を墨塗りさせられた世代です。中学二年のとき、エンゲルスの『空想から科学へ』を読みました。社会主義に強い憧れをもっていました。

モンゴル語を学んでよかったと思います。旧ソ連と中国という大国に挟まれ、モンゴル民族がいかに虐げられたか、言葉や文化を奪われていったか。虐げられた民族の立場から、社会主義の一面を知ることができたからです。

日本語滅ぼさぬために

世界の言語の歴史をたどると、それぞれの言語は決して自然に形づくられたものではありません。外国語に依存しない自立した言語になるため、日常生活で使いやすく、自分の意見を述べるのに適した道具にするため、工夫を重ね、造成されてきました。

一方、世界の言語の半数が今世紀中に消え去ると予想されています。早く身に着き、使い勝手のいい言葉が国際言語マーケットでせりにかけられている。どんな言語も外国人の参加なしには生き延びられません。

ところが、日本では世の中が難しくなると、やたらに漢字の数を増やしたり、敬語などの言葉遣いを厳しく見張って、言葉を難しくしてきた歴史があります。戦時中がそうでしたし、今もそうです。日本で看護師や介護士になろうという志のある外国の人に、「褥瘡（じょくそう）」だの「誤嚥（ごえん）」だのという漢字が読み書きできないからといって、国家試験で追っ払っている。日本語はどんどん滅びの道を歩んでいます。

漢字語は本来の日本語、やまとことばではありません。漢字を無くす、無くせないなら、なるべく少なくすることで、日本語はずいぶんと使いやすくなるはずです。

学問とは制度です。いわば死んだもの。それを生きたものにするのが学者の役目。人間のためにこそ学問があるはずです。しかし危機感からの私の発表を「過激なアジテーション」と批判する人もいます。知識や教養が権威と直結してしまう日本の大学や学界の劣化は限界です。

そんな時に東日本大震災が起きました。今までの日本人の生き方を根本的に点検しなければならないことを教えてくれました。日本語もこのままではいけない。日本語によってつくられた知の世界とともに、根本から立て直さなければならないという確信を強くしています。

一人暮らしが二十年近くになります。炊事、洗濯、掃除など自分でやっています。民生委員の女性が調査に来て、「私より元気ですね」と言っていました。

人はさまざまな青春を持ち得るように、さまざまな老年を持つものだと思います。仕事が多く忙しいので、さびしいとは思う暇がありません。あと十年は何とか元気で、もっと本を書きたいですね。

（毎日新聞　2011年6月7日）

原題「トーク&トーク　老いに学ぶ　言葉と国を見つめて」

【二〇一八年につけ足したいこと】

七年前に、毎日新聞のインタビューを受けてしゃべったことがうっかりここに入ってしまった。七年前と、今の生活状態に何の変化もないことを報告するためにに残しておこう。一般に年をとると、若い時に比べて変化は乏しいものである。

馬頭琴のいわれ

モンゴルの馬頭琴は、その起源に近い姿をとどめる極めて素朴な弦楽器として、世界の研究者たちの関心を集めてきた。それでいて、近代ヨーロッパ音楽のアンサンブルにもとけこめるような響きを発することもできるが、もともとは、吟遊詩人たちの語る英雄物語の伴奏に用いられるものだった。

二束の馬の尾の毛を胴に張り、上端には馬の頭の彫物がついているので「モリン（馬の）・ホール（胡弓）」と呼ぶ。この楽器の起源には、次のような伝説がつたわっている。

遠い昔、星の世界から戦士たちがやってきて地上に降り立ち、豊かな草原に草をはむ馬たちに乗った。最も痩せこけてみすぼらしい馬を選んだのが、その中のリーダー格の王子だった。夜の草原に立っていた羊飼いの娘は、この王子を見ると、一目で恋に落ちてしまった。王子も娘の愛を受け入れて、毎夜、娘のところに訪ねて来るようになった。しかし、朝になると、王子も馬も姿が消えていた。

ある夜、娘はその痩せ馬をよく調べてみたところ、四本の足には羽がついていた。馬はこの羽の力で、あっという間に、この地上と星のあいだを往復していたのだった。

娘は王子をいつも自分のそばに置いておきたかったので、秘かに、馬の足から羽を切り取ってしまった。

翌朝、馬はいつものように星をめざして飛び立ったが、途中で息絶えて、王子を乗せたまま砂漠に墜落した。王子は死んだ馬を抱いて、絶望の涙にくれた。すると突然奇跡が起きた。死んだ馬はホール（胡弓）になって蘇った。王子は、このホール（胡弓）を抱いて歌をうたった。――その後、吟遊詩人たちは、馬頭琴をかかえて山を越え、野を渡って、どこまでも歌を響かせて行くようになった（ハスルンド・クリステンセン採話）。

私は、この馬頭琴伝説は、かつてあった膨大な星伝説の一部が断片として残ったものだろうと推定している。手を伸ばせば、すぐにもとどきそうなくらいに近く、大きく瞬く星、モンゴル高原の夜空の星を眺めていると、どこからともなく馬頭琴の響きが聞こえるような思いがするのである。

（リストランテ国立文流チラシ　２０１１年11月）

《講演録》

ロシアの最初のモンゴル研究者

——P・S・パラス

皆さんウランバートルへ行かれますと自然史博物館という素晴らしい博物館がありま す。その自然史博物館の中で、最も注目を浴びるのは恐竜の骨やたまご［の化石］です。しかし、そのほかにも、あまり目立たない小動物、例えばリスや昆虫や鳥などのほかに色々な植物の標本があります。普通、皆さんは素通りをしてしまい、これらの展示物をしっかりとは見られませんが、よく見ますとそれら展示物の動植物には、ラテン語で学名がつけられています。その学名の最後に〝パラス〟の名がつけられたものが多いのです。今日はそのパラス（Pallas）という人物についてお話しします。

私のハンドアウトには、ペーター・ジモン・パラス（Peter Simon Pallas, 1741～1811）の略歴が書いてあります。パラスは一七四一年にベルリンで生まれたドイツ人です。今ここに持ってきたのは、今から少し前、と言っても一九九二年にドイツで出版されたソビエト連邦とドイツの共同研究で生まれた『パラスの伝記』の資料集です（*Folkward Wendland, Peter Simon Pallas, 1741-1811*）。このパラスの伝記が世に出るまでは、ドイツにおけるパラスの生活についてはあまり分からなかったのです。私がパラスについて日本でお話しするのは今日が初めてです。この本は世界でも、「とりわけ日本では」ほとんど読まれていません。それは、ドイツ語を読む人が段々に減っているからです。

ところで、ここにあるこちらの本は実に不思議な本で、たぶん何らかの国際機関によって一九六四年に北京で出版されたもので、太平洋の西側で採れる魚の絵入りの辞典です。しかもこの本は、魚類の名前を集めたもので、ラテン語、ロシア語、中国語、朝鮮語、ベトナム語、モンゴル語、日本語、英語。これだけの言語で魚の名前が記載されています。この中の多くの魚、例えば、モンゴル語で「トル」という魚、日本では「イトウ」と呼ばれている、全長一・五メートルにも達する大きな魚ですが、こちらもパラスの名がついているので、パラスが発見したのは明らかです。発見したといっても、モンゴルの人々は昔からよく知っていたのですが、パラスが最初に学名を付けて登録したという意味です。この中には、「タナカ」という名前の魚もいます。命名者に日本人がたくさんいたことがわかり面白いですね。さて、こちらはリンネの分類法だから、リンネの名前がついているのもありますが、このような素晴らしい辞典が出版されているのです。しかし、ほとんど知られていないのです。とにかく、この本にもパラスの名前で登録された学名がたくさん出てきます。

パラスはベルリンに生まれたユグノーであります。ユグノーとは、カトリックの国であるフランスの中で、カルヴァン（Calvin）の教義を信仰した人々を指します。ドイツではマルティン・ルターが宗教改革をしますが、カルヴァンはより純粋で禁欲的な人物です。フランスのカルヴァン派の人たちが迫害され、ユグノーとしてベルリンに逃げてきて、パラスはその一族の外科医の息子として生まれました。二十六歳までイギリスやオランダなどヨーロッパ各地で勉強しますが、二十六歳のとき、エカテリーナ二世が治める時代のロシアに招かれました。全ロシアを探検する仕事に応募して、それを引き受けます。その当時、彼が探検した場所はどこかといいますと、（地図を出して）これは私が一九六五年にドイツ留学中に買った得意の地図ですが、こまかく地名が載っています。彼が生まれたベルリンはここですね。サンクトペテルブルクがここ。彼はエカテリーナ女帝の命令によって遠くシベリアのこのあたりまで探検をします。イルクーツクを経てモンゴルに入る国境の町のキャフタまでです。約三千キロメートルの探検をしますが、ここにはそのとき探検に加わったメンバーが詳しく書かれています。年間八百ルーブルもらえることに彼は嬉しくなって、フランス人などいろんな人に声がかかりましたが、結局パラスが引き受けました。ほかの一般の隊員が百ルーブルであったことを考えますと、八百ルーブルというのは大変良い給料だったと考えられますが、それをもらいながらパラスは三十年ほどロシアで暮らします。エカテリーナの死後、パラスは任を解かれ自由に行動できるようになりますが、彼はかつて探検したクリミアに住みたがります。クリミアというと、今、ウクライナからロシアへと併合して話題になりましたが、そこにはタタール人が住んでいます。彼らはトルコ語を話します。年表を見ますと一七九五年、クリミアはキプチャック汗国が滅んだあとオスマン帝国に併合されます。さてパラスは、クリミアは大変景色の良いところだといって非常に気に入り、将来はベルリンに帰らず、エカテリーナから土地をもらい家も建てて永住することに決めていました。しかし、エカテリーナは亡くなるし、かれ自身も病気にかかり心細くなって一八〇九年にベルリンに帰り、間もなく七十歳で亡くなりました。当時、こんな大規模な旅をして苦労した人としては、長生きだったかもしれません。

エカテリーナ女帝はどんな人物だったかというと、元々ロシア人ではありません。東ドイツの田舎貴族の生まれです。フランスにアンリ・トロワイヤという歴史小説を書く人がいます。モスクワ生まれでロシア革命のときに、一家はフランスに亡命した人です。『女帝エカテリーナ』上下二冊を私は翻訳された単行本で読みましたが、今は文庫本にもなっています。イワン雷帝、ピョートル大帝、アレキサンドル一世、実にたくさんのロシアの重要人物の伝記を書いています。エカテリーナの伝記を読みますと、ドイツの貧しい田舎貴族の娘が皇帝の妻になるというので、ロシアに行ったとき素っ裸にされて体の検査をされたありさまが書かれています。その時はあばら骨の剝き出た痩せこけた体でありましたが、後には堂々たる女帝になりロシアの母とさえあがめられるようになるのです。クリミアを含む南ロシアを併合したのはすべてエカテリーナの時代でした。ある時はエカテリーナが「夫はおもちゃの兵隊ごっこばかりやっていて全然政治に興味がない。馬鹿な皇帝だ」と言ったとか書いたとか伝えられています。エカテリーナは自分こそロシアの皇帝にふさわしいと、ロシア語の勉強を始めて流暢に話せるまでになります。そして、当時ヨーロッパ全体から尊敬される皇帝になります。

彼女の逸話で一番有名なのは、『アンシィクロペディー(*Encyclopédie*)』というフランスの百科全書を書いたディドロとヴォルテールの話です。エカテリーナはこの二人とフランス語でやり取りをしていました。当時は写真もなく手紙だけのやり取りだけでしたので、彼らは送られてくる文章から彼女がどんな女かを想像しました。そのうちディドロとヴォルテールは二人とも、まだ見ぬ女帝に恋をしてしまいます。どちらが先にエカテリーナと会うかという話になりますが、ディドロは抜け駆けをして、先にペテルブルクに行って彼女に会うことが出来ました。しかし、帰りに沼にはまって肺炎にかかり死にかけてしまいます。ディドロはエカテリーナのことを「ブルータスの精神とクレオパトラの魅力をそなえた」女性だとほめたたえたものだから、ライバルのヴォルテールはそれを読んで嫉妬心に狂って病気になってしまったという話です。それほどエカテリーナという女性はヨーロッパで憧れの女王様だったのです。

日本では大黒屋光太夫が彼女に会っています。この人は伊勢の白子、今の三重県で漁師をして暮らしていました。彼はあるとき海で難破し、アリューシャン列島まで流されてしまいます。乗組員は捕まりたくさん殺されてしまいますが、大黒屋光太夫だけは生き残りました。彼はイルクーツクに行き、日本語学校で最初の日本語講師になりました。しかし、どうしても日本に帰りたいといって、女王に会って請願するためわざわざペテルブルクまで行きます。（先ほどの地図を指して）イルクーツクがここ、ペテルブルクがここですね。どう行ったかというとシベリア鉄道が出来るまでは皆歩いていました。パラスも歩いて探検していたのです。大黒屋光太夫は、ここペテルブルクで女帝に拝謁します。シベリアを歩くというのは大変なことです。日本ではシベリアを単独で歩いた福島安正という旧日本陸軍の軍人がいます。さらに榎本武揚は、『シベリア日記』を残していて、今日それを読むことが出来ます。榎本は最初ペテルブルクに駐在します。当初日本とロシアには、まだ大使は存在しませんでした。両国は公使の交換をして、榎本は最初の公使としてペテルブルクからシベリアを歩きました。榎本武揚は、オランダ語の上手な海軍の軍人としてオランダに留学しました。その後、「将来日本にとってサハリンより千島（ちしま、クリル）の方が大切になる」と言って、一八七五年に樺太千島交換条約を結びます。（地図を見て）クリルに対してサハリンはこんなに大きいんですね。また彼は、江戸幕府幕臣として明治政府にたてついて、最後は箱館に立て籠って朝廷・新政府と戦った人です。幕府の人間ですが明治政府に命じられて、公使としてペテルブルクに行った人です。話はそれましたが、大黒屋光太夫はエカテリーナに会い、帰らせてもらえるよう頼みました。無事日本に帰ることが出来ましたが、日本では捕まってしまいます。危険人物として生涯牢屋につながれ亡くなりますが、彼の話を聞いた幕府の役人の桂川甫周（かつらがわほしゅう）という人物が、日本人で最初にロシアについて語った本として纏めました。これは岩波文庫から出版されています。

話をエカテリーナ二世に戻しますが、彼女はたくさん恋人がいました。自分の皇帝の夫はつまらないし、早く亡くなってしまいました。エカテリーナを慕った人の中でも有名なのが、「戦艦ポチョムキン」という映画がありますが、その戦艦の名になったポチョムキン将軍です。ポチョムキン将軍はエカテリーナを愛していて、彼女のためなら命も惜しくないと、なんでも言うことを聞きました。将軍ら男どもは彼女のためならと次々と南ロシアを征服していき、帝国を完成させます。パラスの探検はちょうどその頃行われました。この探検はロシアだけの関心事でなく、数学者のライプニッツは「ロシアはユーラシアのほとんどを占める国であり、賢い皇帝が現れた際には国内であらゆる調査をお願いしたい」と、すでにピョートル大帝に提案をしています。

パラスは動物や鉱物だけでなく、ライプニッツの意向をうけ、ロシアで使われている全ての言語の調査も引き受けました。パラスは『全地球上の諸言語の比較語彙集』(*Linguarum totius orbis vocabularia comparativa*) の中で、アジア百四十九、ヨーロッパ五十一、計二百もの言語について、単語や聖書の「主の祈り」を翻訳した例文をまとめました。まず一七八六~八七年に一部を刊行し、一七九一年にはアフリカ、アメリカの若干の言語も加えて四巻としました。これは、方法や整理の仕方で不完全ではあるが、世界最初の比較語彙集として注目すべきものです。このようにパラスは、自然科学から言語に至るまで、あらゆるものを生涯かけてエカテリーナ女王のために研究しました。

私がなぜパラスを最初のモンゴル研究者と名付けたのかと言いますと、イルクーツクにはブリヤート人が多く住んでいますが、パラスは何年もかけてカルムィク族を調べました。ブリヤート人、カルムィク人、いずれもモンゴル系の民族であり、今日カルムィク共和国はヴォルガの右岸に住む人口三十万人の小さな国です。彼らはいつこの場所に現れたかと言いますと、一六三〇年に中国内の部族内での内紛を嫌がって、すべての家畜を引き連れ移住しました。ヴォルガの下流のこの周辺は砂地であり、農耕民にはあまり快適でない地域でありましたので、ロシアもこれを認めました。そんな彼らの歴史を語った逸話に大変ドラマチックなものがあります。一七七一年、ロシアの支配下にあったカルムィク族は、故郷に戻りたいと一斉に帰る方法を模索します。一月、ヴォルガが凍結している時期を選んで川を渡り、もともと住んでいた天山山脈へ帰る計画でした。しかし出発当日になって川の氷が割れてしまい、ヨーロッパ側のヴォルガ右岸に取り残されてしまいました。カルムィクという名前はこのとき生まれ、トルコ人が「居残りもの」という意味の言葉で彼らを呼び始めた、という一説があります。そうして、また、川を渡れた一族は天山山脈に戻り、今でも中国の少数民族として暮らしています。そこはヨーロッパのアルプス山脈にも引けを取らない、高山植物の生い茂る大変美しい所です。今日でも彼らは、変わらずカルムィク語を話し、カルムィク語の新聞を発行しています。パラスは、中国の一族ではなく、ロシアに残った彼らを研究しました。カルムィクを研究したこの本はドイツ語で出版された二巻本（*Sammlungen historischer Nachrichten über die Mongolischen Völkerschaften 1776-1802*）で、日本で読まれた方はほとんどいないと思います。ここにはたくさんの絵が載せられています。パラスは探検に絵描きを連れて行きました。当時写真が無かったためですね。これらの絵は当時のモンゴル人についての伝承を含む全てを伝えた地史であります。

話は最後になりますが、パラスは四十何年間一度も故郷に帰らずにロシアで暮らしていました。ここで彼は一度も所帯を持たなかったのかという疑問が出てきます。実際には七十年の生涯の中で三度結婚しています。最初の結婚は二十六歳の時でした。しかし、ペテルブルクで十四年ほどの結婚生活の後、妻が亡くなってしまいます。彼女は、探検隊にも同行していました。二回目の結婚は八三年の事でしたが、この妻も数年のうちに亡くなってしまいます。一七八七年にカロリーネ・イワノワと三回目の結婚をします。この時、アルベルティーナという娘が生まれます。家族と暮らすため、クリミアに土地を用意しますが、かれを支援していたエカテリーナ女帝の死後は、遂にベルリンへと帰国します。その翌年、パラスは故郷でその最期を迎えました。また娘はロシア人と結婚しますが、その夫も数年のうちに亡くなりました。そして彼女もまた、同じようにベルリンの地で再婚を果たすのです。このようにパラスの研究者としての生活は、異郷での絶え間ない放浪の旅であり、大変苦しいものであったと思われます。しかし彼はその中で、巨大な著作を残しました。もう一度申しますが、私の今日のこの話は日本で初めて行いました。日本では誰も上下二巻で千ページを超えるこの本を読んだ形跡がないのです。

今日は、せめてこの本の全容の一部だけでも皆さんにお伝えしようとお話ししました。そして、最初のモンゴル研究者がどのような苦労を経て、モンゴルさらには、ロシアの諸地方の克明な調査を行ったかをご紹介しました。パラスは多くの重要な旅行記を残しましたが、そのすべてはドイツ語で書かれています。後にフランス語にも訳されて、ひろく世界に読まれました。その中に『ロシア帝国の諸州とアジア南部に行った一七九三年と一七九四年のパラス教授の旅行』と題する本が一七九四年にパリで出ておりまして、一橋大学のメンガー文庫の中に入っております。寄贈者の名に美智子皇后のお父様の名が書き込まれています。挿画にはエッチングによって描かれた色のない絵を、丁寧に彩色して作られた大変貴重な地史です。この本が私に印象深く残っているわけは、いたるところに、この本の所蔵者であったオーストリアの経済学者カール・メンガーの書き込みが入っていたからです。隊商ラクダの積荷の内容とか量だとかにメンガーは注目して読んだ形跡があるからです。

ロシアのエカテリーナ女帝はドイツ人です。そしてソ連の悪名高きスターリンはグルジア人でした。このように多民族の集まるロシアで、ベルリン生まれのパラスが調査を行わなければ、このような資料は残らなかっただろうと思います。それでは、私の話を終わります。

パラス略歴

一七四一年九月二二日　ベルリンのユグノーの家に生まれる。父は外科医
一七五四―一七六〇　医学と自然科学をベルリン大学、ハレ／ザーレ大学、ゲティンゲン大学で学ぶ
一七六〇（十九歳）　ライデン大学で医学博士になる
一七六一―一七六九　イギリスとオランダを旅行
一七六七（二十六歳）　エカテリーナ二世の招きでペテルブルクに
一七六八―一七七四　ウラル、シベリア、ヴォルガ探検
一七七五―一七九二　資料の整理、研究、出版
一七九三―一七九四　南ロシア、クリミア旅行
一七九四―一七九五　ペテルブルク滞在
一七九五―一八一〇　クリミア滞在
一八一一（七十歳）　ベルリンで没

（2016年度第4回日本モンゴル国際シンポジウム「日本とモンゴルの過去・現在・未来～環境（政策）と社会～」
2016年10月21日　於：桜美林大学町田キャンパス）

【二〇一八年における感慨】

ぼくがはじめてパラスの名を知ったのは、ウィルヘルム・トムセンの『言語学史』（一九〇二年刊、邦訳初版一九三七年、三版一九五四年　弘文堂）からであった。

トムセンは、一八世紀末から一九世紀のはじめにかけて、いくつもの博言集があらわれたことを述べ、「その最初のものはロシアの女帝エカテリーナ二世に負ふべきもの、女帝は既に大公妃時代から世界単語集の完成に対する興味があった。あり得べきあらゆるの言語に訳出さるべき単語の表を親しく作製し、これを能ふかぎり多くの言語に訳出せしめるために、国内のみならず国外におけるロシアの使臣や学者に送った。」、そして、この大事業は「パラスに委ねられた。」としている（泉井久之助・高谷信一共訳）。興味ぶかいのは収集単語の項目が、すでにエカテリーナ自身によって選ばれていたとしている点である。

第三部　ブリヤート、トゥバ、カルムィク

ブリヤートの旅から

ソ連邦の解体によって、十四の共和国がロシアの支配を離れ、それぞれが独立共和国となった。こうなってみると、ソ連邦という国家が、アジアとヨーロッパにわたる広域を含み込んで、いかに異質で多様な内容を持っていたかがあらためて明らかになった。

それでは、あとに残ったロシアはどうなったのか。もともとロシアそのものが多民族で連邦の名を冠していたが、今やこのロシア連邦は小型のソビエト連邦を思わせるようなありさまになってきた。ロシア連邦内の非ロシア人が作っていた各自治共和国は、相ついで主権宣言を行って共和国になったからである。ただし、ソ連邦におけるようには分離権は認められていないが。

かつてのブリヤート自治共和国も共和国になった。こうした「共和国」は、現在のロシア連邦の中に約二十を数え、中には独立を機に自らの呼称そのものを変えたケースもある。たとえばもとのヤクート自治共和国は自称の民族名を採用して「サハ共和国」となった。

サハに比べると、ブリヤート族は、まだ目的の半分しか達成していない。というのは、かれらは一九五八年に、本来名のっていたブリヤート・モンゴルという名称からモンゴルを削り取られたままで、いまだにそれを回復していないからである。かれらの言語はモンゴル語の一方言であり、民族、人種の点でも、南に連なるモンゴル族と本質的には異ならず、また仏教徒であるという点でも一致していた。ところがソビエト当局はモンゴル色を一掃して独自の民族に仕立てるために、仏教を禁じて寺院を破壊した。

ブリヤート人はいま、強権によって奪われたあらゆる文化を回復する運動のさ中にある。仏教寺院の再建は最も目立っていて、シベリアの大平原の彼方から、金色の伽藍の輝くさまが遠望される。信者たちは祈禱筒をまわし、頭に水を注ぐ灌頂を受ける。今回の旅行では、熱心にチベット語の経を読む若い小僧さんの姿が多く見られた。

ソビエト当局が厳しく禁じていたものの一つに、日本人との交際がある。日本軍はロシア革命のときに出兵して、ブリヤート一帯を占領したことがあるのみならず、ブリヤート人に反ソ感情をそそのかして、ソ連からの離反を計るおそれがあると考えられていたからである。じじつ、反ソ民族主義者として告発され、処刑された知識人の罪状には、かならず、「日本のスパイになった」という一項が入っていた。だから、一九六八年、まだ日本人に禁じられていたこの地に私を招いた四人の学者たちの勇気に私は深い感謝の念を抱き続けているのである。

昨年［一九九二年］秋、私が招かれた頃の首都ウラン・ウデでは、詩の朗読会、コンサート、舞踏会などが毎夜のように催されていた。それはヨーロッパの洗練された小都市の居心地よい夜会を思わせた。詩人、作曲家、民謡歌手たちとの語らいは、ここの人たちが、ヨーロッパ・ロシアの高い教養をたくわえている一方で、開かれたアジア世界への熱いあこがれの念を燃やしていることを示していた。

ソビエト時代、何ごとにつけても、アジアとりわけ日本はマイナスのイメージとともに伝えられていたが、いまはそれがすっかり逆転してしまった。私の見るところ、日本は実際そうである以上の理想郷として思い描かれているふしがある。

夏時間の今、ブリヤートと日本との時差は一時間であるが、モスクワとの間は五時間である。もし私たちがブリヤートの人を日本に招いてあげたとしても、かれらは日本に来るよりももっと遠い道のりをモスクワまで行って、そこの日本大使館でビザを取ってからでないと日本に来ることができない。日本からの郵便もまた、一度モスクワまで送られてから、再びアジアのブリヤートに回されるのであるから、途方もない時間がかかるのである。ブリヤート人はアジアを近くしようと思っている。

この六月、私はふたたびブリヤートを訪れるよう招きを受けた。私は三十年近く前から、ブリヤートの口頭伝承の研究に従事してきたのだが、それらがいったいどんな人によって伝承され、どのように吟じられているかを実際に見たことがない。今回は、この口頭伝承のうちでも、最もよくまとまって伝えられている、英雄ゲセルの伝説を主題にした祭典と集会が催されるというのだから、私がどんなに胸を躍らせて出かけて行ったか想像していただきたい。

六月一二日、十数台の乗用車とバスを連ねて参加者たちはウラン・ウデを出発した。峠を越え、谷をくだってブリヤート諸族の住む集落を経巡り、目的地のアガ自治管区に到着する一五日頃には、車の列は数十台に達した。峠にさしかかるたびに、天地の神々に古式ゆかしく酒と供物をささげ、叙事詩の一節を唱えあげるのだから、この八百キロの道のりは大変時間がかかったのである。八十五歳になる盲目の伝承者は、その黄金の唱句によって人々を魅了したのみならず、宴席においては、鋭い風刺とユーモアで、ブリヤート語の深さと美しさを印象づけたのである。

私もまた遠来の、しかもブリヤート語のわかる異国の客として、あらゆる機会にスピーチをさせられた。光栄ではあるが、こんな苦役を味わおうなどとは出発前に予想もしなかった。

祭典の最終日は、すもう、競馬、弓射の伝統的な祭り——ナーダン［ハルハ・モンゴルではナーダム」が催された。パラシュート降下のアクロバットに花火が打ちあげられて、なかなか趣向をこらしたものだった。祭典の費用を捻出するための一枚一千ルーブルの富くじが売りつくされた。私の最も心配していたことは、もし賞にあたって、目の前のトラックに乗せられた牝牛を持ち帰るはめになったらどうしようかということだった。しかしこの心配は無用だった。

ゲセルの祭典をはじめ、こうした催しは何のためかといえば、かれらの言語、ブリヤート・モンゴル語のすばらしさを人々に深く印象づけることであった。

永年にわたるロシア化のために、とりわけ一九六〇年以降、ブリヤート語の教育が学校から撤退したために若年層、とりわけ幼児においては、ロシア語しか知らない者が増えてきた。その結果世代間での伝達が阻まれ、いたましい状況を生みだしている。

昨年［一九九二年］ブリヤートから帰って来た一一月、長野県国語国文学会で講演を行った際、ブリヤートの教育関係者から打ち明けられた要望を先生方に伝えた。日本の国語教育の経験を、ブリヤートで役立ててもらえないだろうか。そのためにとにかくブリヤートを訪れて現状を見てほしいと。

私はこういう経験は日本の先生にとってこそ有益にちがいないと考えた。日本人たちは、自分たちの言語が危機に陥るという経験をしたことがなく、国語教育はいわば当然のこととしてマンネリ化しているからである。私は長野で賛同者を得たことに勢いづいて、八月一七日から八日間の、モンゴル、ブリヤート行きを計画したのである。この計画にはブリヤートの文部大臣も協力してくれることになっている。

今回のブリヤート訪問では、私の予期しなかった、「桜の枝」と題した日本の夕べが催された。よく知られた啄木、芭蕉のほかに、土佐日記や伊勢物語から和歌がロシア語訳で朗読された。ロシア語の音節の数をあわせて俳句を作る人もいた。

翌日の新聞はこの催しのことを報ずるとともに、桜の花について次のような説明記事をのせた。いわく「日本人にとって花は見るものであってかぐものではない。そもそも日本語には『かぐ』という動詞がない。この点、花の香をめでる我々とはちがっていて、日本の桜は形は美しいが全くにおいがない」と。これはほんとうかと詩人の一人はたずねた。ああ、何ということだ。

ブリヤートの人を日本に招いて、桜がどんなに匂(にお)うかを知ってもらいさえすれば、もう文化交流なぞはいらないという気さえしてきたのである。

(信濃毎日新聞　1993年7月28日、7月29日)
原題「ブリヤートの旅から　上・下」

アガ草原をめざして

旅には心おどるような楽しいものが待っているはずだ。しゃれたレストランやカフェ、焼きたてのパンにチーズにワイン、オペラ劇場に美術館、快適なホテル……。海外旅行ということばから、多くの人が想像するものはだいたいこうしたことがらだろう。そうして、こうしたイメージは、旅のはじめにすでにできあがっている。

ところが草原にはこのような快適さのすべてが欠けている。草原！――このことばから、人々はいったいどのような情景を思い描くだろうか。たしかにそこには、どこかロマンチックな響きがただよっている。もしかしてそれは、草原じたいがロマンチックであるというよりは、そこで暮すこと、そこに暮している人々へのあこがれの気持ちによるのかもしれない。

しかし何よりも、草原という、この地理的ひろがりそのものを、そこに立ったことのない人々に伝えるにはどのような手段があるのだろうか。まず写真はほとんど何も伝えることができない。本人がどんなに感動してシャッターを切ったつもりでも、できあがりは実に凡庸。だだっぴろい草っぱら、しかもその一部が切りとられているだけである。草原というものは、三百六十度がぐるりと開けていて、そして限りなく続いていなければその名にあたいしない。そもそもそれは、庭や林のように、人間に見てもらうために作られたのではない。

草原の情緒を伝えるために、本質的な要素としてあげなければならないのは、まずそのにおいである。特に、よく乾いた日などは、ヨモギ科の、小さな、地面にはりつくようにして生えている草の発するかおりには、どんなに鼻の悪い人でも、強く打たれるであろう。くわしく観察するならば、このにおいの発信源は、一種類と特定することはできず、何種類もの草のシンフォニーであるかもしれない。見わたすかぎりのひろがりの中に、この、どこか神聖な感じをたたえるかおりに包まれ、聞こえるのは、キリギリス、バッタのたぐいの昆虫の、キリキリ、チリチリという金属的な音だけである。そのプラスチックで作ったような羽が立てる音は、びっくりするほど大きい。

私は草原のかおりを鼻や口からだけでなく、毛穴もいっぱいに開いて、血や肉の中に送りこみ、からだの中のすみずみにまでしみ込ませようとする。このにおいは、どんなに心のかたくなな人をも敬虔な気持ちにさせ、自分のすべてをこの自然の中にまかせようという気持ちにさそう。仏教でもキリスト教でも、祭壇で用いられる香は、おそらく、人々を宗教的な気分にみちびく上でかなりな役割をはたしているにちがいない。そうして、これらの香は、もとはといえば、草原のかおりと同類の、天然からとり出されたものではあったかもしれないが、もはやあのみずみずしさをすっかり失ってしまい、いわゆる「抹香くさい」、いじけておしつけがましいにおいになってしまっている。

私は思うのだが、私のように目の見える者でさえも、草原の本質はにおいにあると思うのだから、ましてや目の見えない人が草原に立ってみたとしたらどうだろうか、と。その人たちこそ、もっと深く、もっと本質的に、草原の何たるかを即座に理解するにちがいない。だから、私がまず草原の旅につれて行ってあげたいと思うとすれば、目の見えない人たちを選ぶだろう。

草原の雨はやさしくない。まるで天の貯水槽を開いて一挙に流し込んだようなはげしい雨だ。草原は突然水びたしになり、水は少しでも低いところやくぼんだところがあれば、そこを目がけ、先を争って狂おしく流れ込み、にわかに濁流が形成される。しかし時には、草と土の表面だけを濡らすだけのしとしとと雨も降る。

日本の国語学者たちはよく、雨を表現することばの豊富さは日本語特有のものだ、と言ったり書いたりしているが、それは世間知らずの一人よがりである。草原を旅するだけでなく、その土地で暮す人々と話をしてみると、私たちが辞書だけで知っている以外のこまかい表現が使われていることがわかる。

草原には、こうした一瞬の濁流だけではなく、いつもやさしい湿り気をたたえた筋が走っている。そうした場所には何種類もの、美しい花をつけた植物の群落がある。そのほとんどは、病気をなおす、何らかの薬効をもっており、心がけのいい人たちは、老若を問わず、こうした植物の名をよく知っている。またブリヤートの人たちは、ブリヤート語でだけでなく、ロシア語ででも、それ以上によく知っている。ロシア人たちは薬草には、ほとんど迷信的といってもいいほど傾倒しており、こうした薬草のかなりのものが、漢方薬の原料として日本にも輸出されているはずである。

草原の、いわばステレオタイプ化されたロマンチックな情緒を期待している人たちには、エーデルワイスを挙げればいいだろう。この花を、私はスイスの高原で見るよりも、はるかに多くモンゴルの草原で出あう。それは、密集した群落であることもあれば、黄や紅や、自己主張の強い他の花にまじってさびしそうにしていることも少なくない。

ブリヤートの草原で、私は、この花は何というかと聞いてみた。ある男はエーデルヴァイスだと答えた。すると別の女がそれはロシア語でしょう。だれかブリヤート語で知らないのとたずねたが、答えはなかった。そこで私が、モンゴル語ではムンフ・セセック（永遠の花）というんだがと言うと、そうだったねと皆が同意した。もちろん私は、ハルハ・

モンゴル語のツェツェクをブリヤート語めかしく発音したのである。しかし思うに、この花とても、土地土地でさまざまな呼び名があったにちがいない、と、柳田國男の研究のことなどを思い出して考えてみた。ムンフ・ツェツェクは、もしかしたら、近代文学語のためにひろめられた、人工的な造成語かもしれない。

ある時、モンゴルの少女から聞いた話では、エーデルワイスの花を摘んで、それをつめた枕を好きな男に送ると、男はその枕で眠って、私の夢を見てくれるのだと語ったことがある。それほど沢山集めることのできる、ごく普通の花であれば、特にそれを呼ぶための名がなくともおかしくはないかもしれない。

こうした草原の話をするとき、私の念頭にあるのは、モンゴルから、その北に続く南シベリアの冷えた草原のことである。しかし私には、それが単に自然の空間であるだけでなく、歴史的、文化的、時に政治的な空間として、まばゆく輝く別の草原があった。それはアガの草原である。

アガの草原は、チンギス・ハーンの生地だと土地の人々が考えている、オノン河の上流地方から、その北方のチタにかけての一帯にひろがる。今日、アガ・ブリヤート自治管区としてロシア連邦チタ州に属している、ザバイカルのこの一帯は、一九三七年までは、バイカル湖西岸の、ウスチ・オルダ・ブリヤート自治管区とともに、ブリヤート・モンゴル自治共和国の一部だった。しかしこの年になって共和国から切り離され、ロシア直轄の民族管区となった。だから、今日ブリヤート共和国からアガに行くためには、共和国の国境をこえていったんチタ州に入り、さらに白治管区への国境をこえてアガに入るのである。人々は国境となっている峠道で必ず車をとめ、天の神々にむかって酒を献じるのがならいである。

今日でこそ、このアガ草原の一角はシベリア鉄道がかすめて通っているが、一九世紀には、何も公的な交通手段がなかった。こうした、露都を遠くはなれた土地から、なぜモンゴル諸族の近代を揺り動かすような人物が多数現れたのか、アガの草原に、何か特別な秘密でもあるのだろうか、こうした疑問から、アガのともしびは長らく私の心の中で秘密に満ちた聖地として燃えていた。

アガが生んだ天才の一人はツェウェーン・ジャムツァラノーである。かれはすでに少年のころからサンクト・ペテルブルクに送られて、そこの大学で学び、モンゴル諸族の言語、歴史、フォークロア、要するに、その文化のすべての領域にわたって近代的な研究の基礎を作っただけでなく、一九二一年にはモンゴル人民党(後の人民革命党)の綱領を起草した。さらに今日の科学アカデミーの原型となる典籍委員会をも設立した。しかし、アガがブリヤート共和国からむしりとられたのと同じ一九三七年に逮捕され、そのまま収容所で死んだ。私が一九七三年に刊行した『草原の革命家たち』（中公新書）では、かれのために特に一章をもうけて述べたのだが、その時はジャムツァラーノと記した。しかし今回のブリヤート旅行で、人々はジャムツァラノーと、最後の「ノ」に、アクセントを置いて長く発音していたので、いまはこのように記す。

ジャムツァラノーほど、活動の範囲がひろくないために、あまり思い出されることのなかった人にバザル・バラーディンという言語学者がいる。この人は、ジャムツァラノーと同時に逮捕され、その年のうちに銃殺されてしまった。その処刑の速さからみて、ジャムツァラノーほど有名でなくとも、ソビエト当局にとってはより危険な存在であったと考えられる。バラーディンについては『文学』一九九四年夏号の「書くことは自由か」〔本セレクションⅡ『国やぶれてもことばあり』三二九ページ所収〕においてわずかにふれておいたが、言語の研究が、死をもって禁圧されねばならないほどの迫力をたたえていた例として記憶されねばならない。この人もまた、アガ草原の出身であった。

アガ草原議会（ドゥーマ）には、牧民たちがお金を集め、賢そうな男の子を選んで、露都サンクト・ペテルブルクに送って勉強させるという、すでに一九世紀からの伝統があった。こうして草原の人たちの期待を一身にあつめて学問を積み、そしてその期待どおりにはたらいたために処刑された――このような人たちを生んだふるさと、モンゴル・ナショナリズムの揺（よう）

鑑（らん）の地を見ないでは、モンゴル研究をやったかいがないではないか、という気持ちに私は強くかりたてられてきた。

かれらの逮捕、処刑と同じ年に、アガが切りとられてロシアに編入された背景には、いわば、このナショナリズムの火もとを消しとめてしまおうというねらいが、ソビエト当局にあったのではないかという私の意見に、ブリヤートの人たちは賛成しなかった。いやそんなことはありません。ごらんなさい、この豊かな小麦とじゃがいもと、それにホップの畑。ブリヤートで最も豊かなのはこのアガと、それからイルクーツク側のウスチ・オルダです。だから「ブリヤートからもぎ取って」ロシアに編入されたのです、というのがその答えだった。たしかに、草原は一面の畑に変えられており、果てしなく続く黄金の菜の花ばたけが、どこかスウェーデンのいなかを思わせた。

私がアガの地にはじめて足をつけることができたのは、一九九三年、ここが伝説の英雄ゲセルの祭りの場に選ばれたからだった。その時は集会があるたびにあいさつをさせられ、テレビ、ラジオなどのインタビューに答えなければならなかったので、とても草原の情緒にひたるどころではなかった。そこで今回は、前年養われた土地勘を活かして、もっぱらアガ草原だけの旅を楽しむことを計画したのである。

アガの草原を、ジャムツァラノーやバラーディンの少年時代のように経験するためには、かれらが当時そうしたように、本当は馬で旅しなければならないはずだ。かれらは、チタやウェルフネ・ウディンスク（今日のウラン・ウデ）まで何日もかけて馬で行ったのである。

私とずっとつきあってくれた地元の郷土史家は、ほら、この道を通り、あの丘をこえて、ジャムツァラノーは馬で行き来したんですよと、まるで自分で見たかのように話してきかせた。

ところでそんなに何日もかけての馬の旅で、道中にホテルはおろか、宿屋のようなものがあったわけではない。といって、野宿したわけでもない。草原の野宿はつらいものだ。毛に守られておらず、あぶや蚊を追い払うしっぽを持たない人間は、一夜のうちに、蚊の大群に食い殺されてしまいかねない。冬の草原はもっと厳しい。かれらは普通の民家に泊まったのである。そこで、チンギス・ハーン時代にさかのぼる法典が思い出される。人々は一夜の宿りを求める旅人を拒むことは、最も大きな罪の一つとみなしたし、泊まる方も、いっさいのことがらを家の人にまかせなければならなかった。

ウラン・ウデからアガ草原に私をつれて行こうとする人は、ちょっと意地悪そうに、馬に乗れるかねとたずねた。もちろん乗れないことを知っての上でのことである。そういうわけで、八百キロの道のりを、一日で運んでくれたのは、ロシア人の青年パーシャ君の運転するフォードであった。このフォードは、簡単なアスファルト舗装があるところなら百二十キロ、むきだしのがたがた道なら九十キロを下らぬ速度で走った。そして私を泊めてくれたのはアガ・ブリヤート自治管区の中心地アギンスコエの政庁の隣りの建物の一室に準備されたベッドであった。

ベッドには清潔なシーツが用意されていた。草原の生活としては、なかなかのぜいたくである。ここを起点として、あっちの家、こっちの家に招かれ、酔いつぶれたあげく、このまま寝ていきなさい、とたびたびすすめられることもあったが、私はこだわって、このベッドにもどった。

あっちの家、こっちの家と言ったが、モンゴル草原地帯なら、「家」とはもちろん、フェルトでおおった円形の移動テント、ゲルのことを指すであろう。しかし、ブリヤートでは、アガを含めて、全土でゲルは姿を消していた。ソビエト政権時代に、住居はすべて固定建築にかえられ、密集した町の姿をとった。これによって、生活が快適になったのだろうか、私には何とも言えない。多くの家にはテレビが映って、世界のサッカー競技を伝え、冷蔵庫がうなり、台所にはガス・レンジがあり、すぐそばにはプロパンガスのボンベが並べて置いてある。しかし水道はない。水道がないくらいだから、排水の設備はなく、便所は、今日の日本の若者たちには、ほとんど未知の形態のものである。ここで私は、もしかして、自分も草原の旅をしてみたい、と軽薄に心を動かしかねない人のために、今日の草原生活の実用的な面にふれないでおくわけには行かない。

私のベッドの設けられたこの建物のみならず、四階建の政庁の立派な建物でさえ、中に水道の設備はなく、したがってトイレもない。トイレは建物から三十メートルほど離れたところにあるかなり大きな便所小屋で用をたすのだが、手を洗う設備はない。この便所小屋は、中国やロシアのいなかを旅する人にはなじみ深いものだが、床の板に穴があけてあって――この穴は小さめにしてある。もし大きくあけると、誤ってそこに足を入れて、本物の奈落の底に落ちてしまうかもしれない――、ここからうんこやおしっこを、まわりの板床にかけないで、うまく穴にあわせて位置をとることが肝要なのだが、まっ暗な夜など、なれない人は失敗することが多い。それで穴の周辺には、いきおい、足の置場もないほどに、変色したうんこが盛り上がる結果になる。黒味を帯びて変色したのは時間がたった証拠であってまだ安心感がある。困るのは、黄褐色のなまなましい、うすい液体が一面にひろがっているようなばあいである。たとえていえば、たまご焼きを作るために、フライパンの上に原料をうすくのばした状態である。こうした場面に直面して生ずる気持ちは、液体を排出した主人を責めるよりは、むしろ、この人はよほどせっぱつまっていたんだな、という身につまされる思いである。

こうした便所は必ずしもアジア的だと思ってはならない。一九六〇年代、オランダの美しい風車小舎にたち寄った時、便所をたのんで示されたのが、このような構造だった。ただしそこは腰かけ式で、穴からのぞいた下には小川が流れていた。腰かけにはぬれたあとがあったので、そこにおしりをくっつける気になれず、立ったままおしっこしたところ、おしりのくっつくところの板をぬらしてしまった。もう三十年も昔のことなのに、笑顔でそこに案内してくれた、やさしいお姉さんのことを思い出し、いまでも、すまないことをしたという罪の意識にさいなまれる。

さて、無事に用をすませたとしても、次に問題になるのが紙である。その目的のために用いられるのはふつう新聞紙や雑誌である。私が一度とまった首都の作家の家は水洗便所であったが、中に置いてあったのはマルクス・エンゲルス全集の分厚い一冊であった。それは、立派な表紙を残して、かなりのページがむしりとられていた。使用後の紙は、便器の中に流さないで、必ず備えつけの石油缶かバケツの中に入れるのがモラルである。一九七〇年代のモスクワの国際空港の便所ですら、まだこういうあんばいであった。いっぱんにロシア人のうんこに対する親近感はかなりなものであって、そうした感覚が、草原の中に出現した近代建設の集落にもそのまま現れている。

しかし以上のように書いたからといって、それと対比される日本がそれほど進んでいるわけではない。東京都国立市にある大学から歩いて十五分ほどのところに位置する、私の住んでいた公務員宿舎も、数年前までは、まだ溜め置き式だった。気温が上昇してその内容が熱せられる夏期には、耐えがたい臭気が全屋に充満したものだった。

アガ草原では、人々がまだその伝統的な遊牧テント、ゲルで好みのままに、草原にひろく、ゆったりと散開して住んでいた前ソビエト時代には、こうした悩みはあまり感じられなかったであろう。

しかし、こうした設備が改善されて、いったん水流式になれてしまうと、人の感覚はもうもとにはもどれない。したがって、そうした点での快適さを求める人は、巻紙を肌身離さず持ちあるくことになるのだが、研究旅行をする人は、そんなことに気をとられていたら、かんじんの人との話や調査の方に身が入らない。

こうした旅行術について、とりわけ紙の持ち合わせが全くない時の技術について、私はもっと詳細にわたって書きたいところだが、もうそれに費やすべき紙幅がない。そこで私は一つの思い出をここに述べて、読者の皆さんの心がまえとしてもらおうと思う。

私は偶然のきっかけで、騎馬民族説の江上波夫先生と内モンゴル、オルドスの草原を旅することがあった。先生はもう八十を越えておられた。その先生と一緒に入った便所小屋の中には、五つほどの穴が並んでいて、穴と穴との間には、しきりはなかった。床の状態は、先に述べたのとあまりかわらない。そこに先生はこともなげにズボンをおろしてしゃがまれたので、私も横に並んで同じようにした。この人は旅も便所も、すべての点において先輩だなあと思ったものだ［この話は別の話と入り混じっている。江上先生とは、小屋も何もない、ただの野っ原で並んでしたのである。くわしくは本セレクションI所収の「騎馬民族説と江上波夫の思い出」三二五ページをご参照あれ］。

先生はその時、亡くなられた昭和天皇が、さびしくなられると、江上、ちょっと話しに来ないか、と江上先生を呼び出されるので、その時に騎馬民族渡来の話などをしてさしあげたなどと話された。昭和天皇は、自分の先祖、つまり皇室の元祖が馬に乗って朝鮮半島を通り、海を渡ってきたのだなどという学説を、どんな気持ちで聞かれたのであろうか。胸の悪くなるような便所小屋の光景に出会うたびに、私はあの時の江上先生のことを思い出して、自分をたしなめるのである。

言うまでもないことであるが、先に述べたような私の旅はいつも一人旅である。旅の性質からすれば、新聞・雑誌やテレビの取材旅行に似ているが、決定的なちがいは、私にはカメラマンも助手も通訳もいなくて、一人ですべてをこなさなければならないことだ。大きな荷物を持っての一人旅は、切符を買うために行列に並んだり、便所に行く時に不便であり、不安である。したがって荷物はなるべく軽く小さくしておかねばならない。

また、いつも仕事に追いまわされているため、出発の前夜から研究室でいそがしく片づけ仕事をやっているうちに当日の朝をむかえることになる。だからおみやげを買うための時間はまったくない。このように出発の時は一人でも、草原ではまことに多くの人の世話になる。私の計画を知って、いろいろな知りあいに連絡をとって受け入れ準備をしてくれる人、食事をつくってくれる人、泊めてくれる人などである。

こういう時、長い留守の間の冷蔵庫を空にするために、荷物につめ込んだピーマンやリンゴや、さらに空港までの電車の中で買ったワンカップ、ピーナツやさきいかの残りがどんなに役立つことか。

日本人は海外旅行のどこどこまでも日本食を持ち歩く、こんないじましいことでは困るではないかと年来思っていたのであるが、最近は考えがかわった。自分が食べるためにではなく、草原の人たちに、まだ見ぬ国の食べ物の味を教えてあげられるのはすばらしいことではないか。人が暮しの上でひとしく関心を抱くのはまず食べ物のことだからだ。

手ぶらで、何もおみやげを持たない私にとっての唯一の安全通行証は、草原の人たちの心からの好意をすなおに受け入れ、その人たちの思いのままになってあげることだ。

また、私にとっての唯一の財産は、それほどうまくはないことばの知識である。その知識はもちろんささやかなものだから、私はせっぱつまったあげく、ほんとは無いかもしれないことばを自分でつくってその場をしのぐ。それは規則には合ってはいるが、実際には存在しないことがわかる。なぜなら人々はそれを聞いて腹をかかえて笑うからだ。しかし時には、大変に感心されることもある。こんな言い方があったのか、と。もしかして、私の作ったことばは人々の語りぐさになって、やがては、かれらのことばの中に採用されるかもしれない。

私の中にあることばの装置がうまく回転するためには、第一にからだが不調であってはならず、すべてを忘れて、その場にはいりきっていなければならない。

昔吟遊詩人たちは、村々をまわって古伝説を語ることで、日々の露命をつなぐささやかな報酬を得た。私もまた、にわか吟遊詩人になったつもりで、草原の人たちの問いに答えながら、ともに話のじゅうたんをくりひろげて行くのである。その時私は、この世に在って、しかも無きがごときの状態になる。

さて、今回のアガ草原の旅で、私はまさか、あのジャムツァラノーの生地をたずねることになろうなどとは思いもかけなかった。そんな場所が簡単にわかるはずはないと思っていたからだ。しかし例の郷土史家は、スドゥントゥイに行きましょう、そしてジャムツァラノーの生まれた場所を見ましょうと言う。そのスドゥントゥイの村を見はるかす峠の上にやってきた時、私はここが写真をとるのにいい位置だと思い、車をとめてもらうように頼んだが、それは無視された。考えてみれば、それは当然の話だった。こうした固定建築の村は、みなソビエト時代の製作であって、ジャムツァラノーの時代にはそんなものはなかったのだ。

村をかすめて、なだらかな曲線が波うつように、下の谷にくだって行く大きな草原に出たところで車がとまった。車をおりた郷土史家は、ここがあのジャムツァラノーの生まれた場所ですよと言って、すぐ先の一点を示した。そこには、手のひらでにぎれるような白いこつぶの石が散らばっていた。おそらくそこには、ジャムツァラノーの生まれた遊牧テントがあったのだろう。

私はまわりから石を集めてきて、あとから来た人のためにも、もっとはっきりとわかるように小さな塚を盛った。そうして、申しわけなさそうな顔をしている郷土史家にこう言った。

――ジャムツァラノーのような人には、こうした場所こそがふさわしいのです。どうか、よくある、あのみにくい記念碑や、ばかでかい像などは建てないでください――と。

その時私は、ウラン・ウデにある、あの醜悪なレーニンの頭像のことを思い出していたのである。

反ソ反革命、ブルジョワナショナリスト、日本帝国主義の手先などなどの罪名を着せられて投獄され、処刑されたアガ草原の革命家たちには、墓をつくることなど許されなかったはずだ。そのことこそが、この人たちの真の墓標にふさわしい。私にはアガ草原そのものが、そのすみずみまでが、かれらの永遠の墓標のように思われた。

一九九四年夏　アギンスコエ――ウラン・ウデ――ウランバートル

（『同時代ライブラリー199　私の海外旅行術』1994年10月　岩波書店編集部編　岩波書店）

【二〇一八年における感慨】

この一篇は、チンギス・トゥグートフ君（現在日本に在住）がロシア語に翻訳し、ブリヤートの新聞に発表され、その後、ブリヤート作家同盟の評論誌『バイカル』（一九九六年五・六号、九・一二月合併号）に収録された。

喝さい称賛　ブリヤート

昨年［一九九八年］、ドイツの作家ブレヒトが生誕百年を迎えたのを機に、次々とブレヒト劇を披露してきた、演出家の広渡常敏氏が主宰する東京演劇アンサンブルが、九月はじめ、ロンドン公演にさきだって、ロシア連邦のブリヤート共和国で公演したいと考えたのは、並の思いつきではなかった。出しものは坂口安吾の短編小説を舞台化した「桜の森の満開の下」。男と女の業の凄惨さを官能的かつ徹底的に描いた作品だ。

この劇団は、かつてモスクワやチェーホフが生まれた南ロシアのアゾフ海にのぞむ港町タガンローグのような本場でチェーホフ劇を演じて成功をおさめた経験がある。それなのにわざわざ、時に飛行機も飛ばなくなってしまう、この交通不便なブリヤートに、大がかりな舞台装置と三十人もの役者を送り込んで、むくわれぬ苦労をあえてするのは何のためかと、当のロシアの中でも首をかしげる人が少なくなかった。

ブリヤート共和国は、距離の上では日本に最も近いロシアの民族共和国であり、一九五八年までは、ブリヤート＝モンゴル自治共和国と呼ばれ、まぎれもない、モンゴル人の一支族の国であった。それを民族的・言語的に、他のモンゴル諸族から切り離し、完全なソビエト化をねらったモスクワ中央が、「モンゴル」の名を削りとったのだ。

ちょうど日本くらいの面積に住む百万少しの人口のうち、七十パーセントのロシア人、二十五パーセントのブリヤート人に、ウクライナ人、タタール人と続く、多民族が共存する共和国である。劇団はここで公演しようと決心したという。

この相談をうけたとき、たしかにそんな夢のような話が実現するならば、日本にとってもブリヤートにとっても、「歴史的事件」となることはたしかなのだが、受け入れ側の気持ちや出しものの選択の点でも、私としてはいささかの不安があった。あの単純明快なソビエト式楽天主義に慣れ切っている観客に、この解決のない男と女のテーマがどう受け入れられるだろうかと。

現在、ブリヤートの首都ウラン・ウデには四つの劇場がある。その中で堂々たる威容を誇っているのが絵はがきにもなっている、ブリヤート国立アカデミー・オペラ・バレエ劇場であり、それが第二次大戦後、日本人捕虜の建てたものとして、市民の誇りとなっている「ブリヤート国立アカデミー・オペラ・バレエ劇場の芸術監督は、モスクワから赴任した岩田さんという日本人である」。

八百人の客席があり、イルクーツクにもウラジオストクにもない、東シベリア、極東随一の本格的オペラ劇場である。壮大な円天井には、「芸術を人民へ！」というレーニンのスローガンが建設当時のまま残されている。他の劇場にはある、同時通訳の設備がここにはないが、「日本人が建ててくれたのです。あなたたちはここでやるのがふさわしいでしょう」という劇場支配人のすすめもあって、この劇場が選ばれた。

ブリヤート文化省が事前に売り出した入場券の額は、市民の給料の一割にもあたるというのに、劇団が到着したときには売りつくされていた。

初日は満員になったが、二日目以降はどうかという心配をよそに、八百人の収容能力をこえて入場者は千人に、三日目は千二百人となり、天井桟敷も階段も人で埋めつくされた。

この予期しない人気は何によるのだろうか。何よりも日本の劇団による初めての本格的公演だからであり、また、たえ間なく降りそそぐ桜の花びらのもとでくりひろげられる清新な舞台であったからだろう。

このような舞台づくりは予想もされないものだったらしく、いささかソビエト的に頭の固いブリヤートの技術陣との間にあつれきもあったが、結局かれらは、この経験によって貴重な日本の舞台技術を学ぶことができたと告げた。

ブリヤートの各新聞は、いつもは辛口の現地の批評家の、思い思いの称賛のことばをのせたが、ある新聞は、「この劇団は自分の旅費も滞在費もすべて持って来た上に、三十人の俳優がそれぞれ自分の手にたずさえて照明装置を運んできた」と大事な点を強調した。

この公演を可能にしたのが、文化庁と国際交流基金であることに、ブリヤート政府は特別の感銘を受けたようだ。モスクワの日本大使館からこのロシアの東の果てまで、初めて公式に政府代表として広報文化センター長の井出参事官がやってきて、挨拶（あいさつ）を述べたことも画期的なことだった。

今回の公演の予想もしない大成功は、この劇場を建てた、当時の若い日本の捕虜たちの霊に見守られていたからではないかと私は思った。

（信濃毎日新聞　1999年11月1日）

ノモンハン事件から六十年

——残留捕虜の「その後」を追う——

ことし［一九九九年］の三月、私はロシア連邦ブリヤート共和国に住むナデージュダさんという女性から、一通の手紙を受けとった。そこには、私は一九三九年のハルハ河戦争で捕虜になった日本軍兵士の娘だと書いてあった。

ハルハ河戦争、すなわち、我が国で言うノモンハン事件では、停戦協定後の捕虜交換でもどらなかった、少なく見積もっても千人前後が、旧ソ連とモンゴルに残留したと、日本では推定されている。九一年の五月に、私たちがおくればせの五十周年記念シンポジウムを東京で開いた目的の一つは、そうした残留捕虜の消息を手に入れることだった。ソ連側代表のワルターノフ大佐（当時）は、百六人の捕虜の名簿を手渡すとともに、この記載にもれたとしても十人以内だと報告し、この問題には決着がついたとの感想をのべた。

しかし日本には、残留者は三千人にのぼると推定する人もあり、また第二次大戦時の捕虜や、その後の旅行者の話から、シベリアや中央アジアで、ノモンハンの捕虜らしき日本人を見かけたという情報が寄せられていた。

ナデージュダさんと会う

六月、ブリヤートに行った際、私はナデージュダさんとの接触を求めたが果たせなかった。しかしこの九月、文化庁と国際交流基金の支援を受けた、東京演劇アンサンブルの首都ウラン・ウデでの公演に付き添った際、ナデージュダさんは、娘さんを連れて、毎日私の帰りをホテルで待っていた。

「とにかく私の村へ来てください」ということになり、電車とバスを一時間ばかり乗りついで、彼女の別荘へ着いた。そこは事実上の農園で、よく手入れが行きとどいていて、玄関には、きちんとネクタイを結んだ六歳のお孫さん［元ノモンハン捕虜からみて］が、「コンニチワ」と、しっかりした発音の日本語で私を出迎えた。

村をあげてかくまった

心づくしの、米を使った夕食でもてなしを受けながら聞いた、ナデージュダさんの話をまとめると次のようになる。

彼女の父は、三九年八月はじめ、前線に送られてすぐに捕虜となり、モンゴル領内に連行されて、ひどい虐待をうけた。次いでブリヤート共和国に移送されて、森林伐採の重労働に従事した。ある日、厳冬の森の中で、ほとんど凍死しかかっていたところを、ナデージュダさんの祖父が発見して家に連れ帰り、この若者を息子として登録した。村長のニコライさんが書類を作り、村をあげてかくまう決心をした。当時としては、極刑を覚悟した勇敢な行為だった。

やがてブリヤート女性との縁組が行われ、生まれたのがナデージュダさんだ。しかし父が、自分は日本人だと明かしたのは、死の寸前だったという。父は九〇年に亡くなり、書類の上では享年七十八歳だったということだ。

私はここで、最も聞きづらい質問をあえて発してみた。「ところでお父さんは、どのような状況で捕虜になったのか聞きましたか」と。答えは即座に返ってきた。「父は、人を殺してはいけないという教えを固く信じていたので、ほとんど戦わずにつかまったということです。でも、何か心の中に重いものを抱きつづけているようで、いつも苦しそうでした」

そう言ってから、彼女は「あなたは何を信じていますか」とたずねた。意外な質問に答えにつまっていると、「私は福音書です。マルコ伝を毎日少しずつモンゴル語に訳すのが楽しみです」と、きっぱりと語った。七〇年代、地図の作製作業で、ウランバートルに五年間滞在していた間に、りっぱなモンゴル語を身につけていた。福音書に救いを見いだしたのは、彼女自身のためであると同時に、父の供養を思ってのことではないかと私は想像した。

「自分も少しは日本人かな」

最後に私はたずねた。あなたは自分を何人(なにじん)だと思っていますかと。彼女はちょっと考えてから、「何よりもブリヤート人です。しかし最近長女が父親そっくりになってきたものだから、自分も少しは日本人かなと思うようになりました」と答えた。

ナデージュダさんは、同じようにノモンハン戦士を父に持つ人が西シベリアのノボシビルスクにもいると語った。日本中が軍国思想で染めあげられていたあの時代に、人を殺してはいけないという単純だが、疑いようもない信念によって捕虜となった、若い日本人兵士がいたということに私は感動した。あの宣戦なき、理由のない戦いでは、そういうこともあり得たかもしれない。

帰国がせまったある日、次のようなことを知った。日本人捕虜は、集団的に使役され、かなりの者が「墓場」と通称されている場所に連れて行かれ、ソ連の政治犯とともに射殺された。

そのような状況の中で、ナデージュダさんの父が村人にかくまわれて五十年間も生きつづけられたのは、その信念と無関係ではあるまい。

まことに、殺さぬ人は、より多く生きられる人であってほしいという私の願いを、この日本兵士は具現してくれたのではなかったろうか。

（朝日新聞夕刊　1999年9月30日）

【二〇一八年の思い】

ナデージュダさんとこのような話をかわしてから二十年近くもたってしまった。日本に行ってデザインを勉強したいと言っていた彼女の十五、六歳の娘さんは、長じてどんな女性になられたであろうか。このようなかたちで知りあいになれた人と別れるときには、再会を期待しないものだが、こうした記事によって回想する機会があると、かぎりなくいとおしい気持ちになるものだ。

国家なくして民族は生き残れるか
——ブリヤート＝モンゴルの知識人たち——

近代国家と民族問題

人類の歴史の上で、「民族」という存在、もっとくわしくいえば、人間の、民族というかたちをとった存在形態がするどく意識され、「民族問題」や民族運動が日々の欠かせない話題として登場したのは、ほかでもない近代国家の形成の過程においてであった。実際、国家はひとりではやって来たためしがなく、かならず民族と民族問題をともなって現れるものである。ところが、そのなかの基幹民族が、自らの母語をもって、独占的に権力を手中におさめるや否や、民族なるものは存在せず、それはまじめな実体ある議論の対象にはなり得ない、単なる虚構にすぎないといいはじめる。そのことは、近代国家の最初のモデルであるフランスが申し分なく演じて示してくれた。フランスは、「民族」という意味でも用いられる「ナシオン」をひたすら「国民」の意味で入れかえることによって、すべての民族を消去しようとしたのである。こうしてその姿を消された諸民族のあとに残ったのは、ただ一つの国民であった。じっさいには、フランス人もまた「民族」であったにもかかわらず。

フランス国家のこうした国民(民族)意識は、一九八四年二月二九日付けの、フランス共産党の機関紙『ユマニテ』上で劇的に表明された。すなわち、ソ連で出版された『世界の諸民族』のなかに現れる、フランス国民の八十二・五パーセントがフランス人で、あとはアルザス人、フラマン人、ブルトン人等々の民族から成るという記述にたいして、フランス政府ならぬフランス共産党が強く抗議したのである。フランスは「多民族国家ではなく、ただ一つのフランス国民から成る」というのが、フランス共産党の変わらぬ主張であり、その立場からするならば、このように、単一の国民を諸民族に分割して考えようとする「ソ連は人種主義すれすれ」の国だと非難したのである(田中、ハールマン 1985: 1)。

このような「民族虚構論」は一国家(ここではフランス)に存在する言語はフランス語だけだというかつての主張と表裏をなしている。もちろんフランス語以外にも、人々が何かのことばを話していることはだれでも知っているが、それらは真正な意味での「言語」だとは認めていないのである。こうしたことばをさすために「パトワ」という用語がある。

それに反して帝国にあっては、そこにはさまざまな異なる言語を話す異なる民族が住んでいるということは当然の一般的な認識であった。だからこそ、オーストリア=ハンガリー帝国では、十一もの言語が用いられているという国家レヴェルでの認識があったから、それらの言語の権利をめぐって延々と議論がたたかわされ、「言語法」がつくられたのである。そこのマルクス主義者たちにとっては、「帝国」とそこに属する人々を語るときには、マルクス主義の開祖たちがいう「歴史なき民族」すなわち非民族と彼らの非言語とを決して視野からはずすことはできなかったのである。ソビエト連邦の現実を前にして立った指導者たち、とりわけ非ロシア人のスターリンにとっては、民族問題に関するかぎり、正統マルクス主義の規範をふみはずして、オーストロ・マルクス主義との論争で鍛えられたカール・カウツキーに頼らざるをえなかったのだ。

しかしフランス国家にみられる民族不在説、民族虚構論はその後、多くの、いち早く自立をはたした近代国家の採用するところとなった。これら先んじて、他民族を蹴落として、独占的な地位についた民族＝国家にとっては魅力的な説であった。そして、こうした説は、民族とその文化をテーマとする専門の研究者たちの心をもとらえているのである。民族はもはや科学以前の、あるいはすり切れて使えない概念であるのみならず、その存在自体が虚構であると。彼らによればわれわれはさっさと一九、二〇世紀のあかを落とし、この泥沼から足を洗わねばならないのであると。

しかしその一方で、母語による書きことばの生活を獲得した諸民族は、必然的に、支配民族の言語によらない、自立した生活を保障してくれる新しい国家を求めることが当然の願望になった。固有の言語さえ保持していれば、他国の支配から逃れることができるという思想は、「ことばさえもっていれば、牢獄の鍵を手にしているのと同じことだ」という、フランス語からのプロヴァンス語の自立を称えたミストラルのことばは、そうしたイデオロギーの結晶であろう。それはしばしば、ドーデの「最後の授業」のように、すなわち母語としてのアルザス語（ドイツ語の方言）に対するフランス語の支配を維持する方向づけを与えようとする、全く逆の意味に利用されることも多かったけれども。

固有の母語をもつ民族は、自立した固有の民族であるという少数民族を勇気づける思想を聞くのは、すでに国家をなした民族にとっては居心地の悪いものであったが、一九世紀はこの思想が説得力のある正当性をもつものとして認めた。たとえば一八六八年のオーストリア＝ハンガリー帝国憲法は、「あらゆる民族は、その民族性と言語の不可侵を保障される」と規定している（バウアー 2001: 235）。

近代国家でおこなわれる国家論、民族政策の多くは、こうした「一民族一国家」の理念を潜在的におびやかす主張が政治的に有害で、理にあわぬものとしてしりぞけることを大きな役目としてもっている。

国家の形成に出おくれた民族

近代国家が、その基幹民族のほかに、ときにはそれに匹敵するような勢力をもった他の民族や少数の劣勢な民族群を含み込むのはやむをえないことであるし、むしろそれが国家という現実の常態である。民族は国家のために形成されたのではないからである。このような、基幹民族以外の諸民族が、固有の母語を用いて、固有の経済・政治生活をおこなうことを願って、いまそこに所属する国家から「分離」し、「自治」を獲得するか、あるいは基幹民族とならぶほどの規模をもつものなら、さらに独立国家を形成して、もと所属していた国家と「連邦」関係にはいるなどの動きが、一九世紀をいろどる政治の議論の中心問題であった。

ここに「　」をつけてあげたことばは、すべてこうした民族の動きのたかまりのなかで現れたものであり、しかもその多くはフランス革命の過程において出現したものであった。しかし、ジャコバン主義は、そのすべてを、単一の共和国にとって敵対的な反動思想として禁圧したことによって、こうした政治用語もまた非難と敵意をこめた用語となった。とりわけセパラチスム（分離主義）は危険な反国家思想とされ、フランス革命とその結果がさまざまな点において模倣されたソ連邦では、セパラチストと呼ばれることは国家反逆のかどで死を宣告されるのと同等の意味がこめられた。

しかし「連邦制」のほうはマルキシズムの原則に忠実であったレーニンが力をこめて反対したにもかかわらず、ロシアにおいて結果として採用され、ソ連邦は二〇世紀最大の連邦国家となって出現したのである。ソビエト連邦の形成史において、ロシアと最初の連邦関係にはいったウクライナの例は、いろいろな点で連邦制の特徴をよく示している。そしてウクライナは、こうした連邦制の経験があったからこそ、ソ連邦崩壊後に独立国の地位を獲得したのである。

これらの用語に比べればオートノミー(自治)がより古くから、より頻繁に用いられるのは、それがセパラチスムに比べれば、国家の根幹をゆるがす過激さに達しないという当初からの限界が設けられているからである。「自治」はより危険でない思想として愛用されることになるのである。

国境によって分断された民族

さて、以上で扱った民族問題は、一国家内に限定して扱える比較的単純な問題であるが、明らかに同じ一つの民族とされる集団が、強力な複数の国家の国境によって分断されていて、その国境をこえた統合運動が起きた場合、問題の民族は、複数の国家を相手にしなければならない。ヨーロッパでその例を求めると、スペインとフランスにまたがるバスクとカタルーニャである。これらの土地で生じた民族問題が、いかに深刻で激しいかたちをとるかはよく知られた事実である。

これからここで述べようとするのは、アジアを舞台にし(一部はヨーロッパを含む)、国境をこえておこなわれてきたモンゴル諸族の民族運動である。

分断されたエスニック空間

かつて「蒙古」といえば、多くの場合日本にとってなじみ深い中国内モンゴル地帯をさしていた。しかし今日のモンゴルは、かつて外モンゴルと呼ばれていた領域をもって成立した独立国で、国連のメンバーでもあれば、オリンピックに国旗をたてて選手が参加する国家の名としても知られている。もしモンゴル人が今日のように国家をもちえなかったとすれば、「モンゴリア」という一般的な名で内陸アジアの一地域をさす、地理的名称「もし運がよければ歴史的な色あいのかかった名称」としてのみ用いられていたであろう。

正式にはモンゴル国と呼ばれるこの国の存在が国際的に認知されたのは、一九一一年からの長い政治過程をへて国連のメンバーとしてやっと承認された一九六一年のことである。今日のモンゴル国の領域は、歴史的には外モンゴルと呼ばれ、その国境線に沿った南と東には内モンゴルと呼ばれる地域が連なっていて、内モンゴル自治区という中華人民共和国の不可分の領土である。モンゴル国の北はロシアとの国境に区切られており、その国境線の北側はブリヤート＝モンゴル、短くして、単にブリヤートと呼ばれる地域で、現在はロシア連邦のなかで、ブリヤート共和国となっている。それはロシア連邦を構成する二十一の共和国の一つである。

じつはこの二十一の共和国のなかには、ヴォルガの下流からカスピ海にかけてやはりモンゴル語の一方言を話し、仏教を奉ずるカルムィク共和国があって、まがうことのないモンゴル語地帯であるが、この地へのモンゴル人の居住は一六三〇年、中国新疆(しんきょう)省からの長途の移住によって生じたものであるから、ここではひとまずモンゴル人の本拠地からは除いて考えておこう。

さて、内外モンゴルとブリヤート＝モンゴルとは、露清のあいだに国境線が引かれるまでは、エスニックに連続した、切れめのない空間だった。このエスニック連続体を、ロシア側と清側とに大きく分断したのは、一六八九年のネルチンスク条約にはじまる一連の国境画定であった。この国境画定は、一六世紀末、ウラルをこえてシベリアに達したイェルマークの征服に始まる。コサック軍が一六六一年にイルクーツクにオストローグ（とりで）を築き、外モンゴルにつらなる北側、ブリヤート人の居住地バイカル湖畔一帯への支配を確立した。これによってブリヤート＝モンゴル人はロシアの臣民となった。

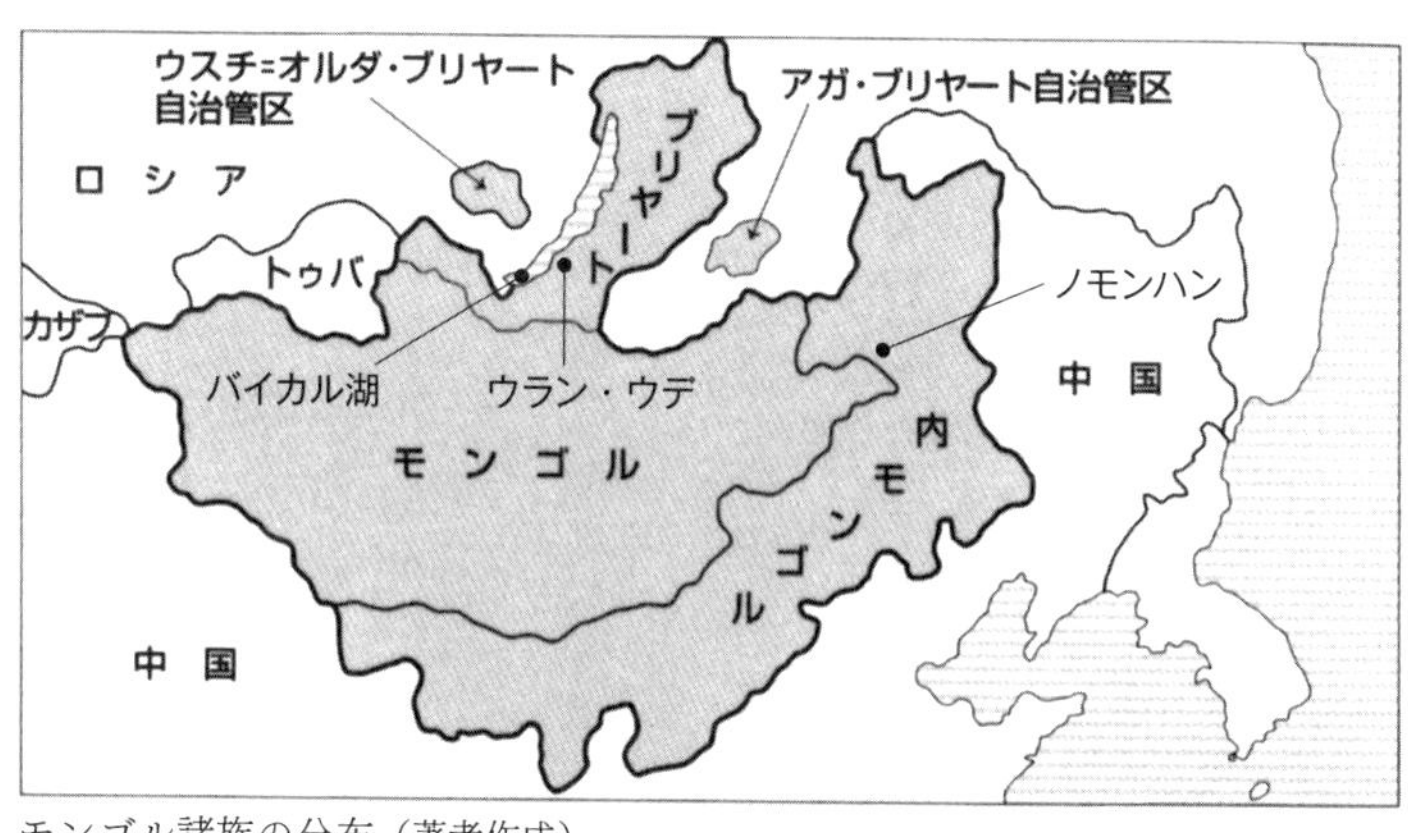

モンゴル諸族の分布（著者作成）。

清（中国）側に残った内外モンゴルのうち、内モンゴルは一六三四年に後金の支配にはいってやがて清領となり、外モンゴルも一六九七年に清朝の領土となった。

外モンゴルは内モンゴルに比べて清朝からの独立性が高く、二〇世紀にはいると、そこにロシアが勢力を及ぼし、一九一二年から一五年まで続くロシア、中国、そして外モンゴル三者の度重なる交渉（キャフタ会談）の成果として、外モンゴルの自治を宗主権をもつ中国が認めることになり、そのことが結果として、今日の独立モンゴル国へ道をひらくことになったのである。

こうした歴史的なデータを前もって述べておかなければならないわけは、この前国家的なモンゴルのエスニック連続体が中露のあいだで分割、分断されていったのが近代モンゴル諸族の歴史であること、また二〇世紀にはいって、多様な方法を用いてその連続性を回復しようとたたかったのが、モンゴル諸族のナショナルな指導者たちだったことの理解にとって必要だからである。彼らが、民族とは何か、民族はどのような生活をいとなむことができ、どのような政治形態をとることができるかを、一九世紀の民族理論の感覚を身につけたうえで、何よりもアカデミックな研究を展開したことは、それがアジアの地でおこなわれたにもかかわらず、あたかも中・東欧で形成された理論的伝統につながるような、普遍性を帯びた近代民族運動としての水準の高さを示している。

遊牧民 対 農耕民

本来、牧畜と狩猟をおもな生業とするモンゴル人が、異族と異文化のあいだに和解しがたい軋轢(あつれき)をまずもって経験した地域は、内モンゴルの草原地帯に漢族農耕民が侵入してきたときであった。

モンゴルやチベットの遊牧草原地帯は、外から鍬(くわ)や犂(すき)を入れることに耐えられない、外傷にたいしてきわめて敏感な地帯である。そこはひとたび表皮の草がはぎとられると数年、いなそれ以上も回復がのぞめない。何よりも、ほとんど天水を期待できない乾燥地帯だからである。ソビエト時代に、それを機械力で開拓し、飛行機で種をまいて、コンバインで収穫をねらう大規模な機械化農業を導入したモンゴルでは小麦は自給できただけでなく、輸出国に転じたと成果を誇ったが、その後ソ連邦が崩壊したあとは見渡すかぎりの荒蕪の地が残される結果となった。

同様なことが、一七、八世紀ころから、侵入した漢族の数百年にわたる開拓によって生じたのである。東部内モンゴルでは、とりわけ強い農耕化が進んだ。その結果はモンゴル牧民の自然発生的な蜂起を引きおこし、漢族への襲撃が繰り返された（ハイシッヒ 2000: 87-91）。このとき以来、今日まで続く、モンゴル人のほとんど「民族的性格」の一部にまでなった漢族への民族的憎悪が形成されたのである。

牧草地に鍬を入れることの恐怖心は、次のようなエピソードに示されている。一九三九年に、日本・満洲国軍と、モンゴル人民共和国・ソ連軍とのあいだで国境線をめぐるハルハ河戦争（ノモンハン事件）があったとき、前線にあったソ連の将軍が、対日本軍用の塹壕を掘るようモンゴル兵に命じたところ、だれもその命令に服さなかった（Федэинский 1990: 158）。その唯一の理由は、土の中のみみずを切り、殺生戒にふれるからであると。

モンゴル人が耕作をおこなわないのは、彼らの帰依する仏教がこのような理由で禁じているからであるという説明が伝統的におこなわれている。しかし、それは一七世紀以来仏教が広く普及してからのことであって、本来は、牧草地の保全のためのエコロジカルな警戒心に発するものであろう。牧草地に大挙して侵入して、そこを占領して草をはぎとる漢族は、遊牧民の生活の原理そのものを破壊する、妥協の余地のない敵であった。それへの抵抗はおさえることができなかった。

しかし遊牧・牧畜は、生産性において、農耕の敵ではなかった。モンゴル族は漢族からみて、未開と停滞にとどまることしか知らない、怠惰で蒙昧（もうまい）の民であった。

ロシアのモンゴル人つまりブリヤート＝モンゴル人のもとでも同様の事態が進行中であった。ブリヤート人は、そのモンゴルに固有の、遊牧組織にもとづいた、ウルス［モンゴル語を知っている人ならオルスとすべきだが、ここではしろうと学者の慣用に妥協した］を単位とする行政体系をもっていた。しかし二〇世紀にはいると、ロシア政府はブリヤート人社会の生活を近代化するためにロシアの村落制度を導入しようとした。ここでもまた、内モンゴルほどではないとしても、ロシア人との対決が避けられないものになっていた。

ロシア人とブリヤート人とのあいだには、漢族とモンゴル人との対立に加えて、さらに宗教の対立があった。それは、仏教徒をロシア正教に改宗・洗礼させようとする圧力であった。

以上述べたようなモンゴル・エトノスの価値体系と、彼らの生活圏を侵し、自らの原理によって開化を進めようとする漢族やロシア人とのあいだの矛盾は、自然発生的な憎悪の表現としてあらわれ、素朴な生活感情だけでは説明することのできない、いわば無自覚的な、文明の身もだえとでも表現すべき苦悩の意味を統一的に説明し、モンゴル・エトノスが置かれている状況を把握する作業が現れてこざるをえなかった。この精神的な作業をおこなったのは主として、ブリヤートの知識人であり、彼らにその作業を可能にさせたのは、露都のペテルブルク大学で学んだ民族学、地理学、仏教学、言語学、政治学等々であった。

しかし、ここに諸学の名に分けてあげたものは、あくまで便宜のための分類に従っただけのものであって、元来はモンゴル人が、近代という時代に身を置き、そこに適応し、一つのエトノス（民族）として生きてゆくためのエトノス科学とでも名付くべきものであった。

以下において、二〇世紀初め、ロシア化の波が激しく打ち寄せるブリヤート草原から首都に送られ、西欧的な学問を身につけ、ロシアのための民族誌の調査、したがって異民族統治のため資料提供者としての役割のなかから自らのエトノスの独自性を自覚し、やがてはそれを政治的に模索するうちに、ソビエト当局によって葬られた、何人かの典型的なケースについて考察してみたい。

アガ草原の牧童たち

最初にとりあげてみたいのは、アガ草原出身の二人であり、何よりも世界の学界にブリヤート出身の学者として最もよく知られたツェベーン・ジャムツァラノヴィチ・ジャムツァラノー（一八八一～一九四二）とバザル・バラーディン（一八七八～一九三七）である。ツェベーンはモンゴル語の人名で、ジャムツァラノーは、彼の父ジャムサランの名からつくった姓であり、ジャムツァラノヴィチは父の名に由来する父称である。モンゴル世界では、彼はツェウェーンの名で知られているが、ロシアでは、ロシアの人名法によって、モンゴル人には本来はない、姓、父称をともにつくらねばならなかった。これはすでに一九世紀末には法的に確立されていたものとみられる。

ここではまず、二人が生まれたアガ草原とは地理的、政治的にどのようなところであるかを説明しておかなければならない。

今日、バイカル湖に沿った東側（ザバイカル地方）を本拠とするブリヤート共和国がある。今のロシア連邦を構成する二十一の共和国の一つである。そこからずっと東、共和国の国境線から百数十キロ離れたところに、今日では「アガ・ブリヤート自治管区」と称する一角がある。最も近い都市は、すぐ北のチタ市であり、したがって今日はロシア共和国チタ州に含まれている。

しかし一九三七年九月二六日まではそうではなく、「ブリヤート＝モンゴル自治ソビエト社会主義共和国」の一部であった。ところがこの日、ブリヤート政府の閣僚たちにも知らされないまま、一片の法令でブリヤートから切り離され、アガ・ブリヤート＝モンゴル民族管区の名称（当時）を与えられてロシア直轄となったまま今日にいたっている。バイカル湖西側のウスチ・オルダ・ブリヤート＝モンゴル民族管区も同様の運命をたどったことをつけ加えておこう。ブリヤートでは、ソ連邦解体後のいまこそ、アガの地位は、当然一九三七年以前の状態に戻すべきであるという運動が起きているが、モスクワ中央は聞き入れない。また、今日のように単に「ブリヤート」ではなく、一九五八年まで用いられていた共和国名「ブリヤート＝モンゴル」を回復しようという運動も成功していない（田中 1992: 201）。

地図上ではブリヤート共和国の中心から切り離された僻遠の一角のようにみえるが、じつはモンゴルのエスニック世界では中心的位置を占めている。その南縁は、チンギス・ハーンの生誕の地があるとされる、歴史的に名高いオノン河がうるおし、モンゴル諸族にとって、最も誇るべき豊かな草原地帯である。その面積は日本の四国よりもやや大きい。ジャムツァラノーはここで生まれた。

ジャムツァラノーの簡単な伝記的データをここに記しておこう。彼は一八八一年アガ草原に牧民の子として生まれ、九四年までずっと故郷で過ごした。この故郷という概念のなかには、その近くでは最大の都市であるチタも含まれる。アガの教区小学校に在学したあと、九一年から九四年まで、チタのギムナジウムで過ごしたという記録が残っている。

のちに述べる同郷のバザル・バラーディンは、ジャムツァラノーより三歳年長で、ほとんど同じような経過をたどってチタのギムナジウムに入っている。彼らはロシア学問史の上で名を残す人たちであるから、彼らが若くして、すでにモンゴル語地帯におこなった調査研究旅行については、彼ら自身の論著や旅行記が教えている。しかし、牧民の子として、彼らがどのような幼少年時代を送ったか、くわしいことはわからない。そこで私は一九九四年の夏、いくぶんかでも、彼らが幼少年期を過ごしたアガ草原を歩き、そこに立ってみたいという、おさえがたい願望を抱くにいたり、ブリヤートの知人の助けを得てアガ草原への旅を敢行したのである［本書二七二ページ以下「アガ草原をめざして」を参照されたい］。

ブリヤート人の村々は今日ではすべて集団化され、密集した固定住宅に住んでいるので、ジャムツァラノーやバラーディンが生まれ育った、われわれの観念におけるような「イエ」などは存在しない。彼らが住んだのは遊牧天幕だったからである。

土地の郷土研究者が、ほら、ここがジャムツァラノー一家のユルタ（遊牧天幕）があったところですと指さしたところには、草の上に数個の白石がめじるしに置いてあるだけであり、私としてはそれを信ずるしかなかった。私はもう一つの石をさがしてきて、そこに、忘れられないようにと、ささやかな記念として加えるしかなかった。私が石を両手にもってジャムツァラノーの生地跡に立つさまを写した写真は、「アガ草原をめざして」におさめてある（田中 1994: 77）。

この親愛なる郷土史家は、「ほら、この道を、幼いジャムツァラノーは馬で通って行ったのですよ」などと教えてくれるので、私はそこに彼が現れるさまを、胸に思い描くしかなかった。ましてや反ソ活動のかどで告発され、牢獄のなかで生を終え、名誉回復（ジャムツァラノーは一九五六年、バラーディンは一九五八年）後、まだ日も浅いこのような人たちにたいして、記念碑を建てることもかなわなかったのである。しかし私は、国家的行事によるものものしい記念碑のない、このただのアガ草原の生家の跡を見てすこぶる満足したのである。

ジャムツァラノーとほぼ同時に捕らえられ、ほどなく処刑されたバラーディンについては、最近の調査によって、伝記用のデータはいくぶんくわしい。彼は中流の牧民の、十一人の子だくさんの家庭の第二子として生まれた。こうした牧民一家の生活は、今日まだ観察できる、モンゴル草原の生活からおしはかってみることができる。

ペテルブルクのチベット医バドマーエフ

東シベリアの、マンチュリアのすぐ北に位置するこの僻遠の地は、しかしながら、露都のペテルブルクにつながっていた。一八九四年から三年間、チタのギムナジウムに学ぶ二人のブリヤート少年は、ペテルブルクで、同郷出身のバドマーエフという人物が経営する私設ギムナジウムで学ぶことになる。

このバドマーエフ学校は一八九八年に閉鎖される。露都にある学校として、生徒にロシア正教の洗礼を受けることが義務づけられたこの年、二人のブリヤート人生徒がそれを拒否したためであるという。バドマーエフ自身はあとでも述べるように、すすんで正教徒に改宗した人物であったから、学校閉鎖の原因は、この二人の生徒の意志によるものではなかろう。

学校の閉鎖によってバラーディンは故郷に帰り、父とともに家業の遊牧に従事したと伝えられている。ジャムツァラノーもやはり故郷に近いイルクーツクの師範学校に勤めたと伝えられるが二人の生活のくわしい実態はわからない。最近の出版物によると、バラーディンは一九〇〇年、三カ月間、ブリヤート商人のサンゴ買付けの商用旅行につきそって、ドイツ、スイス、イタリアに旅行したことが知られている。ブリヤートでは、サンゴは念珠をはじめ、仏具にひろく愛用されていた。

二人はしばらくは故郷にあったが、一九〇二年になると、そろってペテルブルク大学の聴講生になり、アカデミックな学究生活が始まる。そして、ロシアの革命運動の高まりとともに、はっきりと方向を見定めた文化・政治活動が開始されるのである。

ここで、東アジアの貧しい牧民の子たちが、どのような財力によって、首都へ向かう旅費と学費を得たかは興味ある問題である。アガ草原はモンゴル遊牧地帯のなかでも最も豊かな牧草地帯だといわれるが、しかし、その故郷を訪ねてみた私の印象では、息子のうちの一人を、首都の大学に送るというのはほとんど不可能な難事業である。この二人は、「アガ草原会議（ステプナーヤ・ドゥーマ）」が資金を出して送り出したことになっている。ここに直訳した「草原会議」とはどんなものだろうか。阪本秀昭氏はこれを「ステップ局」と訳し、「管区と地区の中間段階」としている（阪本 1998: 9)。

A・A・クドリャフツェフの『ブリヤート蒙古民族史』によれば、アガ草原会議管下の住民人口は一万七千三百十二人で、そのほとんどが、伝統的なフェルト作りの天幕で暮らす遊牧民であった。「アガ管轄区には五〇七五の天幕があり、そのうち、五〇二六はフェルト製、四九は木造であった。ロシア式家屋はわずかに二二でそのうち一五は公共建造物であった」と記録に記されている（クドリャフツェフ 1943: 260)。

これを、よりバイカル湖に向かって西に寄ったホリ草原会議の一八四九年の報告、「フエルト製天幕七五三三、木造小屋二四一二、ロシア式家屋三〇八」と比べれば、アガがいかにロシア化から立ち遅れ、伝統的な民族空間を維持していたかがよくわかる（クドリャフツェフ 1943: 254）。

ロシア化すなわち開化に立ち遅れたアガ草原にとっては、行政にとっても、何よりもブリヤート住民の利益にとっても、ロシア語の教養を身につけた若い優秀な人材を育成することは、地域と住民にとって悲願ともいうべき課題であっただろう。

そして、この目的のためにジャムツァラノーとバラーディンを首都で学ばせるための特別の便宜をアガ草原は有していた。すなわち、彼らの引受け役を買ってでたバドマーエフという存在である。ここで最近の研究（Чимитдоржиев 1994: 58-62）によって明らかになった、バドマーエフ（一八四二〜一九二〇）という人物について述べておきたい。

この人もまたアガ草原に生を受けた人、中流の牧人一家の七番目の息子として生まれた。長兄はチベット薬学の達人として、もと草原会議付の医師をつとめていたが、一八五七年にペテルブルクの病院に勤務し、かたわら、ペテルブルク大学東洋語学部でモンゴル語を教える。バドマーエフはこの兄を頼って露都へ行き、外務省アジア局に勤務するようになり、政治家のウィッテの知遇を得る。ウィッテはシベリア鉄道の敷設を積極的に進めた人として知られるが、その背後にはこのバドマーエフの進言が強く働いたとされる。彼はシベリア鉄道をバイカル湖から南下させ、モンゴルを経て蘭州まで導くことによって、ロシアがモンゴル、チベットに進出するインフラを確保できると、ウィッテを通じてアレクサンドル三世に説いた。

ロシアの東方政策の顧問となった彼は資金を得て、モンゴル、チベット、中国に旅行する機会をもった。九〇年代には二百万ルーブリの国庫金を得て「バドマーエフ商会」を設立し、ブリヤートとモンゴルの畜産品の広域にわたる流通を企画した。ジャムツァラノーとバラーディンの学んだバドマーエフ学校も、こうした資金を用いて経営されたのであろう。

バドマーエフ自身は正教の洗礼を受けていたが、バドマーエフ学校の閉鎖にみられるように、おそらくはブリヤート人の仏教への信仰をはじめとするエスニックな利益を守る立場を堅持していたであろう。というのは、二〇世紀初頭、ロシアはザバイカルのブリヤート人に遊牧をやめさせ、定住化を促進しようと計画したとき、バドマーエフはブリヤート人に全権を選ばせ、ペテルブルクとモスクワに、その計画を阻止させようと陳情団を送ったという。

内モンゴルのモンゴル人が、漢人の侵入による遊牧生活の危機を感じたように、バドマーエフもまた、ブリヤート人のエスニックな生活の危機を感じたらしく、自ら北京に赴き、ブリヤート人がモンゴル草原に遊牧空間を確保できるよう許可を求めたという。

自ら正教の洗礼を受け、ロシアの東方進出を進言し、かたや固有のブリヤート人の生活の防衛に奔走するというバドマーエフの処世は、矛盾に満ちているようにみえるが、ロシアの臣民としてロシアの支持を得つつ、自らの生活空間を確保するという、ブリヤート人ナショナリストの行動パターンは、その後も有力な伝統の一つとなっている。その強烈で印象深い実例は、革命後の高僧、アグワン・ドルジーエフにおいてもみられる。彼はコミンテルンの力を利用して、モンゴルとチベットとの、仏教を通じての連携を打ちたてようと試みたふしがある。

いずれにせよ、バドマーエフはアガ出身のブリヤート人として、ペテルブルクに強力な人脈を築いて、若く才能あるブリヤート人が、民族の代表として、当時の世界の最新の知識と思想を身につけるための橋頭堡（きょうとうほ）となったのである。

この橋頭堡を足がかりとして、モンゴル諸族にとっての不滅の指導者となったジャムツアラノーとバラーディンに戻ろう。

彼らが過ごした当時のペテルブルク大学には、絢爛（けんらん）たる東洋学者や瞠目（どうもく）すべき人物が集まっていた。何よりもあげておかなければならないのは、仏教学者のオリデンブルクとシチェルバツコイ、モンゴル学のルードネフ、コトヴィチらであった。ナロードニキで、シベリア民族学に多大の貢献をしたクレメンツもいた。彼らの援助を得て、ジャムツァラノーは故郷のブリヤートのみならず、外モンゴルと内モンゴルに調査旅行をおこなった。彼はゲセル・ハーン物語の各地における伝承を音声記号で採録し、ブリヤートとモンゴルの近代的フォークロア研究の開祖となった。彼の集めたテキストは今日、通用のブリヤート語正書法によって国民的古典として何度も出版されている。

文献学の領域における彼の功績もまた、評価してもしきれないものである。不滅の『一七世紀のモンゴル年代記群』は、彼が逮捕される前年の一九三六年にソ連科学アカデミーから少部数刊行されたものであるが、本書への学界の渇望は強く、五五年には英訳が刊行された。私ごとでいえば、私の修士論文はこの著作によって導かれたのである。それは地味なテキスト研究であるが、一七世紀モンゴルの言語文化世界の復元の意図を感じとることができる。

彼はまた、モンゴル法制史にも関心を抱き、一九三三年から、逮捕される直前まで、モンゴルの伝統法典『ハルハ・ジロム』のテキストを復元し、それにロシア語訳をつける作業に没頭していた。その遺稿は長く行方が知られなかった（ロバート・ルーペンは、逮捕の際に破棄されたと述べている〈Rupen 1956: 144〉）が、その後発見され、六五年にディリコフが整理し、刊行した。

ジャムツァラノーの学問的な業績を列挙していくときりがないし、それよりも述べるべきもっと重要なことがあるので、一つのことだけは強調しておいて前に進みたい。それは、ジャムツァラノーがあらゆる点において、ドイツ語世界において「ヤーコプ・」グリムが演じたのとほとんど同じ役割をはたしているということである。それはジャムツァラノーが決してグリムを範にとったということではなく、一つの民族が固有の言語文化を、まとまった世界として扱おうとすれば、必然的に現れる姿であるといえるだろう。

一九一一年以降、レニングラードに召喚されるまでのジャムツァラノーの活動舞台は（外）モンゴルであった。それは一面では彼の意志でもあったが他面では強いられた役割でもあっただろう。というのは、駐北京のロシア公使であったコロストヴィエッツは、ジャムツァラノーのことを、「前のペテルブルク大学の講師であったが、分離派的傾向のかどで、行政的方法によってトランスバイカルへ追放されたのであった」（コロストヴィエッツ 1943: 220）と述べているからである。

しかし、モンゴルにおける二十年間の生活は彼にきわめて重要な役割を与え、彼なくしては、今日のモンゴルの独立もなかったかもしれないと思えるほどの運命的活動を課したのであった。

モンゴルの首都クーロン、ロシア語でウルガ、今日のウランバートルで、ジャムツァラノーがまずはじめた活動は「シネ・トリ（新しい鏡）」と題する新聞の発行であった。彼は、ロシア領事館の参事官という立場を利用して、イルクーツクから印刷機を取り寄せ、モンゴル語新聞の発行をはじめたのである。それは、モンゴル語をもっぱら仏典や年代記のことばである状態から解放し、現代を語らせることによって近代語へと生まれかわらせる試みであり、そのことによって、モンゴル人に母語による近代を歩ませる第一歩をつくることになった（田中 1973, 1990: 199）。

ジャムツァラノーの学界における令名はあまりにも高いため、彼の最も重要な政治上の貢献に目がそそがれるのは比較的まれであった。一九一四年以降一五年にかけて、最終合意をみるまでのキャフタ三者（露・中・モ）会談に、ジャムツァラノーはモンゴル側の通訳として加わった。この会議の決定は、今日のモンゴル国という、モンゴル諸族にとって唯一の独立国を実現するための出発点となった。すなわちこの会議によって、外モンゴルは中国の宗主権を認める一方で、中国はその自治を承認することにした。こうした、宗主権、自治などの近代国際政治の概念をめぐる議論にあっては、モンゴル側にとって、ジャムツァラノーの知識は欠かせないものであった。

ジャムツァラノーの政治への関与は、イルクーツクにあったコミンテルン極東書記局がモンゴル人民党、のちのモンゴル人民革命党を組織したときにさらに深いものになっていた。

一九二一年三月一日、当時極東共和国領だった国境の町キャフタで第一回モンゴル人民党大会が開かれ、そのときのメンバーにはジャムツァラノーと、彼の妻バダムジャブの名があがっているのみならず、党の綱領の前文はジャムツァラノーその人が起草した次第が述べられている。彼はその後、二六年に今日のモンゴル科学アカデミーの前身となる典籍委員会を発足させるなどして、三二年にレニングラードに召喚されるまで、モンゴルでモンゴル人として活動した。

バラーディンのラテン・アルファベート

ジャムツァラノーがモンゴル研究上知名の人として、国際的によく知られているのにたいし、バラーディンはブリヤートではともかく、モンゴルでもあまり注目されず、外国ではほとんど知られなかった。しかし、近代モンゴル語の建設という点からみると、バラーディンのはたした役割にはじつに大きいものがある。とりわけ、彼のすぐれた直観にもとづいて把握された現代モンゴル語の音韻体系は、じつはポッペに採用され、ポッペの音韻体系解釈そのものとして理解されているふしがある。つまり、実質はバラーディンの発見であったものが、ポッペを通じて一般化されてしまったのではないかと私は推定している。

バラーディンはジャムツァラノーとともにペテルブルク大学に学んだのち、一九〇五〜〇七年のあいだ、ロシア帝室科学アカデミーから派遣されて、西海地方のラブラン、クンブンなどの名刹を訪れて調査した。その詳細な報告によってプルジェワルスキー賞と金メダルを得、ロシア地理学協会の会員に列せられた。彼の仏教学に関する一連の研究は、ロシアの学問のための貢献であるが、モンゴル人のための最も偉大な貢献としては、近代モンゴル文章語の真にすぐれた基礎をかためたことである。

二〇世紀をむかえたばかりの若いブリヤート人たちにとって、彼らの母語によって文章を書く技術を確立することが、おそらく、エトノスとしてのブリヤート人の生存を確実にするために最も必要なことだと意識されていたにちがいない。彼ら自身は幼少のころ、モンゴル文字を学んだが、ただちにロシアの知識人としての経歴の中に組み込まれたのであるが。

ブリヤート人が、母語による書きことばの世界を作り出す方法には三つあった。

㈠　既存のモンゴル文語をそのまま普及させることによって、内外モンゴルともに共通の古典世界を共有すること。このために、ロシア語で書かれたブリヤート人用のモンゴル語教科書は、一九二九年当時まだ刊行されていた（たとえばG・Ts・ツィビコフ『モンゴル語教科書』大阪外国語大学〔今日では大阪大学〕石浜文庫蔵）。このころはソビエト当局のブリヤート人のための出版物が政治的宣伝文献にいたるまで、まだモンゴル文語でおこなわれていた。しかし急激な近代語彙の増加は、文字そのものの改革の必要性を感じさせていたのである。

㈡　第二の路線は、モンゴル文字を基礎にしながらも、ブリヤート語を写すために特別の記号や文字を加えて整え、その音韻体系に合わせようという試みである。このような意図をもって、一九〇七年と一〇年に、新しいブリヤート文字で写された民間伝承がペテルブルクで刊行された。著者はN・アマガーエフとアラムジメルゲンである。後者の、英雄物語の主人公からとった名は、エルベクドルジ・リンチノの筆名であるとされる（Амагаев, Н., Аламжи-Мэргэн 1910）。彼らはこの新ブリヤート文字の活字すらつくらせて、ロシア帝室科学アカデミーの印刷所から刊行させた。

㈢　最も急進的な方法は、ラテン・アルファベートを用いて、口語そのものを書き写すことである。そのような最初の試みはバラーディンによってなされた。やはり一九一〇年に帝室科学アカデミー印刷所から出された口碑集がそれである。

バラーディンはこの書のあとがきで、モンゴル文語を知るものは百人中四、五名という現状をみると、できるだけ多くのブリヤート人が母語による学びの生活にはいるためには、このような、学びやすいラテン・アルファベートが必要であると説いている（Барадийн 1910: 37)。モンゴル語のラテン化は、一九二〇年代にソビエト政府によって強いられたものとして評判が悪いが、その試みはすでにソビエト期以前に、バラーディンによって自発的にはじめられたことがわかる。

バラーディン製ラテン・アルファベートは、最初はブリヤート語（ホリ方言など）そのものの発音にもとづくものであったが、しだいに、モンゴル諸族のなかで最も有力なハルハ方言を中心にした正書法に移行していった。

ジャムツァラノーがモンゴルにあって活動したのにたいし、バラーディンはつねに故郷ブリヤートにあり、一九二三年にブリヤート＝モンゴル自治共和国が発足したときから、共和国文部大臣と学術委員議長を兼ね、ラテン・アルファベートの普及の中心人物であった。二八年にはこの文字で術語辞典を編み、三三年には『新文字文法』を刊行し、これをバラーディン全モンゴル諸族統一アルファベートの決定版とみなしていいだろう(Baraadiiin 1933)。

このアルファベートは、事実上モンゴル人民共和国のハルハ方言にも一致していたから、モンゴルにもひろめられ、順調に進めば、内外モンゴルとブリヤートをまとめた全域が、この文字にもとづく書きことばで統一されるはずであった。しかし一九三七年、ブリヤート標準語の基礎は、モンゴルのハルハ方言とはかなり異なったホリ方言に移され、ここにモンゴル語とブリヤート語の分断がはかられた。その総仕上げとして、四一年にはラテン化は禁止されてキリル文字にとりかえられたのである。

一九三七年二月、バラーディンはレニングラードで、反革命を企て、ジャムツァラノ、ドルジーエフなどとともに日本のスパイとなったとして逮捕された。そして伝えられる逮捕の日付はさまざまであるが、ここでは八月二四日説を採用しておこう。そして、一〇月四日の夜銃殺されたという（Лыксок, Эрдэнийн 1993: 14）。

同じころ（八月一〇日？）逮捕されたというジャムツァラノーが五年間の刑に処せられ、一九四二年にソーリ・イレーツクの監獄で獄死したのに比べれば、バラーディンの処刑は大急ぎでおこなわれたものであると理解される。そのことは、モンゴル諸族の言語的統一の強力な武器となった彼のアルファベートが、いかに危険なものであったかを雄弁に物語っている。言語学の観点からみれば、バラーディンのアルファベートはきわめてすぐれたものであるが、伝統的モンゴル文字復活の気運が高まっている今日では、正しくなかったと考える人たちが多い（Чимитдоржиев 1994: 94）。

国家を準備するエスニック科学

一九三七、三八年に、ブリヤートだけで二千人から三千人にのぼる知識人、僧侶、牧民が逮捕され、反ソ活動、とりわけ「日本のスパイ」となったなどの罪状を自白させられて、その大部分が処刑された。最近の研究によってよりくわしい数字をあげれば、六千八百三十六人の逮捕者のうち四千九百七人が有罪の判決を受け、うち二千四百八十三人が処刑された（Базаров, Шагдуров 1993: 33)。モンゴルにおいても同様なことが起こったが、ブリヤートと異なる点は、その惨劇がモンゴル人自身の手によって演じられたことである。

私はモンゴルにおける学会の席などで、これだけの犠牲を強いた、当時の日本がつくったスパイ組織なるものを明らかにして報告してほしいと求められることがある。ほとんどのモンゴル人が近親者のなかにそのような死をとげた人をもっているので、「日本のスパイ」は、打ち消しがたい実体ある記憶としてとどめられている。さもなければあのような大粛清が実行されるはずがなかったと彼らはいう。

日本がスパイ工作を、当時どのようにしておこないえたかはほとんど説明不可能であるが、一つ指摘しておかねばならないことがある。それは、ブリヤートとモンゴルにおけるモンゴル諸族統一のための文化活動が高揚期にあったまさにその時期に、国境を接して満洲国が誕生したからである。このできごとは、自らの国家を求めるモンゴル諸族にかなりな程度の励ましを与えざるをえなかった。

また内モンゴルにおける、日本が支援するデムチクドンロブ（徳王）を中心にした自治運動も強い印象を与えた。したがって、ソビエト当局としては、この種の民族運動の背後に、いつも日本の影をみないではいられなかったのである。

ソビエト当局の意にかなうところは、モンゴル諸族の統一を決して許さず、その分断状態を永遠に固定しておくことだった。その意図を察知していたブリヤートのナショナリスト、ジャムツァラノー、バラーディン、ドルジーエフなどによって代表される知識人たちが、統一と独立を政治的に実現するかわりにおこなったことは、モンゴル諸族が共有するエスニックな財産をモンゴル・エスニック空間全域にわたって調査し、登録し、復元し、彼らの文化のうえでの統一性を証明する作業だった。こうして、言語、フォークロア、母語によって残された典籍の研究が着手された。言うまでもなく、これら、エトノスに関する諸科学の中心にあるのが「民族」ということばによって表わされる概念である。権力にとって、この「民族」という概念じたいが危険思想であり、抹殺し、廃棄すべき対象だったのである。

ジャムツァラノーやバラーディンは、単に資料の収集家にとどまらなかった。ここでは詳述することはできないが、彼らのなかにはナロードニキや連邦主義、さらにシベリア地方主義者(オブラストニキー)たちの影響が認められ、それどころかオットー・バウアーの「文化的自治」を思わせる政治思想も現れている。オットー・バウアーがシベリアのはるか僻遠の地まで知られていたことは、一九二九年にトゥバに旅行することのできた、メンヒェン＝ヘルフェンの旅行記のなかに記されている。党学校に学ぶ生徒の一人は、彼の名がオットーであると知って、あの「邪悪な悪魔」オットー・バウアーをすぐに思いうかべたという（メンヒェン＝ヘルフェン 1996: 67）。

ブリヤート・ナショナリストの思想には、二〇世紀初頭の新しいさまざまな政治思想の影響が認められる。彼らは無邪気に調査旅行をおこない、自己の名声を高めてロシアの学界のなかに地歩を得ようとしたのではなかった。強大な異族の支配する国家のなかで、研究を通してエスニックな空間を確保し、民族が国家になるために必要だと考えられるあらゆる道具だてをととのえようと試みたのであった。

参考文献

旧正字法によるロシア語文献は、新正字法に改めた。

クドリャフツェフ（蒙古研究所訳）『ブリヤート蒙古民族史』紀元社、一九四二年（Кудрявцев, А. А., *История Бурят-Монгольского народа*, АН СССР, 1940）

コロストヴェッツ『蒙古近世史』森北書店、一九四三年（Korostovetz, I. J., *Von Cinggis Khan zur Sowjetrepublik*, Berlin und Leipzig, 1926）
阪本秀昭『帝政末期シベリアの農村共同体――農村自治、労働、祝祭』ミネルヴァ書房、一九九八年
田中克彦『言語の思想――国家と民族のことば』ＮＨＫブックス、一九七五年。岩波現代文庫、二〇〇三年
田中克彦『草原の革命家たち』中公新書、一九七三年、増補改訂版一九九〇年
田中克彦『モンゴル――民族と自由』岩波書店、一九九二年
田中克彦、Ｈ・ハールマン『現代ヨーロッパの言語』岩波新書、一九八五年
田中克彦「アガ草原をめざして」岩波書店編集部『私の海外旅行術』一九九四年
ハイシッヒ（田中克彦訳）『モンゴルの歴史と文化』岩波文庫、二〇〇〇年（Heissig, Walther, *Ein Volk sucht seine Geschichte*, 1964）
バウアー、丸山他訳『民族問題と社会民主主義』御茶の水書房、二〇〇一年（Bauer, Otto, *Die Nationalitätenfrage und die Sozialdemokratie*, Wien, 1924）
メンヒェン＝ヘルフェン（田中克彦訳）『トゥバ紀行』岩波文庫、一九九六年（Otto Mänchen-Helfen, *Reise ins asiatische Tuwa*, 1931）

Амагаев, Н., Аламжи-Мэргэн, *Новый Монголо-Бурятский Алфавит*, С.-Нетегбург, 1910.

Барадийн, Базар, *Отрывки из Бурятскои Народнои тексты*, С.-Нетербург, 1910.

Baraadiiin, B., *Şine biçegiin Kelenii Graamaatika*, Deede Yde, 1933.

Батуев, Б. Б., *Неизвестные страницы истории Бурятии* (Из архив КГБ), Улан-Удэ, 1992.

Базаров, Б. В., Шагдаров, Ю. Н., “Пан-монгольская Организания” 1937-1938гг 《Базар Барадин》 Улан-Удэ, 1993.

Чимитдоржиев, Ш. Б., Михайлов, Т. М., *Выдающиеся Бурятские Деятели XVII—начало XXвв*. Выпуск 1. Улан-Удэ, 1994.

Федюнинский, И. И., *Дорнодод*, 1990.

Лыксок, Эрдэнийн, Профессор Бараадиин Базарай Үг, *Базар Барадин*, Улан-Удэ 1993.

Rupen, Robert A., Cyben Žamcaranovič Žamcarano, *Harvard Journal of Asiatic Studies* 19. 1-2 (June 1956).

(『民族の運動と指導者たち』２００２年５月　黒田悦子編　山川出版社)

地上最北の仏教国

北緯五十五度、緯度で言えば、サハリンの北端くらいのところに熱心な仏教国がある。ロシア連邦を構成するブリヤート共和国で、おそらく最北の仏教国であろう。

一六世紀にチベットを経由してモンゴルに入った仏教は、さらに北上してバイカル湖岸に到達した。最盛期には三十以上の寺院（ダツァン）と百四十にものぼる小廟が数えられ、公認の僧（ラマ）だけでも一万三千人をこえたのである。

しかしソビエト時代になって一九三〇年代に入ると、仏教も他の宗教同様に弾圧され、寺院は破壊されたり閉鎖されたりした。今から二十年ほど前、そうしたほとんど廃屋に近い大寺院の一つを訪れたときには、堂内は牛の群れが占拠していた。戦時中は兵舎として使われていたそうである。

ところがソビエト政権が崩壊するや否や、待ちかまえていたように仏教はよみがえった。寺院はきらびやかに修復され、人々は手に手に念珠をたずさえて集まってきた。今では旧暦の正月、零下二、三十度にもなる厳寒期に、おじいちゃん、おばあちゃんに連れられて子どもたちもやってくるようになった。

私の手首には、その時贈られた腕時計がある。文字盤には赤い衣をつけたほとけ様が描かれている。病院で採血をしてもらうとき——毎月一回検査があるからだ——看護婦さんはちらっと時計をみて「かわいいわね」と言う。私は、「ロシアのほとけ様なんです」と、ちょっと得意になって説明する。

その薬師如来らしいほとけ様の傍にはロシア語でこう書いてある。「ロシアへの仏教伝来二百五十年」。一七四一年、女帝エリザヴェータは、仏教をロシア国家として公認した。それから二百五十年たった一九九一年、信者たちはダライ・ラマを招き、新装なった名刹の落慶を記念して、こんな美しい時計を作ったのである。

ロシア連邦の中には、じつはもう一つ、仏教を奉ずる国がある。それについては別の機会に述べることにしよう。


（『大法輪』２００７年2月　大法輪閣）

ブリヤート民族
——二一世紀を生き残れるか?

シベリア民族学の先進地帯

ブリヤート人とは、バイカル湖を取り巻く一帯に居住するモンゴル民族の一支族で、一九五八年にその伝統的な名がソ連邦最高会議幹部会の決定によって禁じられるまでは「ブリヤート＝モンゴル」と自称していた。この問題については、あとで述べることにする。バイカル湖東岸、いわゆるザバイカルのブリヤート人は、十月革命後、極東共和国の中で自治州を形成し、西岸イルクーツク側のブリヤート人はロシア連邦内でやはり自治州を持っていた。これら二分されたブリヤート人が合体して、ブリヤート＝モンゴル自治共和国を形成したのは一九二三年であった。

このような民族・政治的な統合をなしえたのは、ブリヤート人が擁していた多数の知識人や思想家たちの努力のたまものである。その多くはペテルブルク大学などで、ナロードニキ、左翼エスエル［社会革命党］、シベリア自治運動（オブラストニキー）、アナーキズムなどの思想にふれ、自身の政治的未来像を描くことができた。

このような近代的政治思想の前提をなしていたのは、モンゴル諸族の居住空間の学術調査にもとづく民族誌的な一体感の獲得である。

ブリヤート人はモンゴル諸族の中でも、ロシア東洋学の伝統に導かれて、すでに一九世紀から、今日でもまだその価値を失わない研究成果を蓄積することができた。まずカザン大学で教えていた僧、ガルサン・ゴンボエフ（一八一八～一八六三）がいる。モンゴルの年代記「アルタン・トプチ」にロシア語の訳註をつけて刊行したのが一八五八年である。

このような文献研究のほかに、西欧の学界をも真にうるおしたのは、民族誌的資料にもとづくシャマニズムの研究であった。ドルジ・バンザロフ（一八二二～一八五五）がカザン大学の卒業論文として提出した「黒教、あるいはモンゴルのシャマニズム」は一八四六年、カザン大学の紀要に発表されて、世界を驚かせた。日本では白鳥庫吉が翻訳し、シャマニズム研究の古典となった。バンザロフの研究は文献学的だったが、民族誌的なフィールドワークによって豊富な資料を集めたのがハンガロフ（一八五八～一九一八）であった。かれの収集の多くがポターニンの著作の中で発表された。一九五八年にハンガロフ三巻選集が刊行されたことにより、それがかれの独自の収集だったことがひろく知られるようになった。今日北方ユーラシアのシャマニズム研究では欠かせない文献となっている。

仏教徒としてのブリヤート人

一八世紀にチベットからモンゴルを経て北上し、ブリヤートに入ったチベット仏教は、今日地上最北端の仏教として注目されている。ソ連邦崩壊後、同じく復活したシャマニズムと共存しながら信仰をあつめている。破壊された寺院は修復され、一九九一年にはダライ・ラマを招いて新築寺院の落慶、仏像の開眼式などが行われた。この年はちょうど女帝エリザヴェータ・ペトロヴナがロシアに仏教を公認してから二百五十年になるというので盛大に祝われた。

ソビエト映画史に残る、プドフキンの『アジアの嵐』（原題チンギス・ハンの末裔：一九二八）には、破壊される以前の、グシーノエ・オーゼロの大伽藍の威容が見られ、貴重な歴史的記録となった。一八八一年にジョージ・ケナンがシベリアの流刑地歴訪の途次、ここを訪れ、大僧正と交わした対話も書き残している（左近毅訳『シベリアと流刑制度Ⅱ』、七二ページ以下）。

今日、首都のウラン・ウデには、ロシア科学アカデミーのシベリア支部として「モンゴル学・仏教学・チベット学研究所」があり、この分野でのロシアの学問を代表している。

二〇世紀のブリヤートの課題

ブリヤート人の先進性を示す例として、たとえば、ペテルブルクの法学者N・M・コルクノーフの国家法に関する著作をモンゴル語で紹介したことがあげられる。かれらは民族自決と国家統一についての国際法的概念をも身につけていた。

清朝とロシアとの間で分断されたモンゴル諸族にとって、統合の最初のチャンスは一九一二年の辛亥革命で、第二回目は一九一七年の十月革命であった。この動乱期に、外モンゴルの活仏政府の中に翻訳官として入り込んで外交交渉に加わり、外モンゴルが中国の宗主権のもとにありながらも自治を獲得するよう活躍したのが、今日のチタ州のアガ・ブリヤート民族管区出身のジャムツァラノー（一八八一～一九四二）であった。かれは思想的にはナロードニキであり、仏教の教えはもともと原始共産主義と一致するからブリヤートに革命は必要がないと主張していた。

一九二〇年に、外モンゴルに「モンゴル人民党」を組織し、その最初の党綱領を書いたのもかれだった。

かれは元来は政治的な活動家というよりはむしろフォークロアの収集者だったから、ウランバートルに、こうした資料やモンゴル語、チベット語典籍の収集に基づく研究を行うセンターとして一九二一年、典籍委員会を開設した。今日のモンゴル科学アカデミーの前身である。

このようにジャムツァラノーは、ブリヤート人でありながら、モンゴル人として、モンゴルの国家的独立とその強化のためにはたらいた。かれにとっては国境をこえてモンゴル諸族の居住空間のどこかにモンゴル民族の独立国を作ることは、モンゴル諸族の共同作業だったのである。しかし一九三二年、かれはレニングラードに呼びもどされて、東洋学研究所に勤務していたが、一九三七年に逮捕され、一九四二年、ソーリ・イレーックの強制収容所で獄死した。

ジャムツァラノーと同郷のアガ草原の出身で、かれと同じ時期、一九〇二年からペテルブルク大学で学んだ、バザル・バラーディン（一八七八〜一九三七）の生涯もまた、ソビエト時代のブリヤート知識人の典型であった。かれはロシア地理学協会の援助をうけてチベットに旅行し、仏教寺院の調査によって高い評価をうけたが、結局ブリヤートにもどり、そこでモンゴル諸族の統一ラテン化アルファベットを作りあげた。そして一九二三〜二六年には、ブリヤート＝モンゴル自治共和国の文部大臣の地位にあり、ラテン化アルファベットによる教育を推進した。バラーディンのアルファベットはペテルブルクの学生時代に、フィンランドの言語研究の経験に学んだものらしく、私には理想的な出来だと思われる。

このラテン化正書法はモンゴルにも導入され、ほとんど定着しかけていたのだが、一九四一年の決定によってラテン化は停止され、キリル文字に切りかえられた。

バラーディンはジャムツァラノーとほとんど同時に、一九三七年八月にレニングラードで逮捕され、その二カ月後に銃殺された。

この頃逮捕され、処刑されたブリヤート知識人の中には学僧も含まれていた。その中から極めて注目すべき人物について述べておきたい。

仏教による連邦共和国の構想

その僧侶の名はアグワン・ドルジーエフ（一八五三～一九三八）という。かれは辛亥革命によって清朝が崩壊した後、ただちにブリヤート、内外モンゴル、それにチベットを加えた仏教連邦共和国を構想した。かれはチベットとロシアの間をとりもってイギリスに対抗するために、ダライ・ラマから露帝への親書をたずさえて、ラサ―カルカッタ―長崎―ウラジオストクを経てペテルブルクへ向かった。ドルジーエフはまた日本の仏教界からの援助を求めていた。東本願寺の僧侶でチベット語学者、寺本婉雅の日記には、一九〇八年チベット旅行中にドルジーエフの訪問を受けたことが記されている。

ドルジーエフはまたコミンテルン極東書記局の活動家でもあった。かれは革命運動を通じての仏教国の連帯を考えていた。すでに八十歳を過ぎていたかれは故郷ブリヤートのアツァガトに僧院を営んでそこに住んでいたが、一九三八年に逮捕されて獄死した。八十五歳であった。ドルジーエフの活動は大へん広く、モンゴル文字を改良した新しい文字案を発表していて、これは日本の言語学者の間でもよく知られていた。

この時期に一斉に逮捕され、処刑された人々の罪状はいったい何だったのか。それはすべての場合を通じて全く同じである：(一)ソビエト政権の転覆をはかって反革命の組織を作り、それに加わった、(二)日本のスパイの手先となって、モンゴル諸地域を統一し、ブルジョア民主国家の樹立を図った、というものである。

ブリヤートで、モンゴルで学会が開かれるたびに、私は日本代表として、日本のスパイ組織——さぞ巨大なものであったろう——がいかにしてかれらをおとしいれたかを明らかにしてほしいと依頼を受ける。邪悪な日本のスパイ組織がこのようにおそるべき被害を与えたのだと、ほとんどのブリヤート人やモンゴル人は、いまもなお信じているのだ。

一九三七年は何をもたらしたか

知識人たちを大量に処刑したこの年、ブリヤート＝モンゴル自治共和国にも大きな変化が生じていた。すなわち、九月二六日ソ連邦中央執行委員会の決定によって、バイカル湖西岸の重要な領土のすべてがイルクーツク州に編入されてウスチ・オルダ民族管区となり、東岸のアガ地区――すなわち、ジャムツァラノー、バラーディンなどの故郷――がブリヤートから切り離されてチタ州に併合され、アガ民族管区となったのである。この二つの管区は英雄伝説ゲセル物語の伝承地であり、豊かな牧草に恵まれた民族文化の故土であった。

ソ連邦が崩壊した一九九一年以降、ブリヤートの歴史家、知識人たちは、この決定がブリヤート自治共和国の同意なしに行われた、憲法違反の処置だとして中央に抗議した。ブリヤート固有の領土のロシアへの併合過程には、この三七年の出来事だけで終わらなかった。昨二〇〇六年にはウスチ・オルダ民族管区が解消されてイルクーツク州の中で姿を消した。

民族管区という行政単位がどのような自立性を持っているのか、いまくわしく知ることはできないが、ここに居住する住民が味わっている、就職、就学など、日常生活上の不便を解消するためだという。同じように二〇〇七年にアガ民族管区もチタ州に合併される見通しである。

そもそもブリヤートの大統領選挙それ自体が危機に瀕している。プーチン政権は各共和国の大統領を任命制にしようとしているからである。

一九九一年以降争われた問題はこのほかに主要なものが二つある。その一つは一九五八年に、モスクワの党中央委員会が共和国民族、言語などの名称を、ブリヤート＝モンゴルからモンゴルを省いて、単にブリヤートとすることに決定し、以降モンゴルの名を用いることを禁じたことである。これにはもちろん「学術的手続き」をもって行われた。民族学者と言語学者が総動員され、ブリヤート人は、モンゴル人とは異なる独立の民族だという理論が作られた。ブリヤート＝モンゴルの名を維持するためにはかれらは生命の代償を払わなければならなかったのである。こうしてブリヤート人はモンゴル人ではなくなった。

私がブリヤートをはじめて訪れることができたのは一九六八年であった。そのころ首都のウラン・ウデは閉鎖都市であって自由に入ることはできなかった。わずか三日間であったけれども、その滞在が許されたのはソ連科学アカデミー・ブリヤート支部の四人の学者が私的に招いてくれたからだった。その次に訪れたのは一九九一年で、新しい憲法における国家語の規定をめぐって激しい議論がたたかわされていたときで、私もそれに加わった。「ブリヤート民族会議」の活動の結果として、憲法の中に残された最大の成果は、「ブリヤート共和国の国家語はブリヤート語とロシア語である」という決定である。この規定にもかかわらず、わずか二十五パーセントのブリヤート人口のうち若い世代からはブリヤート語の知識は確実に失われつつある。私がブリヤート研究に手を染めてから半世紀になろうとしている。その間に私がじっと見つめてきたことは、ある民族に、いかにその言語を、ついで政治的独立を失わせていくかという過程であった。

(『ユーラシア研究』２００７年5月号No.36　ユーラシア研究所編　東洋書店)
原題「知られざるユーラシア14　ブリヤート民族――21世紀を生き残れるか?」

【二〇一八年における感慨】

ブリヤートの状況についてはくり返しくり返し書いた。何度も同じことをしつこく書くじゃないかと読者は思われるかもしれないが、ここに述べたことどもは、くり返す意味があると思っている。読者もまた、あきずに、くり返し読んでいただきたい。

榎本武揚のブリヤート

榎本武揚の『シベリア日記』を、現代語訳にして平凡社ライブラリーにおさめるつもりだ。ついては、そのブリヤート（シベリア南部）を旅した部分の記述を君の知識によってたしかめてくれないかと、編者の一人、中村喜和がたのんで来た。

榎本がモスクワからウラジオストークまでの二か月にわたる旅の中で、その土地の言語について関心を持ち、数は三十一例と少ないとはいえ、語彙などのサンプルを集めたのは、このブリヤート語だけである。

ブリヤート語はモンゴル語の一方言と見ていいほど、今日の独立モンゴル国のモンゴル語とも、中国領・内モンゴルのモンゴル語ともたがいによく通じるほど近いけれども、それなりに微妙な特徴がある。榎本の記録には、それが律義に反映されているのがおもしろい。

たとえば「湯」にあたるブリヤート語として「ハルンヲホン」とあり、この「ヲホン」（水）は、他のモンゴル諸語では「ヲソン」となるはずであり、また「汝何歳なるや」にあたる、「タンデ　フデイ　ナフタイ」の「ナフタイ」（—歳の）は「アスタイ」に対応する。

　これをまとめると、他のモンゴル諸語でsとあらわれるところが、hとなっているのは、ブリヤート東部方言のいちじるしい特徴であり、それを日本語でたとえれば、東日本の「オバサン」が西の近畿方言では「オバハン」となるのと同じ流儀である。

　このほか榎本自身は、ブリヤート独得の言い方をそうとは知らずに記録しているので、最近はほとんど毎年ブリヤートに行って、そこの人たちと話している私には、何ともいえない臨場感がある。しかしそんなことは専門家でなければたいくつな話だろうから先をいそぐ。

　榎本のブリヤート旅行のハイライトは、シベリア街道をバイカル湖から南にさがって、最後は北京に達するキャフタ街道の途中にある、ジシーノエ・オーゼロ（鵞鳥（がちょう）の湖［ブリヤート語ではガロート・ノール］）の湖畔に近いタムチン僧院（ダツァン）への訪問である。

　この湖は、今日でも、北京あるいはウランバートルからモスクワへ向かう国際列車に乗れば、車窓の右側に満々と水をたたえたさまが見られる。榎本は「水は碧色をしており、水底には砂石が見えて澄んでいることがわかる」と記しているけれども、今では水力発電所とともに、いくつもの工場ができたために、当時とは景観は大きく変わったにちがいない。しかし、榎本もここを通ったと思われる、湖を眼下に見おろす、高い東岸にたてば、まるで諏訪湖を思わせるような絶景であるが、湖面の大きさは諏訪湖の十二倍はある。

湖畔の僧院についてはあとでもどるとして、そこに住むパンディト・ハンバラマ（ブリヤート仏教界の最高位の僧）の「タンペルタゴンボエフ」と会って、親しくことばをかわし、チベット仏教と日本の仏教との比較談義などを行ったのは、一八七八年九月四日のことである。この「大僧正」の人となりを、榎本は次のように述べている。

年は四八、九歳。容貌は普通のモンゴル人であるが、その立ち居振る舞いはゆったりしていて、真に貴僧であることがわかる。（中略）わたしを迎えて非常に礼の篤いことは、マイマチン（買売城。外モンゴルとの国境にある交易市。今日ロシア側にあるのがキャフタ市、モンゴル側は、アルタン・ボラク市である）の支那の長官とは類を異にしている。その上、人物も一見してはるかに彼よりまさっているのがわかった。（一六八ページ）

この「タンペルタゴンボエフ」は実在の人物なりや否やというのが、編者中村氏の質問の一つであった。

ハンバラマは一七六四年の初代から今日まで二十四代が数えられるが、榎本が拝謁をたまわった人といえば、一八七八年当時在位であったダンピル・ゴンボーエフをおいて他にあり得ないと目星をつけ、そのように報告したので、編者も私の見当をそのまま採用したのである。

榎本が「わたしが大僧正に、衆僧をしてわたしのために読経をして欲しいと乞うと承諾する。一六人の僧が胡坐(あぐら)して教本なしで誦みはじめた」と記している。

ところがここで私は、二十年ほど前に読んだ、ジョージ・ケナンの『シベリアと流刑制度I、II』(左近毅訳、法政大学出版局、一九九六年)に登場してくる大僧正もやはりこの僧ではないかと、はたと気がついて、ケナンのこの本をとり出してみた。

ケナンがこの僧院を訪ね、そこの僧院の長に会ったのは、一八八一年、つまり榎本来訪の三年後であり、またゴンボーエフの在位は一八九六年まであったから、ケナンはその名をあげていないとはいえ、かれが会って、会話をかわしたのは、またしてもこのゴンボーエフその人にちがいない。しかし、そこに描き出された大僧正の印象は、榎本の前に現れた人とはまったく別人のようである。ケナンは、この僧のことを、どんな興味や驚きにも「無表情な顔」しか示さない人だと書いている(ケナン、II、九六ページ)。

またケナンにつき従って、今で言えば報道写真家よろしく、細密なスケッチを残した画家フロストによる大僧正の肖像もまた、ケナンが抱いたような印象を伝えている。

ケナンが述べているように、大僧正は当時、健康がすぐれなかったせいかもしれないが、それ以上に、同じ仏教徒であるという共感と、何よりも榎本の人がらによって、より心をひらくことができたのではないかと思われる。

いくつかの文献をしらべてみたところ、第十代にあたるダンピル・ゴンボーエフは、歴代のハンバラマのうち、最も名望の高かった人として今なお慕われており、仏教とは対抗関係にあった民間宗教としてのシャマニズムにも関心を寄せ、さまざまな民間伝承を私財を投じて出版したと伝えられている。だから私は、この人に抱いた印象は、ケナンよりも榎本の方が断然正しいと思うのである。

次には、ブリヤートの仏教建築の中でも、とりわけ由緒のある、一七四一年の開基になる、このタムチン僧院について述べよう。

ハンバラマは榎本を伴って、「三階の高楼」を案内する。「楼上に上がりバルコニーに出て四方を眺望する。空は晴れ風は寒くなく、非常に心地よかった」と榎本は記す。ケナンは、ハンバラマ自身については、決してほめた書き方はしていないが、この僧院については、「ギリシャやローマ・カトリック教会の堂内を知り尽くしている人間にとっても、全体の光景が総合的にもたらす効果のほどは、まことに心うつものがあった」と述べ、ここでもフロストによる僧院のスケッチを添えている。

じつは、ソビエト時代の最末期、私はこの僧院を訪れたことがあり、そのときのさんたんたるありさましか知らない。一階の堂内からは仏像も仏具もいっさいが持ち出され、荒れはてたがらんどうの薄暗がりの中に、牛が数頭昼寝をしていた。二階、三階はまるで廃墟で、ソビエト軍が兵営として使っていたという。

しかし、この廃墟となった僧院は、かつてはケナンが描き出したようなけんらん豪華をほこり、世界の映画史上に名をとどめる場となったことをぜひとも知っておきたい。すなわち、プドフキンの『アジアの嵐』（一九二八年）は、ここを舞台に作られたのだった。

プドフキンが、ここで映画を作ると告げたとき、当時の僧侶たちは、かれらの信仰の場がそのような目的に使われることに断乎反対したと伝えられているが、学問のためにはよかった。というのは、そのときにここで演じられた、チベット仏教の仮面舞踏――ツァムが、かつてない「民族誌的正確さをもって」撮影されたために、かけがえのない文化遺産の記録として残る結果となったのである。

チンギス・ハーンの末裔（まつえい）を演じたワレリー・インキジーノフは、メイエルホリドのもとで修業し、パリで亡くなった、ブリヤートの不世出の俳優だった。一九九五年、かれの生誕百周年を祝ったとき、私はたまたま首都ウラン・ウデに滞在中だったので、その記念集会に招かれたのである。

この栄誉ある僧院も、一九三四年に、宗教弾圧により閉鎖され、さきに私が訪れて見たような惨状のまま、ソビエト崩壊まで続いたのである。

ソ連崩壊後、僧院は急速に復興した。一九九一年、ダライ・ラマはこの僧院を訪れ、復活を祝う盛大な法要がいとなまれた。この年ちょうど、ロシアの女帝、エリザヴェータ・ペトロヴナが、ロシア領内に仏教を公認した一七四一年から二百五十年めにあたっていたからである。

いま私は、ブリヤートで開かれた国際会議に出席し、帰ったばかりでこの一文を書いている。その国際会議は、ブリヤートの、「ロシアへの自発的併合三百五十周年」を記念して行われたものだ。

そこに寄せられた発表論文約百八十の中にまじって、私は榎本のシベリア日記の話をしたのである。

一人の日本人が、ブリヤート語や、何よりも、今も深く慕われているダンピル・ゴンボーエフに拝謁した記録を残していることを伝えたかったたし、それはもちろんそれだけでも十分にかれらの関心をひくテーマだった。

しかし私としては、それだけではつまらない。といって、本当に「自発的」併合だったかどうかを論じるのは、招かれた外国人としてはやぼなふるまいでしかない。そこで、榎本がこの旅日記に記した一節を引いて、私なりの祝い方をしたのである。

榎本はブリヤートで出会った、チチハル出身だという、モンゴル人のラマ僧に、いったいブリヤートとモンゴルはどこがちがうのかと問うたところ、

同人曰く、ブリヤートもモンゴルも区別はない。支那の地にある者をモンゴルと言い、ロシア領にある者をブリヤートと言うのみ。言語も人種もまったく一つであると。このモンゴル人種が今ロシアと支那二国に合併され今日の姿になったのを嘆いた。（一六三ページ）

会議にはモスクワからもサンクト・ペテルブルクからも研究機関の指導的お歴々が参加し、一大国家的行事の観を呈した。学会に続いて、三日間にわたって催された祝賀の会にはプーチン首相もやってきて大演説を行った。

それにもかかわらず「国際会議」と名づけられていたのは、モンゴル国からも中国から

も国境をこえてモンゴル諸族が招かれ参加したからである。会議の性格の複雑さ以上に、主催者がこらした工夫はなみではなかった。

（『こころ』２０１１年10月 Vol.３ 平凡社）

【二〇一八年になお思うこと】

榎本武揚のブリヤートとモンゴルの違いについて問うたラマ僧の答え、「支那の地にある者をモンゴルと言い、ロシア領にある者をブリヤートと言うのみ」は、方言学的、民族的な手のこんだ説明にさきだって、今日のブリヤートの人たちに伝えたい、明快な答えである。

トゥバという国

もし私が、全くの偶然から、一九九一年六月一六日の『信濃毎日新聞』を見ることがなかったら、この書物との出会いはなかったかもしれない。

その日の信毎の書評欄には、「知的冒険へかりたてる近来まれな一冊が出た」という書き出しで、『ファインマンさん最後の冒険』(岩波書店)という訳書が紹介されていた。岩波書店でファインマンさんシリーズとも言うべき何冊かが出ていることは、かすかに記憶にあった。どうせ一般的な科学ものがたりだろうと考えて、うっかり見逃してしまうところだったが、「チューバとは一九四四年にソ連邦に統合され、モンゴルに隣接する自治共和国だった」という一文に釘づけになった。

もし「チューバ」が「モンゴル」と組みあわさって出てこなかったとしたら、私はチューバがかつて人民共和国だったトゥバのことだとは、すぐには気がつかなかったであろう。この書評を書いた岡部昭彦氏には、この点で私は大いに感謝しなければならない。英語とは、国名までゆがめてしまう暴力的な言語だ。この訳書は、百回どころではなく出てくるこの国の名を「チューバ」とくり返しているが、しかし、まがうかたなき、私がこれから話そうとするトゥバのことなのである。

さて、この著書の主人公のファインマンさんは、すでに子供の頃、切手によってトゥバを知る。そしてトゥバに行こうと志をたてたのが一九七七年で、実現にこぎつけたのはやっと八八年のことだ。この年に、十年におよぶ、ソビエト科学アカデミーとの交渉がみのって、「ついに招待が来た!」という、第一三章になるのである。しかしその直前、ファインマンさんは病魔に倒れてこの世にはいなかった。だからファインマンさんの「最後の冒険」なのだ。

この本に一風変わったおもしろさがあるのは、全体のほぼすべてが、トゥバに行くための苦労ばなしで——その中にはトゥバ語を学んで、トゥバに電話をかける話も含まれている——、実際にファインマンさんの仲間がトゥバに行った話は、最後のエピローグの中の数ページだけなのだ。ドラマとはそういうものにちがいない。あこがれの地に降りたつことよりも、そこにたどりつくまでが真の冒険なのである。

タンヌ・トゥバ、あるいはトゥバ人民共和国は、世間ではめったに知られていないのに、切手の蒐集家の間ではよく知られているという国の一つである。その切手は全部集めたとしても百七点をこえることはない。なぜならこの国は、一九四四年、自ら独立をとりさげてソ連に併合されたためそれ以後切手は出なくなったからである。

私はいったい、いつからこんな国に関心を抱くようになったのだろうか。学生時代に買った『ロシア語・トゥバ語辞典』を見ると、一九五四年一二月二日の日付けがある。これを私のトゥバ恋い元年とすると、ことしはちょうど四十年目にあたる。

その後、トゥバ語の辞典や教科書は、わずかながら日本にもとどいた。しかしそれを別にすれば、世界にあまねく知れわたっているトゥバの文献はといえば、もう決して発行されないこれらの切手だけである。馬や遊牧生活を描いた、三角形や菱形の切手は、ほとんどが一九三六年の発行で、「万国の労働者団結せよ!」とラテン文字［ローマ字］のトゥバ語で印刷されている。

ところがその後、私のこういう趣味を知ったドイツの友人が、ミュンヘンの切手商から手に入れたという二枚のトゥバ切手を送ってくれた。いずれも一九二六年の発行で、一枚は仏教の法輪とともに、たて書きのモンゴル語が印刷されている。これほど興味をそそられることはめったにない。わずか十年ほどの間に、国家の文字だけでなく、言語そのものがとり変わったのであるから。いったい何が起きたのだろうか。

ほんとは、一つ一つの事実を手がかりに、謎解きの方法で追っていきたいのだが、時間の節約のために、まっすぐ話をすすめよう。トゥバは、もと唐努烏梁海と言って、いわゆる「外蒙古」の北西部に連なる地域として清朝に属していた。ところが一九一四年に至って、ロシアはこれを領有して保護領とした。

一九二一年七月、「外蒙古」（今日のモンゴル国）は独立を宣言し、その時トゥバは当然モンゴルに帰るものだと思われていた。ソビエト政権は、帝政ロシアによるトゥバの領有は不法だったと声明していたからである。ところがその翌八月、トゥバもまた人民共和国として独立を宣言した。モンゴルの革命家たちは、これはボルシェヴィキの陰謀だと騒ぎはじめた。

一九二四年は、モンゴルが人民共和国となった重要な年であるが、その年開かれた人民革命党党大会の議事録を見ると、党主のダンザンは、コミンテルンやロシアの代表に、「トゥバを返せ」と執拗に迫ったさまが記録されている。相手は、この問題はいずれあとで論じようとかわした。ところが、大会の議長でもあったダンザンは会期中に逮捕され、反ソ、日本の手先きなどと告発され、即刻銃殺されてしまったのである。

独立国トゥバには、モンゴルからもソ連からも大使が駐在した。人口は十万に満たないとはいえ、その面積は北海道、九州、四国を併せたよりもまだ大きく、ウランを含む豊富な地下資源がある。ここに駐在したモンゴル大使も、多くは帰任後投獄されたり処刑されたりしている。これらのことについては、拙著『草原の革命家たち』（中公新書）［増補版］にふれておいた。その後のトゥバの運命は、さきに述べておいた通りだ。

私がどんなにトゥバに行きたいと願ったとしても、こうした背景を知れば知るほど、そう無邪気にふるまう気にはなれないし、何よりもそこは固く閉ざされた禁断の地だ。それだけに、黒沢明監督の「デルス・ウザーラ」の主役を演じたムンヅクがトゥバ人であり、その映画が日本にやって来たと新聞が報じたとき、私には一大事件のように思われた。

八〇年代に入ると、ごく少数の外国人がトゥバに入ったと聞くようになった。その人たちは、トゥバの複雑な歴史的背景には関心がなく、したがってソ連当局にとって無害であったにちがいない。日本人としては八四年に鴨川和子さんという人が訪れて、『トゥワー民族』（晩聲社）という書物を発表したが、「トゥワー国民は満州の侵略者、モンゴルとトゥワーの領主らの何重もの圧制に苦しんだ」と、ソビエト当局の言いぐさがくり返してあるだけで、さきに述べたような私の疑問に答えてくれる手がかりは全く見出せなかった。

私はこのファインマンさんと出会ったおかげで、怠け心をどやしつけられたような思いがした。そこでいつも目につくところに置いてある、『社会主義に向うトゥバ人民の歴史的道程』（一九八二年、ノヴォシビルスク刊）の著者、ユーリー・アランチンに手紙を書いた。この人は「ファインマンさん」の著書にも登場するトゥバの研究所長だ。昨年［一九九三年］三月のことである。三か月ほどたってから、私の大学に電報がとどいた。「八月五日から二週間、当研究所に招待する」とあるではないか。

困難はそれからはじまった。東京のロシア大使館は、この招待状は形式が整っていないと言って、ビザの発給を断った。しかし私はあきらめず、別の方法でビザを取ることにした。困難はさらに続く。東京にあるロシア専門のどの旅行社も、そんな所に行く飛行機は時刻表にもコンピューターにも入っていませんよと返事してきた。しかし私は、ここでもファインマンさんの事蹟を思い出して気をとりなおし、またもやアランチンさんに電報を打った。どこから飛行機がとんでいるかと。ほどなくアランチンさんは、きちょうめんにルートを教え、飛行場で待っているぞと返電してきた。こうして予定どおり八月五日、私は夢心地でトゥバの空港に降りたったのである。しかしアランチンさんは居なかった。大手術をひかえ、面会謝絶で入院しているということだった。

トゥバはソ連邦が解体した後、一九九〇年、ふたたび七十年ぶりに主権宣言を行って共和国となった。政府庁舎には新たに制定した青と黄色の国旗がはためいていた。私は念願の党文書館（アルヒーフ）に座って、一九三〇年、つまり、トゥバ文章語が創られる以前の党の資料を見ることができた。そのすべてはモンゴル語で書かれ、整理保存状態はみごとなものだった。ブリヤートでは、モンゴル文字の文献はほとんど焼き捨てられたと聞いていただけに、これは驚くべきことだった。

滞在中、私の面倒を見てくれたのはアランチンさんが所長をつとめる「トゥバ言語・文学・歴史学術研究所」のスタッフだった。その大半がまだ若いと言っていい女性たちで、私は言語部門で辞書を作っている女性言語学者に連れられ、モスクワ総主教管区から派遣されている若いロシア人のアレクシイ神父さんの運転で、南のモンゴル国境に近い、モンゴル牧畜民の集落に行くことができた。私は大いに満足した。

帰国して、持ち帰った資料の整理もつかぬうちに、またもやトゥバから電報がとどいた。一〇月はじめ、「オルホン・イェニセイ碑文解読百周年記念学術集会」に出席せよとのことだ。この碑文は、我が国では突厥碑文として知られ、八世紀頃のトルコ語を表わしたものだが、なるほどデンマークのウィルヘルム・トムセンが解読したのは一八九三年のことだったから、たしかに百年目にあたる。

今回もこの招待状にロシアはビザを出さなかった。それで私はまた別の方法をとった。エリツィン大統領がモスクワで大砲を撃った直後のことで、外国からの参加者はわずかだった。私は大変勇気があるとほめられた。

オルホン・イェニセイ碑文は、原野に立ったまま雨ざらしになっていて腐蝕がすすみ、文字がだんだん読めなくなってきている。それを収容するための博物館がどうしても必要だというのでトルコがお金を出したという。学会の最終日に、博物館の礎石の除幕式が行われた。若く精悍な感じの大統領に続いて私も挨拶を求められた。そしていく粒かの麦を握らされ、礎石のまわりを一巡してそれを播くよう求められた。

集会では私は、碑文とは関係のない、一九二一年から三〇年までのトゥバの言語状況という、しばらく前だったら決して触れてはならない問題を提起してみた。それは新鮮で必要な問題提起だと多くの人たちから励ましを受けた。私はトゥバに自由が訪れたことを実感した。

日本に帰ってから、私がこうしてトゥバに行ったことは、もう珍しい経験ではないことを知った。最近会ったある人は、西モンゴルからトゥバにひろまっている独得な唱法「ホーミー」の大会がトゥバであって、それに出席したと言い、私の前で、こともなげにホーミーをやってみせたのである。

さて、トゥバで得た印象についてはこれ以上書かないでおく。それはファインマンさんの夢を実現した仲間たちとは別の理由からだ。かれらは十年も思いつづけたトゥバに行って、よく準備された、おきまりのもてなしにがっかりしてしまったらしい。

しかし私のばあいはちがう。世の中はすっかり変わった。短い滞在ではあったが、経験も印象も濃厚で、これ以上書きだしたら、とめどがなくなってしまいそうだからである。

（『図書』１９９４年１月号　岩波書店）

【二〇一八年に記しておくべきこと】

ぼくのメンヒェン＝ヘルフェンの翻訳『トゥバ紀行』（岩波文庫、一九九六年）が出た影響であろうか。日本でもトゥバへの関心が生じたらしく、二〇〇八年、東京大学東洋文化研究所から等々力政彦氏の編集で刊行された「Old Maps of Tuva 1. The detailed map of the nomadic grazing patterns of total area of the Tannu-Uriankhai」がある。これは天理図書館に所蔵されている、清朝時代に作製された、タンヌ・ウリヤンハイと称されていたトゥバの地図に現れる地名研究である。

いま一つは、モンゴルとトゥバの歴史家たちの共同編集で出版されたСобрание ганных архивных докумеитов лоистории Тувы, ТомI（1738－1911), ТомII（1911－1921), Улаабаатар-Кызыл 2011 上下二冊で千ページに近い豪華本で、トゥバがモンゴルから引き離され、ソ連に併合される以前の、モンゴル語で書かれた貴重な行政文書集成である。

トゥバとカルムィク
――ロシアの二つの共和国

ソ連邦が解体したおかげで、これまで外国人に閉ざされていた、いわゆる閉鎖都市や閉鎖地帯にも行けるようになった。閉鎖が解かれてみると、立ち入りを拒んでいたのは、その土地の人自身ではなく、モスクワの当局であることがすぐにわかった。当局はそこに設けた軍事施設や、少数民族が置かれている不当な状態を見せたくなかったのだ。民族の自決・独立とは、国家中央と支配民族の干渉を受けることなく、外の世界と自由に往来できる権利のことだ。

一九九三年には、かつてモンゴルの一部であり、一九二一年から二十三年間だけ独立国であった、まぼろしのようなトゥバに行くことができた。翌年には、三七年にブリヤート＝モンゴル自治共和国から切り離されてロシアに編入されたアガ・ブリヤート自治管区を訪ねた（同時代ライブラリー『私の海外旅行術』中の「アガ草原をめざして」〔本書二七二ページ以下所収〕はその時の記録である）。そしてことし〔一九九六年〕五月、南ロシアのカルムィク共和国に招かれ訪れることができた。この季節が選ばれたのは、草原に自生する原生のチューリップの花を見せたいからだと言われた。カルムィク人の説明によれば、オランダのチューリップはここから持ち出されて改良されたのだそうだ。

カルムィク共和国文化省からの招待状は、昨年一一月に航空便で出され、二か月をかけて東京にとどいた。七、八百年前のチンギス・ハーンの馬飛脚よりも、現代の飛行機の方がうんと速かったとはとても言えないだろう。しかしこの一枚の紙片は、南ロシアの仏教徒であり、モンゴル語の西部方言を話す由緒ある民族のもとに私をとどけてくれたのである。

モスクワからのヤク四二型は、五月はじめの休日つづきのため、ヴォルゴグラードまでしか飛ばなかった。しかしタラップを降りたそこには、すでにカルムィク共和国の迎えの車が待っていた。ヴォルゴグラード――あのナチス・ドイツとの英雄的なたたかいで世界に名をとどろかせたかつてのスターリングラードをちょっと見たかったのだが、「なに、ここは埃っぽい泥の町なんだ。ぐずぐずしないで早くエリスタへ行こうよ」と言われて、三百キロもある首都をまっすぐに目ざした。考えてみれば、文化大臣を含む出迎えの一行は、この同じ道を朝早くからやってきたので、うんざりしていたにちがいない。しかしエリスタまでは、決して「まっすぐに」は行かなかった。

まず共和国の国境には盛大な出迎えの儀式が準備してあった。私は民族服で着飾った土地の少女たちに、ハダクと盃で迎えられた。ハダクとは、モンゴル諸族が貴人を迎えるときに捧げる絹の布で、私はいつも青色のを受けとっていたが、カルムィクのは純白に、「カルムィク共和国」とカルムィク文字で金糸の縫いとりがあった。国会議員から挨拶を受けたが、この人は温厚な表情の朝鮮人だった。草原の上には、たちまち歌と酒とおどりの宴がくりひろげられた。エリスタまで三つの州を通ったので、しめて三回の宴を通過しなければならなかった。

「お早う。よく眠ったね」と声をかけられて目ざめたとき、車は夕陽のこぼれる緑の天蓋の中にすべり込んでいた。エリス・タ（砂のある）という、その名のイメージとは全くちがった、かぐわしい緑の町だった。

カルムィク族の波瀾に富んだ歴史は、小説にも描かれてよく知られている。かれらの先祖はもと、アルタイ山脈の南、天山山脈の北にひろがる、中国のジュンガル草原に牧していた。しかし一六二八年、その中のトルグート族を中心とする五万家族が西に向かって移動を開始し、一六三〇年にはヴォルガの両岸に到着した。ところがほぼ一世紀半を経た一七七一年になって、左岸は再びジュンガルの故土［への帰還］を目ざしたが、右岸はそのまま残った。この人たちがカルムィクと呼ばれたのである。

カルムィクはヨーロッパに住む唯一のモンゴル人として研究旅行家の注目を引いたが、

一躍かれらの名を有名にしたのは、一八一二年にナポレオン軍がモスクワに攻め入ったときである。突然騎馬の一隊が現れて、その原始的な弓矢でフランス人と果敢に戦ったからである。

ソ連邦になってからは、自治共和国の地位をあてがわれたが、その後悲劇が起きた。すなわち一九四二年、ヴォルガ下流一帯は、ドイツ軍の占領下に入った。ドイツ軍が撤退した後、ソビエト軍は、カルムィク人全体がドイツ軍に協力したとして、手ひどい懲罰にかける決定をした。町や村は赤軍に包囲され、住民は貨車に積み込まれて、シベリアやウラルの各地に移送され、ばらまかれた。移送先でもカルムィク人同士は相互に接触することを禁じられた。首都のエリスタも破壊しつくされ、共和国も解消された。カルムィクという民族の名とその言語が、ソ連の統計表から抹消された。チェチェン、イングシ、クリミア・タタールなども同じ運命をたどったのである。カルムィク族の故土への帰還が許され、共和国が再興されたのは一九五八年であった――こうしたことどもは『現代ヨーロッパの言語』(岩波新書)の中で手短かに述べておいた。しかし、今回エリスタに来てはじめて知ったことがある。それは、こうした仕打ちを受けたのは、じつは一般の住民だけではなく、軍隊もそうであったということだ。

カルムィクの人たちは、しきりに、シベリアで働かされた六十万人の日本人捕虜のことを話した。「どうしてそんなことを知っているんですか」「そりゃあ、私たちも、そっくり同じ目にあったからですよ」——前線からカルムィク兵士だけが呼びもどされた。特殊部隊が編成されてモロトフ（現在のペルミ）近くに送られ、水力発電所の建設に使われた。収容所施設、食事の悲惨さは日本人捕虜の場合と同じだった。一九四四年のできごとだ。もしかして、ソ連当局は、この経験を日本軍に応用したのではなかろうか。カルムィク人はこういう点でも、日本人への共感を抱いているふうだった。

今日のカルムィクのシンボル的人物は、あの若くて男前の、三十四歳の大統領だ。だれもがかれのことを、イリュムジーノフなどと、あらたまって姓で呼ぶことなく、単にキルサンと呼んでいる。かれはめったに執務室にいない。九八年にせまった世界チェス・オリンピックの開催地をひき受けて、世界をとびまわっているからだ。なるほど、政庁の上になびく三本の旗は、ロシア連邦旗、カルムィク共和国旗、そして世界チェス連盟旗だ。

文化相はキルサンにどうしても会わせたいという。カルムィクに日本語の話せるやつが三人いる、その筆頭がキルサンだと。五月九日、対ドイツ戦勝の祝典のさなかにキルサンはモスクワからもどってきた。キルサンは、祝典には出ず、そのまま執務室に入った。キルサンは政府職員に、執務時間中の飲酒は、たとえ閣僚であっても即刻クビだと言い渡して、皆をふるえあがらせたという。そのかれに、戦勝祝いのウォトカとシャンパンで、一杯気分になったところで会えと言われたので私は大狼狽だった。キルサンはときどき日本語を口にしたが、私はそれをさえぎってロシア語で話した。日本語力のテストなどして、かれに気まずい思いをさせたくなかったからだ。

キルサンの政治スローガンは「不可分のロシアの中の不可分のカルムィク」である。ロシアとの絶えざる一体性をとなえるキルサンは、固有の憲法すら設けないで、その基本法は「草原法典（ステプノーエ・ウロジェーニエ）」と、まことに古めかしく表現する。その名は一六四〇年のモンゴル・オイラト法典の伝統を意識的に想起させようとしたものである。ある若い女性教師は、カルムィク語は国家語ではないのですよと、そっと私に告げた。

私ははるかにトゥバの憲法のことを思い出した。トゥバは、ロシアの憲法が民族自決権を明記していないという理由で、住民投票によって否認した上、自らの憲法の中では「トゥバ語は共和国の国家語である」と明記している。

トゥバは四千メートル近い峻険な山なみに閉ざされて、外から人を寄せつけず、モスクワから五時間の飛行距離がある。イェニセイ河はこの山々から発して谷をうるおす。他方、南ロシアのカルムィクは、「ヴォルガの下流、カスピ海にそそぐ河口近くの」海抜百──二百メートルの開けた草原地帯で、あらゆる文明が風のように自由に通り抜けるのを阻むものとて無い。モスクワから小さな飛行機でも二時間で到達する。

さらにトゥバには独自の郵便切手すら発行した二十三年間の独立の歴史がある――今回岩波文庫の一冊として刊行された、メンヒェン゠ヘルフェンの『トゥバ紀行』は、その間の状況をつぶさに伝えた稀有の旅行記だ――のに対し、カルムィクは十三年間、その存在そのものを抹消されていたという歴史のコントラストは決定的である。

トゥバとカルムィクは、それぞれの与えられた地政学的条件の中で知恵をこらしながら、ぎりぎりの可能性を模索しながら対照的な姿を示している。今回、ここではふれなかったブリヤートや内モンゴルの、モンゴル語を話す諸族の比較文明論的・社会言語学的研究は、未来の人類の生きかたという普遍的な関心の中で、興味ぶかい研究部門をなすであろう。

(『図書』1996年8月号　岩波書店)

原題「トゥバとカルムク――ロシアの二つの共和国」

トゥバ共和国の静かな戦い
——二一世紀の民族自決権を考える——

ロシアからの独立を求めてたたかうチェチェンの人たちは、モスクワで、遂に後もどりのできない泥沼に陥ってしまった。チェチェン人たちの心いたむ惨劇から、どうしても思いを馳せてしまうのが、やはりモスクワ中央と深刻に対立しているトゥバ共和国である。

トゥバはモンゴルの西北方に連なるロシア連邦の小さな共和国である。ところが、一九九三年に制定された共和国憲法は、モスクワ中央としては決して認めないであろう、次のような条項を掲げている。

「トゥバ共和国はロシア連邦を構成する民主的な主権国家であり、自決権ならびに、共和国全人民の投票により、ロシア連邦から脱退する権利を保有する」（傍点は筆者）

民族自決権、すなわち、ある民族が、その所属する国家から分離・独立する権利の保障は、一九世紀から二〇世紀にかけて、人類が獲得した崇高な理想であったから、ソビエト連邦は、その最初の憲法（一九二四年）で、「それぞれの連邦構成共和国は、連邦から自由に脱退する権利を有する」とうたい、この条項は三六年のスターリン憲法、そして最後のブレジネフ憲法に至るまで、手つかずに維持されたのである。それが現実には決して行使されることのない権利であったとはいえ。

　ところが、ソ連邦崩壊によって現れたロシア連邦は、この条項を引き継がなかった。そこでトゥバは「民族自決権」が明記されないかぎり、連邦憲法を認めることはできないと通告した。

　トゥバ政府は、九三年一二月二一日の国民投票にかけて、トゥバ憲法とロシア連邦憲法それぞれの信任を問うた。結果は、トゥバ憲法は承認されたが、連邦憲法は否認された。モスクワ中央にとって、このようなトゥバの反抗的な態度は我慢できないものである。それはチェチェンの行ったような独立の宣言でないにせよ、潜在的な主権の宣言だからである。報道によれば、一九九五年、当時の大統領エリツィンは、チェチェンに軍をすすめる「かたわら」と同時に、トゥバももう一つの標的に予定していたという。とはいえ、武力によらない国民投票を武力によって翻させるわけにはいかない。

　私の知人でもあるトゥバ憲法の起草者の一人は、私たちは決してチェチェンのような道は歩まないが、ソ連邦時代にすら保障されていた、民族自決権を放棄するわけには行かないと語った。

だからと言って、トゥバの人たちは、いつもロシア人に対してとげとげしい感情を抱いているわけではない。トゥバを訪れたエリツィンが、差し出された馬乳酒を、こんな石鹸水みたいなものが飲めるかいと言いながら杯を重ねているうちに、ひどく悪酔いしてしまったと、親しみを込めて話す人たちでもある。

トゥバがこうして当然のように民族自決権を掲げるのには、歴史的な経験から来る背景がある。二一年、外モンゴルが独立を宣言したときに、トゥバも同様に独立宣言を発し、人口七万人の「人民共和国」が誕生した。独立状態は二十三年間続いた。独立国であるからには郵便切手も発行した。四四年にソ連邦に併合されて独立を失うまで切手は合計二十回も発行され続けた。トナカイ、リス、テンなどをあしらった特色ある切手は、今なお収集家の関心をあつめている。閣僚の一人は、執務室の机の中から当時の見本［切手］シートを取り出してきて、独立したときのためにとってあるんだよと、いたずらっぽく笑った。

トゥバ人は伝統的に敬虔な仏教徒である。ソビエトの宗教弾圧時代に、没収を避けて岩山の裂け目に入れてかくしておいたという仏像を取り出して来て、仏殿が再建された。その落慶供養にはダライ・ラマが招かれて盛大に祝われたという。

最近の報道によればプーチン政権は、ダライ・ラマのロシアへの入国を禁じた。ロシアにはトゥバのほか、ブリヤート、カルムィク両共和国のように有力な仏教地帯があるから、その影響力は小さくない。中国への気兼ねからか、それともイスラムと同様、異教への警戒心からか。

巨大諸国が手を組んで、各地の民族独立の動きを抑え込もうとしている、この政治的グローバリゼーションの今日、ちいさなトゥバ共和国の「民族自決権」の理想を掲げ続ける静かなたたかいを見守っていきたい。

（朝日新聞夕刊　2002年11月21日）

【二〇一八年におけるつけ加え】

本コレクションⅡの『国やぶれてもことばあり』のカバーには、トゥバの切手がいくつも描かれている。装画家にぼくのトゥバ切手のコレクションを見せたところ、かれはすぐにそれに目をとめて装画に用いたのだ。

トゥバ共和国
――ロシアとモンゴルの間で

ロシア連邦を構成する行政単位の中で、共和国という名のついているものが二十一ある。トゥバはその一つである。その位置は、モンゴル国の左（西）側の肩がえぐれたようになっているところにあり、そこにはめ込まれたようになっている。このモンゴルの左肩は、一九一四年にロシアが保護領にしたと宣言するまでは、外モンゴルの一部であり、ウリヤスタイ将軍、コブド参賛大臣など、西部モンゴルに駐在する清朝の役人の管轄区域だった。つまり、明らかに清朝の領土だったのだが、辛亥革命によって清朝が崩壊したのを好機としてロシアが進出したのである。

その当時はトゥバという名称はなく、モンゴル人はその土地もそこに住む人間もウリヤンハイと呼んでいた。歴史をさかのぼると、明代にウリヤンハイ三衛と呼ばれた部族があり、その居住地は興安嶺からアムール源流に至る一帯だった。清代にウリヤンハイと呼ばれた部族はタンヌ・ウリヤンハイとアルタイ・ウリヤンハイである。後者については、国立民族学博物館の松原正毅教授が、新疆省で興味深い実地調査を行い、それは『月刊百科』一九九五年一月号から連載された。話をタンヌ・ウリヤンハイにもどそう。

タンヌの名は、モンゴル西部の北を東西に走るタンヌ・オーラ（オーラはモンゴル語で「山」という意味）に由来している。その北にはイェニセイ河の源流をなす盆地が、サヤン山腹までひろがっている。この空間がトゥバの領土である。漢字では唐努烏梁海と記された。

タンヌ・ウリヤンハイの運命を決めたのは、一九二一年七月一一日の外モンゴルの独立宣言である。時をうつさずその二日後、コミンテルンとボリシェヴィキの工作で、タンヌ・ウリヤンハイはタンヌ・トゥバ人民共和国として独立宣言を発した。この時、はじめてトゥバという名が国家と民族の名として登場した。

一九二一年に約七万の人口と北海道を二つ併せたくらいの領土をもって出発したタンヌ・トゥバ人民共和国は、二六年には国名からタンヌを捨てて単にトゥバ人民共和国となった。そして四四年にロシア連邦の一自治州として併合されるまでの二十三年間、独立の人民共和国として存続したのである。この間、どんな外国人もトゥバへの入国は許されなかったけれども一九二九年に、ウィーン生まれの民族学者オットー・メンヒェン＝ヘルフエンただ一人だけが人類学的調査のために入国を許され、帰国後三一年に*Reise ins asiatische Tuwa*をベルリンで刊行した（邦訳は『トゥバ紀行』岩波文庫、一九九六年）。メンヒェン＝ヘルフェンが当時なぜこのような好運を得たかと言えば、モスクワのマルクス・エンゲルス研究所の人類学研究部長の職にあったからである。

私がトゥバを知ったのは、高校生であった一九五一――一九五二年頃にさかのぼる。同級生に、郵便切手のことなら何でも知っているというフィラテリスト（切手収集家）がいた。かれは三角や菱形をして、トナカイや馬を印刷した珍しい切手を出している、トゥバという国があると教えてくれた。トゥバは、外国人を全く寄せつけなかったかわりに、切手はどんどん出して、国際的な市場で売りさばいていた。

私はモンゴル研究に手を染めた頃からトゥバ語の文献と切手を集めはじめた。切手はMichel-Katalog Übersee によって、ドイツの友人を通じて集めた。一九二六年、二七年発行のものはモンゴル文字が用いてあるが三二年からはラテン文字によるトゥバ語の正書法が用いてある。三四、三五、三六年と毎年続けて美しい切手を発行した。三六年はとりわけ人民共和国二十五周年を記念したもので、その一枚はメンヒェン＝ヘルフェンの翻訳を刊行する際に、岩波文庫のカバーにかかげておいた。そこには「トゥバ人民共和国」の略語たる、ＴＡＲ（今日のキリル正書法では Тыва Араг Республика）というラテン文字表記があり、また「万国の労働者団結せよ！」のスローガンがトゥバ語で印刷されているからである。

この切手を特にかかげたわけは、次のような理由による。一九二一年にトゥバは独立したけれども、書くことのできるトゥバ語というものはまだなかった。モンゴル文語をそのまま使っていたのである。トゥバの国立アルヒーフ［文書館］に行って、初期の憲法、党大会の議事録などの公文書をしらべてみると、すべて、濃い紫色のインクで、和紙にモンゴル文語がタイプライターで書かれていた。独立国たるトゥバはトゥバ文章語を所有しなければならなかった。有名なモンゴル語学者ポッペが依頼を受けて、ラテン文字で考案した。当時のソ連邦は少数言語の［ロシア・キリル文字ではなく］ラテン化をすすめていた。こうして一九三〇年にはじめてトゥバ語が誕生した。三十年代に発行された切手はトゥバ新文章語のデモンストレーションでもあった。

トゥバ語はテュルク諸語の一つであって、モンゴル語ではない。だからトゥバをモンゴルから切りはなして独立させる理由は十分にある。とはいえ、行政や文化の用語はすべてモンゴル語だったから、今日のトゥバ語にはおびただしいモンゴル語彙が入っている。トゥバでこの方面の研究を担っているのはタターリンツェフという人で、その研究の成果は二〇〇〇年に一冊目を刊行した『トゥバ語語源辞典』の中に盛り込まれている。しかし私の見るところ、モンゴル要素はここに指摘されているよりもっと多く、四十パーセントくらいにはなるはずだ。トゥバ語研究の最も興味深い分野として、若い、力のある人たちがこの分野を開拓し、言語接触の研究に大いに貢献してほしいと願っている。

今日のトゥバの研究者でモンゴル語にくわしい人は少ない。モンゴル国境に近い南部にはモンゴル語を話す家庭もあって、私はそこを訪問してみた。見事なハルハ語を話す一家で、書架には現代モンゴル作家の作品がいくつも並んでいた。かなり教養のある家庭と見えた。トゥバの公式統計にはモンゴル語人口は表われていないが、全人口の二パーセントはいると推定される。

トゥバはもともとモンゴルと一体だったから、モンゴルにもトゥバ語人口がある。統計には約一万八千人と記されている。モンゴルのトゥバ人は、多くはソヨートと呼ばれるトナカイ遊牧民である。公式にはウリヤンハイ人と呼ばれている。その一人で、ドイツ語で書くことを得意とするガルサン・チナグ（トゥバ語ではシュヌクバイ・ジュルク＝ウバー）の名をあげておかねばならない。モンゴルには完ぺきにドイツ語を話せる人が人口の一パーセントに達するが、ガルサン・チナグはその一人である。かれは東ドイツのライプツィヒ大学でドイツ文学を学んだ。かれを引き受けて教育したのは、私のよく知っている、ライプツィヒ大学のエリカ・タウベ教授である。彼女はもともとテュルク学者でモンゴル学者だから、トゥバ語にもくわしい。ガルサン・チナグは一九九二年に、そのドイツ語作品によってシャミッソー賞を受けた。かれの代表作『うたの終わり』は、一九九五年、今泉文子さんの訳で『草原情歌』と題して、文藝春秋社から刊行された。モンゴルにおけるトゥバ族の苦難の生活を描写した極めて重要な作品である。

外国に知られたトゥバ人の活動として、ここに忘れずに記しておきたいのは、黒沢明の『デルス・ウザーラ』の主役を演じたマクシム・ムンヅクである。一九九三年、私がトゥバに行ったとき、ムンヅクは八十歳を出たくらいの年齢で、絶えず冗談をとばしている人気者だった。

さてここで再びトゥバという名にもどろう。この名は一九二一年になって、トゥバをモンゴルから切り離すために発明されたというような説明をしておいたが、唐代の史書に、「都波」、「都播」などと出ているのが、今日のトゥバの祖先に当たるとする説がある。かれらの風習として『新唐書』が記すところはこうである。「草を結んで廬をつくり、家畜はなく、農耕を知らない。…人が死ぬと、これを木のひつにいれて山中に置き、あるいは樹木にかける」(『騎馬民族史2』平凡社刊東洋文庫)。つまり、唐代には純粋に狩猟民族で樹上葬を行っていた。

しかし、これが今日のトゥバの直接の祖先であるかどうかは確かでない。それよりも、二〇世紀のトゥバにより直接結びつくのは、一八六一年にこの一帯をくわしく調査して、厖大な言語資料を収集したV・V・ラードロフの証言である。いわく、「西部モンゴルに住んでいるタタールをモンゴル人はウランハイと呼び…ロシア人はサヤンツィ、アルタイ人とアバカン・タタールはソヨンと呼んでいる。…これらタタール自身は自らをトゥバ（Tuba）と総称している（W. Radloff, Aus Sibirien. *Lose Blätter aus meinem Tagebüche.* Erster Band, Leipzig 1884, 217-218)。

ラードロフの集めたテュルク諸語の口碑テキストは驚くべき豊かなものである。かれは一九世紀中頃、ベルリンとハレで学んだ、おそるべき博学なテュルク学者で、シベリア、アルタイ地方を徹底的に調査した。

ラードロフを引くことによって、私はトゥバという名の正当性を根拠づけるとともに、現代のキリル表記で発音するよりも、その方がいいと考えてそれにこだわる。理由は、現代のキリル表記は音韻体系に沿ったものではなく、音声ヴァリアントを記しただけだからである。これについては、岩波文庫の解説に述べておいたのでくり返さない。

私はトゥバという国の存在を知ってから半世紀後に、たてつづけに三回も訪問した。最初は一九九三年であった。八月五日、ウラン・ウデから二十人くらいを乗せた、小さなヤク四〇に乗って、一時間でイルクーツクに着き、さらに一時間飛んで首都のクズルに着いた。だが、このせっかくの機会を十分に役立てることはできなかった。八月一五日には、もうウラン・ウデにもどらなければならなかった。とはいえ ТНИИЯЛИ（トゥバ言語・

文学・歴史学術研究所）の人たちと親しく知りあい、南部エルジン地方のモンゴル語地域に行くことができた。第二回目は翌年八月一一日にウラン・ウデからクズルに入り、八月一九日にモスクワを経てドイツに行った。このとき招かれたのは一三〜一五日の建国記念祭のさまざまな催しに出席するためだった。

翌一九九五年四月にはトゥバ大統領府顧問官バガイオール氏を招いて、東京大学、一橋大学、京都大学、比較法史学会でそれぞれ講演していただいた。最後の講演はとりわけ重要なものだった。トゥバ共和国とロシア連邦との法的な関係がくわしく論じられたからである。それを以下に記しておこう。

トゥバの現行憲法は、他の諸共和国の憲法と比較すると、目立った特徴をもっている。すなわちその第一条は「トゥバ共和国は、ロシア連邦を構成する、主権民主国家であり、民族自決権と、トゥバ共和国全人民投票によりロシア連邦を脱退する権利を有する」と規定している。このような規定をもつのは、他にはチェチェン共和国のみであろう。ところがロシア連邦憲法には、連邦からの脱退権、民族自決権の規定がない。このことは、連邦憲法がソビエト憲法よりさらに後退したものであることを示しているから、連邦憲法を認めるわけにはいかないというのが、バガイオール氏のみならず、トゥバの大統領をはじめ、閣僚の意見だというのである。トゥバは一九九三年の国民投票によって、自らのトゥバ憲法は承認したが、ロシア連邦憲法は承認しなかったのである。

トゥバのこの戦闘性はロシア連邦の中できわだっている。そのモスクワに対する強硬な態度は、武器に訴えない点を除いてはチェチェンと少しも変わらない。

大統領のオールジャク氏は私が訪ねた当時、四十四歳の若さだった。モンゴルから自動車で国境を越えて入ってきたという、手を使わずに口と足だけで絵を描く若い娘が、ある人のアパートで芸を披露しているところに、突然見物に入ってきたのが大統領だった。かれに寄せる民衆の親愛の情はおさえがたいものに見えた。

閣僚の執務室に入ったところ、ある一人が引出しの中から多数の切手シートを持ち出してきて、大事にとってあるんだ、もしかして独立するかもしれないからねと言った。どこまでが冗談かほんとかわからない楽しい人たちだ。

最近はトゥバにいく若い学徒が増えてきた。ほとんど毎年そこに行って、トゥバ語の文法を書いている大阪外語［現大阪大学］の学生を知っている。終わりに、日本語で読める重要な文献を一つあげておこう。L・ジャムサラン「トゥバ共和国」（何俊山訳、中京大学大学院社会学研究科院生論集、第四号、二〇〇五年三月）。

（『ユーラシア研究』2005年11月号No.33　ユーラシア研究所編　東洋書店）
原題「知られざるユーラシア12　トゥバ共和国——ロシアとモンゴルの間で」

カルムイク

ロシア連邦にはモンゴル系民族の名を冠した二つの共和国がある。一つはブリヤート共和国で、もう一つがカルムィク共和国である。カルムィク人はヴォルガの右岸、すなわちヨーロッパに住む唯一のモンゴル族であるから、ヨーロッパのモンゴル研究はカルムィクからはじまったのである。カルムィク語とその文化の研究に最初に手をそめたのはドイツ人であり、たいていはロシア政府から委託をうけていた。たとえばベルリン生まれのペーター・ジモン・パラスはエカテリーナ二世の依頼でロシアに招かれ、すでに一七六八年から六九年にかけてカルムィクのもとに滞在している。一七七三年、シベリア旅行の帰途にふたたびカルムィクの調査を行い、これらにもとづいて書かれた『モンゴル諸族についての歴史情報集』（一七七六―一八〇二年サンクト・ペテルブルク刊）は、多数の図版を入れた、カルムィク研究にとって不可欠の文献で、ドイツ語でしか読めない稀覯（きこう）書であるが、一九八〇年オーストリアのグラーツで復刻されて便利になった。

いま一つは、リガ出身のベニヤミン・ベルグマンの『一八〇二―一八〇三年のカルムィク人のもとでの遊牧的放浪』（一八〇四―一八〇五年リガ刊）は英雄叙事詩や仏教伝説などのドイツ語訳を含む実に驚くべき著作である。パラスの刺激を受けて書かれたこの浩瀚（こうかん）な著作は、ありがたいことに一九六九年にオランダのオーステルハウトで復刻された。そして、次にカルムィク、モンゴル研究がロシア語で行われるきっかけを作ったのは、アムステルダム生まれのI・J・シュミットである。かれの著した『モンゴル・ドイツ・ロシア語辞典』（一八三一年サンクト・ペテルブルク刊）はヨーロッパ語による最初のモンゴル語辞典で、帝室科学アカデミーが刊行した。

カルムィクはなぜこのようにロシア人の注目を受けたかと言えば、モンゴル人とその仏教研究、したがってチベット研究への入口である（シュミットは一八三九年に『チベット語文法』も出している）のみならず、軍事力としてのカルムィク族の利用という、実用目的もあったからだ。

騎馬にすぐれたカルムィク人は、とりわけ一八一二年のナポレオン軍のモスクワ侵入に際しても果敢な戦闘ぶりを示して注目された。参加したのはスタヴロポリとアストラハンの二つのカルムィク連隊で、かれらは騎乗して、最も原始的な弓矢でナポレオン軍にたち向かった。のみならず、エルベ河とライン河を越えてナポレオン軍を追い、ついにパリの占領にも加わり、三年を経て故郷に帰還したと記録されている。

では、このヨーロッパのカルムィク人は、いったいどこからやって来たのかと言えば、今日の中国、新疆ウイグル自治区からである。もっと詳しく言うと、北をアルタイ山脈、南を天山山脈でかこまれたジュンガル盆地がかれらの故土であった。そしてこのジュンガル盆地にはオイラトと総称される西モンゴル諸族が牧していた。一六二八年、オイラトのうちトルグート部族がジュンガルをあとにして西に動き出し、一六三〇年にはヴォルガの下流域に達した。その数五万家族というから、家畜を連れた二十万人を超える大移動でその距離は三千キロメートルを超える。これは、遊牧民の移住というものがどのような規模であるかを教えてくれ、またその頃ヨーロッパでは、ルーベンスやヴァン・ダイクがせっせと絵を描いていた時代だと考えると、じつに不思議な思いがするのである。この移動の原因は部族間の内紛であったとされる。

トルグートの住みついたヴォルガ下流の両岸は砂まじりのあまりいい牧草地ではなかったので、ロシアはかれらの入植を歓迎し、また武勇の民として利用した。ところがトルグート族にとっては、ロシアの軍事組織に組み入れられ、また正教に改宗させようとの圧力が加わるにつれて、次第に居心地が悪くなってきた。それにかれらは、中国の清朝とまったく連絡がきれて孤立していたわけではない。トルグートの部族長アヨキは清朝に使者を送り、清朝もまた使節を送って連絡をとりあっていた。清朝の使節団の中にはトゥリシェンという満州族の役人が加わっていて、三年間にわたるシベリア経由の大旅行を満州語で記した『異域録』はトルグートのみならず当時のロシアについてのめずらしい記録であり、ありがたいことにその翻訳は平凡社の「東洋文庫」に加えられている。

さてこうした清朝とのつながりもあって、一七七一年、トルグート族は当時の族長ウバシの指揮のもとに、ふたたびジュンガルの故土にもどるという一大壮挙を決行した。ドイツ人、ウクライナ人たちの入植がすすんで、ますます住みづらくなってきたからである。ラマ僧の予言を参考に、一七七一年一月に開始された移動ではまず左岸は首尾よく出発したが、右岸がヴォルガを渡ろうとしたとき結氷は割れて、右岸の一万一千家族はそのまま残ってしまった。全トルグート族の三分の一ほどにあたるこの人たちは、ロシアでカルムィクと呼ばれるようになった。この呼称を「残る」という意味のトルコ語の kalmak で説明する説がある。

出発したトルグート族は、かれらを逃がすなという女帝の命令を受けたカザークやキルギスの攻撃で十万人が死に、残りの七万人がやっとのことで、イリにたどりついた。乾隆帝はその労苦をねぎらって厚く遇したと言われる。

このトルグートの帰還は今日もなお、中国ではめでたいこととして記念されている。一九九二年、私は、中国政府がオイラト帰還二百年を祝って催した新疆ウイグル自治区での

「オイラト史学術討論会」に参加した。その時私が受けとった記念メダルにはウバシの像が刻まれていた。

帰還して天山に住むオイラト族は、今でもオイラト語、すなわちカルムィク語を話しているだけでなく、トド文字で印刷した新聞すらも発行している。「トド」とは、「トドルハイ」、すなわち「はっきりした」という意味であり、子音の清濁の区別、ある種の母音の区別を示すことのできない伝統的なモンゴル文字に手を加え、モンゴル語の音韻体系をより明瞭に反映するよう工夫してある。一六四八年にこれを発明したのは、ザヤ・パンディタという学僧で、かれは二十二年間、チベットで学問を積み（宮脇淳子『最後の遊牧帝国――ジューンガル部の興亡』講談社）、サンスクリット語でいうパンディトの学位を得た大学者であった。革命前、このトド文字もしくはカルムィク文字で福音書や、プーシキンの詩が印刷された。その後カルムィク語はラテン化され、さらにキリルで書かれて今日に至っているが、今では子どもたちにできるだけトド文字に慣れさせようという試みもある。

さて、ヴォルガに居残ったカルムィク族の歴史は、これだけですでに充分波瀾に富んだものであるが、カルムィクをくり返し襲う悲劇は決してそこにとどまらない。いな、二〇世紀においてカルムィク族を襲った悲劇こそが、かれらの最も重要な歴史を作っているのである。

十月革命の後、カルムィクはソビエト自治区となり、三五年には自治共和国に格上げされた。その地位は安泰であると思われていたが、第二次大戦は予想もつかぬ不幸をもたらした。すなわち、一九四二年、沿ヴォルガの一帯はドイツ軍の占領下に入り、カルムィク共和国の領土の大部分もそこに含まれた。ソビエト体制からの解放を求めてドイツ軍と立派にたたかったとされているが、他方では、ソビエト体制からの解放を求めてドイツ軍に協力したものもあったという風評もある。ここで注目されるのは、当時ソ連を代表するモンゴル学者ニコライ・ポッペが、粛清の手が迫ってくることに気づいて、カルムィク語調査を口実にドイツ軍の占領下に入り、そのままドイツを経てアメリカに亡命したという話だ。ポッペは自伝の中でそのことはぼかして書いているが、ドイツ軍にソビエト体制からの解放を期待する気持ちが、少数民族の中に全くなかったとは言いきれない。そのような民族とはクリミア・タタール、カラチャイ、バルカル、チェチェン、イングシと、それにカルムィクである。

事実はどうであれ、ドイツ軍がスターリングラードで敗退したあと、その占領下に入ったカルムィク共和国にソビエト軍懲罰隊が入った。カルムィク人を根こそぎそこから運び出そうというこの作戦は「ウルスィ」作戦と呼ばれた。ウルスはモンゴル語で「国」をさすことばであって、この場合はカルムィク人の集落を指していた。一九四三年一二月二八日にそれは実行に移された。女、子ども、老人を含む約十万人のカルムィク人は、わずかの身の廻り品だけを持つことが許され、貨車に乗せられて、シベリアやアルタイ地方にばらまかれた。そして、首都のエリスタは完全に破壊され、地図の上からも民族統計表からもカルムィクの名は抹消された。

カルムィク民族への懲罰は、カルムィクの将兵にも加えられた。一九四四年初頭、カルムィク人だけが前線から呼びもどされ、ウラルの強制収容所に入れられて懲罰労働に従事させられた。その数は三千人であった。そのありさまは、日本の軍事捕虜がシベリアや中央アジアで受けた待遇とほとんど同じだと私に語った人がいる。

一九五三年のスターリン没後五年たって、カルムィク人の名誉は回復されて、もとの共和国の土地に帰還することが許された。ソビエト連邦崩壊後、カルムィクはロシア連邦の共和国となり、今日に至っている。

一九九三年春の初の大統領選挙で、三十一歳のキルサン・イリュムジーノフが選ばれ、今もひき続きその地位にある。一九九六年のカルムィク訪問のさい、私は大統領に会ってみないかとすすめられた。その日は五月九日の対独戦勝記念の日であったから、私は折り悪しく少しビールを飲んでいた。キルサンは閣僚であれ誰であれ、執務中に酒を口にしたものは即刻くびにするというくらい、酒には厳しい人だと聞いていた。だから、キルサンとは日本語で話してみろと、同席した文化大臣がすすめてくれたけれども、飲んだひけ目でかれの日本語のテストをする勇気はなく、カルムィクなまりをつけたモンゴル語で話をした。キルサンはかつてモスクワの日本商社につとめていたことがあり、日本語もよくできるという評判だったが、こういうわけでそれをたしかめられなかったのである。

キルサンは寺や祈禱所を建て、そしてダライ・ラマを招くなどして、仏教の回復につとめている。またロシア正教の高位の人を呼ぶなどして、できそうなことは何でもやる。自身もFIDE（国際チェス連盟）の会長だか副会長を引きうけていて、政庁の屋上には国旗と並べて連盟旗がはためいている。訪れた学校の生徒たちの机はチェスの盤のようなあいになっていて、幼いチェスのチャンピオンを作り出そうという魂胆のようだ。つまりきびしい財政状態をのり越えて、カルムィク共和国を世界に知らせようと、あらゆる可能なことを試みているものと見えた。

カルムィク共和国の人口は約三十万人で、五十パーセントをカルムィク人が占める。基幹民族の比率としては、ブリヤート［共和国］が二十五パーセントであるのと比較して、決して低くはない。そのことはロシア人をはじめ、外来の民族には住みにくい自然条件だからと説明する人がいる。子どもたちをモスクワの中央で成功させるために、ロシア語の学力をつけさせるのは当然ながら、カルムィク語をも使えるようにしようという教師たちの熱意は涙ぐましいほどである。

しかし、カルムィク語の現行正字法には相当問題があり、シンポジウムに招かれる度に、私はかならずその問題をとりあげる。カルムィク語は、モンゴルや内モンゴルのことばと充分通じるほど近いにもかかわらず、その正書法は異様に母音を節約した奇妙なものである。たとえば「カルムィク・プラウダ」という新聞の名は、モンゴル語で書くとХалимаг Үнэн だが、カルムィク語では Хальмг Үнн だ。このような正書法のへだたりは、ただでさえ少数であるモンゴル語の力を弱めるものだと、二〇〇二年の講演で訴えた。講演が終わった後、ある人が、じつはこういう改革案があるんだと言って、新正字法のぶ厚い、二〇〇〇年発行の辞書を見せてくれた。そこで提案されている正書法は、私の考えているのに大変近いものであったが、何故か陽の目を見ないうちに回収されてしまったという。私にはその理由がわかっているけれども、ここで中途半端に述べることはしない。

カルムィクについては『世界民族事典』〔弘文堂〕、『ロシアを知る事典』〔平凡社〕、『世界民族問題事典』〔平凡社〕などに型どおりの記述があるが、ここでは主に、それらがふれていないことがらについて述べた。

（『ユーラシア研究』２００６年５月号No.34　ユーラシア研究所編　東洋書店）
原題「知られざるユーラシア13　カルムィク」

第四部 チベット、カザフスタン、キルギズ

チベットと日露戦争

「西蔵」と漢字書きにされるこの国にかぶせられる形容は、昔から「秘境」であり、今日もなお秘境であることに変わりはない。私どもが河口慧海（えかい）などの冒険的旅行記から得たチベットに関する知識は、中国軍がもたらした「解放」後の変化によって、大きく改めねばならないと言われている。けわしい山岳地帯をものともせずに貫いて走る自動車道路が、中国本土にかたく結びつけ、急速に近代化、民主化を進めているにちがいない。しかし中国軍による解放はそこを、水ももらさぬ「管理による」外国人立ち入り禁止区域とすることによって、新しい近代的秘境を生んだのである。

チベットは中華人民共和国の不可分の一地方であると、くり返し中国当局が声明しているように、チベットは自らの意志で独自に外国と交渉をもつことはできないのであるから、それを「国」などと呼んだら、中国当局から「内政干渉」と叱られるであろう。国家間でよく取り交わされる「内政不干渉」の原則ほど、国家主義的イデオロギーをむき出しにしているものはない。あれは国家首脳部どうしの闇取り引きである。

こんな話題を持ち出したわけは、私はある民族やその土地を秘境に仕立てあげるいっさいのたくらみを粉砕したいと思うからである。日本でさえヨーロッパの人にとって、今なお秘境であることをうぬぼれやの日本人は先ず思い起こした方がよいのである。チベット人はいつでも、望んで自らを秘境にしているのではない。それを己れの専有物にして、他国を寄せつけたくない第三者のエゴイズムが秘境にしているのである。

少数民族にとっては、自己の存在が世界に知られているということ自体が、すでに大きな財産なのである。大国は、多かれ少なかれ、その主要民族によって、国内の少数民族の顔をひっ込ませる役割を帯びている。

秘境とされるチベットは、すでに七、八世紀の頃からインドの影響で高度な文明に達していた。しかし、そのことはともかく、一九世紀末から二〇世紀の初頭にかけて、世界史の動きの中に密接に組み込まれ、激動にさらされていた当時のできごとを、ここで述べてみたい。

清朝支配下のチベットの膠着状態が解けるきざしは、列強の圧力による、清朝勢力の後退であった。東の海港から清朝を脅かしていたイギリスは、次にはインドを足がかりに北上し、チベットに軍事行動を試みた。清との間に結ばれた不平等条約によって、チベットはイギリスの新たな市場拡大の対象となった。

イギリスの独走を阻む有力な勢力として登場してきたのは帝政ロシアであった。欧米諸国の中で、ロシアは早くから内陸仏教徒に着目しており、シベリアのブリヤート族、南ロシアのカルムィク族という二つのモンゴル系仏教徒との交渉を通じて、深い研究と経験の蓄積をもっていた。とりわけブリヤートの高僧には、エカテリーナ女帝の時代から、チベットで修業した者も知られている。

イギリスがチベットに手を伸ばしたとき、ロシアのために一肌ぬいだことで忘れられない人物に、ブリヤート生まれのアグワン・ドルジーエフという高僧があった。その故郷はバイカル湖の東側で、十九歳にしてラサへ行って仏教学を身につけ、ダライ・ラマの側近の一人となった。イギリスの圧迫が強まる中で、頼れる第三の勢力を求めていたダライに、ロシアの存在を示唆したのはドルジーエフであった。かれは、ダライの親書を携えて、チベットとロシアとの間を何度も往復した。清の官憲を避けて選んだルートの一つは、インドに抜けて、カルカッタ―長崎―ウラジオという海路を用い、シベリア経由でペテルブルクに向かうという大まわりであった。帰りは、ニコライ二世の親書と金時計の贈り物をもち、外モンゴルのクーロン（現ウランバートル）経由で、名にしおう崑崙（こんろん）越えの難路であった。

この黒幕の名が、世界の耳目をあつめたのは、ヤングハズバンド指揮下の英軍がラサを占領したときである。ダライはすでにドルジーエフに助けられて、クーロンに落ちのびていた。時あたかも日露戦争のさなかで、ロシアは、チベットのことなどにかまけていられなかったはずであるが、露帝の勅命を受けたポコチロフ公使は、クーロンにダライを訪問して、その労苦をねぎらった。

その頃日本は日英同盟を結び、極東にロシアの軍事力を釘づけにして、イギリスのチベット侵略を助けていた。東本願寺籍の仏僧で、日本の先駆的チベット学者・寺本婉雅(てらもとえんが)が、逃亡したダライのあとを追ってチベットに向かったのはこのような状況のもとであった。最近[一九七四年]出版されたその『蔵蒙旅日記』[(芙蓉書房)]によれば、一九〇六年九月の項で、西寧(シーニン)の名刹クンブン寺において、「先年達頼喇嘛ヲ使嗾シテ引出シ、西蔵[チベット]事変ヲ醸成セシ張本人タルガーワン堪布ノ弟子」という「露領ボリヤタ喇嘛」の来訪を受けたことを記している。この頃チベットに滞在していたドイツ人W・フィルヒナーの記録から推測すると、このブリヤート人とは、かれの案内役をつとめたツェレンピルという、ドルジーエフの片腕だったらしい。また寺本は一九〇八年一一月には、北京でドルジーエフその人の訪問を受けている。いわく「ボリヤタ蒙古人ガーワン堪布」は「歳五十四歳、丈中脊ニシテ顔面広柔、頭顱亦大ナリ。ボリヤタ蒙古人トシテハ判断力ニ富ミ、策画スルニ堪ヘタリ」とある(ドルジーエフは、チベットの独立に、ロシアのほか、日本の力をも求めていたふしがある）。その翌日寺本は、すぐさま英国少佐オコナーに面会し、ロシアの動きとしてドルジーエフに関する情報を伝えているところから見ると、寺本は単なる学僧ではなかった。

さて、辛亥革命によって清朝は崩壊した。外モンゴルはすぐさま独立を宣言し、その報にいたく感動したチベットもそれに続いた。しかし、外モンゴルは幾多の曲折を経て遂に独立を全うしたが、チベットは中国の地方にとどまったのである。

（『歴史読本』１９７４年９月号　人物往来社）

真実の歴史まず理解を

――チベット問題を考える

チベット人が自治・独立を求め続けているという。要求の正当性とその歴史的な淵源がどこに由来するのかを問うても、かれらには自分の歴史を自由に書くことが許されない。そこで、多くの点で歴史の運命を共有しながらも、遂に独立を手に入れたモンゴル国の歴史認識をかりて、チベット問題を考えてみよう。

それによればこうだ。一九一一年、辛亥革命によって、三百年近く続いた満州族の清帝国は崩壊した。その支配下にあった漢、モンゴル、チベット、回族はひとしく解放されて、［中国と］対等の立場になった。言い換えれば漢族が支配を主張する理由もなくなったのである。そこで外モンゴル（現モンゴル国）とチベットは、それぞれ独立宣言を発するとともに、一九一三年には、互いに独立を確認しあい、友好条約を結んだ。その根拠には、「仏教という信仰を同じくする」ことがあった。

外モンゴルは、その後、中国軍の侵攻によって、独立宣言を取り消し、次には独立を再興してくれたソ連の支配が続いた後、苦難の歴史を経て一九九一年、ついにソ連邦の崩壊によって、真のゆるぎない独立を達成したのである。

チベット仏教は、一六世紀に内モンゴルに入って深く根をおろした。観音菩薩の化身とされる第三代の活仏を迎えたモンゴル人は、その海のように広く深い徳に打たれて、モンゴル語で「海」を指す「ダライ」の称号を贈った。

仏教はさらに北上してロシア・バイカル湖東岸のモンゴル人のもと（現ブリヤート共和国）に到達し、ここに仏教圏の最北端をしるした。僧院が十一、僧侶が百五十人を数えるに至った一七四一年、女帝エリザヴェータ・ペトロヴナが仏教を公認したことによって、この教えはロシアにも確かな地歩を築いたのである。

ロシアにはもう一つの有力な仏教共和国があり、その国旗にも白い蓮の花を配している。ヴォルガ下流の西岸側、つまりヨーロッパの一角に位置するカルムィク共和国がそれであって、仏教圏の最西端をなしている。かれらは故土である、中国・天山のふもとの地を捨て、仏教をたずさえて一六三〇年この地に移住したのである。

第二次大戦中、かれらはドイツ軍の占領下に入ったためナチ協力者とされ、全住民は根こそぎシベリアやウラル地方に移住させられるなど苛酷な制裁を受けた。ブリヤート人もまた一九三〇年代に、多くは「日本の手先」というお決まりの罪状のもとに、数千の知識人と僧侶を失った。

ソ連崩壊後、ソビエト時代に破壊された寺院は修復され、新たに作られた仏像を開眼するために、一九九一年、現ダライ・ラマ一四世が招かれ各地で法要をいとなんだ。ちょうど、エリザヴェータ女帝の仏教公認から二百五十年目にあたっていた。こうした迫害を生きのびたモンゴル諸族が、チベットの運命に心痛めないはずはないのである。

深く深く傷ついたチベットの人びとに、私たちは今、アジアの友人として、何をしてあげられるだろうか。支配者の都合からではない、真実の歴史を明らかにし、それを知ることである。民族の独立がいかに大切であるかは朝青龍や白鵬の例を見ればわかる。モンゴルの独立がなく、いまだに中国の一部であったら、あのような名力士は生まれ得なかったであろうから。

（朝日新聞夕刊　２００８年４月19日）

チベット動乱が明らかにするもの

今日、大国と呼ばれている国のほとんどすべてが他民族を征服・支配することによって生まれた多民族国家たることを避けられない。その歴史的代表例である帝政ロシアや清朝帝国が近代国家の新しい構築をめざそうとすれば、そのための説得的な原理を内外に示さなければならない。ソビエト連邦の場合には、それを「民族自決権」として世界に誇示したのである。

民族自決権とは、Selbstbestimmungsrecht der Völker（ゼルプストベシュティムングスレヒト デア フェルカー）というドイツ語の訳語であり、その本質は「それぞれの民族は、自らの政治的・国家的形態を自由に選ぶ権利を有する」というところにある。

一九世紀中葉のオーストリア・ハンガリー帝国で、マルクス主義者も加わって争われたさかんな議論の中から生まれてきたこの概念を、二〇世紀はじめ、ロシアのマルクス主義者たちが学びとり、ソビエト連邦という形で実現したのである。レーニンはごまかしなく、きっぱりとした表現で次のように述べている。

民族の自決とは、ある民族が、他民族の集合体から国家的に分離することを意味しており、独立の民族国家を形成することを意味している（「民族自決権について」一九一四年。傍点は田中）。

このようにして、民族自決によって独立国となった国々が、それぞれ自由な意志にもとづいて同盟を形成したときに連邦となる。

万事について、ソ連邦をモデルにしてきた中国共産党は、ある段階では、革命達成後に連邦制をとることを念頭に置いていた。ところが一九五七年に周恩来が、中国は「ソ連と同様の民族共和国の方法をとり入れることはむつかしい」と述べて以来、「民族自決権」を話題にすることは、もはや反国家的態度と見なされるまでになった。

なぜ連邦制は中国に適さないのか、周によれば、民族の分布が入り組み、雑居状態にあるからだと説明している。しかし中国だけが特別複雑な状態にあるというのは理由にならない。とりわけ今回問題になったチベットは、世界的に見てもエスニックなコンパクトネスと純粋性がひときわ高度に保たれている地域である。その自然条件が異族を寄せつけないからである。

周の見解を内モンゴル自治区の状況にてらして考えてみよう。その人口を約三千万人として、そのうち本来のモンゴル人はわずか十パーセントを占めるにとどまり、あとは、地下資源開発と工業化のために、その十倍にもおよぶ漢族の移入によって生じた「雑居状態」にほかならない。今日内モンゴル草原を訪れる人は、牧地を奪って建てられた工場から吐き出される黒煙で空がおおわれているのを見て失望するであろう。そこから伝統的な遊牧生活は駆逐され、急速に自然破壊が進んでいるからである。これはもちろん、内モンゴル人の望むところではない。

チベットの開発は、内モンゴルに比べればはるかに「遅れて」いる。それでも鉄道が開通し、漢族の経済的領有の深まりによって、回復不能の自然破壊は、地球の他のどこにも比べがたいほどに、劇的に進められている。

チベットをおおった仏教は、単なる信仰にとどまらず、特有の傷つきやすい自然と人間が共有していくためにも機能している。そこで話されている言語もまた、こうした環境と不可分の関係で維持されていることは、本誌第八号でも、言語学者たちが多角的に論じたところである。このような理解から、さきの周恩来の発言にある「まだ開発されていない少数民族地域は、漢民族の援助がなければ単独で発展することは不可能である」という立場を考えてみることは極めて有用である。チベット人は決して、漢族の軍隊の「援助」のもとで、そのような「発展」を望んではいないからである。

今日の中国の民族問題を考えるための歴史上の出発点は、一九一一年の辛亥革命である。この時清朝は崩れ去り、等しく清朝の支配から解放されたモンゴルとチベットは、それぞれに独立宣言を発し、一九一三年には、たがいに仏教を共有することにより、連帯して独立を固めることを約束した。その仏教とは、一六世紀、第三代ダライ・ラマの時代に、内モンゴルのアルタン・ハーンが深く帰依し、ハーンその人の孫から第四代が転生したというほどの深い縁で結ばれている。

かなりの部分がモンゴル語に翻訳されているとはいえ、今日モンゴルの僧院で読まれている仏典はすべてチベット語であり、この言語は、ちょうどヨーロッパ世界におけるラテン語のような役割をはたしている。その民衆の間への浸透度がどのくらいのものか、横綱朝青龍の名を見ればわかる。かれの名ダグワドルジは、ダグワ（名声ある）とドルジェー（金剛、ダイアモンド）という二つのチベット語をつらねて作られたものだ。

話をもとにもどそう。「民族自決の権利」を否定した中国としては、理論的に「民族」の概念そのものを否定するか改造する必要が生じてきた。この国を支配するのが共産党である以上、支配の原理が理論的に正当化されなければならないからである。

そこで一九八〇年頃から民族学者、費孝通によって「多元一体の中華民族」という理論が創られてきた。それは、公的に認定された五十六の民族が収斂して、いまや、チベット族だのモンゴル族だのの区別のない単一の中華民族が形成されたとするものである。

私は即座に一九七七年のソ連邦最後の憲法を思い出す。その前文で、「人間の新しい歴史的共同体——ソビエト人（ナロード）——が形成された」と高らかにうたわれたことを。真実をかくし込んだこのむなしいことばは、その後二十数年を経てソ連邦とともに滅んだのである。

このソビエト人、あるいはソビエト民族が中華民族といかによく似ているであろうか。とりわけ実体を欠いている点において。

単一の中華民族であり得るためには、この名に含まれるすべての民族が自らの言語を捨て、中華民族文字である漢字で書かれた一民族の言語をあまねく共有することが前提となる。

ここで、ふだんあまり気づかれない一つのことを指摘しておきたい。中華民族とされる漢族以外の諸族は、その長期にわたる密接な交流の歴史にもかかわらず、自らの言語を表記するために一度たりとも漢字を採用したことはなく、本能的ともいえる防衛反応によって、漢字を拒否し、それぞれに自前の文字を作り出したことである。

一九・二〇世紀の民族自決は、もっぱら政治的局面としてとらえられていた。しかし二一世紀のチベット人が明らかにしたことは、民族自決とは、民族エコロジーの自決にほかならないということである。私たちは今後、そのうごきを文明の問題としても注視していきたい。

(『myb』2008年7月号　みやび出版)

原題「特集:揺れる中国　チベット動乱が明らかにするもの」

《講演録》

民族と自由

――モンゴルとチベット――

みなさん、こんばんは。この会はチベットの学習会なんですけれども、私の専門はモンゴル学です。モンゴルとチベットは仏教を共有する、共に仏教国であるという点で切っても切れない関係にある。そして、モンゴルの文化の基本的な部分を作ったのはチベット仏教、つまりチベット文化であるということをまず、お話ししておきたい。このみなさんのお手元に配られている「チベット仏教のモンゴル地域へのひろがり」についてです。〝ひろまり〟と言ったほうがいいかもしれません。どうしてモンゴルにチベット仏教がまっすぐしみ込んでいったかと言いますと、両方とも清朝、清帝国の領土の一部だったからです。一九一一年の辛亥革命によって、清朝が崩壊したチャンスを利用してモンゴルは独立を宣言し、何度もそれを否定されながらも、苦難のすえにやっと達成しました。これは大変重要なことで、今、中華人民共和国のお札を見ますと、五つの言語で「中国人民銀行」と書いてあります。一つは漢字、他の四つはチベット語、モンゴル語、ウイグル語、チワン語で書いてあります。これは中国を代表するとされる五つの「大きな」民族を示しており、それが清朝のもとに一つの帝国を造っていた。その中で、漢族を除けばモンゴル族の一部である外モンゴルだけが独立に成功しました。

この辛亥革命というのは一九一一年ですから、来年は二〇一一年つまり辛亥革命から百年目になります。一世紀。大変なことなんですね。清朝すなわち満洲帝国が崩れて、漢族の支配する世界になっていた。そして漢族以外の四つの民族の中で、自分の独立した政府を持つことができたのはモンゴル族だけなんですけどね。一九一一年、この辛亥革命が起きた年にモンゴル族は待ち構えていたようにすぐに独立宣言をしました。そのモンゴルは内モンゴルと外モンゴルに分かれていて、実際に独立できたのは外モンゴルだけでした。けれども、中華民国の軍隊がすぐにやってきて、武力でもって独立宣言を取り消させてしまう。それから次にはロシアがやってくる。結局はソビエト軍の力を借りて、外モンゴルはソビエト軍の力を後ろ盾にして、一九二一年に外モンゴルだけが最終的に独立をします。これは中国大陸の歴史の上で注目すべき出来事だったんです。チベットは独立できませんでした。そして今のような状態が続いている。新疆ウイグル自治区も独立できませんでした。絶え間なく独立の動きが湧いて出るように現れてくるんですが、その都度芽を摘まれてついに中国の一部にとどまっています。それで昔の外モンゴル、今言うところのモンゴル国は日本と一九七二年に国交を樹立し、そして大使館も日本にあります。成田からは、夏には毎週三便も直行便、定期便が飛んでいます。国際的に見ますと、内陸アジアの中でこういう国はあまりありません。関西空港からも夏は飛んでいるし、そして今、モンゴル国と一番密接な関係にあるのが、韓国のソウルです。ここは毎日モンゴルの飛行機が飛んでいる。こういうふうな状態になったのはすべて、今から九十九年前に起きた辛亥革命がきっかけでした。もっともその後はずっとソビエトの衛星国、あるいは一種の従属国のような形で続いてきたんですが、ソビエト政権が壊れた一九九一年にソビエトからも離れて、ついに独立を果たしました。

独立するとどういう良いことがあるかって言いますと、その土地の富が異民族に吸いあげられるのではなくて、自分のものになるということです。この間モンゴルから帰ってきたばっかりなんですけれども、東の方、満洲の国境に近いノモンハン戦争のあった辺りでは石油がたくさん出るらしいということで、中国の会社がやってきてボコボコ穴を掘って、石油を試掘しています。それからもう一つは、今脚光を浴びているレアアースです。僕らが中学高校のときには稀なる土と書いて、稀土類（希土類）と言っていた。今朝の新聞を読みましたら、日本のどこかの会社がモンゴルと契約して、もちろん中国の会社がたくさん入って希土類を探していますけれども、今日本もそこに入って希土類の調査をしています。モンゴルの国土の面積は日本の四倍で、人口は三百万人に届きません。日本のちょっとした一つの町ぐらいの人口が日本の四倍の面積の領土を持っていて、そこで採れた石油、石炭、それから鉱物資源は外国に売れば全部自分達の収入になります。他の民族に奪われることはありません。

内外モンゴル

独立モンゴルとほぼ同じ面積を持っている中国の内モンゴルは、外モンゴルと一緒になって独立したかったんですけれども、スターリンと毛沢東の話し合いで合体させないことにした。つまり、二つのモンゴルをソ連と中国で山分けをしたような状態になってしまった。その後一九九二年ソビエト連邦が潰れたおかげで、モンゴル人民共和国、つまり外モンゴルは本当の独立国になれた。今度こそ本当の独立です。国連にも入っている。自分の財産は自分のものになる。しかし、内モンゴルのほうは依然中国にとどまったままです。外モンゴル、つまり独立モンゴル国と同じぐらいの面積がありますけれども、人口は二千万をもう超えています。独立モンゴルの人口が三百万弱。同じ面積の内モンゴルは面積は同じですけど人口は二千万以上です。で、モンゴル人がそんなにたくさんいるはずはありません。二千万のうちのモンゴル人は二十パーセントにも及ばない。八十パーセントは漢族が入りこんで、石炭を掘る。さらに羊を飼っている遊牧民のモンゴル人を追い出して、そこを囲いこんで農地にしたり、工場を建てたりするのです。つまり、内モンゴルの人達は自分達の土地であるにもかかわらず、その土地から出たものはみんな漢族に取られてしまっているというありさまです。

このように、民族が独立しているかしていないかの一番見事なコントラストは、内モンゴルと外モンゴルを見ればよく分かる。ですから、今の新疆ウイグル自治区もたくさん石油も石炭も出る、充分に独立できるところです。チベットはどうでしょうか。おそらく人間にとって非常に住みにくい海抜三千メートル、空気の薄い高原です。

僕は名古屋の中京大学というところで五年ぐらい前まで勤めていました。中京大学というのはスポーツを売り物にしていまして、浅田真央さんとかですね、あの人達のために立派なスケートリンクがキャンパスの中にできています。そこに青海省のチベット族の女性が留学して博士論文を書きました。その博士論文は、高度三千メートル、四千メートルの悪条件で激しい運動をやるとどういう影響が身体に及ぶかということを研究したものです。たしかに、四千メートルの高地に住んでいる人がオリンピックに出て、低いところに住んでいる人と対等に競うには特別な技術がいるのだということはよくわかりますね。

チベットにはおそらく鉱物資源が、その気になればたくさん見つかりそうです。で、チベットの人達のためにいまのところは鉱物が他の人達に取られないように、なるべく開発が進まないように僕は願っているんです。

ロシアの例をあげます。東シベリアのずっと奥地の方に、この地上で一番寒いところとして、ヴェルホヤンスクという名前が出てきます。マイナス六十四度だったか、そんな数字が理科の教科書にのっています。そんなところでも馬も飼っていて、馬乳酒も作るそうです。牛乳をどういうふうにして売るかというと、ふつうは何リットルとかの単位で売るんですけれども、そこでは溝に流して凍らせて、三十センチとか六十センチとか、物差しで測って長さで牛乳を売るということです。このヴェルホヤンスクのあるヤクート共和国、いまはサハ共和国と言いますが、ダイヤモンドの産出では世界で一、二位の豊かなところです。ソ連が崩壊した直後一九九二、九三年ごろ、［東京の］五反田にこのロシア連邦ヤクート共和国の代表部ができました。大使館じゃないけれども、独立国でないから。そしてヤクート共和国の通商代表部ができました。朝日新聞で読んだのですが、なかなか感じの良い、元気そうな若いお兄さんが二人そこの代表部に勤めていた。それは何をやっているかというと、そのヤクートで出たダイヤモンドを日本に売る。ソ連で出るダイヤモンドの九十パーセント以上がこのヤクートから出ていたんです。だからソ連がつぶれたとき、ヤクート人は大喜びしたんですね。これからはダイヤモンドだけで食べていける。しかしその後、新聞のニュースを注意していましたら、ソ連邦の連邦構成共和国で出た産物は外国と直接取引することはならないという法律が出たんです、これはプーチンになってからでしょうね。必ずモスクワを通して外国に輸出しなければならないというんで、ヤクート人の財産はまたもや全部ロシアのものになってしまった。まあ、こういう例がありますす。ある国が、独立するためには、独立していくための経済を維持することがもっともその国にとって大切なことです。政治的な独立だけではなく経済的な独立ができないとどうしようもありません。ところで、二週間ぐらい前にヤクートから日本に来ていた三十歳ぐらいの女性がヤクートに帰るというので送別会をやりました。「ヤクートはお金持ちになったんでしょうね。五反田にもヤクートの共和国代表部があるんでしょう?」と言ったら、「もうダイヤモンドがないから、五反田のような土地の高いところに代表部を持って維持することはできないんで、あそこは全部やめて引き揚げてしまいました」と、こういう話でした。

ブリヤート

モンゴルは独立する前から、チベット仏教が盛んに行われておりました。もっと積極的な言い方をしますと。そもそも独立できたのは、ジェプツンダンバ・ホトクトという活仏への信仰と、その政治的権威とがあったからです。しかしソビエト支配下では仏教は否定されていました。いまはチベット仏教がよみがえってきて、盛んになっています。で、モンゴルが仏教国だということはよく知られていますが、実はロシアの中には二つの有力な仏教国があるんです。一つは、モンゴルと地続きの、すぐその北に連なるバイカル湖周辺のブリヤート共和国です。ブリヤートっていうのはブリヤート民族の名前なんですが、元来はブリヤート＝モンゴル族と言ったんです。で、ずっとブリヤート＝モンゴル自治共和国と呼ばれていたんです。話がさかのぼりますが、一九五八年ですね、一九五八年っていうのはまだソビエト体制にがっちり押さえられていた時代で、ソビエト共産党の決定によりブリヤート＝モンゴルという名前、民族名からモンゴルを削り取るということが決まったわけです。つまり、それからはブリヤート＝モンゴル語と言っていた言語の呼び名もモンゴルを削り取って、単にブリヤート語、ブリヤート民族というふうに変えられました。これによってブリヤート族はモンゴル族ではない、ブリヤートという全く別の民族の名前だということを党が決定したんですね。ブリヤートに行ったらモンゴル語で話してちゃんと通じるんです。通じるんだけれども、別の言語だということにすることによって、モンゴルから切り離したわけですね。これが一九五八年の決定です。こうした圧力を受けながらも、ブリヤートにもモンゴルと同じようにチベット仏教が大変熱心な信者達の運動によって芽吹いていています。方々にラマ教の寺院が建てられていて、たくさんの人がお参りしています。

それから、ロシアのもうひとつの仏教国がロシアのヨーロッパ部にあります。これも本当に知られていないことなんですけれども、場所はどこかと言いますと、カスピ海にヴォルガ河が注ぐ下流にあります。ヨーロッパとアジアの地理的な境界はどこかというと、ウラル山脈とヴォルガ河を結ぶ線だと教科書で習いましたね。だからヴォルガ河のヨーロッパ側にカルムィク共和国っていうのがあるんです。ここはソビエト時代にチェチェンなどと共に悲惨な運命をたどった場所です。

カルムィク

ここでチベット仏教圏の全般的なイメージを浮かべていただきましょう。チベット、それから［その北に］青海省があって、内外モンゴル、そのすぐ北に連なってロシア領になっているけれど、バイカル湖のそばにブリヤート、これらの地域は全部仏教が広まったところです。だからチベット仏教地帯というのは切れ目なく、ずっとシベリアにまで繋がっている。非常に広大な面積と領域にわたってチベット仏教が普及しました。ところがこのカルムィクというところだけは、何千キロも離れています。かれらはもとは中国、天山山脈のふもと新疆省にいたのですが、一斉に移住したのが一六三〇年です。多分二十万人ぐらいが何カ月もかかって、このヴォルガの下流まで山を越え砂漠を越えして、そこまで三千キロぐらいあるでしょうかね。地図を見てください。おそるべき距離を移動しました。しかし、日本人にとっては気が遠くなるような話ですけれども、遊牧民は簡単な家を畳んで車に載せて移動します。そうして食糧はどうかって言いますと、皆歩いて行きます。家畜が食糧ですからね、乳と肉と、それから衣服を与えてくれるのも毛皮ですから、衣食は全部自分で歩いて行ってくれるのが遊牧民の生活ですね。それで、家畜を動かす原料などのガソリンは要りません。草さえ生えていれば、自分で動いて行って、その動いて行くのは食べ物そのものです。そして忘れてならないのはお坊さんも一緒に行った。仏さんも運んで行ったのです。

しかしカルムィク族はロシアでの生活が不満になると今度は一七七一年ですから、百四十年後にまた中国に戻ってきたんですね。そのときはエカテリーナ二世女帝の時代でですね、彼らを帰らせないために中国への途中に住んでいたカザフ族やキルギス族を使って、その行く手を阻むんですね。で、かなりの部分が殺されてしまった。あのバルハシ湖とかああいう湖も、殺されたカルムィク族の血で染まったというぐらい悲惨な長旅をやって、天山に戻ったんです。この戻った人達の住んでいるところが天山山脈にあります。僕はそこにも招かれて行ったことがあります。ちゃんとモンゴル語を使っています。住んでいるところはまるでスイスの高原のように花がいっぱいに咲いた実に美しいところ。で、いかに困難な旅をしながら中国へ戻って行ったかということについて、いくつも小説が書かれていまして、フランス人とイギリス人の作家がこの大移動について小説を書いています。ところがこのとき、一緒に中国に帰ろうとしたんですが、ヴォルガ河の氷が割れたために渡れなくなって右岸すなわち、ヨーロッパ側に残った人たちがカルムィクと呼ばれたのです。

カルムィクは一八一二年ナポレオンがモスクワに攻め入ったとき、弓と矢で戦ったことで勇名をはせました。かれらはナポレオン軍を追撃してパリに入城しました。そして、そのままパリに居着いてしまったカルムィク人もいたと伝えられています。

モンゴル圏への仏教伝播——内外モンゴル

ま、それよりももっと話さなければならないことがあります。それは、そもそもどういうふうにしてモンゴル地帯に仏教が広まっていったかです。まずチベットから内モンゴルと外モンゴルに仏教が伝わったのは、トゥメットのアルタン・ハーンの時代、一六世紀後半ですね。トゥメットは今のちょうど内モンゴルのフフホト辺りですね。アルタンというのは黄金という意味です、黄金の王様。彼の時代にモンゴル族の統一がおおいに進みます。そのアルタン・ハーン、ソナム・ギャムツォ、モンゴルなまりではソナム・ジャムツォという活仏に青海省で出会う。そのときアルタン・ハーンは大変畏れ敬って「ダライ・ラマ」という名前を奉ったんですね。「ダライ・ラマ」という名は実はチベット語ではなくてモンゴル語なんです。このことはよく分かっておいてください。ダフイというのはモンゴル語で海のことです。海のように大きい、偉大なという、そういう気持ちで呼んだと言われています。そして、「ダライ・ラマ」という呼び名はこのソナム・ギャムツォのときから始まり、この活仏はダライ・ラマ三世となります。

その七年後になりますかね、アバダイ・ハーンという王様がカラコルムと呼ばれマルコポーロの旅行記にも出てくる一三世紀のモンゴルの首都に「エルデニ・ジョー」というお寺を造ったんです。ウランバートルから西南に二百キロぐらい。飛行機でも行けます。古代都市というようなものは、特に草原の場合は建築の礎石になる石を集めるのが非常に難しいものですから、それ以前にあった建物の廃墟の礎石や石を建築資材として利用して、まぁ廃物利用をしてですね、そして新たに今度はラマ教、チベット仏教のお寺を建てました。「エルデニ・ジョー」のエルデニはモンゴル語で宝という意味ですけれども、元はサンスクリット語ですね。「ラトナ」というサンスクリット語をモンゴル語風に訛ってエルデニ。ジョーは寺院ですね。今日では多くの観光客が訪れる場所です。モンゴルに建てられた最初のチベット仏教の寺院ということになります。

このアバダイ・ハーンのひ孫からダライ・ラマ四世が出ます。こうしてダライ・ラマ四世はモンゴルの王様の血筋から転生した。つまりアバダイ・ハーンというチンギス・ハーンの血の繋がっている王様のひ孫にダライ・ラマ四世が転生したということになる。たいへんなことです。そして、では、いま全モンゴル地域の仏教の中心はどこかと言いますと今日ウランバートルと呼ばれているモンゴルの首都でありまして、これはもともとラマ教のお寺のあったところです。ジェプツンダンバ・ホトクトという活仏のいる宮殿、寺院が今のウランバートルの発祥の地、起源地です。で、ロシア人はウランバートルのことを昔「ウルガ」と言っていました。これはウルグーというモンゴル語、宮殿という意味ですけれども、宮殿と言っても固定建築ではなく、たくさんの車を連ねて、その上に今日で言うところのゲルですね、巨大なゲルを載せて宮殿自体をいつでも動く、動く宮殿にしちゃったんです。ウルグーの置かれたところをロシア人はウルガと呼び、モンゴル人はクレーという。つまりは寺院の敷地、寺院の場所ですね。敷地を呼ぶクレーというのが漢字で写されて庫倫となり、日本人はクーロン（庫倫）と言うようになった。

それで、この内外モンゴルの、内モンゴル、外モンゴルという区別はいつできたかということのために、一六九七年と年表に出しておきました。ハルハ部、つまり今の外モンゴルにあたる部分が清朝に服属、従属します。だから内モンゴルよりも遅れて、外モンゴルのほうが清朝の一部になった。こういう背景から内モンゴル、外モンゴルの区別ができたのです。さて、ちょっと急ぎましょう。

モンゴル圏への仏教伝播——二 ブリヤート

次が肝心のブリヤートです。昨日、寒いブリヤートから電話がかかってきました。「雪が降っているよ、零下二十度だ」って。バイカル湖はもう完全に凍っていて、バイカル湖というのは北の端から南の端までそこを高速船で走りますと十一時間ぐらいかかります。水面をわたる風は真夏でもかなりつめたい。その距離は六百五十キロですから東京—大阪の距離にあたります。このバイカル湖、深さはよく言われるように世界で一番透明度が高く、千六百メートルぐらい。世界で最大の真水の水を湛える湖でありまして、琵琶湖の四十七倍の大きさです。ここはブリヤート人の土地です。ブリヤート人が住んでいるのはバイカル湖の両岸ですが、東側だけが仏教圏です。ここに仏教を導入したのは外モンゴルの仏教徒です。モンゴルからバイカル湖のほとりまで逃げて行った中に、モンゴル人が百人、チベット人が五十人。これが全部お坊さんだったという記録がある。つまり亡命お坊さんが亡命お坊さんの寺院を建てたというのが始まりです。その後、急速に寺院の数が増えてきます。

一七四一年、エリザヴェータ・ペトロヴナ女帝、つまりペテルブルクを開いたピョートル大帝の娘にあたる人です。この人が初めて「ブリヤートに仏教がありますよ」って、仏教を公的に認めたんです。これは大変重要なことです。しかし、「ただでは認めないぞ」でありまして、お坊さんの認定権をこの女王様が握っている。だから坊さんの数も制限している。寺院の数も制限している。しかしとにかくこれでチベット仏教はロシアの公認の宗教になった。で、ソビエトが崩壊したのが一九九一年です。ブリヤートでは一斉にソビエト時代に破壊された寺院が復活し始めました。ものすごい大きな寺院がありますよ。ソビエト映画史に残る『アジアの嵐』(一九二八年制作)のロケーションはこの寺でやったのです。一九九一年、ソ連崩壊直後に僕はその寺院に行ってみたんですけれども、ソビエト軍の兵舎になってましてね、軍が引き揚げたあとは牛小屋になっていました。牛小屋と言いますか、牛がそこで寝そべって昼寝をする場所になっていました。今はどんどん手を入れて直しているようですけど。

さてこの一九九一年にソ連が崩壊した、多分この年だと思います。ダライ・ラマ一四世がこのブリヤートに行きました。そうして、新しく修復されたダツァンの仏像の前で法要をいとなみました。仏像の多くはマイダリ、サンスクリット語で言えばマイトレーヤですね、弥勒信仰の国ですから。それに魂を入れるためにダライ・ラマ一四世がそこに行かれた訳です。何回も行っておられます。モンゴルに行ったついでにブリヤートにも足をのばします。すぐ北ですからね。

ここに、物々しく、持ってきたのですが、どなたか手伝ってください。（旗を見せる）ブリヤート＝モンゴルがどういうふうにソビエト時代から仏教に戻ったかという歴史の過程を示すのは、ブリヤートのこの国旗です。（旗を広げる）これはまだ…、これも大変珍しいものです。

向こうの博物館にもないかもしれません。どうして珍しいかって言いますと、槌と鎌のソビエトのマークがある、星もあります。下に、ロシア語でまずブリヤート共和国と書いてある。ブリヤート自治共和国じゃなくて共和国になった。ソ連が崩壊後です。その下に「ブリヤーダイＳＳＲ」とブリヤート語で書いてあります。そしてこれが、なぜソ連が崩壊したことを表しているかって言うと、皆さんから向かって左の端にある蒼い色ですね、これはモンゴルの象徴です。チンギス・ハーンの祖先が蒼き空から降ってきた灰色の狼。この蒼色つまりブリヤートはモンゴル族ではないからと禁じられてきた色を国旗の中に入れて、ソ連の崩壊を祝った。この旗はしかし一年も続かなかったと思います。続かなかったんじゃなくて、最終的にこの槌と鎌を追放した旗が次にできます。それを次にお見せし

ます。（次の旗を広げる）

赤色が追い出されてから、多分一年後にこの旗に取り変わりました。

これは今のブリヤートの首都ウラン・ウデの政庁舎の上にロシア連邦の国旗と共に翻っている旗です。左の方のマークはモンゴル国が今使っているのと同じマークです。チンギス・ハーン時代からのモンゴル族の象徴のソヨンボ、一番上が三つに分かれた炎、下が太陽と月です。そして、この蒼い色が天井に来ました。次にこの黄色はラマ教の黄色です。つまり仏教国だということを国旗の上で明らかに宣言した。これがブリヤートの旗です。で、一九九一年から後、実にドラマチックにブリヤートの人達が仏教と自分の民族の独立ということを何とか表現しようとして、いろんな形にしています。国旗は一番目につきます。もっともっと大事なことがあるのですけれども。まぁ、国旗の話で収めておきましょう。

モンゴル圏への仏教伝播――三　カルムィク

ソビエト崩壊後、中国からも三千キロも離れたヨーロッパの仏教国、モンゴル系の仏教国、カルムィク共和国にも同じような変化が起きました。これはちょっと、変わった国でしてね、政庁舎の上にロシアの国旗とカルムィクの国旗と、もうひとつ面白い旗、国際チェス連盟の連盟旗が並んでひるがえっているんです。それで、チェスを国技に育てようという若い大統領、最初は三十代だったイリュムジーノフが大統領で、少し日本語も喋る人なんです。人口はたった三十万人ですけども。小学校に視察に行かされました。教室の机が全部チェスの碁盤になっています。徹底しています（笑）。それから国際会議などで外国人が泊まる宿舎というかホテルの一角があるんですけども、これもみんなチェスのようなデザインで造られているんですね。で、このイリュムジーノフは大統領になる前は日本の商社に勤めていたので、日本語もできるそうです。この人もさっさとダライ・ラマを招き、実に壮大なラマ教の寺院を建てました。それから彼はもう本当に全面外交で、ロシア正教の偉い人もやってくるし、キリスト教の人もやってくる、なんでもいらっしゃい。まあしかし、この首都の至るところにこの旗を飾ってラマ教寺院を建てています。ロシア人もお参りし、若い小僧さんにお金を渡し、占ってもらっていました。この旗は言うまでもなく、黄色いところは全面的にチベット仏教を表す。モンゴル語ではチベット仏教のことを「黄色の教え」と言いますから。真ん中の丸の中の色はモンゴル人のシンボルの天の空の蒼さですね。そして、その中は白い蓮の花です、白蓮です。徹底的にここは仏教にこだわった国旗をつくっています。しかしこのイリュムジーノフという大統領は、ものすごい独裁者でしてね、閣僚の中でちょっとでも酒の匂いを残して彼の執務室に入って来たら、すぐにクビだって言うんで。ちょうど僕が着いた日が五月の九日で、ソビエト軍がベルリンに入城してドイツに勝った日です。戦勝記念日をやってますから、酒を飲まない訳にいかないでしょう？　お祭りの場所に出て行って。みんなから酒を注がれて飲んでいた。そしたら、大統領があなたに会いたいと言ってる、でも酒はダメだよって。だから、彼に匂いがしないように口をつぐんでいたもんですから、ちょっと意地悪に日本語のテストをしてやろうと思っていたんですけども、そのチャンスを失ってしまいました。

最近のニュースですが、ソビエトが解体した直後は各共和国、民族共和国が二十一ありましたけれど皆住民の選挙で大統領を選んでいた。しかし、プーチンになってから、選挙権を奪いロシアの大統領の任命制にした。恐ろしい人ですよ、プーチンになってからね。それまでは、エリツィンはとっても評判の悪い人で、いつも酔っ払ってたというんで。でも、エリツィンはまだ伊東に行って、〝伊東ナントカ会談〟というのは酔っ払っていい気持ちになって、北方領土を還すとかなんとか上手いこと言ってたんですけどもね。だいたい酒を飲まない人は恐ろしいですね（笑）。それで、この面白い大統領イリュムジーノフもクビになっちゃったというのが新しいニュースです。ちなみに、ブリヤートの人口は百万人です。これも日本の面積よりもちょっと大きいぐらいです。百万人ですけれどもブリヤート人はこの中の二十パーセントぐらいしかいません。しかも、ブリヤート語が話せるのはその半分ぐらいもいないと思います。急速にロシア化が進んでいます。僕はブリヤートには毎年行って観察しています。言葉がいかに守られているかということをね。

カルムィク民族の歴史には、もっと悲劇的なことが起きました。第二次大戦中に散々な運命を味わった民族です。と言いますのは、一九四二年、年表が皆さんの手元にいっていますね。一九四二年にヴォルガ沿岸一帯がドイツ軍の占領下に入りました。そのヴォルガの中流にカルムィク共和国よりももうちょっと北の辺りにスターリングラードっていう、激しい戦闘で木がなぎ倒されて一本も残らなかったという激戦地があります。ここでドイツ軍は食い止められたのです。今はヴォルゴグラードという名前になってまして、ここに広島のお好み焼き屋が四軒ぐらいできているそうですね（笑）。ここの人はなぜか広島のお好み焼きのソースの味が好きなんだそうです。歌にも歌われているステンカラージンが荒し回ったのはあの辺りですね。

さて、それでこのカルムィク共和国が一九四二年にドイツ軍の支配下に入ったときに、一部のカルムィク人はドイツ軍に積極的に協力したらしい。ソビエトから解放されるために。同じようにドイツ人に協力したのは、今の、代表的なのはチェチェンですね。チェチェン、イングーシ、チェルケス、バルカール、それからクリミア・タタール。こういう民族はほとんど全てドイツ人の力でソ連から解放されたいと願ったに違いありません。最近出ているいろいろな本を読みますと、モスクワの手前に数十キロまでドイツ軍が迫った時に、モスクワの近所のロシア人は皆ドイツ軍が助けてくれると思ってですね、そこへ逃げ込んだという記録が出ています。ドイツ人が情け深く彼らを迎えればよかったんですけれども、また酷い虐殺をドイツ人もやりました。それで、人気がなくなってしまいましたね。

ドイツ軍が撤退した後一九四三年、何が起きたかって言いますと、カルムィク共和国にいるカルムィク人を全部捕まえて二、三日のうちにみんな貨車に乗せて、ウラルやシベリアの方に連れて行ってバラバラに、その辺にばら撒いたんですね。そして、エリスタっていう今の首都を戦車とブルドーザで壊して、人間がかつて住んでいたっていう跡を全部消してしまいました。カルムィク自治共和国という国の名前も、カルムィク人という民族の名前ももう無くなって、そのころ出たロシア語の、日本でも出ていますけれども、ロシア語の辞典にソビエトの地図がついてますよね、見返しのところにある地図から、カルムィク共和国っていう名前が消されました。今、チェチェンがあれほどしつこくテロをやったりして戦っているのはこういう過去があったからです。そのことを知らないで現状だけ見ていては、チェチェンがなぜあんなにしつこく闘うのかは理解できないでしょう。しかしカルムィク共和国はうまくやったんです。結局一九五六年、フルシチョフが第二十回共産党党大会で、スターリンのやったことを暴露しました。そのおかげで五七年にこのカルムィクは自治州として復活されて、そしていまも続いています。

今日のカルムィク共和国には中国の新疆省にいる、つまりこの年表を見ますと、一七七一年にロシアから出戻ってきたトルグート族の一部の人が、中国では自分達の民族の言語の教育を続けることができないというんで移住している人達がいます。僕はその中に大変親しい人がいまして、その人たちは大学で中国語やモンゴル語を教えたり、知的な仕事に携わっています。ちょっと行きにくいんですけれどね、カルムィク共和国は。モスクワからヴォルゴグラードまで飛行機が飛ぶと言っていてなかなか飛ばなかったり、そこから車でまたずいぶん長く乗らなければなりません。で、カルムィク共和国に行きますと、必ず見てほしいものは第一に貨車のモニュメントです。カルムィク人はこれにつめ込まれてシベリアやウラルの奥地に連れて行かれてバラバラに引き離された。かれらを家畜のように積んでいったという貨車ですね。それの二台か三台が公園に飾ってありまして、そこに人間の折り重なった大きなモニュメントがあります。そしてその近くに割と大きなフマ廟ができています。で、以上のようなことが、このチベット仏教がモンゴル人のもとに広まっていったその歴史といまの結果です。

ところで、この一〇月一三日にウランバートルで、ある特別な意味のある国際会議が催されまして、そこに何とか僕は出席することができました。実は次にお話しになる棚瀬［慈郎］先生［滋賀県立大学教授『ダライラマの外交官ドルジーエフ』（二〇〇九年、岩波書店）の著者］にも、ぜひそこに行ってほしいと言って推薦したんですけれども、不幸なことに出席できたのは日本人は僕だけでした。何がテーマになったかと言いますと、すでにお話ししたように一九一一年に辛亥革命が起きて、外モンゴルは独立宣言をします。漢族も満洲族の支配を破って独立をします。辛亥革命が起きた前後にはいろんなことが起きました。まずイギリスがチベットを狙ってヤングハズバンドの部隊がラサをめざしてやってきます。それでダライ・ラマはモンゴルに逃げたんですね。今のウランバートルです。とにかくモンゴルとチベットは仏教を通じて切り離せない関係の深い間柄でありまして、そのダライ・ラマがモンゴルに多分逃げている時だろうと思います。アグワン・ドルジーエフというブリヤートのラマが大活躍をしました。ラサで修業をして高い地位を得た高僧です。このドルジーエフという人は、ロシアがチベットに勢力を伸ばすためにロシアの、見方によっては手先になる。しかしその一方ではダライ・ラマにいろいろ進言をしてチベット独立のために利益を図って画策をした。このドルジーエフが画策しまして、これは年表に書いておかなかったけれど、一九一三年にチベットも独立宣言をします。モンゴルも独立宣言をします。そして相互に仏教を通じて将来独立を守るために連帯していこうっていう声明を発表し、相互援助の条約を結びます。このことは大変に意義深いことでありまして、その約束に従って独立を達成できたのは今モンゴルだけで、チベットにはこの願いはかなわなかったんです。で、モンゴルはもちろんチベットのことに大変心を痛めています。しかし政治的に手を出して、事態を動かすことはできません。ですから、この一九一三年のチベット、モンゴルの独立を互いに確認したその条約が結ばれた記念にっていうんで一〇月一三日を選んで催されたのが今回の国際会議でした。

そこで僕は何を報告したかって言いますと、皆さんにお配りした年表の後ろにドイツ語の本の一つのページがコピーしてあります。この本は、*Sturm über Asien,*『アジアの嵐』という一九二四年にあまりよく素性の分からないドイツ人が書いた本ですけれども、地磁気を研究している学者っていうことになっています。このフィルヒナー（Filchner）という人が書いた三百ページぐらいの本で、この中に登場する寺本婉雅という東本願寺のお坊さんについてです。大谷大学と京都帝国大学で日本では初めてチベット学とチベット語の授業を始めた人でもあるんです。で、次に棚瀬さんのお話に出ると思うけれども、スネリングという人がこのドルジーエフのことを書きましたけれども、スネリングはこの本のことをボロクソに言っています。全部ホラ話で作り話だと書いていますけれども、この本ですね、寺本婉雅について一章をあててたくさんこの人のことを書いています。寺本がたびたびブリヤートの僧と会ったと。おもしろいことにはドルジーエフのことも出てくるけれど、より頻繁に会っているのはツェレンピルっていうブリヤートのお坊さんということになっている。ここにあるのはシーニン（西寧）の有名なクムブム寺で二人が会っているところの絵ですね。ところで、このスネリングっていう人はね、僕はちょっとけしからんと思うんです。この本がデタラメだということを書いておきながら、寺本婉雅のことを全然書いていませんね。西洋人にはこういう学者が時々いるんです。全然日本のものを読んでくれない。それから特に漢字のあるものは、まあしょうがないんですね、読めない。だけど寺本婉雅の日記を読むと明らかにドルジーエフに会った、ドルジーエフのことがいろいろ書かれています。でもスネリングは全くこういうことを無視している。もう時間がきちゃったんで、この話は相当な尻切れトンボですけれども、まあ、あと半分ぐらい、特に今日は話しそびれてしまったトゥバについての美味しいご馳走が残っているんだという、ちょっと勿体をつけてこれで終わらせていただきます。ありがとうございました。

参考年表：チベット仏教のモンゴル地域へのひろがり

【内／外モンゴル】

一五七八　アルタン・ハーンがソナム・ギャムツォにダライ・ラマの名をおくる　⇓
ダライ・ラマⅢ世
一五八五　アバダイ・ハーン（一五五四―八八）がエルデニ・ジョー寺院を建立
一六三九　ザナバザル（一六三五―一七二三、ジェプツンダンバ・ホトクトー世）、ウ
ルガ（宮殿）を設ける
一六九七　ハルハ部、清朝に服属
【ブリヤート】
一七一二　モンゴルからザバイカルへの逃亡者の中にラマ僧ら、モンゴル人百人、チベ
ット人五十人
一七四一　エリザヴェータⅡ世　ロシアにおけるチベット仏教の公認
【カルムィク】
一六三〇　トルグート族のヴォルガ河畔への移住
一七七一　ヴォルガ左岸三万三千家族十二万人が清朝へ帰還を試みる
一九二〇　カルムィク自治州　⇓　一九三五　自治共和国
一九四二　ドイツ軍の占領下
一九四三　自治共和国解消

一九五七　自治州復活

【トゥバ】

一九二一　外モンゴルから独立してトゥバ人民共和国に

（『第10回チベットの歴史と文化学習会の記録』２０１０年11月　チベットの歴史と文化学習会）

【二〇一八年における書き足し】

二十年近くも前に、この講演会というよりは学習会で行った話でのぼくの主たる関心は何だったのだろうか。一つは、ソ連が作ったモンゴルという国の脱ソ化がどれだけ進んだかである。不可欠であったロシア語の知識が若年層からは次第に遠のき、今は大きく中国語に傾斜している。それから出稼ぎ用言語としての韓国語にも。外国語の知識の多様化は嬉しいけれども、ロシア語の知識が大きく後退するのはやはり残念ではある。それに対して、ブリヤートにおけるモンゴル語の回復はほとんど進んでいない。ここではロシア語化はもはや完ぺきの域に達している。

カザフスタンの文化活動家
――チョカン・ワリハーノフのこと――

一

早くから中央アジア、シベリアの諸民族と接触をもっていたロシアの東洋学は、単なるイスラム研究やチューゴク研究ではなく、ユーラシア大陸の非ヨーロッパ諸民族全体の研究という性格をもっていたといえる。チューゴク研究は他のヨーロッパ諸国からはややおくれて、一八世紀はじめからモンゴルを通って北京に派遣された伝道団によって道が開かれた。征服と伝道のこのふたつの動きはべつべつのものではなかった。たとえば沿バイカルのエベンキ人やブリヤート人征服のばあいにみられるように、ヤサク徴収による政治・経済的支配が、部族の首長をつうじてのギリシャ正教への改宗をともなっていた。

ロシア東洋学のはばをきわめて広いものにしているのは、ピョートル大帝時代にさかのぼるヨーロッパ諸国出身のすぐれた研究家の参加であり、なかには当時捕りょとしてシベリアにあって探険隊に加わったものもいた。スウェーデンの士官 Strahlenberg はこのような身分のひとりであったが、各地の諸民族の言語のいちじるしい類似から、いわゆるウラル語族とアルタイ語族という観念にはじめて到達した。[1]

ロシア東洋学がひときわ活気をおびてきた一九世紀に入ると、研究対象となっている諸地域の現存民族自体から研究者が生まれはじめている。進歩的な数学者ロバチェフスキーが学長であったころのカザン大学は当時の東洋学を代表する、はなばなしい時代をむかえていた。すなわち四〇年代にはすでにアラビア語、ペルシャ語、タタール語、トルコ語、モンゴル語、マンシュー語、チューゴク語、アルメニヤ語、サンスクリト語、チベット語の講座がそろっており、そのあるものは、これらの言語を母語とする各民族出身者を講師にむかえていた。[2]

これらの言語の研究は、民族自身の手でかかれた歴史文献への接近を容易にした。そのような文献研究の分野で注目された人に、カザン大学卒業生でブリヤート人のドルジ・バンザロフがある。かれはチンギス゠ハン石やミヌシンスク出土の碑子(パイズ)［元朝発行の国際通行証］の解説で、ロシアだけでなく、ヨーロッパの権威であったI. J. Schmidtの説を批判した。また一八五四年以降ペテルブルクに住み、アルタン・トプチのテクストを世に送ったガルサン・ゴンボエフも同じくブリヤート人であった。この時代はまた、デカブリストやペトラシェフスキー団員のシベリア流刑があり、これらロシアの進歩的思想の持主と流刑地の諸民族との交流という動きとも一致している。

このころカザフスタンで特異な研究活動をはじめていた若いキルギズ人のチョカン・ワリハーノフがいた。

二

Чокан Валиханов（一八三五—六五）についてはバルトリドの著書[3]にわずかにふれてあり、また地理学者、探険家としてのかれの側面については、ソビエト地理出版社から小冊子[4]が出されている。最近カザフ共和国で出版されたかれの選集[5]は、一九〇四年、Н. И. Веселовский の監修で出されたものに未刊の原稿、書簡を加え、既刊のものも原稿にもとづいて訂正してまとめたものである。カザフ共和国科学アカデミー出版の紀要類には、かれを単に調査・研究家としてだけでなく、キルギズ民族の利益をまもるために積極的に発言した啓蒙主義的な文化活動家としてとらえる試みが発表されている。このカザフ版選集でも監修者 А. Х. Маргулан は「チョカン・ワリハーノフの生涯と活動」という論文を巻頭において、この若くして世を去ったキルギズ人の一生を多角的にえがき出している。中央アジア併合の進行過程でワリハーノフの活動の意味を考えてみると、かずかずの興味ある事実に気がつく。

ワリハーノフは今日のカザフ共和国北西部、コクチェタフ地方の古いスルタンの家系にうまれた。父チンギスはロシアの教養ある人士と交友のある進取の気に富んだ人で、息子はまずカザフ人の私設学校に入れられた。ワリハーノフはそこでアラビア語、ペルシャ語等の東洋語を学び、チャガタイ文語の文献が読めるようになったという。スルタンの子は、жеті журтын тілін білу――七つの民族のことばを知ることが必要であるという伝統が、このときなお力をもっていたことは興味深い。その後、十二歳でオムスクのシベリア陸軍幼年学校に入学した。この学校は当時のシベリアでは最高教育機関のひとつであり、しかもその学生のあいだには、ペトラシェフスキー団や、ゲルツェン、ベリンスキーの思想の影響が強く滲透していたという。また、カザン大学東洋学部出身のすぐれた教師も、この学校の空気を常に新しいものとしていた。

Г. Н. Потанин との生涯を通じての友情は、この学校で同じく生徒であったときからはじまっており、幼いころからキルギズの英雄叙事詩を好んだワリハーノフの影響は、後のポターニンの研究ときりはなして考えることはできない。

ロシア文学を教えていたН. Ф. Костылецкийは、有名なトルコ語学者でペテルブルク大学の教授であったИ. Н. Березин の友であった。ワリハーノフが集めた何篇かのカザフの叙事詩は、かれを通じてベレジンに送られた。また、かれはベリンスキーの思想の宣伝家でもあった。このようにして、入学当時まで、殆んどロシア語を知らなかったワリハーノフは、またたく間にロシアのもっとも進歩的な思想に接するとともに、彼にとっては郷土研究にほかならない、中央アジア研究者としてのみちが開かれたのである。かれはまた、ロシア語を通じて西欧思想にもふれ、とりわけルソー、カーライル、ディケンズ、サッカレーを特に好んで読んだといわれる(6)。

一八五三年、十八歳で幼年学校を卒業してまもなくかれの調査旅行がはじまった。一八五四年のガスフォルト将軍の探険旅行にくわわり、中央カザフ、セミレチエ、タルバガタイなどの地方をめぐり、キルギズ人の歴史に深い関心をよせた。これらの民族の言語をよくした点で、従来の探険家の及ばなかった成果をえた。

このころ、オムスクはペトラシェフスキー事件政治犯の流刑地となり、ドストエフスキーもこの地に流されていた。オムスクに帰ったワリハーノフはかれと知りあっており、その友情はながく続いた。ドストエフスキーが、かれからどんな強い印象をえたかがその往復書簡からうかがわれる。

《研究をすてないでください。あなたは多くの材料をお持ちです。ステップのことを論文に書きなさい。あなたは将来を、ご自分の故郷にとって極度に有用であるようにおすごしになれます。たとえばステップとはどんなものか、ロシアにとってその意味とあなたの民族のことをロシアで解明することほど大きな目的、けだかい仕事がありましょうか。あなたは西欧的な教養を身につけた最初のキルギズ（カザフ）人だということを忘れないでください。運命はあなたをその上、卓越した人とし、あなたに魂と心をあたえました。くれぐれもおくれをとらないように。》

一八五六年には Хоментовский の組織した探険隊に加わり、セミレチエ、天山地方を П. П. Семенов-Тяншанский とともに旅した。セミョーノフがこの旅行に加わったことの意味は極めて大きく、この地方はロシア人の手によってはじめて科学的な記述をうけた。ワリハーノフはおそらくはセミョーノフを通じて Ritter や Humboldt の研究に接し（かれはドイツ語でもこれらの地理学書を読んでいたらしい）、ペテルブルクの知名人とも接触を得たのである。この三か月間の旅行は《Дневник поездки на Иссык-куль》にくわしく、このときすでにカラ・キルギズの叙事詩《マナス》に注目している（二五八ページ）。また、《Очерки Джунгарии》にみられる、フローラ、ファウナの記述から歴史的な考察に至るまでの全面的な研究は、この旅行のときの資料にもとづいているようだ。

この探険の後まもなく、かれはロシア政府からの公式訪問としてクルジャ（伊犁）に入り、ここに三か月滞在した。この旅行は《Западный край китайской империи и г. Кульджа》として記述されている。この旅行では、中国国境地帯の諸民族のありさま、わずかの間に徹底的にラマ廟を破壊し去った猛烈なイスラムの嵐などにふれている。公式の用務である中・ロ両政府間に通商関係を整えるという目的は達せられ、タルバガタイ条約のいとぐちを作り、クルジャとチュグチャクにロシア領事館開設の動機をなしたと評価されている。

このように見てゆくと、ワリハーノフの旅行は学術的な目的のほかに、ロシアからの公式用務をおびているばあいの多いことがわかる。この期の探険の特徴は、コーカンド、ヒワ、ブハラなどのハン国のロシアへの抵抗勢力がまだかなり残っており、それらに接近したところでは、しばしば軍隊に守られねば安全な調査、測量がおこなえなかったことである。軍隊は隊商を襲げきから守るために行動を共にすることもあった。これら軍事行動の対象となりかねない諸種族を平和的にロシアに帰順させたいという願いは、心ある人の多くが抱くものであった。

つづく一八五七年のアラタウのキルギズ人地帯への旅行は、ブグ族の首長にロシア政府からの贈物をとどけるという公式の用をもっていた。この旅行は、かれをカラ・キルギズ人の文化にさらに深く近づけ、いわゆるカラ・キルギズとカイサク・キルギズ（すなわちカザフ）とが歴史的にも文化的にも起源を異にするものであるとの考えを抱くようになり、この点で混乱していたフンボルトの説に疑いをもった。また、草原アジアのイリアドと呼ばれる《マナス》の、世界最初の採取およびそのロシア語訳にとりかかったのも、この旅行においてであった。

中央アジア諸民族の叙事文学は、言語のうえにくみたてられた、かれらの生活と文化を反映する巨大な構築物であり、神話、伝説、世界観、歴史などの網羅的、複合的統一体をなしている。ワリハーノフのキルギズ民族の歴史を再構成しようとする努力は、まずこれらの口碑・伝承の研究というてつづきにむかった。のちに歴史文献の資料により強化されるが、口碑・伝承の重視は特徴的である。一八世紀キルギズ草原におけるアバンチュリストの興亡、ジュンガリヤの歴史、シベリアよりセミレチエへのキルギズ人移住の問題など、中央アジア現住諸民族の起源と歴史についてかれが扱ったテーマは多面的であり、しかも古文献が語らない、したがって外国人の用いることのできない伝承にもとづく資料を豊富に用いている。かれが、書かれた資料と同等、あるいはそれ以上に口頭伝承の意味するところを重視していたことは、アンディジャン高原のキルギズ人起源問題の処理のしかたによく物語られている(7)。

ワリハーノフの生涯中で最も劇的な旅行は一八五八年秋からのカシュガル行きであり、前年の旅行も、この大旅行にそなえてのいわば予備調査のようなものであった。古くからヨーロッパとアジアをむすぶ内陸交通路の要地であり、天山北路、南路のかなめであるこの町についての報告はきわめてわずかで、それもすでに歴史資料的な意味をもつにすぎなくなっていた。すなわち、ヨーロッパ人にしてはじめてこの町の記録を残したのはマルコ・ポーロであり（一二七二年）、《住民は手工業と商業で生活し、うつくしい庭園とぶどう園、畑をもち、大量の木綿が栽培されている。ここから多数の商人が世界各地に行商にでかけている。[8]》と書いている。その後この地がヨーロッパ人に訪れられて記録されるには一六〇四年まで待たねばならなかった。その人はジェスィト教団団長であった、ポルトガル人の Benedict Goës であった。ゴエスの旅行により、ハンバリクと北京は同じものであり、カタイの国とはチナにほかならないことが明らかになったのであった。バルトリドは《一九世紀に至るまで、ゴエスの旅行は、盛んであった一三世紀および一四世紀と同じ程度にチューゴクの隊商路を再び利用しようとしたヨーロッパ人の企図中唯一のものであった》と評価している。[9]

この禁断の地に一六世紀になってやっとヨーロッパ人が足をふみ入れたのは Adolf Schlagintweit であったが、かれはまもなくこの地で消息を断ったため、この町は依然ヨーロッパ人から遠くへだてられていた。そのころ東トルキスタン一帯に回教徒の反乱が続発しており、ロシアにとっては、この国境に近い複雑な政治情勢にある地域のうごきを適確につかむことが必要であったし、一方ではシュラーギントワイトの安否をきづかう地理学者たちから、かれについてのたしかなニュースを手に入れるようにとの強い要望があった。このカシュガル行きの計画をたてたのは《天山の》セミョーノフなどであった。ワリハーノフこそが、この計画を実行するに最適任であるとされた。

ワリハーノフ一行はキルギズ人隊商をよそおって天山をこえ、ウイグル人、ドンガン人、キルギズ人などの清朝支配にたいするいわゆる回教反乱の報のみだれとぶ中を危険な旅をつづけた。この間のかれのくわしい日記はチューゴク領に入る直前、土中に埋められて難をまぬかれた。一行は無事にカシュガルに着いただけでなく、コーカンド・ハンの保護をうけ、翌年の春まで滞在した。かれはここでシュラーギントワイトの悲劇的な最後のくわしい事情を聞き出すことに成功した。カシュガル・ホジャ、ワリハン・チュレにより首きりの刑に処され、その首は人頭塚に積まれたのだった。この悲しい知らせは、ワリハーノフによってはじめてヨーロッパに伝えられた。

カシュガルでは、かれがその調査を熱望していたヤルカンドやホータンの南路諸都市を訪れることは許されず、ただヤンギヒサル（英吉沙爾）にとどまってそれらの地の情報をあつめた。帰路はナリン河沿いにイシク・クルに出て、四月にはアルマ・アタに着いた。このときの旅行の記録は《Описание пути в Кашгар и обратно в Алатавский округ》となっており、カシュガル滞在中に得た成果は《Описание Алтышара или Кашгарии》として、この地方の民族構成、政治組織と政治的地位などの考察がまとめられている。

チューゴク領トルキスタンについて最新のニュースをたずさえて帰ってきたかれは、ペテルブルクにアジア局の一員としてむかえられた。大学、地理学協会に寄与するところも少なくなかったが、とりわけ地図の作製と修正で多くのことをなした。《中央アジアと東トルキスタン》、《バルハシ湖とアラタウ山脈の間の地域》、《チューゴク帝国西部》などの地図を残し、種々の言語で書かれた古地図の研究をおこなった。またかれは大学の講義に出席して、歴史や文献について体系的な知識をえようと常につとめていた。このころのペテルブルクではチェルヌイシェフスキーやドブロリューボフの影響のもとに思想界は活発に動いており、ワリハーノフはそれらのグループの知識人とも知りあっていた。ロシア、従ってヨーロッパの学界にとっても、またワリハーノフ自身の思想形成のうえでも意義深いこのペテルブルクの生活はわずか二年間で打ちきられてしまった。一八六一年、ちょうど農奴解放令の出た年であった。

《この天才的なキルギズ人スルタンが書いた旅行記その他の著作物は、前途多望を思わせたが、ワリハーノフはすぐに文化生活から去って、自分が生まれた遊牧部落へ帰り、そこで死んだ。》

とバルトリドが述べているように[10]、生まれつきからだの丈夫な方ではない上に過労の末、ついに故郷で静養をすすめられるほどになった。

三

かれをむかえた故郷の草原社会は、相かわらずイスラムの権威と帝政ロシア植民政策による欺瞞と貧困と無知と官僚の専横の支配する暗い悲しむべき姿をさらしていたにちがいない。草原に帰ったワリハーノフが、そこで短い生涯を終えるまでの何年間かは、最後のとりでを守って絶望的に抵抗する弱小ハン国が、ロシア軍の容赦ない攻撃により最後的にくずれ去るときと一致している。すなわち、一八六〇年にはオレンブルク部隊とシベリア部隊がそれぞれの方面から攻撃を開始し、トルキスタンで合流した。一八六四年、ワリハーノフもその一員として加わっていた、チェルニャエフのひきいる遠征隊の南カザフスタンでの行動は、かれに致命的なショックとなった。流血の末、タシケントはロシア軍の手におち、ここにコーカンド・ハン国は壊滅したのである。その翌年かれはわずか三十歳で世を去っている。ロシアの進歩的思想に期待し、ロシア文化により回教支配を脱しようとのかれの願いは、この流血の征服により裏ぎられた。

故郷に帰ったワリハーノフが何を考えているかをくわしく知る資料は乏しいが、少なくとも一八六三年以後書いたと思われる、《О мусульманстве в степи》と、一八六四年の日付けのある《Записка о судебной реформе》の二篇が残されている。ヴェセロフスキーの版では検閲の目をまぬかれるため、いくらか語調をやわらげてある個所を、このカザフ版では、中央国立文学芸術文書局に保存されている原稿にもとづいて再構成してある。

ワリハーノフはロシア政府の側からの不徹底な誠意のない改革案を、これらの論文において、するどく批判している。しかもその批判は、キルギズ人の社会、歴史、文化にたいする深い学識の上にたっておこなわれている。

ロシア帝国内には人種的にも、また習慣、宗教の点でもいち様でない多数の民族が住んでいるので、ロシア人——定着生活をいとなむ民族の基準から割り出した観念や法律を他民族特に遊牧民におしつけてはならないと述べ、《改革は必然的な進歩の法則にもとづいているときはじめて成功する》(一九八ページ)と言う。強制による性急なキリスト教への改宗にたいしては、かれはカストレンのことばをかりて、オスチャークがオビ河流域に移ったのは、その豊富な魚にひかれたのではない。ロシアの宗教、ロシアの宣教師をおそれたのである、と言っている。《未開で素朴な人民の意見よりも、貧弱な統計資料の方をはるかに重視している》(二〇二ページ)ロシア政府当局の改革案は《特権階級であるイスラム聖職者の意見を入れるにとどまり、じぶんの要求するてだてを知らぬ一般人民の利益をそこなっている》と政府案に反論するため、かれはカザフの慣習法を二年間にわたって、研究した。

ロシア帝国内でもキルギズ民族(すなわち両キルギズ)は、ヨーロッパロシアに住むタタール族（バシキル、ノガイを含む）が分散しているのに反して、広大な一定の地域に集中して住んでいる点で、またその居住地域は中央アジアの交易活動に占める役割においても第一級の地位を占めていることを強調して、政府の方策に反省をうながしている。

ワリハーノフから百年を経た今日、カザフ民族もキルギズ民族もそれぞれ独立の共和国をもち、その固有の民族語による文化建設は量的にも質的にも無視できない成果を示しつつある。（一九六一・一・二〇記）

（注）

（1）Г. И. Рамстедт: *Введение в алтайское языкознание*. Москва, 1957 への Н. А. Баскаков の序文より。

（2）А. С. Шофман, Г. Ф. Шамов: *Восточный разряд Казазанского университета*. (*Очерки истории русского востоковедения* II, Москва, 1956)

（3）欧洲殊にロシヤにおける東洋研究史（外務省調査部訳）一九四二年。

（4）И. Забелин: *Чокан Валиханов. Москва*, 1956.

（5）Чокан Валиханов: *Избранные произведения*. Алма-Ата, 1958.

（6）Н. М. Ядринцев: Воспомининия о Ч. В. ЗРГО, т. XXIX. によると言う。

（7）キルギズ人起源もんだいについては、佐口透：キルギス民族学序説（「民族学研究」新二ノ一所収）が参考になる。
（8）青木富太郎氏の訳文による。
（9）前掲訳書一七二ページ。
（10）前掲訳書五二四ページ。

（『一橋研究』1961年第7号　一橋大学大学院学生会）

【二〇一八年における感慨】

このつたない学生のレポートにすぎないような一篇をここに収めるにはためらいもあった。しかし、これはぼくが大学院生となってはじめて書いた、二十七歳のときの論文として、そのつたなさを記念するためにあえて残すことにした。しかし、当時としては効果は絶大だった。カザフ共和国科学アカデミーは、日本ではじめてワリハーノフについて書かれた論文であると紹介した。それ以来、アルヘイ・マルグラン氏と文通がはじまった。

——このような思い出の一篇である。

カザフ人の過去と未来

──民族の歴史構造を解読する──

中央アジアおよびカザフスタン

日本や欧米には、「中央アジア五カ国」といういいかたがあって、そこでは、カザフスタン、キルギスタン、ウズベキスタン、タジキスタン、トルクメニスタンをひとまとめにしてあつかわれる。

しかし、この地域に隣接し、ついにはそこを領有して、数百年の歴史的なかかわりをもってきたロシアでは、帝政時代、封建時代を通じて、「中央アジアおよびカザフスタン」といういいかたをしてきた。カザフスタンは中央アジアの一部ではなく、そこで、ひとつの独立した世界とみなされている。

カザフスタンが、なぜこのように別格のとりあつかいがなされているのかを考えることは、その特質を知るうえで有益だろうと思われる。

まずそのずば抜けて広大な面積である。いわゆる「中央アジア五カ国」全体の面積が、大ざっぱにいって四百万平方キロあり、そのうち、カザフスタンだけで二百七十一万七千三百平方キロを占め、他の四カ国をあわせた、せまい意味での中央アジアの面積百二十八万平方キロの倍以上にあたる。

さらに文化の面からみると、カザフスタンはその南に連なり、オアシスに拠ってヒヴァ、ブハラ、サマルカンドなどの都市を発展させ、はるかに強くペルシャ文明の影響を受けた中央アジアにくらべると、ほとんど、そこは平坦な草原の連なる典型的なステップ遊牧文化の世界である。

ロシアは中央アジアの農産物、とくに綿花に魅力を感じていた。しかしそこに到達するためには、あいだにたちはだかっている、南北二千キロも幅のある、広大なカザフの草原地帯をつき抜けなければならなかった。それは、中央アジアとのあいだにたちはだかる、荒々しい別世界だったのである。

そこでロシアはまず一八五三年にカザフスタンのアク・メチェト（のちのクズル・オルダ）を、五四年には小村であったアルマトゥ（ソ連時代はアルマ・アタ）を押さえてヴェールヌイ要塞を築いたうえでないと、中央アジアには進めなかったのである。こうしてやっと、ブハラ（一八六八年）、ヒヴァ（七三年）、コーカンド（七八年）の各ハン（汗）国を相次いで制圧し、中央アジアを支配下に置いたのである。

ひとつの連続した一大遊牧圏

カザフスタンは、ユーラシア大陸のほぼ中央部に位置し、東の端は天山山脈やアルタイ山脈の峻険な山岳地帯となっており、そこから西へ、延々とつづく平坦な草原地帯を経てカスピ海に達する。すると、ヴォルガはすぐ近くである。この東西の距離は三千キロにも達する。

東の山岳地帯やジュンガル盆地は、カザフスタンの境界をしるすものではなく、むしろ、さらにその東方の牧地につなげていく、ひとつの連続した一大遊牧圏をなしていた。清朝とロシアが、相互のあいだで分割して、そこに国境を設けるまでは、カザフ人は、何者にも阻まれることなく、自由に行き来していたのである。

カザフ草原の北は、そのままシベリアにつづいている。この草原を通じて、かずかずのトルコ系、モンゴル系の語族が南下して、カザフ人の民族形成に参与した。

カザフ民族は、どのような民族が核になって形成されたのかを確定的にいうには、あまりにも複雑である。さまざまな遊牧集団があったなかで、有力なものは、紀元前七〜六世紀ごろの主役であったサカ族で、これは、ヘロドトスのいうスキタイにあたるものとされている。その言語はイラン系であった。ほかに有力なものにウソン（烏孫）があって、その言語はトルコ語とするのが有力な説である。

その後、トルコ系のカルルク、オグーズ、キプチャク、その他の語族が優勢となり、それらを統合して、一〇世紀にはカラハン朝が成立した。

カラハン朝の言語は、基本的にはトルコ語であった。ところが一二世紀には東からカラ・キタイ（黒契丹、西遼）が侵入して王朝をたてたのち、ナイマンが襲ってこれを滅ぼす。ところが一三世紀になると、強力なモンゴル軍が征服して、キプチャク・ハン国をたてる。

このようないくつもの民族が入れかわる激しい政治的な転変にもかかわらず、全域にひろがったトルコ語の土台はびくともせず、侵入者のモンゴル語も、結果は、基層をなすトルコ語のなかに吸収され、同化されてしまった。しかし、カザフ語のなかにはかなりの量のモンゴル語の語彙が加わって、一時は、トルコ・モンゴル複合的な文化が成立した。

このようにして、中央アジアとカザフスタンの全域がトルコ語の地域になった。したがって、ここは文化的にはトルキスタン、すなわちペルシャ語では、「トルコ語が話されるトルコ人の国」とよばれるようになった。

トルキスタンという文化空間

ここでは、あらためて、このトルコ語ということばの説明をしておかなければならない。ふつう「トルコ語」というと、トルコ共和国の国語になっている言語だけを指すが、もともとトルコ語の発祥地は、はるか東の、バイカル周辺から、その南のモンゴル高原にかけてのひろい一帯であったと考えられている。この言語は、その後、南に西へとひろまっていき、多様な方言群へと枝分かれしていった。そのもっとも西のはずれにあるのがトルコ語である。言語学では、これら、トルキスタンを中心にひろがった、トルコ語の仲間である大きな方言群を、まとめて、テュルク諸語とよんでいるが、ここでは、これまでどおり、トルコ語といっておこう。

トルコ語は、中国の新疆ウイグル自治区の、ウイグル族の話すトルコ語から、その北のトゥバのトゥバ語、さらに、中央アジア五カ国のうちのタジク語を除く、あとの諸国の言語をすべて含んだ概念である。だから、ユーラシアの中央部がトルキスタンとよばれるのは、充分に理由がある。

そのトルキスタンは、中国領になっている東トルキスタンと、もとソ連領だった西トルキスタンとにわかれる。そして西トルキスタンはソ連邦の崩壊によって、かつてのソ連邦構成共和国が、それぞれ独立の共和国になった。カザフスタンはそのひとつである。

東西の両トルキスタン地域は、相互にかなり通じあう言語、トルコ諸語を共通にするだけでなく、イスラム教という宗教も共通である。その社会組織や生活形態も基本的にはおなじであるから、折りにふれて、このような一体性が強く意識され、政治的な意味を帯びることがある。

ジュズという名の集団にわかれて遊牧

一四世紀のなかごろ、キプチャク・ハン国が崩壊しはじめたころ、そのなかの、トルコ化したモンゴル族の一団ウズベク族が頭角をあらわした。南にむかっていき、ブハラ、ヒヴァ、コーカンドのハン国を建て、華やかな都市文明を栄えさせたのはかれらである。

カザフ族は、ジュズ（方言によってはユズ）という名の集団にわかれて遊牧した。ジュズには、それぞれ大・中・小、あるいは、老・中・若と訳せる、ウルイ・ジュズ、オルタ・ジュズ、キシ・ジュズの三つがあった。大ジュズは東方バルハシ湖の南岸、イリ河から北のセミレチエ（七河）とよばれる地方を遊牧範囲とした。中ジュズはシベリアに連なる北方カザフ草原に、小ジュズは、西方、ウラル河とエンバ河を中心に拠った。

各ジュズは多数の血縁集団から成り、その血縁集団のいくつかが統合してできた部族のような単位をイェルとよんだ。血縁集団は、父系の同族から成るアウルという小集団から成っていた。アウルは三〜十戸がまとまった村のようなものである。このアウルは、モンゴル語のアイルと同源である。両者は共通起源なのか、一方から他方へと借用されたことばであるのかあきらかではない。カザフとモンゴルのあいだには、どちらがよりふるい起源かを断定的にはいえないような、こうしたことばがかなりある。

アウルを統率するのはアウル・バス（アウル頭）である。カザフ族のもとでは厳格な族外婚がまもられていて、男系で七親等以内の通婚は禁じられていた。女系についてはゆるやかで、二親等でも可能だということである。

また、モンゴル人と同様に、夫をなくした妻は、夫の兄弟のもとに嫁するという、レヴィラート婚のなごりがある。

ジュズという集団は、したがって、牧地を利用するための、いわば草原利用・管理集団であり、また、通婚関係を維持し、調整するための共同体でもある。そしてまた三つのジュズは、牧地の利用のために、相互の利害を協議することもあった。

ジュズは「百」という意味のカザフ・トルコ語であるが、それとはべつにオルダということばもある。オルダは「宮殿」を意味するモンゴル語からとったものであり、ジュズが自生地であるのに対し、オルダは、より政治的統治と権力機構をさすのにもちいられたと思われる。

カイサク・キルギズとカラ・キルギズ

ところで、このカザフという民族には複雑な背景があって、ソビエト時代の初期になってさえ、深刻な混乱があった。

ふしぎなことだが、カザフという民族名は、ロシアにもヨーロッパにも、まったくといっていいほど知られていなかった。文献に登場してくるのは、もっぱらキルギズの名によってである。つまり、今日いうところのキルギズと、カザフをひとまとめにしてキルギズという名でよばれてきたのであった。

キルギズは、中国漢代の史書にも登場するふるい民族名で、唐代になってからは、「黠戛斯」、「紇扢斯」などの文字で定着していた。また古代トルコ語である突厥語の碑文にも、はっきりとあらわれている。

ロシア革命後、一九二〇年に、ロシアでいうところの中央アジアに「トルケスタン自治共和国」が、その北には「キルギズ自治共和国」がつくられた。いずれも、ロシア連邦内の自治共和国としてである。トルケスタンにはのちの中央アジアの四カ国を主体として、そのほかに、今日のキルギズ共和国と、カザフスタン共和国の一部が加えられていた。だから、今日のカザフスタン共和国となる地域は、「キルギズ共和国」とよばれていたのである。では、今日、キルギスタン［キルギズスタン］となっている、トルケスタンのなかの領域はどうよばれていたのかといえば「カラ・キルギズ自治州」であった。

このことから、カザフはキルギズとははっきり区別されていたことがわかる。かれらは、カラ・キルギズから区別されるキルギズ、すなわちカザフをよぶためにカイサク・キルギズということばをもっていた。このような区別ははっきりしていたので、一九二五年五月二五日に、カラ・キルギズ自治州は、キルギズ自治州となり、つづいて同年六月一五日には、キルギズ自治共和国は、カザフ自治共和国と改称されたのである。したがって、公式名称としてのカザフという民族名はあたらしいのである。

一九世紀にカザフ草原各地の地誌、民族誌の調査をおこなって、先駆的な研究成果を残したカザフ人のチョカン・ワリハーノフ（一八三五～六五年）は、すでにその調査結果にもとづいて、カイサク・キルギズとカラ・キルギズの区別は厳密でなければならないと書いていたが、この民族名称が定まっていく過程には、ソビエト初期の民族政策上の問題がかくされているのではないかと思われる。

カザフスタンに住む八十万のドイツ人

カザフスタンの面積は約二百七十二万平方キロで、ソ連邦時代、ロシアに次ぐ大きな共和国であった。このひろさは日本の七倍強、西ヨーロッパ全体がすっぽりとはいるひろさに相当する。

数年前の統計によると人口はほぼ千七百万人である。注意しなければならないのは、旧ソ連邦の共和国のおおくでみられる現象であるが、共和国の名前となっている基幹民族は、その国でかならずしも多数派ではないということだ。どこでもそれをしのぐ多数のロシア人やウクライナ人の占める割合が、しばしば半数をこえることがある。カザフスタンは、まさにそのような典型的なケースにあたり、カザフ人は、全人口のつねに四十パーセント程度であるのに、ロシア人は五十パーセントをこえていた。このことは、ウズベク人人口の割合が圧倒的に高く、七十パーセントをこえる、ウズベキスタンとはいちじるしい対照を示している。しかし、ソ連邦が崩壊し、カザフスタンが完全に独立を果たしてからは、ロシア人は国外に去り、幾分は減る方向に動いている。

基幹民族が多数派を占めることは、その国家の民族語の発展のためには望ましいことである。しかし他面では、その国における民族的多様性が維持されることも望ましいことである。

カザフスタンに特徴的なことは、そこに八十万人ものドイツ人が住んでいることである。一九八〇年ごろには九十万人以上が数えられたこれらのドイツ人は、すでに一八世紀後半、エカテリーナ女帝のころ、開発のために乞われてヴォルガ下流域に入植したもので、ヴォルガ・ドイッチェ（ヴォルガドイツ人）とよばれていた。

かれらは、いくつかのドイツ人自治区を与えられて住んでいたが、ナチス・ドイツとの戦争がはじまるとともに、侵攻してくるドイツ軍に協力するのではないかとおそれられたために、カザフスタンをはじめ、中央アジアの各地に強制移住させられたものである。

その後ドイツ人は、一九七〇年代にドイツへの帰還が許されて、年間数千人の単位で、ドイツに脱出した。しかし、おおくの者が、ドイツ語を忘れてロシア語を母語にしていたので、そのままカザフスタンにとどまった。

ソ連時代、カザフスタンは、ドイツ人の集中する地域となり、ドイツ語で書く作家たちのために、ソビエト・ドイツ文学選集が編まれたくらいである。そのため、ドイツ語に親しむカザフ人もすくなくない。

朝鮮人が農業の発展に貢献する

また、一九三〇年代の末に極沿海州から、ここに強制移住させられた朝鮮人の数も、八〇年ころには十万人近くに達した。強制移住の理由は、極東に置いておくと、日本軍に協力するのではないかと疑われたからであって、ドイツ人の場合と似ている。ソ連邦崩壊の後、ふたたび沿海州、シベリアに去っていった者も多数あるが、朝鮮人がカザフスタンの農業の発展のために尽くした貢献はたいへん大きい。

さらに今日、カザフスタンで、韓国の商社や企業の活動がさかんになっているのは、これらの朝鮮人が、韓国との重要な仲介役になっているためである。今日、ソウルからカザフスタンには、定期の直行空路が開設されていて、外国人がカザフスタンに到達するための重要なルートである。

また、カザフスタンには、約二万人のドンガン（東干）がいることも忘れてはならない。かれらは、漢族のイスラム教徒で、中国では「回族」とよばれている。カザフスタン以外にも、中央アジア諸国で農業のほか、商業、金融面でも才能を示し、東トルキスタンの回族とも連繋して、政治勢力となる可能性を秘めている。トルキスタンでは、例外的にトルコ語を話さない民族グループである。

中国のカザフ人――新疆ウイグル自治区

ロシア人がカザフ草原にあらわれる以前に、すでにカザフ人は清朝と密接な交易関係にはいっていた。もともとユーラシアの遊牧民は、農耕地帯の産物に依存せざるを得なかった点があり、また農耕地帯も、遊牧民から優秀なウマや、その他の家畜を受けとっていた。

遊牧民にとって、もっとも需要の高かったのは、絹その他の織物、磁器、茶などであった。そこで、東洋史家は、この交易を、象徴的に「絹馬貿易」とよんでいる。

カザフ族は、清朝になってからは、清朝の役人から許可を得たうえで、畜群をともなって国境を越え、イリ、タルバガタイなどに滞在し、そこで絹織物、茶などと交換して、もち帰るのであった。

しかしそれ以前は境界のない、連続した単一のトルキスタンであった。そのトルキスタンを、東と西に分割したのは、中国とロシアの国境である。

そのような単一トルキスタンのなごりとして、中国国内にもほぼ百十一万人のカザフ人が住んでいる。その主要な居住地は、「イリ・カザフ自治州」である。

新疆ウイグル自治区を旅すると、カザフ族は、かならずしも密集して住んでいるのではなく、モンゴル人集落の地帯に点々と住んでいる人たちもいる。

漢人もモンゴル人も、カザフ人の家をすぐにみつけて、あれはカザフだと教えてくれる。かれらの家は、モンゴル人のとよく似ているが、いくらか背が高く、屋根の部分がとがっているようにみえる。そしておおくは、平地よりは山の斜面を好んで住んでいるようだ。

モンゴルのカザフ人――バヤン・ウルギー県

話題にのぼることがめったにないので、ほとんど知られていないのは、モンゴルに住むカザフ人である。モンゴル国全体の人口がわずかに二百数十万人であるが、そのなかにも、さらにいくつかの少数民族があり、それなりの問題をかかえているということは、モンゴルの外からは想像しにくいかもしれない。しかし、内陸国家というものは、かならずどこかに、隣接する巨大国家のつごうで画定された人工的国境のために、不自然な民族分布が生じやすいのである。

モンゴル国のモンゴル人といえば、ふつう、総人口の七十五パーセントを占めるハルハ・モンゴル人を指す。しかし、統計上は、そのほかに九つの民族が登録されていて、そのなかの最大勢力が、全体の五パーセント強に達するカザフ人である。かれらは、モンゴルの最西端にある、バヤン・ウルギー・アイマク（県）を中心に約六万〜七万人の、カザフ人居住地帯をつくっている。

その面積は四万六千平方キロもあって、九州より大きい。そこからさらに西に向かって国境を越えるとカザフスタンとなり、南は、新疆ウイグル自治区のカザフ人地帯に連なっているから、これらの国境線を地図の上から消せば、切れめのない、カザフ人の居住地帯があらわれてくるのである。

わたしがバヤン・ウルギーをおとずれたのはちょうど十年前の、ソ連邦崩壊の前夜だった。ウランバートルから千三百キロ離れているそこへいくには飛行機しかない。空港でウルギーゆきの飛行機を待つときから、すでにカザフ世界がはじまっている。乗客のほとんどが、モンゴル帽ではなく、たいらで、上が四角形になっている、カザフ帽をかぶったカザフ人である。

三時間の飛行機からの眺めは、それまでみたこともない絶景であった。雪と氷におおわれた、山やまの絶壁［の間］をぬうようにして西部の山岳地帯へと上昇していく。なにしろ、カザフスタン、ロシアのアルタイ地方との境には、四千三百五十五メートルのベス・ボグドがそびえている。ベス・ボグドは、モンゴル語でいうタボン・ボグド（五つの聖山）のカザフ語名である。

一九四〇年に設けられたこの州は、事実上のカザフ民族自治州であって、文化面で高度の自治をもっている。カザフ語で書く役人や作家があり、かれらの著作が立派な本になって出版されている。ここにはまた、「トルコ族研究所」が置かれていて、そこの専門家の話によれば、世界中のカザフ語のなかで、バヤン・ウルギーで話されているのがもっとも純粋で美しいのだという。

そのいっぽうで、モンゴル政府は見出し語四万語の九百ページ近い『モンゴル・カザフ語辞典』を刊行して、カザフ人が、モンゴル語に親しむようにと配慮している。ここのカザフ人の家庭に招かれて、一歩なかにはいると、モンゴル人のゲルとはまったくちがった雰囲気がただよっている。部屋のなかの飾りだけでなく、ドンブラという楽器をひきながら、家族が唱和する歌は、イスラム的なひびきをもつ、エキゾチックな世界である。

バヤン・ウルギー県を設けるにあたっては、その一帯にいたウリヤンハイ（トゥバ）人が北西部に移住させられた。そのころのことを、ドイツ語で書いたガルサン・チナグの作品『うたの終り』は、ドイツでシャミッソー賞を受け、日本語にも翻訳された（原書刊行年一九九三年　小泉文子訳『草原情歌』文藝春秋、一九九五年）。こうした著作をみても、モンゴルでカザフ族が優遇されてきたことがわかる。

いまソ連邦が崩壊し、カザフスタンとの往来はより自由に、より密接になってゆき、バヤン・ウルギーの生活のうえにも、その変化が反映するにちがいない。

分断されたカザフ民族から独立国家への道

ロシアは一九世紀のなかごろすでに、東トルキスタンと交易しており、そこに商館を設け、イリとタルバガタイには領事館を置いていた。ところが、「回族」（ドンガン）が反乱を起こし、ロシアの商館や領事館を襲撃したというので、軍隊を急派してイリを占領し、ロシアに併合してしまった。イリは今日、中国新疆ウイグル自治区の重要な都市になっている町である。

しかし、その後一八八一年になると、イギリスとフランスが調停にはいり、イリは清に返還する代わりに、ロシアは南方の、ホルゴス河以西の地とザイサン湖に発するイルティシ河北方の一帯とをロシアに併合した。いずれの地域も、今日カザフスタン最東端の領土となっている。

この条約は、イリが清に返還されたという意味でイリ条約ともよばれ、またサンクト・ペテルブルクで結ばれたという点からサンクト・ペテルブルク条約とよばれる。このときに決定された国境線は、この一帯の諸民族の生活に重要なかかわりをもっている。

このように国境線が固定されたために、モンゴルのカザフ人は、カザフの同族から断ち切られて、清の住民となった。そしてさらに、二〇世紀のはじめ、外モンゴルが清から独立して人民共和国となったために、中国の同族からも切り離されたのである。

これら一連のできごとは、モンゴルのカザフ族からすれば、民族分割の歴史ととらえられるが、カザフ民族全体からみれば、かれらのカザフ草原に、歴史上はじめて、国際的に認知された、カザフ人の独立国家カザフスタン共和国をもつことになったのである。その発端は、ロシアの十月革命以来進行した、社会主義的連邦化の原則にある。

カザフスタンは、セミパラチンスクなどで知られる巨大な核実験場となり、またアラル海にみられるように、環境破壊のおそろしさを身をもって示すことになった。中国、ロシア、そしてヨーロッパをつなぐ、文字どおりのユーラシア中央部に位置する国家としての役割は、今後たかまっていくばかりである。

（『季刊民族学』２０００年新春91号　国立民族学博物館監修　財団法人千里文化財団）

【二〇一八年における感慨】

カザフとキルギスは言語のみならず民族的にも極めて近い印象をうける。民族間の距離はこのようなばあい、政策者の利益のために巧みに操作される。そのために言語学者と民族学者は当局の利用の対象となる。ぼくとしてはこの問題にかかわりたいところだが、知識を欠くまま、遠くから眺めるだけで終わってしまいそうだ。

キルギスへの旅

二〇一二年一〇月、キルギス共和国（キルギスタン）のビシケク人文大学で社会言語学のセミナーがあり、私はそこで基調講演をするよう招かれた。演題は「中央アジアにおける民族語と言語政策——歴史と展望」とした。

キルギスタンは、ソ連邦が崩壊した結果独立国になり、新しい言語状況を迎えている。いまやキルギズ語は、かつてロシア語がはたしていた役割をひきうけて国家語となり、さらに学術語の機能をもはたすことが期待されているが、問題は簡単ではない。キルギズ語のほかに隣国のウズベク語を話す住民があり、さらにドゥンガン（東干）語の話し手がいる。ドゥンガン語の話者はカザフスタンにもいて、それを加えると、中央アジアのドゥンガン語の話し手は七万人に達するという。ドゥンガン語とは、実質は中国語の一方言と言っていいけれども、漢字ではなく、ロシア文字で書かれている。ソ連の粛清された言語学者ポリヴァーノフが、キルギスタンに流されて、最後に研究した言語だということもあって、言語学ではたいへん注目されている言語である。

当日、大学の階段教室は二百人ほどの教員や学生でほぼ満員になり、私の基調講演のあとに二十篇ほどの報告が読まれ、熱気に満ちた討論が続いた。

このセミナーは何を機に企画されたのか、あらためてプログラムを見ると、「キルギス共和国と日本との国交樹立二十周年を記念して」とある。スポンサーは、日本の国際交流基金と、在キルギス日本大使館であり、さらにこの大学で日本語と日本学を学ぶ学生諸君三十人ほどの献身的な努力によって実現したものである。

日本大使の飯島泰雅氏は開会にあたって、心あたたまる挨拶を述べられた。のみならず大学のスタッフを招いて、なごやかな懇親のパーティーを催された。もうひとつ、たいへん嬉しかったことがある。二日間にわたるこの催しにずっと出席され、いきとどいた配慮をされた三等書記官の佐藤大(ひろし)さんが、我が一橋の国際・公共政策大学院の出身（平二一卒）だった。中央アジアで一橋人に出会えるのはあまりないことであり心強いかぎりだ。

じつは私がキルギスを訪問するのは今度が二度目だ。今から三十一年前の一九八二年、ソ連邦結成六十周年を記念して招かれたが、行動範囲はおそろしく制限されていて、思うにまかせなかった。今回の、自由になったキルギスへの訪問にあたって、ぜひ訪ねてみたいと思っていたのは、一九世紀半ばの傑出したロシアの探検家プルジェヴァリスキーの終焉の地だった。かれは、モンゴル、チベット、中央アジアをひろく旅し、とりわけ一八七〇年代、今日の馬の祖型にあたる野生馬をモンゴルで発見したことで知られる。それにちなんで、この馬は「エクウス・プルジェヴァルスキー」なる学名をもって呼ばれる。

この野生馬は発見されるとその都度外国に持ち出され、野生では一時絶滅したが、一九九〇年代に入ってから、オランダとソ連の動物園からそれぞれ七頭、合計十四頭がモンゴル草原にもどされて再野生化がはかられている。この計画を統括しているのはオランダ人のバウマン氏で、一九九〇年以来、家族でモンゴルに移り住んでこの事業に取り組んでいるという。

里帰りしたこの計十四頭だけが、現存するもののすべてではなく、一九九〇年の調査では、世界二十三カ国の百七地点に約八百頭が生存している。

モンゴル語では、この野生馬をタヒと呼ぶ。数年前のこと、私は多摩動物公園の一角に、タヒがいるのを発見した。表札には「モウコノウマ」とナンセンスな名前がかかげてあった。しかしナンセンスと感じたのは、「モウコノ・ウマ」と解釈した私の至らなさによるものであって、命名者の意図は「モウコ・ノウマ」である。

近いうちに多摩動物公園を訪れて、タヒが健在ならばモンゴル語で声をかけてやろうと思っている。

（『如水會々報』2013年3月　一般社団法人如水会）

第五部　ノモンハン戦争をめぐって

《読書ノート》

『徳王自伝

――モンゴル再興の夢と挫折――』

(ドムチョクドンロプ著・森久男訳/岩波書店)

一

モンゴル諸族の居住地域は、元来ひとつの連続体をなしていた。ヴォルガの彼方にいるカルムィク族を除けば、いわゆる内、外モンゴル(より中立的な表現を用いれば南、北モンゴル)、ブリヤート・モンゴル、新疆ウイグル自治区のモンゴル族などである。この連続体は、一七世紀にロシアがシベリアに到達し、清朝との間で国境確定が行われることによって分断された結果、今日のように異なる国家に属することになったのである。

国家的な統合への自覚のなかったモンゴル諸族も、一九世紀から二〇世紀の初頭にかけての世界的潮流の中で、近代国家の概念にふれることによって政治的覚醒が生じた。この点で強い刺激を与えたのは、ロシアと日本であった。

分断されたモンゴル諸族の抱く国家としての統一への願望は、かれらを支配するロシアと清朝の内部に生ずる何らかの政治的変動をめざとくつかみ、それに乗じて独立へと結びつける以外に実現させる方法はなかった。その際もちろん露清以外の第三国からの支援と介入がどうしても必要であった。二〇世紀におけるその最初のチャンスが辛亥革命であった。外モンゴル地域は、いち早くクーロン（庫倫）の活仏を元首にたて、ロシアの支援をたのみとして独立を宣言する。しかしそのロシアが革命の混乱によって退潮に向かうと、今度は中国が軍隊を差し向けて実力でもって失地を回復しようとする。クーロンの活仏政権を守ることが、モンゴル諸族糾合のための要になることを感じた内モンゴルの軍事指導者たちも活発に動きはじめる。こうした流れの中で一九二一年、外モンゴル地域はコミンテルンとボリシェヴィキの支援のもとで再び独立を宣言し、やがてはソ連邦の支配下でかいらい的人民共和国となる。

本書『自伝』の主人公、デムチュクドンロブ（一九〇二―六六年。本書ではドムチョクドンロプと表記されている）は、こうした状況に敏感に反応して行動することのできた、内モンゴル地域の最も傑出した指導者であった。かれは、かれ以前のトクトホ・タイジ、バボージャブ、そして何よりもホロンボイル地方の独立を宣言してクーロン政権の擁護にたちあがったマンライ王ダムディンスレンなどの名をあげ、自らをこの伝統の中に位置づけている。

何がかれらをして自治政府樹立の独立運動へとかりたてたかについて、デムチュクドンロブは三つの理由をあげている。まず第一に、漢人の開墾によってモンゴル人の牧地が奪われたこと、次に伝統的な盟と旗の単位によって構成された社会組織が漢人の省県制度に改変されることによって生活の破壊が生じたことをあげ、第三に「日本の煽動」があったことであるという。

以下でデムチュクドンロブの生涯を紹介する前に、本書の章立て構成を掲げておこう。

第一章　百霊廟内蒙自治運動
第二章　蒙古軍政府成立の前後
第三章　蒙古連盟自治政府のてんまつ
第四章　蒙古連合自治政府の成立と瓦解
第五章　北平で過ごした三年間
第六章　西蒙自治の経緯
第七章　蒙古人民共和国へ赴いた経緯

二

デムチュクドンロブは内モンゴル西スニト旗のジャサク（世襲の旗長）として生まれた。そのモンゴル名は、漢字を用いて徳穆楚克棟魯普［「平安を創る人」という意味のチベット語」と音写され、さらに最初の一字をとって徳王(デー・ワン)と呼びならわされた。オーウェン・ラティモアがラー・バクシ(先生)と呼ばれていたのも同様の流儀による。この「徳」は、決して「有徳の人」という意味でないことは、日本の読者は特によくわきまえておく必要がある。

徳王の政治生活は、一九二四年、シリンゴル副盟長になったところから語りはじめられる。盟長ソドノムラブタン(索王)が病気になったため、徳王がその職務を代行したのは、一九三一年の満州事変をきっかけに、日本軍の影響がシリンゴル盟にも強く浸透しはじめた頃と一致する。何よりも軍事力の蓄積を重視した徳王は、こうした状況を利用して、「蒙古騎兵師団」を組織すべく蔣介石と交渉する。そして徳王による内モンゴルの安定は、蔣介石の利益になると示唆した。日本軍の脅威のほかに、外モンゴルの独立という事態も徳王は利用した。

本書では軍事のことが主として語られているが、国家イデオロギーの創出という面についても触れられている。すなわち外モンゴルの独立を可能にしたのはジェブツンダンバ活仏という宗教的指導者がいたからだというメルセー(郭道甫)の説明を聞き、一九三一年から三二年にかけて、パンチェン・ラマをシリンゴル盟に招き、廟をたてたり経をあげさせたりしたという。このことは、今日ブリヤート、トゥバ、カルムィクなどの諸族が、ダライ・ラマを招いて勤行を行い、ソビエト時代に破壊された廟や仏像の修復を行っていることとあまりにもよく符号していて興味深い。

モンゴル諸族の自治獲得をめざす歩みの第一歩は一九三三年各旗の代表を集めて開かれた「蒙古自治会議準備委員会」であり、ここで「内蒙自治政府」の組織、「牧地の保全のために」「開墾の永久禁止」などを蔣介石に要求した。中央は内モンゴルがあくまで中国の一地方であることに固執したので、モンゴル側の妥協の結果、「蒙古地方自治原則」が成立した。ささやかな一歩ではあったが、これを基礎として一九三四年四月、百霊廟に蒙古地方自治政務委員会（蒙政会と略称）が成立し、徳王は委員長の座をウラーンチャブ盟のヨンドンワンチュク（雲王）に譲って自らは委員の地位にとどまった。

内モンゴルの王侯たちが中央に対してこのように強気の自治要求を行い、遂に「蒙政会」の実現にまでこぎつけることができたのは、日本の支援が得られるとの確信があったからである。徳王は自ら親日に傾いた過程を二つの段階に分けて述べている。第一は、すでに一九三〇年冬には張家口駐在特務機関、盛島角房らが接触を求めて現れ、三二年に笹目恒雄が「ラマを装って長期間廟に潜伏し、諜報活動を行った」。翌一九三三年には、徳王らが百霊廟で第二回自治会議を開いたのと同時期に、承徳特務機関長の松室孝良はドロンノールで「蒙古王公会議」を開いて満州国側にモンゴル王侯らの関心を引きつけようとした。そこまでの段階では、徳王は満州国と日本側に関心を寄せながらも、まだ蔣介石に幻想を抱いていた。しかし一九三四年秋に、フフバートル暗殺事件があって後、徳王は蔣介石に対する信頼を失って、ひたすら親日路線を歩むことになる。フフバートルは漢名を韓鳳林と言い、日本の陸軍士官学校の出身で、徳王の信頼あつく、蒙政会保安処第一科長に任命され、ときには徳王の日本語通訳にもあたっていた。民族主義者で親日的であったことが、蔣介石派から狙われる主な理由であったらしい。

翌一九三五年五月、関東軍参謀田中隆吉が現れて、満州国とは別に「蒙古国」を樹立したいと提案した。これは徳王の最も強い関心をずばり言い当てたものだった。かつて満州国からのさそいを受けた際、蒙古を含んだ「満蒙国」であれば参加の可能性があると答えた徳王としては、それよりもさらに一歩すすめた最善の解決策であった。その後関東軍は飛行機、映写機、映画撮影カメラ等をプレゼントするなどして関係を維持していたが、九月になって関東軍参謀副長の板垣征四郎、田中隆吉らが徳王を訪ねた際、徳王らは「東西蒙古を合併して蒙古国を樹立したい」と提案した。すると板垣は「東部の盟旗は満州の領土で、満州は独立国であり、私にはこれに答える権限がありません」と答えたので、シリンゴル盟長のソドノムラブタンはただちに「これは第二の満州国ではないですか」と応じたという（一〇六ページ）が、それが当時の言葉をそのまま伝えているかどうかは疑わしい。しかしともかくも、関東軍によるモンゴル独立運動支援なるものの本質を言い当てたものとして傾聴すべき発言である。

こうした結末にもかかわらず、徳王は関東軍の招きを受けて新京を訪問し、満州国に加えられた東部蒙古に対する要求をなおもくり返す。

関東軍が張北事件を口実にチャハルに軍を進める中で、徳王は蒙政会の名でもってチャハル盟公署の設立を命令し、そこに「蒙古軍総司令部」を組織した。この年一九三六年は、チンギスハーン即位から起算した成紀七三一年とされ、赤・黄・白から成る「蒙古旗」を定め、徳王は「チンギスハーン第三〇代子孫の資格で」、「蒙古固有の領土を回復して、民族復興への大事業を完遂する」（一二六ページ）旨、宣誓文を読み上げた。それはみな「中国の羈絆（きはん）から脱し、『独立自治』の道を歩む」ためのものであったが、「実際には、国家を裏切り、日本帝国主義に身を寄せる道を歩んでいたのである」（一二五ページ）と自己批判している。こうした紋切り型の自己批判を交えながらの回想が本書全体を貫く叙述のスタイルである。いずれにせよ、この一九三六年の出来事は、日本に身を寄せる決断をした徳王のその後を決定したのである。

それより二カ月後、一九三六年四月には、蒙古軍政府を樹立して、西ウジュムチン旗で第一回蒙古大会を開き、「蒙古固有の領土の回復」を主眼とした「蒙古国建国草案」を採択した。田中隆吉は飛行機でやってきて、大会に参加し、徳王に「言われたとおりあいさつした」。軍政府主席にはヨンドンワンチュク（雲王）を、副主席にはソドノムラブタン、シャグダルジャブを選出し、徳王自身は総裁に任命されたが、「私が実際の責任を負い、軍事・行政の大権を握って独裁制を実施した」（一三八ページ）と述べている。

徳王の「モンゴル国家」の基礎はこのような形で実現した。ひと月おいて六月、徳王は満州国と外交協定を結ぶべきだとの田中隆吉からの提言によって、李守信、呉鶴齢、金永昌その他の首脳を引き連れて新京に向かい、軍事同盟、経済提携を内容とする「蒙古・満州国協定」が締結された。徳王が蒙古軍政府を代表して調印した。

徳王としては、内モンゴル東部を満州国に領有されたままでこのような協定を結んだことに不満であったはずであるが、一応満州国とは独立した、対等のモンゴル人国家建設の、とりあえずの第一歩を踏み出したことになる。しかしちょうどこうした事態が進行しつつあった一方で、モンゴル諸族統一運動との関係で重大な出来事が生じていた。すなわち満州国興安北省省長の凌陞（リンション）が、ソ連に内通したとの理由で四月二〇日に逮捕され、二四日には銃殺されていたことである。

リンション処刑事件は、モンゴル諸族統一運動を支持するという日本、直接的には関東軍が現実にどのような態度をとっていたかを赤裸々に露呈する出来事であった。すなわち一九三五年一月、モンゴル人民共和国軍と満州国軍との間に、ハルハ廟近くで軍事衝突が発生した。両国政府は、こうしたことの再発を防ぐ目的で、満州里に代表を送って会談を開始した。そのときの満州国側代表がリンションであった。モンゴルの歴史家ゴンボスレンは、一九九一年に東京で催された「ノモンハン・ハルハ河戦争国際学術シンポジウム」の席で、総計三十六回にわたって繰り返し開かれたこの会談が成功していれば、いわゆる「ノモンハン事件」は避けられたであろうと報告した（ノモンハン・ハルハ河戦争国際学術シンポジウム実行委員会編『ノモンハン・ハルハ河戦争』原書房、一九九二年）。国境をはさんだ同族どうしの紛争を、当事者の間で平和的に解決しようということは、つまりソ連の支配下にあるモンゴル側代表の立場を理解するということになるため、この路線は関東軍の決して許容できないものであった。関東軍がリンションを除いたのと同様に、モンゴル側の代表、サンボー、ダンバ、ドクソムらの要人は、ソ連によってすべて処刑されたのみならず、やがてはこの平和路線を指示したゲンデン首相、デミド国防相など最高首脳に至るまで、「日本の手先」として処刑されたのである。すなわち、日本、ソ連の双方ともモンゴルの平和を望まず、いずれもが同じ方法でモンゴル諸族の統合を厳しく禁じていたことになる。

リンションが処刑された後、「東部内蒙古の王公は明哲保身を心がけ、日本を恐れてその場をやり過ごす心理」(一五二ページ)になったと徳王は述べている。

満州国との外交関係樹立後に生じた大きな出来事として、綏遠省政府主席傅作義の攻撃を受けて百霊廟が占領された綏遠(すいえん)事件があり、また翌一九三七年の盧溝橋事件以降、日本軍の支援のもと、察南自治政府、晋北自治政府が設けられた。そして、綏遠省城帰綏を占領し、「蒙古連盟自治政府」を樹立することになるのである。

徳王は一九三七年一〇月二八日に、第二回蒙古大会を開いて、いよいよ「蒙古の独立建国問題」を決定しようとする。数々の妥協を重ねながらやっとそこまで到達したのである。そこで「田中隆吉が約束した蒙古建国問題」を、帰綏に駐屯する兵団長酒井隆(訳者は「酒井鎬次の誤り」と注している)に相談したところ、その答えは「蒙古建国問題は関係するところ重大で、日本帝国政府の閣議を経た上で、さらに御前会議を経ないと決定できません。関東軍の一参謀にすぎない田中隆吉が、これほどの大問題を決められるはずがありません。当時、彼が敢えて約束したのは、あなた方をとても必要としていたからです」(一八七ページ)というものだった。この答えはまことに明快ではあったが、徳王には大きな失望を与えることになったであろう。そこで考えつかれたのが「蒙古連盟自治政府」であった。関東軍もこれに同意した。

主席、副主席を決めかねているうちに、一〇月二八日の開会当日、関東軍参謀長東条英機が飛行機で到着したので意見を求めたところ、「雲王を主席に、徳王を副主席に」という一言であっさり決まった。大会は政府の「組織大綱」と「成立宣言」を採択した。そこで強調されているのは「蒙古固有の疆土」の保全と「防共」、「民族協和」であり、チンギスハーン紀元の採用が確認された。徳王がこの政府の主席となるのは一九三八年、雲王が病死したため、第三回蒙古大会を招集してそこで選出されたときからである。

蒙古連盟の主席となった徳王と日本との間で、軍事、経済政策の面でいくつもの対立点が明らかになったが、中でも最大の「衝突」は「蒙疆連合委員会」の設立をめぐってであった。日本側の意図は蒙古連盟に察南、晋北の各自治政府を統合して関東軍司令部の支配下に置こうとするものだった。ところが、徳王は何よりも、この「蒙疆」という名を嫌った。この「疆」には中国の辺境という意味が含まれており、かれのモンゴル（蒙古）独立の理念をそのまま表現したものではなかった。この「疆」の文字のセマンティクスについては、日本側はそれほど政治的意図を含めていなかったかもしれないが、徳王はたいへんこだわった。一九三八年、日本に招かれて、総理大臣近衛文麿に会った際もその旨訴えたが、近衛は「蒙疆」のまま原稿を読んだと特筆されている。

徳王にとって「蒙古」は独立すべきエスニックな単位であるのに対し、「蒙疆」は日本の支配領域を示す地域としての単位だった。徳王はこの段階ですでに、日本支配のもとから脱出することを考えていたという。モンゴル人民共和国、ソ連、中共は徳王が頼るべき選択肢としては考えられず、やはり結局は蔣介石と関係を持つことになる。徳王の「蒙古連盟」を基礎とした内モンゴル統合の夢はついえ去り、関東軍金井章次主導の「併合」によって一九三九年九月、「蒙古連合自治政府」がつくられる。

蒙古連合の主席には徳王が就任し、金井章次が最高顧問となった。蒙古連合もまたチンギスハーン暦を採用したが、組織大綱に「東亜諸民族を以て構成」すると規定してあったのは、モンゴル人国家の建設をめざした徳王の意にかなうものではなかった。日本の単なる「召使い」の地位にあることを痛感した徳王は、一九三九年末から、本気で重慶に去って蔣介石のもとに身を寄せることを考えていた。それにもかかわらず、一九四一年、皇紀二六〇〇年の祝典行事に招かれて日本に行き、約一カ月滞在して、その間に天皇にも会っている。

当時の日本は、徳王が日本の政策に落胆しないように気づかっていたふしがある。一九四一年六月、ヒトラーがソ連に侵攻するという「機会に恵まれて」、蒙古連合は八月四日、「蒙古自治邦」と改称された。三年間の日本滞在を終えて帰って来たばかりの呉鶴齢は、自治邦の次の段階は「蒙古国」の樹立であり、さらに「外蒙古を吸収して大蒙古国」を樹立し、そのときの政体は民主共和国とすべきであろうと徳王に語った。

徳王は日本の政策に不信を持ちながらも、日本文化に親しみを抱いていたふしがある。多数のモンゴル青年に日本語を学ばせ、日本に留学させるよう準備をしていた。しかし徳王は、日本の軍事力が南方に移され、しかも敗色が濃くなっていることを知っていた。それにもかかわらず、軍事力を蓄えて、東西モンゴルを統合した自治国の樹立の道があり得ると考えていた。

日本の無条件降伏によって、ソ連・モンゴル連合軍も、八路軍も内蒙古地帯に進出してきた。このとき徳王の避難のために尽くしたのは中嶋万蔵であった。しかし敗戦国の日本に身を寄せることはできないと知らされた。結局、蔣介石が用意した専用列車に乗って北平に到着したのである。

北平に三年間をすごした後、さらに南京へ脱出し、一九四九年の末にモンゴル人民共和国に入るまでの間にも、徳王は独立のためのさまざまな模索を試みた。たとえばオーウェン・ラティモアを通じて、アメリカ政府の援助を得ようとした。さらに、ジャチスチン、ゴンボジャブなど、親米組織である蒙古青年同盟の面々とも接触した。

一九四七年、王爺廟にウランフーを主席とする内蒙古自治政府が成立すると、それに対抗して四九年、定遠営に蒙古人民代表会議を開いて蒙古自治政府を組織し、徳王はその主席に選ばれたが、中国人民解放軍の進軍が迫ったため、モンゴル人民共和国への逃亡の道を選ぶことになる。

ソ連・モンゴル連合軍はすでに徳王の家族を捕えてウランバートルに送っていた。ウランバートルからは、長男ドガルスルンの直筆の手紙、家族の写真などが届けられ、人民共和国に来るよう歓迎していた。結局ウランバートルが差し向けたバヤルという人物に伴われ、国境を越えてウランバートルに行くのである。

ウランバートルにおける徳王の処遇は驚くことばかりである。一九五〇年二月二七日、徳王は映画館に行くように誘われ、車に乗せられて行く途中、突然逮捕されたのである。三月一日から秘密尋問をはじめたのは、バヤル自身であった。同じように逮捕されていたかつての盟友、李守信、トクト［ホ］などと対決させられ、日本帝国主義と結託して、人民共和国とソ連への進攻をはかったなどと自白を迫られた。そして九月一八日、中国に送還されるのである。中国では、徳王は長い獄中生活の後、一九六三年に釈放されて六六年にこの世を去った。

三

本書は徳王が口述し、その秘書であったトプシンが筆録したということである。その末尾の部分で、自らのことを「蒙古民族にとっては、正真正銘の大罪人、蒙古の民族的裏切り者であり、中華民族にとっては、死んでも罪の消えない民族の屑、大売国奴であった」（四四七ページ）と総括している。本書は罪状告白の形で、徳王があらゆる機会をとらえて、ひたすらモンゴル民族の独立をめざして歩んできた、その軌跡を描いたものである。かれが何よりも頼ったのはまず日本、次いで蔣介石、アメリカ、モンゴル人民共和国、ソ連などであったから、告白以前に罪状は歴然たるものである。それにもかかわらずこうした形で現代史の重要な局面が残されたことで、中国の現代史研究活動を評価しなければならない。

本書に述べられた出来事は、かなり錯綜しており、また今日の若い読者にとっては馴染みのうすい地名や人名に満ちあふれている。それを幾分でも読みやすくするためにかなり詳しい訳注が付けられている。こうした訳者の労を多とする一方で、モンゴルの人名が漢字音写を介することによって著しく歪められているのは本書の欠点である。専門家の目を通すべきであった。

本書のような内容の著作の特徴として、ここに登場する日本人の多くが、ごく最近まで存命であった。また徳王の身辺にあって、蒙古青年同盟員として登場するジャチスチンとウルグンゲはまだ存命であり、私は国際学会などでしばしばかれらに会う機会がある。とりわけ研究者でもあるジャチスチンの回想録などは利用されるべきである。徳王の秘書として登場するゴンボジャブは私にとっても身近な知人であり、しばらく前にウランバートルで病没したが、生前アメリカ・モンゴル協会長としてたびたび日本を訪れて研究や講演を行ったことは、多くの人が知っている。本来ならばこうした人々が残した証言とつき合わせることによって、『徳王自伝』の史料批判も行わねばならないだろう。

しかしそうした試み、つまり真に学問的な徳王研究は、中国ではいまだにタブーである。目下日本に留学中の内モンゴルのある若手研究者は、内モンゴルで提出した修士論文が、徳王を対象に選んでいるために受け取りを拒否されたと語っている。こうした研究成果の自由な発表は本人の身を危険にさらすであろうから、中国における徳王研究、一般に内モンゴルの独立運動の研究と公刊は、本書のような形が限界であろう。そうして真実が語られないまま、多数の証言者が、次々に世を去っていきつつあるのである。

（『アジア経済』１９９６年12月Vol.37 No.12　アジア経済研究所）

原題「書評　ドムチョクドンロプ著・森久男訳『徳王自伝―モンゴル再興の夢と挫折―』」

ノモンハン戦争とは何だったのか

奪われた民族統合の夢

ここに一枚の写真がある。左に見えるのは満洲国の、右はモンゴル人民共和国の国旗である。撮影された日付は、一九三五年六月三日、ノモンハン戦争が発生する四年前のことである。

この年の一月、両国国境付近のハルハ廟(びょう)で軍事衝突があった。満・モ双方は代表団を出して、満洲国のソ連との国境に近い鉄道駅マンチューリに会し、国境衝突をこれ以上進展させないようにとの目的で、最初の会談に入ったときの記念写真である。

前列左から三人目の、満洲服を着ているのが主役の凌陞(リンション)で、戦場となった満洲国興安北省の省長だった。その左、恰幅(かっぷく)のいい、軍服の人が興安北省軍の司令官、ウルジン・ガルマーエフ中将だ。

次に凌陞の右はモンゴル側代表のサンボーで、駐ソ大使をつとめたこともある全軍総司令官副官、その右は古参の革命家で、いくつかの要職を歴任したドクソムである。そして右端は、モンゴル東部第二騎兵団長のダンバ。

二つの国家出現

モンゴル人民共和国の住民はハルハ族、満洲国側はバルガ族にダグール族と、それぞれ部族的なちがいがあるにせよ、言語も宗教も同じくするモンゴル民族であった。それが、

1935年6月3日、モンゴル人民共和国と満洲国の代表がマンチューリで会談した際の記念写真（バトバヤル、ゴンボスレン共著『モンゴル、満洲国国境交渉会談』ウランバートル、2004年刊の表紙から）

モンゴルと満洲国という二つの国家の出現によって分断されたのである。したがって、双方がこの機会を利用して、民族統合の可能性を語り合おうと考えるのは自然のなりゆきであった。

しかしその背後にひかえる日本の関東軍にもソ連にとっても、こうした接触は許しがたいことであった。国境問題交渉団は、日ソ両国の厳重な監視の下におかれ、何かの兆候が現れれば決定的措置をとることが予想された。

最初に行動をとったのは関東軍である。すなわち、会談がはじまった翌二

六年四月、憲兵隊は凌陞以下、興安北省要人六人に「通敵」行為が発覚したとして逮捕し、銃殺してしまった。

その翌三七年には、ソ連が思い切った措置に出た。まず、モンゴル側代表団長サンボーを解任した後に銃殺し、ダンバもそれに続いた。最後まで残っていたドクソムも、四一年に処刑された。

ノモンハン戦争は、このようにして、日・ソがそれぞれの側の指導者たちの首をはねた上で遂行されたのである。

日・ソ軍双方はそれぞれ二万人にのぼる犠牲者を出したが、記憶に残るのは、九一年に東京で行われたシンポジウムの際、モンゴル軍はどのくらいの損失だったのかが問われたときだ。モンゴル代表プレブドルジ中将は「戦死者は百六十五人だ」とぽつりと言って首をすくめた。最近この数字はより詳細に「戦死二百三十七人、行方不明三十二人」と発表されている。

戦争以前に処刑

モンゴル軍が戦場で死んだのは三百人に満たないのに、その背後では、三〇年代に三万人の政治家、軍人、僧侶、知識人が反ソ陰謀のかどで処刑された。その上でソ連はノモンハン戦争にのぞんだのである。

このような歴史を知ると、戦場における兵器の優劣、作戦の巧拙、勝敗のいかんを延々と議論するのは空しいわざのように思われてくる。今回私が発表した『ノモンハン戦争――モンゴルと満洲国』（岩波新書）は、ロシアやモンゴルの研究者が明らかにしてくれた、最新の研究成果にもとづいている。

この七月はじめ、ウランバートルに、十カ国、数十人の研究者が会して行う国際シンポジウムでは、ノモンハンが軍事にとどまらず、多面的な文脈の中で明らかにされることが期待されている。

もう一度写真を見よう。前列に立つ代表の面々には、どこか期待に満ちた表情が感じられないだろうか。

ここで、言いそびれたウルジン将軍はどうなったであろうか。かれは関東軍の粛清を免れ、興安軍を率いてたたかった後、四五年の敗戦を迎えた。一七年のロシア革命を逃れて満洲国に脱出した、この確信に満ちたブリヤート族の反ボリシェヴィストは、自らソ連占領軍司令部に出頭して逮捕され、モスクワに送られて四七年に銃殺されたのである。

（朝日新聞夕刊　２００９年６月25日）

『ノモンハン戦争――モンゴルと満洲国』に書き漏らしたこと

《講演録》

『ノモンハン戦争――モンゴルと満洲国』（岩波新書）という本を出したとき、実にたくさんの人から、「ここは間違っている。事実はこうだ」というような手紙が続々届きました。

私が書いたことがすべて正しいというつもりはありません。モンゴル人が書いているのに、誰も日本に紹介していないので、それを、勇気をふるって紹介したかったのです。全てが実証されているわけではありませんが、彼らの資料を読み、それに日本の資料を突き合わせ、ソ連の資料も読むと、こういう図が描けるのではないかと思って書いたのが、『ノモンハン戦争――モンゴルと満洲国』です。

この本を書いてから二年目に入りました。一昨年の六月に出したわけは、ノモンハン戦争から七十年を記念してです。

日本は、一昨年の七月三日から四日まで、モンゴルで、ロシアからも代表を招いてシンポジウムを開催しました。翌八月末に、今度はロシアとモンゴルがシンポジウムをやりました。それはロシアにとってはモンゴルとの友好が固いこと、そして七十年前に、モンゴルと同盟して日本に勝ったことを強調するには、大変いい機会だったのです。

そもそもウランバートルやモスクワで、最初に国際シンポジウムを開催して、日本からも代表を招いたのは、ソビエトとモンゴルの人たちで、そのときから、私とかれらとの間で友情が続いています。八九年にモスクワで開催された円卓会議を機に、ノモンハン戦争五十年、六十年、七十年という節目を選んで大きなシンポジウムを開催し、それぞれの国で報告を論文集にして出す習慣ができました。

あらゆる外国研究者にとってそうですが、頭から敵対する人は、シンポジウムには歓迎されません。そうなると相手の顔色を見ながら、それに合わせるから、本当の話が出にくくなる。そんなとき、「一対一」の二国間関係ではなくて、第三者が入っているのは有益です。日ソの間に立つモンゴルの立場がそのようなもので、ノモンハン研究は、日ソの間にモンゴルが加わってはじめて、真実に近づいてきたのです。

田中義一上奏文は存在したのか

疑問に思っている点をいくつか出します。一番大きな議論になるのは、一九二七年、時の内閣総理大臣田中義一が天皇に奉呈したという田中上奏文です。相当量のあるもので、

「支那を征服せんと欲せば、まず満蒙を征せざるべからず。世界を征服せんと欲せば、必ずまず支那を征服せざるべからず」というくだりは有名です。

シンポジウムのたびごとに、ソ連側はすぐに「日本は、天皇に田中上奏文を上奏したじゃないか。あの侵略計画どおりに、ノモンハン事件をはじめたじゃないか」と言います。田中上奏文の出どころは、中国の南京あたりのようです。ノモンハン戦争の話は半分ぐらいで、あとは田中上奏文があったかどうかという話が毎回蒸し返されますが、「なかった」とは断定できませんので、あることを前提に話が始まります。

田中上奏文は、日本語の原文が存在しないで、中国語、そこから翻訳した英語、さらにそこから翻訳したロシア語によって世界中に広められました。

田中上奏文は、いろいろな点においていいかげんです。コミンテルンの機関誌に、田中上奏文の全文がロシア語で出ましたが、これは中国語のテキストとも違います。どこまで侵略をするのか、範囲はさまざまです。ソ連で翻訳すると、日本は中央アジアまで攻め込むことになっています。「一つの種があれば自由自在に使えるのが、田中上奏文だ」と、この本に書いて皮肉りました。

今度のシンポジウムでも、「田中上奏文から始まっている」と、モンゴルの新聞は一ページを割いています。書いたのは、ダシダバーというモンゴル科学アカデミー歴史研究所長です。ロシアでも、ロシア科学アカデミー研究所シベリア支部の所長さんとも、学会のたびに何度も論争をしました。私が「それはうそだ」と言いますと、彼は「うそじゃない」と言って、日本の国会を彷彿とさせるようなかなり激しいやりとりとなりました。

ロシアから来たこの所長さんと、「田中上奏文はある」とモンゴルで頑張っている二人が、ある日ホテルの部屋にやってきて、私に大きな資料集をくれました。「これを読んでもっと研究しろ」という意味かと思いました。うれしいですね。

日本に帰ると、「田中上奏文はなかった」ということを丁寧に書いた、東京大学の服部龍二さんの本が出ていました。『日中歴史認識』という本です。思いがけず大きく膨らませてあって、その中で田中上奏文のことを少し書いておけば、中国の人たちにもソフトに響くだろうと、いろいろな工夫をして書かれた本です。

成蹊大学の富田武教授は、一九二九年に、トロヤノフスキーという当時の駐日ロシア大使がカラハン外務次官に宛てた、「田中上奏文は存在しない」という手紙をロシアの古文書館で見つけ、それ「について書いた論文」をロシアの「歴史の諸問題」誌に投稿しました。

シンポジウムは研究者の集まりの会議なので、研究者の世代が変われば議論の内容も変わってきます。今年は、頑固に田中上奏文を握り締めて論陣を張っていたダシダバーというモンゴルの研究所長が退任し、若い元気な歴史学者のチョローさんに変わったと聞きました。

モンゴルでは、世代交代によっていや応なしに若返りが進み、ソビエト時代の頭の固い人が退いて明るい雰囲気になりました。

二年間でずれたモ・ソ国境

次に重大なのは、ノモンハン戦争のときの国境線の問題です。

満洲国とモンゴル人民共和国の国境を、モ・ソ側は「ノモンハン・ブルド・オボー」を通る線だと主張しました。ノモンハンというのは地名ではなく仏僧の位の名で、そこにこの名をつけたオボーがあります。オボーというのは、民俗信仰の塚で、遊牧民や旅の人は境界線とか峠を越えていくときに、そこにあるオボーに石を積んだり、たばこを置いていったり、最近ではお金を置いていったりします。また、馬のしっぽを引き抜いてそこへ置いて、道中の安全をお願いします。ところが関東軍は、オボーよりも東のハルハ河が国境線だと考えていました。

ノモンハン・ブルド・オボーは、ハルハ河よりも二、三十キロメートル満洲国の西側に入り込んでいるところです。現在、中国にあるノモンハン戦争博物館が建っている場所は、実際に戦争があったところよりもかなり街道沿いで、観光客が来やすいよう観光資源として利用する目的で造ったものです。

中に掲示されている説明なども、ほとんどが日本の研究の丸写しです。中国の研究には新しいものはありません。とにかく国境線については、二十キロメートルから三十キロメートルにわたる大きな認識の違いがありました。

ノモンハン戦争前夜、日本側の国境の主張が間違っていないことを確かめるために、日本は、国境付近の測量を随分やりました。今でも、関東軍がやった測量は、地元の人にとっても大変役に立っています。一九三二年に日本がソビエト軍から奪って手に入れた地図では、ハルハ河が国境になっていますが、一九三四年までの二年間に、ノモンハンあたりに国境線がずらされました。

なぜこの二年の間に国境が動いたかというと、モンゴル側が清朝時代の古い地図を調べ、ソ連がそれに従って修正したからです。モンゴル側の主張はいいとして、この間に国境線の変更が起きたということは、潜在的な衝突を有利にするという解釈もできます。この点は、論争としてまだ残っています。

辛亥革命で独立宣言をしたモンゴルとチベット

一九三五年一月に、ハルハ廟事件が起こります。満洲国の領土かモンゴル人民共和国側かというので問題になったところで、衝突が起きました。衝突が起きた直後に、モンゴルも満洲国も、国境紛争がおおごとにならないように、国境線の画定について協議しようという交渉が始まりました。これは、国境線を確認し、衝突を避けるための大変有意義な交渉でした。

私がノモンハン戦争のこの本を書くうえで非常に役に立ったのは、『モンゴル・満洲国境会談』という、モンゴルの歴史家たちが出した本です。その表紙には、モンゴル人民共和国の国旗と満洲国の国旗を並べておこなった国境会談の写真が出ています。

満洲国の国旗とモンゴルの国旗が対等に並んでいるということは、両方が相手の存在を認め合っていたということです。そのときに満洲国側（日本）が出した大きな要求は、「外交関係を結ぼう。ウランバートルに大使館を置かせろ」というもので、モンゴル側は、「満洲国の首都新京（現長春）とハルビンなどに大使館か代表部を出させろ」と言いました。これは満洲国側の国境攻勢でした。しかし、ソ連は、モンゴルが満洲国、日本とお互いに関係をもつことを許しませんでした。

モンゴル人民共和国ができたのが一九二一年です。モンゴルが独立宣言をするきっかけになったのが、一九一一年の辛亥革命です。辛亥革命によって、清朝が崩壊します。そのときに、モンゴルだけではなくてチベットも独立宣言をしました。

チベットとモンゴルは、両方とも仏教国だということで、一九一三年に仏教同盟を結び、お互いに独立を承認しあって相互援助条約を結びました。あと二年たつとこのチベット・モンゴル仏教同盟の百周年が来ます。今、モンゴルはこれで沸き立っています。昨年［二〇一〇年］の一〇月一三日に、アメリカに亡命しているチベットの人をたくさん呼んで、チベットとモンゴルの独立宣言の記念のシンポジウムを［ウランバートルで］やりました。これを計画したのは、モンゴルの［国立］スパイ局です。ウランバートルの真ん中に、「スパイセンター」とモンゴル語で書いてあります。アカデミーがやらないのでそうなったのですが、学問的にも、内容は非常にアカデミックなものでした。

そのときに、チベットのダライ・ラマ一三世とモンゴルのジェプツンダンバ・ホトクトという二人の活仏が相互に交わしたチベット語とモンゴル語の文書のオリジナルを展示しました。それが本物か偽物かという議論もありました。

ロシアの傀儡から自由になったモンゴル人民共和国

今年は、辛亥革命からちょうど百周年です。中国としてはもちろん、満洲帝国（清朝）

が崩壊したことによって、漢族が解放された記念すべき出来事ですが、モンゴルも同じく独立を宣言しました。だからモンゴルは、今年が独立百周年ということで大きな行事が行われるようです。

辛亥革命によって清朝が崩壊しましたが、その後中国は、モンゴルもチベットも新疆省も全部独立させずに押さえ込むことに成功しました。辛亥革命の立役者は孫文です。漢民族が中心で、少数民族は独立させませんでした。今の中華人民共和国は清朝の遺産をそのまま引き継いだのです。モンゴルは、ロシアを利用して外モンゴルだけが独立できました。その後、人民共和国としてソ連の完全な傀儡国家になりました。何年か前から、私が「モンゴルも傀儡国家だ」とおずおずと言い始めたとき、反発する人も多かった。昨年、私のノモンハンの本のモンゴル版を出したとき、ちょっと心配しましたが、「モンゴルと満州国は、同じようにそれぞれがソ連と日本の傀儡国家だ」というところを、皆さん、理解してくれたらしい。

満洲国は傀儡でしたが、モンゴルもそうでした。モンゴルがロシアの傀儡からやっと自由になったのは、一九九一年にソビエト連邦が崩壊したときです。独立から八十年経ってやっとソ連から離れることができました。こうして外モンゴルだけが独立できたのですが、チベットと内モンゴルは独立できなかったのです。

削り取られたモンゴルの領土

マンチューリ会談のモンゴル側の代表は満洲国側と密通したというので、全員殺されています。殺したのは、コミンテルンというソ連の国際共産主義連絡組織です。日本は、会談の満洲国側代表のリンションが敵に通じているというので処刑しました。このことは、両国ともに独立国でなく、操り人形であったことを証明しています。

一九八九年は、ノモンハン事件五十周年で、天安門事件があった年です。だから私たちは「日本外務省の命令で、中国を通るのを避け、」シベリアを通って、モンゴルに入りました。この年は、モンゴルとソ連の戦勝記念行事というだけのシンポジウムではなく、初めて日本人も呼ぼうということになりました。

その当時の、私のノモンハンの知識はまだ駆け出しでした。資料は集めていましたが、この年にウランバートルに次いでモスクワにも呼ばれました。

このときは、びっくりしました。夏の暑い日でした。一橋大学の私の研究室には冷房がなく、パンツ一枚でモンゴルの新聞を山積みにして読んでいました。そんなところに、海軍の軍服に身を固めたソビエトの駐在武官がやってきて、ドアをノックしました。こちらは裸です。「あなたにモスクワに来てほしい。これが飛行機の切符だ」と手渡され、有無を言わさずモスクワに呼び出されました。日本代表は私だけでした。

何も準備をしないで行ったので、「明日の午前中に、あなたの報告をしなさい」と言われて困りました。私のロシア語はとても貧しいものです。辻政信とノモンハンの国境線と地名のことを徹夜で、ロシア語で書いたものをロシア人に文章を直してもらって、何とか報告をしたところ、袋だたきに遭いました。田中上奏文は絶対ですから、それを否定すれば「おまえの言っているのは、全部間違っている」と、ロシア側の言いたい放題です。「次は、日本でおまえがシンポジウムをやれ」と言われ、私も見栄っ張りだから「じゃ、やりましょう」と言って日本に帰ってきました。その当時、日本はまだ景気がよかったので、何とかお金を集めて、一九九一年に東京でシンポジウムを開きました。

このシンポジウムで、モンゴル側が初めて本音を言いました。ソ連は、一九三六年にモンゴルと相互援助の軍事条約を結びました。「モンゴルが侵略を受けた場合、ソ連は必ずモンゴルを守ると言ったのに、約束を守らなかった」とプレブ［ドルジ］中将がもらしたのです。

南端のヌムルグ川の一角にマナ山［日本軍は三角山と呼んでいた］というのがあります。そこは、山崎隊が非常によく戦って守り通しました。これは本来モンゴル側の領土であるはずなのに、停戦ラインに従って国境線を決めたため、満洲国に残ってしまいました。だから、今は中国の領土になっています。そこを取り戻さなかったソ連は約束違反だと中将は責めたのです。

結末から考えると、国境線というのは皮肉なものです。マナ山は、日本が善戦をしたために、まるで中国のためにモンゴルから取ってあげたことになりました。善戦をしたのはいいですが、戦場の場面だけを見ていると、日本軍が勇敢に戦って、歴史上に残る勝負をして成功しました。しかし、結果的に、中国のために稼いでやったことになりました。

緊張緩和に努めた満洲国とソ連

モンゴルの軍事史家ゴンボスレン氏は、「もし、マンチューリ会談が成功していれば、ノモンハン戦争は起こらなかったかもしれない」と書いています。それでもなぜ起きたのかというと、やはり戦争を続けたい、そのままで収めたくないという圧力が働いていたのでしょう。日本側は、「外蒙共和国」の内側を見たくてしかたがないわけですから、「ウランバートルに大使館を置かせろ。そうすれば、モンゴルの独立を承認する」と圧力をかけていました。

昨年［二〇一〇年］のシンポジウムで、モンゴル人民共和国を独立国として承認したのは、第二次世界大戦が終わるまではソ連だけで、日本は承認しなかったじゃないかと発言したモンゴル人がいました。私は我慢して黙っていたのですが、最後に「それは違う」、日本は国交を求めたのに、モンゴル側は拒否した。誰が拒否させたのかが問題だと反論して終わりました。この話はまた蒸し返そうと思っています。

満洲国のハルビンにはソ連の代表部がありました。ノモンハン戦争が終わってからのマンチューリ会議は、ソ連のチタで開きました。チタには満洲国の代表部がありました。このように満洲国とソ連には、交流がありました。日ソ双方には事を穏やかに収めよう、つまり、戦争になる以前に、緊張を何とか収めようという努力をお互いにしていました。

日本はなぜシベリアに進攻しなかったのか

日本とソビエト・モンゴル軍との停戦協定があったのは、九月一五日です。もっと戦いを続けるべきだったと言う人がその後も当時たくさんいました。戦線の南部では、多くの物資が集積されていたのにと残念がる人もいます。なぜ、このときにやめたかというと、八月二三日に、ヒトラーとスターリンが独ソ不可侵条約を結びました。ノモンハンで日本が頑張れたのは、ドイツ軍がソ連を攻撃して、東と西から挟み撃ちができるという思惑があったからです。ソ連は相当危機的な状況にありました。

ところが、日独伊三国同盟を結んでいたのに、ドイツは日本を裏切ってソ連と不可侵条約を結びました。ドイツがやめたので、日本はノモンハンで孤立してしまったのです。

九月一日にドイツがポーランドに攻め込んで、西半分を取りました。ソ連は、九月一五日に［日本と］停戦協定を結んでおいて、その翌々日には大急ぎでポーランドに進撃して東側を取りました。日本をないがしろにして、ヒトラーとスターリンがポーランドを山分けにしたのが、ノモンハン停戦後に続いた世界史的な展開です。

アメリカ、イギリスからのシンポジウムの参加者は、ノモンハンの戦場における日ソの勝敗ではなく、このことにもっと関心がありました。日本は負けて撤退。ヒトラーとスターリンは悠々とポーランドを山分けにしました。このことが、一九四一年の日米開戦につながります。

この年［一九四一年］日本は、四月一三日に日ソ中立条約を結びます。東の安定によって、ヨーロッパが問題になっていきます。ノモンハンであれだけたたいておいたから、日本は当分おとなしくするだろうと思っていたソ連に、六月ドイツが進撃を始めます。

最近、『モスクワ攻防戦』（アンドリュー・ナゴルスキ著、作品社）という、当時のことに非常に詳しい本が出ました。ドイツ軍は、モスクワに二十キロメートルぐらいまで近づいていました。モスクワが陥落寸前という状態でしたが、スターリンは、「俺は逃げない」と言って、最後までモスクワで頑張りました。

一一月、もう一押ししたらモスクワが陥落するという状況の中で、一二月八日に日本は真珠湾を攻撃しました。これは世界史の謎だそうです。ソ連の研究者に面白い人がいて、「モスクワが落ちかかっているのに、何で、あのときに日本はシベリアを一突きしなかったのか」と、シンポジウムで問題提起をしました。女性です。その論文も入れた分厚いシンポジウムの資料が出ました。私は、これはぜひ日本語にしておかなければいけないと思って、自分で翻訳しました。このとき、なぜ日本がソ連に向かわないで真珠湾を攻撃したかというのは、いろいろな説があります。

アメリカとヨーロッパを近づけた真珠湾攻撃

数年前、病気で亡くなりましたが、ソ連のボリス・スラヴィンスキーという歴史家に、東京で会う機会がありました。「スターリンがアメリカのホワイトハウスにスパイを放って工作をして、アメリカと日本が戦争をやるように仕掛けた。これでソ連が救われた」というのが、彼の研究です。

分厚い訳本が共同通信社から出版されていますが、無視できない研究です。スラヴィンスキーは大学の先生ではなくて、ウラジオストク辺りのどさ回りの新聞記者でした。どうして日本が「ソ連でなく、」アメリカを攻めたかというのは、世界中の謎になっています。

昨年のシンポジウムで、「アメリカやイギリスの研究者は、当時、アメリカとヨーロッパは対立関係にあったが、日本が真珠湾攻撃をしたことで、アメリカとヨーロッパに連帯感が生まれ、ソ連も、ヨーロッパも救われた。そのすべての起源はノモンハンで、二万人ものりっぱな日本の若者が死んでくれたことだ」という皮肉な報告をしました。

ノモンハン戦争自体の研究としては、これまで防衛庁の戦史室が出した資料でも、部隊の動きや、武器がどのように動いたかということを細かく調べてあります。日本人の研究は、細かく間違いのないようにと神経を使います。小さなことでも間違いはつつかれますから、研究者たちも、間違いさえなければいいという考えです。しかし、ノモンハン戦争を世界の歴史の文脈においてみると、そんなことでは済みません。日本人の予想を超えてノモンハン戦争研究が世界史の重要な結節点になりつつあります。

以上「書き漏らしたこと」というよりも、この本を書きはじめたときには、これはどノモンハン戦争が重要な意義を持っていることに気が付きませんでした。本を書くたび、議論を一つするたびに、研究は蚕が一枚ずつ皮を脱ぐようにして進んでいきます。私は年を取っていますが、まだ脱ぐ皮があると思って自分を慰めています。

（二〇一一年二月四日　講演）

（『善隣』２０１１年４月No.４０６ 通巻６７３　社団法人国際善隣協会）

パンモンゴリズムという語の起源と発展

一

パンモンゴリズムという名は、もともとパンヘレニズム、パンアメリカニズム、パンスラヴィズムなどと同様に、ひとつの文化的な社会思想、あるいはその運動［を示すもの］でしかなかった。しかしソ連の歴史においてはそれが客観的に、ひとつの思想としてあつかわれたことはいちどもない。それは、ただ口にするだけでただちに死に値する凶悪な反国家的な犯罪を意味したのである。だからパンモンゴリズムの学問的な研究は、ソ連崩壊後もしばらくは現れなかったのである。

もともとパン（汎——）運動がたかまりを見せたのはスラヴ諸族におけるパンスラヴィズムであった。その最初の現れは一八四八年オーストリア＝ハンガリー帝国の統治下にあったスラヴ諸族においてであった。かれらはプラハで最初のパンスラヴ会議を開いた。次いでクリミア戦争（一八五三—五六）、露土戦争（一八七七—七八）の際に高揚を見せた。パンスラヴィズムの基盤は言語と宗教（正教）の共通性であった。パンモンゴリズムは、明らかにパンスラヴィズムをモデルとして生まれた。したがって、思想的系譜としては、パンスラヴィズムがなければパンモンゴリズムも生まれ得なかったのである。

パンモンゴリズムの近代的なかたちはまず、二〇世紀初めペテルブルクに学んだツェウエーン・ジャムツァラノー（Цыбэн Жамцарано）とバザル・バラーディン（Базар Барадин）のもとで、当時の東、中ヨーロッパの先進的な民族解放運動、たぶん直接的にはウクライナのそれにふれて生まれた。

パンモンゴリズムという語は、二〇世紀を迎えたモンゴル民族が当面した諸問題を象徴する、かれらの時代の「鍵ことば」（キーワード）であり、二〇世紀モンゴル史を開く最も重要な課題であった。かれらを支配してきた清（中国）における辛亥革命、清とともにモンゴルの領土的分割にかかわってきたロシアにおける十月革命を機にモンゴル諸族の統一をもとめる動きがハルハのみならずバルガなどモンゴル諸族居住地域で一斉に起きたのである。

ソ連崩壊後パンモンゴリズムを罪名としてではなく、学術の用語として書物の題名に掲げて論じた最初の例はБ.В.Базаров, Неизвестное из истории панмонголизма, Улан-Удэ 2002［バザーロフ著『パンモンゴリズム史の知られざること』］である。そうして二〇一一年には、ウランバートルで、もっぱらパンモンゴリズムで処刑されたぎせい者たちのために書かれ

た Г.Ариунболд "Нармай монгол"-изм---"Панмонголизм"ын хэрэг хэлмэгдсэн монголчууд /1937---1941/［アリオーンボルド著『大モンゴル、パンモンゴリズムで迫害されたモンゴル人たち』］が現れたのである。この著書によれば、一九三七〜四一年に生じた、歴代の首脳や政治・国軍指導者など大量逮捕・処刑のぎせい者は、すべてパンモンゴリズムのぎせい者だった。

二

一九二一年の独立宣言によってハルハだけのモンゴル人国家が成立したのちも、モンゴルの指導者たちは汎モンゴル的願望を失うことはなかった。かれらの汎モンゴル的願望はコミンテルンの指導によって抑え込まれていたが、折りに触れて表面化することがあった。そのような状況下において一九三二年の満洲国の出現は、独立モンゴル国の指導者たちを幻惑し、おおいに刺激した。一九三五年のハルハ廟事件の背後には満洲国のバルガ族とモンゴル国のハルハ族との強い接触願望があったと想像される。

コミンテルンはこのうごきを敏感に察知し、モンゴルの指導者の満洲国への関心を恐怖政治によって抑え込もうと全力を尽くした。そこにハルハ河戦争（ノモンハン事件）が発生したのである。一九三九年のハルハ河戦争は、わずか四か月の戦争期間中、ソ連・モンゴル軍、日・満軍双方に、それぞれ約二万人の損失を出して終結した。しかし、この戦争の背後で、それと同じか、それを上まわる数の多数のモンゴル人が政治的迫害を受けて処刑されていたことをモンゴルの歴史家たちは明らかにしたのである。

ハルハ河戦争をさかのぼる二年前の一九三七年、国防の最高の地位にあったデミド(Demid)将軍が、モスクワに呼び出されてそこに向かう途中の列車内で毒殺され、次いで、マンチューリ会談でモンゴル代表をつとめ、外相代理であったサンボー(G. Sambuu)が逮捕・処刑された。サンボーは満洲国代表と特別したしくつきあったと、当時の満洲国の新聞がつたえている。そして遂には解任されたゲンデン(Genden)首相がソ連に呼び出され、モスクワで銃殺された。これら一連の事件はひろく国外にも知られ、モンゴルがソ連に傀儡化されつつある証拠として報道された。とりわけデミド(Demid)とゲンデンの二人の死は、国際的スキャンダルとして、ゲンデン―デミド(Genden-Demid)事件の名でひろく知られることになった。

ソ連の崩壊後、特に二〇〇五年頃から、モンゴルの歴史家たちは、ロシア、モンゴルに保存されていた公文書を利用して、これら粛清の実態の解明に乗り出した。その中でも、とりわけ注目を引くのは、ハルハ河戦争の前夜、一九三八年八月から一九三九年三月までの八か月の間にモンゴル国防省が、ソ連当局の指示にもとづいて五千二百二十一人を逮捕し、［そのうちの］四千五百十六人を銃殺し、七百五人を十年の刑に処したことである（ダシダバー、トヤー Ц, Дашдаваа, С. Туяа『モスクワで処刑されたモンゴルの指導者たち』二〇一一年、一二ページ）。

これらの人々の罪状は、すべて「日本のスパイとなり、反革命活動を行い」、その思想は「パンモンゴリズム、あるいは narmai mongol ulus」樹立をもくろんだことにあるという。

三

二〇世紀に入って、パンモンゴリズム Panmongolism ということばを具体的に政治運動の名としてはじめて用いたのは、当時北京駐在大使であった、ロシアの外交官、イヴァン・コロストヴェッツ（Iwan Korostovetz）の著書、*Von Cinggis Khan zur Sowjetrepublik, Eine kurze Geschichte der Mongolei unter besonderer Berücksichtigung der neuesten Zeit*, Berlin und Leipzig 1926（邦訳一九三七年）である。

一九一九年、ブリヤート人、内モンゴル人、バルガ人の代表が東シベリア鉄道ダウリア（Dauria）駅に集まって、モンゴル諸族の独立を宣言したとき、コロストヴェッツは、これを Agitation der burjätischen Separatisten und deren Versuch, eine panmongolische Bewegung zu inszenieren（ブリヤートの分離主義者の扇動と、かれらの汎モンゴル運動を仕組む試み、二九二ページ）だと強調している。ここでセパラチストと言うのは、ブリヤートをソ連から分離させて、モンゴルとの合体をもくろむことを指しているのであろう。

　コロストヴェッツはさらに、Was den politischen Status der künftigen Vereinigten Mongolei betrifft, so sollte sie unter das Protektorat Japans gestellt werden（未来の統一モンゴルの政治的地位に関して言えば、日本の保護下に置かれることになっていた）と述べている。日本の保護下に置くとは、一九一九年にダウリア政府の樹立を宣言した際に、日本の支援を期待していたことを指す。

　では、パンモンゴリズムとはコロストヴェッツの発明した語かといえばそうではない。それは、ロシアの思想家、Владимир Соловьев（1853-1900）が、死の数年前に書いた、パンモンゴリズムと題する詩にもとづいている。

Панмонголизм　　パンモンゴリズム

（一）Панмонголизм!　　（一）パンモンゴリズム！

Хоть слово дико,　　呼び名は粗野なれど

Но мне ласкает слух оно,　　そのひびき、吾には甘美なり

Как бы предвестием великой
Судьбины Божьей полно.

（六）От вод малайских до Алтая
Вожди с Восточных островов
У стен поникшаго Китая
Собрали тьмы своих полков.

（七）Как саранча неисчислимы
И ненасытны как она,
Нездешней силою хранимы,
Идут на север племена.

あたかも御神の大いなるさだめの予言で
満たされているかのように。

（六）マレーの水域よりアルタイまで
東の島々からやってきた頭目どもが
蜂起したシナの長城のそばに
数万もの軍勢を集めた。

（七）ああロシアよ！　昔の栄光など忘れてしま
え！
双頭のワシは砕かれた。
なんじの御旗の切れ端は
黄色い子供たちのなぐさみものにされたの
だ。

（御子柴道夫訳にもとづく）

そして、この詩は「模倣好きの日本人が、驚くべき速さで身につけたヨーロッパ思想に学び、西欧に汎ゲルマン主義、汎スラヴ主義、汎イスラム主義があるのを知って、自らもパンモンゴル主義を考案したのだ」（Три разговора 1897, 2007, 154P）という。

しかし日本語の中にはパンモンゴリズムという語はない。これは、歴史的にタタールのくびき（татарское иго）の悪夢におびえるロシア人の心理的恐怖心を表現したものであろう。

ソロヴィヨフはさきに名をあげたパンモンゴリズムと題する詩の中で、「マレーの海からアルタイまで、東の島々からやってきた指導者たちが、蜂起したシナの長城のもとに無数の軍団を集めた」と歌っているのを見ると、かれの言うパンモンゴルのモンゴルとは、本来のモンゴル人のほかに中国人も日本人も含めている。そうして、あるところでは、монгльское или желтое племя（モンゴル人もしくは黄色人種）と言っているから、ソロヴィヨフは、モンゴル人ということばを黄色人種という意味で用いていることは明らかである。

そしてこのロシア人を襲う悪夢の中のパンモンゴリズムは、一九一九年のコロストヴェッツにおいて、本来の、せまい意味でのモンゴル人となり、その諸族の統一運動として再来したのである。

この、せまい意味でのパンモンゴリズムは、まず一九二六年に、ソビエト政権によってモンゴルから分離させられたトゥバ（Tuva）との再統合、すなわちトゥバのモンゴルへの返還を求める運動に対して、次に一九二八年頃には、ブリヤートや内モンゴルとの統合運動に向けて用いられたのである。一九三二年の満洲国出現以降は、満洲国西部のバルガ族のもとで、再びかれらのハルハとの統一の願望が燃えはじめたのである。

四

私が言いたいことをまとめれば、次のようになる。gelbe Gefahr（黄禍論）という観念の起源は、すでに紀元前にさかのぼる、フン族へのヨーロッパ白人の強い恐怖心にあった。その恐怖の伝説は、一三世紀にロシアを支配したモンゴル軍によって現実となり、それがロシアの全史をつらぬく「タタールのくびき」として定着した。それはヨーロッパとアジアを一つにまとめた「ユーラシア」を出現させたとして評価する一部の歴史家もある一方で、大部分のヨーロッパ人には黄禍として印象づけられた。とりわけ gelbe Gefahr（黄色人種への怖れ）を抱いたドイツ皇帝ウィルヘルム二世（Wilhelm II）が、ニコライ二世（Nikolai II）にそれを伝えた手紙の中で用いた。一八九五年のことだ。この年代はもう少しさかのぼらせることができるかもしれない。この黄禍への恐怖にパンモンゴリズムという表現を与えたのはロシア人の才能である。そして、最初はモンゴロイドという人種的だった意味を、モンゴル語を話す人たちという文化のレベルの意味にせばめて政治的に用いたのがソビエト的才能であった。

モンゴル諸族の国家的統一という課題は、パンモンゴルということばこそ使わなかったけれども、この理念は、すでにモンゴル人民党第一回党大会（一九二一年）の綱領の中に示されている。“Алсдаа Монгол үндэстэн бүгдээр нийлж нэгэн улс болохыг зүснэ”［いつかはモンゴル民族はこぞって統一し、一つの国家になることを主張する］と記されたのである（O.Батсайхан, *Mongol ündesten büren erkht uls bolokh zamd*, 2007, 240P）。

しかし、この理念を押し通そうとしたために、モンゴル民族は数万の最もすぐれた知識人、指導者をぎせいとして失わねばならなかったし、これからもそのようであろう。

（第10回ウランバートル国際シンポジウム「ユーラシア大陸における日本とモンゴル」二〇一七年八月二六日）

（『MONGOLIAN and Northeast Asian Studies　モンゴルと東北アジア研究 vol.3 2017』
２０１８年３月『モンゴルと東北アジア研究』編集委員会編　風響社）

第六部 北方アジアの神話と英雄叙事詩

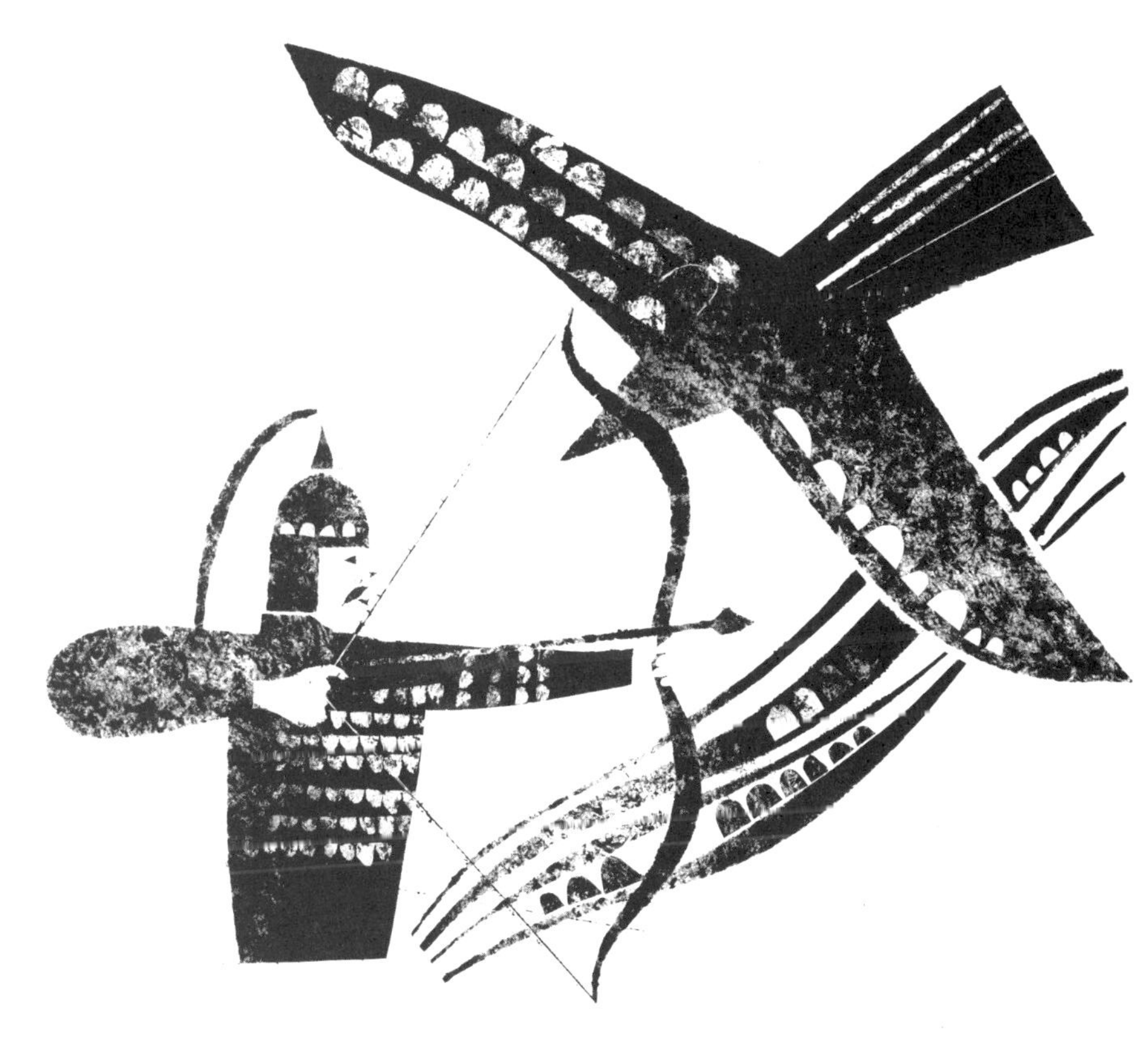

ブリヤート口承ゲセル物語にあらわれた二つの文化層

一　まえがき

ヒマラヤからバイカル湖に至る広大な地域をおおうゲセル物語の名は、たとえばSYLVAIN LÉVIがイリアッドやニーベルンゲン・リートに並ぶ評価を与えていることからも知られるように、[1]研究者にとって決して耳新しいものでないとはいえ、その資料的性格に由来する種々の困難さのためとりわけ我が国の学界には不充分かつ断片的にしか知られていない。ゲセル物語は果たして「イリアッド」と呼ぶにふさわしいものであろうか、あるいは「英雄叙事詩」というてごろな規定を与えることがその実体を適確につかむことになり得るだろうか。こういった設問にここでは直接答えることは避けて、モンゴル語圏内でのゲセル物語の内的比較を通じて、土着の神話体系が外来の完結した物語にどのように抵抗したか或いはそれを受け入れたかをいくらかでも明らかにしたい。

書写のかたちでは、チベット語、モンゴル語、カルムィク語で数多くの木版、写本が流布しているほか、口承のかたちでは最初の二つの有力な言語のほかに、ブリヤートの諸方言、アムド方言をはじめとするチベット諸方言やブルシャスキー語でも伝えられている。このあきらかにチベット起源の物語の名を最初に知ったヨーロッパ人はP. S. Pallasであり[2]（一七七二年）、そのテクストをはじめて出版し[3]（一八三六）、独訳した[4]（一八三九）のはI. J. Schmidtであった。シュミットのテクストは一七一六年北京で開版された七章から成る木版本の復刻であった。このようにゲセル物語は、ヨーロッパでは先ず木版のモンゴル文語版から知られていったのに対し、我が国ではブリヤート口承版が先ず知られることになったのである。口承版は文字の支配力が弱いところでは、書写版への求心的傾向から解放されていて一層自立的である。したがってより土着的でありうる口承版がたとえ英語からの重訳にすぎないとしても、それがすでに知られていたことは我が国の民族学にとっては幸いであった。その反面にこだわって言うならば、我が国の民族学が原語資料を扱い得なかった、或いは西欧語資料の方により親しんだことの現れではなかっただろうか。

さて我が国に知られているゲセル物語の翻訳とは：

前田太郎篇『世界風俗大観』大正三（一九一四）年に収められている「蒙古の神話」と題する一篇。『現代のエスプリ』第二十二号「神話」所収、一九六六年

中田千畝『蒙古神話』昭和一六（一九四一）年

の二書である。いずれもJeremiah Curtinの著書[5]にもとづいているが、後者は読み物とし

ての話のすじがきの一貫性を重んじて、他の資料をも加えて編みなおしてある。Curtin がゲセルを Gesir と表記したところから、いずれのばあいにも「ゲシル」と書かれ、これが我が国の学界にも一部踏襲されることになった。この原因については、おそらく、ブリヤート語の弱まった第二音節の e が、ロシア文字によって ы と記されたか、或いは音声的に〔ɨ〕であったのを Curtin が i で写してしまったものと考えられる。しかし以下に述べるように、信頼すべきブリヤート口承版と比較することによって、カーチンの採録がかなり正確であり、学問的資料たり得ることは明らかである。しかも典型的な口承版の内容を反映し得ている。しかし、このことは、一般的に知られている書写版のゲセル物語の内容を示すものであるという意味では決してないのであり、その主人公の名が同じであるという点を除けばエヒリト・ブラガト版は書かれたゲセル物語とは全く別物であると言った、ダムディンスレンの指摘は、一部分ここにもあてはまる。(6)

チベット高原から北へ伝わったゲセル物語が達した北限のブリヤートでは、この物語は

Geser-xān

Bogdo-Geser-xān

Abaj-Geherī-tūžǐ

Abaj-Geser-bogdo-xān

などと呼ばれている。[7] 書写版で

Arban ǰüg-ün eǰen boyda Geser qayan

十方の主ボグダ・ゲセル・ハーンと呼ぶのとはかなりのへだたりがある。書写版からブリヤート口承諸版との間の種々の面での変異は、土着の伝承と外来の物語との歴史的な接触[8]過程を地理的平面上に投影してくれるものである。

二　エヒリト・ブラガト版の語り手について

Jeremiah CURTIN（―一九〇六）は一九〇〇年、モスクワからシベリア鉄道経由で七月九日イルクークツに着き、同年九月一五日までイルクーツク近傍に滞在した。*A Journey in Southern Siberia* はその時の記録であり、全巻の半ば以上が採録されたブリヤートの伝承で占められている。Gesir Bogdo No. 1-3 もその一つである。採録の方法は明らかではない。無類のポリグロットであったらしい著者ではあるが、わずか二ケ月の滞在中にブリヤート語を身につけて、自在にそれを採録したとは考えられない。たとえばポターニンなどがそうしたように、ロシア語を解する現地人に補助的に通訳させたことは大いに考え得るところである。さてカーチンが記すところの語り手は Sckretaryoff となっているが、同書の別の個所には次のような記述が見える。

Other men were found after those two, but none came who were at all satisfactory till Manshut appeared. He told three stories: Gesir Bogdo, Ashir Bogdo, and The Iron Hero. （中略）He ［Manshut］ was a great lover of the pipe and smoked continually, drew whiffs between sentences, even between words.(9)

したがって Gesir Bogdo の表題の下に附された Sckretaryoff は、さきに述べたようなロシア語への仲介者ではなかっただろうかと思われる。

一方、一九〇六年に Žamcarano が採録したゲセル物語の語り手は Manšut Imegenov という名であり(10)、ジャムツァラノーは、A. Mixailov を常に伴って、音写に際して語形や語義をたしかめる際に、いちいちその意見を徴した。ジャムツァラノー伝うるところのマンシュトの人物については次のように記されている：

この語り手はウリゲル［英雄叙事詩にあたるモンゴル語］を語るとき、時々のどをうるおすためにあらかじめ水をかたわらに置いておき、凭れかかったような姿勢で、自分の叙事詩の雰囲気にひたりきって目を半ば閉じ、ゆっくりと節まわしよく歌いはじめるのである(11)。先へ進むにつれていよいよ熱中し、聴き手の前に次から次へと場面をくり展げつつ、彼自身が全く夢中になり、魅惑に心を奪われきっておりながらも驚くべき平静さと落ちつきをもって一つ一つの事件を語るのである。聴衆はしかるべき場所に来るとコーラスでそれに和してくり返すのである。[12]

このマンシュートは、一九五八年に［私が］その生地を訪れたときの調査によって明らかになったところでは、生年は一八四八年、没年は一九〇八年であった。その家系もいくらかは明らかにされた。[13] 六年という年月の差をもって同じイルクーツク近傍の地点で、二人の研究者によって別々に採録されたゲセル物語の、それぞれマンシュートと呼ばれる語り手は果たして同一人物か否かを明らかにする方法はない。しかしながら Žamcarano 版が Abaj Geser-Xubun, Ošor Bogdo-Xubun, Xurin Altaj-Xubun の三部から成っているのと同様、Curtin 版でも上述のように Gesir Bogdo, Iron Hero, Ashir Bogdo から成る三部作の形態をとっていて、Ashir はジャムツァラノー版の Ošor にあたる。しかもその内容には強い一致が認められ、同一人物であるとの確信は一層強まるのである。如何なる理由によってであるか、Curtin のこの記録は今日殆んど無視されている状態である。たしかに Žamcarano のテクストが刊行された以上、ゲセル物語に関するかぎりその価値は失われてしまったとも言える。しかしその他の伝承記録に関しては、たとえば Xangalov などかすべてを尽くしてはいない点を補う個所もあり、その記録はかなり正確であると見ることができる。

三　テンゲリとゲセル

ブリヤートの神話の体系は東西九十九神の構成の上に成立していると言っても過言ではない。ゲセル物語は、チベットに由来するその根源的なかたちにおいては、この天上の九十九神のものがたりとは全く関係がなかったであろう。北京木版のゲセル物語においても、この天上の神々についての物語とは関係が認められない。しかるにブリヤートでは、ゲセル物語はそこの尨大な神々の物語と不可分の関係にあり、これらの知識が聞き手にとって前提されているかの如き観を呈する。ゲセル物語はブリヤート神話の一部である。その変種のあるもののうちには、シャマンの儀礼と密接にかかわっているものがある。九十九神についてはすでに西欧の研究者によってしばしば触れられてはいるが、ここではブリヤート語の資料そのものにさかのぼって、よりこまかい問題に考察を加えてみることとする。

天に在る九十九の居住者は tengeri と呼ばれ、この語はまた空間的な天を意味して日常的に用いられる。他にはまた天を意味する ogtorgoj という語があり、ブリヤートのある方

言では前者が昼間の見える空を意味するのに対し後者は夜天を指すものとして区別して用いられるという。そこで

tengerin tömön sagan burxan,　テンゲリのよろずの白いボルハン
oktorgon olon sagan burxan　オクトルゴイのあまたの白いボルハン

と対照して歌謡の中にうたいこまれているという[14]。つまり光が入ることによって、空ははじめてテンゲリとなり得るのである。ここでは人格化したテンゲリについてのみ話を限る。天は東と西に二つに分かれ、東に在る四十四のテンゲリは地上の人間に疫病、不妊、ひでり、家畜の死などあらゆる不幸を降(くだ)し、脅威にさらしている。それに対して西の五十五のテンゲリは、東テンゲリによって降(くだ)される害悪から人間を庇護している。普通、西テンゲリの長老はQurmusta tngriで、東のそれはAtaa Ulaan tengriである。以上のことについては次のような韻文にうたいこまれている。

Baruulaža türüldöbö—　西にあって生まれたのは
Tabin taban tengerin,　五十五のテンゲリ

Tabin taban tengerijee
Axalaža türüldülej—
Xanxan Xjormos tengeri.
Züüleže türüldübö—
Düšin dürben tengeri,
Düšin dürben tengerijee
Axalaža türüldübö
Ataa Ulaan tengeri.[15]

また別の版によれば：

Züülegše tengeri
Düšen dürben tengeri,
Tere düšen dürben tengerijje
Axalža türehen
Gurban üülete
Dürben nomto tengeritej
Šodon sooxor moritoj

五十五のテンゲリの
長老に生まれたのは
ハン・ヒョルモス・テンゲリ。
東にあって生まれたのは
四十四のテンゲリ
四十四のテンゲリの
長老に生まれたのは
アター・ウラーン・テンゲリ。

東の方のテンゲリ
四十四テンゲリ
その四十四テンゲリの
長老に生まれたのは
三つの雲を
四つの書を
尾の立ったまだら馬をもつ

Ataj Ulaan tengeri gexe;[16]
Baruunaj tabin taban tengeriin
Axa deede tengeri
Xaan Xurmas tengeri gexe.
Gazaraj tende huudaltaj
Segeen Sebdeg tengeriije
Atai Ulaan tengeritej
Buljaaldaža bajba gexe.[17]

アタイ・ウラーン・テングリという
西の五十五テングリの
長老テングリは
ハーン・ホルマス・テングリという。
地の其処にすみかある
セゲーン・セブデク・テングリを
アタイ・ウラーン・テングリと
奪いあっていたそうだ。

上の韻文の末尾にも明示されているように、もともと東西テングリの争いは、中立のセゲーン・セブデクの所属をめぐって起こされたものであるとの伝承が多い。天上の争いは地上に移り、ゲセルは西テングリの子として地に降(くだ)るのである。これは北京木版本などの書写版との大きなちがいである。

これら九十九テングリの数さえ示さず、雑然と十個の名を挙げるにとどめたBANZAROV[18]と異なり、XANGALOVは、その名の大部分を、ブリヤートの多くの地域から採取し、その職能などについても詳しい報告を残した。その中の一つの伝承によれば、セゲーン・セブデクは西に属するものとされ、その一人娘の美女Seseg-Nogon-abaxajを東西テンゲリが奪いあったのが、この絶えざる争いのそもそもの原因であったと説く。[19] 地上の白シャマンと黒シャマンは西東のこの対立に対応していて、西テンゲリのうち特にBolur-Sagan-tengeriがその任にあたることになっている。一般的にいって、東テンゲリの個々の職能は西テンゲリのそれ程には明確に定まっていないようである。テンゲリはまた鍛冶屋をも地上に降した。西テンゲリのDaban-xolo-（或いはDajban xöxö-）tengeriは白い鍛冶屋の守護神であって、最初の白い鍛冶屋であるZajanのBožintojは九人の息子と一人の娘をトゥンカの山上に降して、人間に鉄を鍛える方法を伝授させた。東テンゲリもまた、七人の黒い鍛冶屋を降すのである。ゲセルもまた、このような神々の抗争のうちに地上に降りるのであって、今日書写版資料ではまったく痕跡的にしか知られない黒い鍛冶屋とゲセルとの闘いが後に見るように口承版との比較により再構されるのである。

さてゲセルはこれら西テンゲリの総意を受けて地に降り、同様に東テンゲリから地に降って民を苦しめている怪物Mangatxajとたたかうのである。ゲセルは地上で七十才の老爺の妻六十才の老婆に宿って生まれるというのが多くの版の伝えるところである。しからば天におけるゲセルの父は何であったか。この問題はブリヤート神話のより古い形を与える［再構する］上で重要である。

四　ゲセルの父と至高神

前節でブリヤート語テクストを引いて、西五十五テンゲリの長老はQurmusta ~ Xaan Xurmas ~ Xanxan Xjormos ~ xaň Širmas[20] ~ tengeri であると書いた。しかしホルモスタ・テンゲリは版によっては必ずしも五十五テンゲリの長ではない。またゲセルはこのホルモスタ・テンゲリの三子のうちの中の子であるとする版に対して、別の異なる伝承もある。ホルモスタを父とするものには次のような例がある。

1. 北京木版本系

Qurmusta tngri
- Amin sakigči
- Üile bütügegči
- Tegüs čoγtu

2. DMITRIEV 版

Xaan Xurmas t.
- Zasa Šüxer mergen
- Ami saxidag mergen
- Beligen tügder xübüün

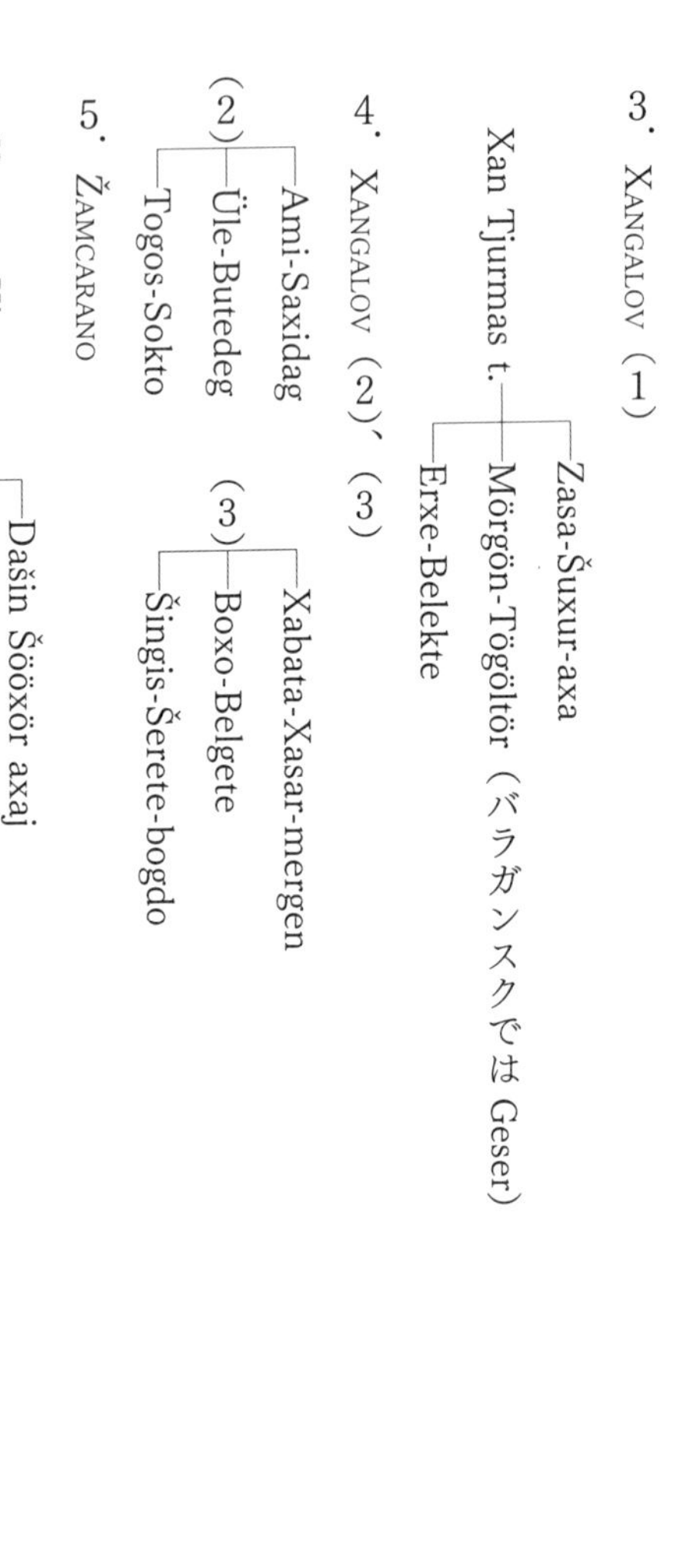

ホルモスタの息子の名は、木版本とハンガロフ（2）では全く一致している。ドミトリエフ版の中の子は、木版・書写本からの影響によると考えられる。さて、ハンガロフ（3）の第一子も第三子もチンギスやハサルの名であることから、伝説（或いは記録に由来する知識）にもとづくことが考えられる。このようにホルモスタの子の名前が一致しな

いだけでなく、「ゲセル」という名は、多くのばあい地上に žuru の名で幼少期を送った後、英雄となってはじめて呼ばれるのである。また版によっては九人のうちの中の子である。

ブリヤート口承版には、モンゴルの木版・書写版が一度として記したことのない Esege Malaan の名があり、その名はしばしば重要である。たとえば、ゲセルは武器や天の庇護を乞うて、エセゲ・マラーンを訪れるのである。

Esege Malaan baabajdaa	父エセゲ・マラーンに
Exe Jüüren iibiidee	母ユーレンに
Orolsono belejl daa.	おもむいた。
Xüxedej Mergen babajdaa	父フヘデイ・メルゲンに
Xültej Xatan ibiidee[21]	母フルデイ・ハタンに
Orolsono belejl daa.	おもむいた。

父、母と呼ばれるこの二対の名は M. P. Xomonov の注によれば、ゲセルの父母との謂ではなく、ブリヤート人の祖先であるとのことであるが、なお検討を要するであろう。[22]

このエセゲ・マラーンはまた

Barulama tengeri　　西のテンゲリ
Tabin taban tengeri,　　五十五テンゲリ（の）
Esege tengeri　　父なるテンゲリ
Esege malan tengeri,　　エセゲ・マラーン・テンゲリ
Exe tengeri　　母なるテンゲリ
Exe Juran Tengeri,[23]　　エヘ・ユラン・テンゲリ

のようにうたわれていて、五十五テンゲリにおけるホルモスタの地位を奪っている。ハンガロフの記述では、西テンゲリとしてまずXan-Tjurmas tengeriが挙げられ、その次にエセゲ・マラーンとその妻エヘ・ユランが挙げてある。

CURTIN版はEsege Malan, the highest god,[24]…と呼び、また、The oldest and chief of those people [in the sky] is Esege Malan[25]と述べる。

このように西テンゲリの長についてはいずれとも決しがたい。一方にはエセゲ・マラーンをゲセルの祖父と解することによってその衝突を避けている伝承もある。

Then Esege sent down to the earth his grandson, Gesir Bogdo, the son of Mahai Danjin the hero[26]…

これはまた、Esege Malan の九人の子のうち、中の子 Mahai Danjin の長子が Gesir Bogdo であるとの記述とも一致する。[27] 別の場所では、エセゲ・マラーンによって世界が東と西に分けられたという説明によって、[28] 東西［両］テンゲリの上に立つ至高神としての地位を与えようとする伝承もある。同じような内容でありながら注目すべきは

Delquen Sagán Burkan, World White God, is the highest existence in the Universe. He is called Esege Malan.[29]

と至高神であることを明示してから、

Qoqodai Mĕgûn Qubín, the eldest of the fifty-five Tengeris[30]

と記し、ここでは五十五テンゲリの長はこれまでの資料には未知の Qoqodai Mĕgûn（＝Mergen）Qubín（＝Xübüün）の名となっている。このばあい、ホルモスタの名はどこにも現れず、いかなる地位をも当てがわれていない。

Curtin の Gesir Bogdo No. 1では、ゲセルは Esege Malan の子とされ、ホルモスタは却って東方四十四神の一つであるとされている。[31] 以上かなり記述が混乱したが、エセゲ・マラーンがブリヤートの諸版、とりわけ書写の影響の少ないところで、確実な地位をもって現れるのに対し、ホルモスタの地位は不安定である。Qurmusta の名が、明らかにイラン

の神 Ahura Mazda に由来するということによってだけでなく、口承版との比較によって、それが外来の神であることは一層明らかとなってくるのである。口承版はまた、この物語が極めてシャマン的な環境の中に成立したことをも教えている。

象徴的な例はゲセルが地上に降る動機についてである。木版本によれば、Sigemüni burqan（シャカ）は世の乱れを治めるために、ホルモスタ・テンゲリに、息子の一人を遣わすように命じていたけれども、ホルモスタはそれを忘れて怠っていた。ある時、にわかにホルモスタの居城 Sudalasun balγasun が一ベレの距離にわたって破壊された。ホルモスタの三十三人の bayatur たちは宿敵 asuri［阿修羅］の兵のしわざと考えて駆けつけてみると、それはひとりでに壊れたのだった。[32] シャカのいいつけを怠ったと気づいてすぐに息子を地に降そうとするのである。

ハンガロフ版ではシャカや三十三人の bayatur は全く知られていないのみならず、地上の人間と天界をむすぶ物語として語られている。

毎日、人と馬とが百ずつ死んだ。そこで女シャマンの Šarxan が寡婦と孤児の涙をあつめて、これで天にむかって sasali barjix（灌礼）を行なった。涙は天の西南隅にあるハン・テュルマスの白銀宮に落ちて、宮居はゆらぎ、その一角が壊れた。ハン・テュルマスは祖母、Manzan-Görmö のところへ伺いを立てに行く。そこで、東テンゲリの長、Ata-Uran-tengeri が地に落ちて、それから Gal-Dölöm-xan が生まれ、これが地上の生類を苦しめていることを知る。そこで中の子 Mergen-Tögöltur を降すことになった。

別の伝えによれば、寡婦 Bilexen と孤児を打って泣かせて涙をあつめた。人を故なく泣かせることは悪であり、寡婦と孤児の涙には毒があると言われているからである。またシャマンによる儀式は、この時にはじまったのだとされる。(33)

CURTIN(34) 版では、壊れた天の居城の主はエセゲ・マラーンである。エセゲ・マラーンは Zarya Azergesha にそのわけを訊ねたところ、地に降った四人の息子の悪業に苦しむ人間どもの涙と血が天に達し、壁を壊したのだと告げる。木版・書写版にあらわれたシャカは実は「おばあさん」と呼びかけられる Manzan Göröm であった。木版・書写版には全く未知のこのマンザン・グルムには長老ホルモスタ・テンゲリ或いはエセゲ・マラーンでさえも、また無敵のゲセルでさえも危急の際には助力を乞わねばならなかった存在として現れる。例えば

Xanxan Xjormos tengeri, ハンハン・ヒョルモス・テンゲリは

Baruun xojto ünsügtü türüldöhön
Malzan Xörmön töödejhöö
Šüüberijee huraxa geže
Jabaldaba bajba la.[35]

西北の一角で生まれた
マルザン・フルムンばあさんに
うかがいをたてようとて
出かけたのだった。

マンザン・グルム或いはマルザン・フルムンについて述べようとすると、ゲセル物語の中にとどめている痕跡によってのみうかがい得る一つの星伝説について述べないわけにはいかない。Malzan Xörmön はそこで最も多く言及され、天界の諸々の現象の起源が彼女にむすびつけて説明されているからである。

五 星伝説における黒い鍛冶屋

北京木版本の第三章はキタド（中国）のグメ・ハーン Güme qayan[36] のものがたりであって、ゲセル物語の中でも特に民話的色彩が濃く、一見したところでは、まじめにとりあげる必要さえないように思われるかもしれない。しかし私は、このグロテスクな形をとっている物語の底には、古いモンゴルの神話の一部が眠っていると考える。この一篇は、多様な内容から成っており、様々な由来をもつ物語の混成であるように見うけられる。

この物語を含む版は：

一　北京木版本第Ⅲ章

二　ノムチ・ハトン版第Ⅲ章(37)

三　ザヤ版第Ⅷ章(37)

四　Xangalov Ⅱ(38)

五　Dmitriev 5952-6305

最初の三つはいずれも書写において一つの起源をもつものとして一群にまとめることができる。四、五は極めて近い関係にある口碑である。エヒリト・ブラガトのAbaj Geser-xubunにこの一篇が欠けていることは重要であって、ドミトリエフ版との大きな距離を明示している。木版・書写本のあらすじは：

キタドのグメ・ハーンの妃が亡くなって、ハーンは悲しみのあまり、あまねく喪に服することを命ずる。曰く「立った者は立ったままで、座っている者は座ったままで、食べているものは食べながら泣け」と。そのため、なすすべなく国中が困りはてているところに、doluγan quǰigir darqan（七人の禿のかじや）のうちのでしゃばりの長兄が、ゲセルに相談してみてはと提案する。長兄は女房の反対を押しきって、長旅の末ゲセルの居所にたどりつく。ゲセルに事情を話して、キタドに現れて威力を発し、ハーンを正気にかえらせてはくれぬかと頼む。ゲセルは幾つかのerdeni（宝）を要求し、もしそれが手に入らぬとあらば、七人のかじやの頭を持って来いと要求する。いずれも手に入りそうもない宝なので、七人は首をきられ、ゲセルの所に七つの頭蓋がとどけられる。ハンガロフ版は、いかにも口碑らしい写実的な語りくちで、この部分をより詳しく記している：Zudak-Šara-batarは百頭の馬に乗りついで行く。馬はすべて倒れ、バートルはさらに徒歩で行く。靴がすりきれ、肉がすりきれて遂に骨だけになって歩く。やっとナイジン谷の頂に着いたとき、行きだおれの馬の肉を見つけて食う。ゲセルの部下がそれを見てつれて行く。

ハンガロフ版はまた、かじやの馬鹿さをおもしろく語る：ゲセルに使いして帰ったかじやは、ゲセルが要求した七人の頭の話を女房にだけ打ち明けて秘密を誓わせる。女房から女房へと話が伝わり、遂にハーンの耳に入ったときも、知らないのは、かじやの兄弟だけだった。ゲセルは七つの銅の釜に頭を入れて煮て浄め、七つの杯を作る。酒をかもして盛り、風の輪に乗せて天の祖母Abša Küürzeにとどける。祖母が酩酊しているすきに、ゲセルは鍵をぬすんで宝の小箱を開き、宝を携えて地に降（くだ）るが、なお足りないものがある。種々策をめぐらしてそれを手に入れて、グメ・ハーンのところに行く。ハーンは蛇の獄、しらみの獄など九つの獄におとして責めるが、ゲセルはこれらの宝の威力によってすべてを切りぬける。遂にグメ・ハーンを狂気からもどし、ハーンの娘を手に入れる。しかしこの娘はあとで離別させてキタドに帰す。

以上のあらすじからうかがうかぎりでは、特に後半はキタドの王の娘に対するゲセルの求婚譚である。ゲセルが求婚したとはどこにも書かれてはいないけれども、娘を手に入れるためには、九つの獄の試練に耐えねばならず、そのためには身をまもる宝が必要である。宝を得るには天の祖母から鍵を奪わねばならず、そのためには祖母を酔わさねばならない。祖母を酔わすためには、かじやの頭蓋からつくった杯が必要である。このように、ゲセルの行為を結果から逆にさかのぼって行くと、これは明らかに婚姻に達するための難題の連鎖を形づくるものである。しかしながら王の妃の死はこの難題連鎖の中でどんな意味をもちうるのだろうか。この問いには DMITRIEV 版が答えてくれる。

Güümel xaan	グーメル・ハーンは
Xojor elšedyje	二人の使者に
Saarha zuraža	(手) 紙を書いて
Abaj Geser bogdodo	アバイ・ゲセル・ボグドに
Nügšehen hamgyjemni	死んだ私の妃を
Bodxooxo geže zuraža	蘇らせてくれと書いた

Xitaruu Gooxon Abxajgaa ügexeb geže　ヒタロー・ゴーホン・アバハイ王女を与えようと
Bešeže eljgeebe.(39)　書いて送った。

つまりドミトリエフ版では、死せる妃を蘇らせることが難題連鎖のうち、最も重要な項目となっているのである。書写版よりも、この方が本来的であるとにわかに断定はできないが、この方により一貫性が見られる。

次に問題となるのは、七人のかじやとは何者であるか、天の祖母 Abša Küürze とは何であるか、何故に七人のかじやはこのようなむごい仕打ちを受けねばならなかったのか、ということである。この問題を解くにあたって、これらの人名が、各版にどのような形であらわれるかを一覧してみよう。

一　王の名

Peking: Güme qan
Nomči qatun: Kere Güme qayan
Caya: Kira Goma qayan

Xangalov: Gumen-xan 或いは Goma

Dmitriev: Güümel xaan

二　妃の名

P. N. C. なし

X. Gomo Seseg-xatan

D. Naran Gooxon

三　王女の名

P. Güne γua

N. Güne γuua

C. Günü γua

X. Nogon-Goxon-abaxaj

D. Xitaruu Gooxn Abxaj

四　天の祖母の名

P. Absa kürǰe

N. Abša kürče

C. Nabsa kürče

X.　Manzan Görmö
D.　Manzan Gürme
(EB　Malzan Güürmen)

以上の一覧で、天の祖母の名が、書写版とブリヤート口承版とではっきりした対立が見られることを特に注意しよう。特に後者において、その役割は単にゲセルに宝を盗みとられるだけでなく、天界の様々な自然現象の起源を解くにも利用されている。

Abaj Geser　アバイ・ゲセルは
Doloon darxanaj tolgojgoor　七人のかじやの頭で
Doloon altan sar büteeže,　七つの金杯を作り、
Tere sarnuud soogoo　その杯の中には
Dalan züjlyn edjee guljdxaža,　七十種の食物を混ぜ、
Arzada xorzodo xoližo,　アルザ、ホルゾ[40]に混ぜて、
Xoron Šexer edjeen bolgožo,　毒ある甘い食物と為して、
Beligen xejer morjoo unaža,　賢い栗毛駒に乗り、

Baruunaj tabin taban tengeride
Manzan Gürme töödejdöö
Degdešebe gexe.(41)

西の五十五テンゲリへ
マンザン・グルメばあさん［のもと］へと
昇って行ったそうだ。

すなわちマンザン・グルメが五十五テンゲリに属していることは明らかであって、したがって五十五テンゲリについて全くふれていない書写版にマンザン・グルムが現れることはありえないのである。ところでこのばあさんは

Tiigeže xojor sar edjeenj
Uuža abaad xojnohoonj
Doloon saryjenj
Šengydežerxibe.
Tere doloon saryn
Doloon übged boložo(43)
Tengeride bajšaba.

そうして二杯の食物を
飲みつくしたあと
七つの杯を
投げ放った。
その七つの杯は
七人の老人(42)となって
天にとどまった。

ハンガロフ版によれば、ばあさんは眠りからさめておもてに出てみると、ゲセルはまんまと宝を盗んで天と地の間を降りてゆくところだった。そこで「財産の分け前ももらえずに、子もなく死ね」、また「まっすぐ東にとんで行って Aljbin の地獄に落ちろ」とののしる。そして七つの杯を投げて、天に在って年と夜の時間を示せといった。それが大熊座 Dolon-Öbögöd となったという。また

Manzan Gürme töödej　　マンザン・グルムばあさんは
Baruun xüxenejngöö hüüje　　右の乳房から乳を
Aša xübüünej　　孫の
Saada bejeer šedebe gene.　　ゆくてに放ったそうだ。
Abaj Geser bogdo zogsožo　　アバイ・ゲセル・ボグドは停まり
Möören gexe goldo unaba.　　ムーレンなる河に落ちた。
Tere šara uurajenj　　その黄なる荒乳は
Tengeriin Oëdol bolobo.(44)　　天のぬい目となった。
Gazarta unangüj bajba.　　地に落ちては来なかった。

ハンガロフも同様に銀河の起源をマンザン・グルムの右の乳房から発した乳に帰している。書写版では、祖母がゲセルを見送ったとき、当時の習慣によって旅の平安を祈って、［旅立つ者の］後から灰を撒いた。その灰が空に漂って雲となったと述べる。

口承版が Milky way, Milchstrasse, mlečnyi putj などのヨーロッパの命名を連想させるような説明をしているのに対し、ことばそのものは tengeriin ojodol（天のぬい目）となっているのは注意をひく。この「縫い目」という表現は、Uno Harva のように、単純に天幕の連想にもとづくと説明する[45]のは表面的であって、dualistic な東西二つのテンゲリがここで結びあわされていると考えねばならない。そしてこの祖母マンザン・グルムはこの銀河の畔に住んで双方の天を分裂からまもり、その平静を司っているのである。

それでは次に、七人のかじやは何故に殺されたかという問題にうつろう。このかじやが受けた災難のその根拠を説明せんとつとめるが如くに、各版は様々な épithète を附して、当然この罰に価するものとして説きたいようである。

tere qaγan-nai doluγan goǰiger darγan aǰuγu doluγula büri aqa degüü buγu; yeke aqan-i
sabaγa ügei sarkiraγul qoǰiger qaǰuγu;[46]

その王に七人の禿のかじやがいた。七人は兄弟だった。長兄はおせっかいのサルキラゴル・ホジギルだった。

aqa degüü doluɣan qoǰiɣar kümün bölüge; tere maɣu aliya daraɣan qoǰiɣar temür-iyen dabtaǰn saɣuqui-dur-iyan…[47]

兄弟七人の禿がいた、その悪い腕白なダラガン・ホジガルが鉄を打っていると…

我々は、このドローン・ホジギルの名がすっかり民話化している例を見る。*teneg* dolōŋ xodžigir, owto gantsa modžigir gedži, nege tïmulas baidži gene.（まぬけの七人のホジギルと、ずるい一人のモジギルという、そういう一団の人がいたそうだ。[48]）このポッペの採録したものによると、ドローン・ホジギルは、何とかしてモジギルをギルを一杯食わせようと思うが、いつもしてやられるのである。これらの個所にあらわれるモジ一ン・ホジギルはいずれもこっけいで愛嬌のある、平凡な民話にあらわれるのにふさわしい相貌を呈しているのであって、何の報いであのようにむごい仕うちを受けねばならなかったのか。その点について一つの解釈を示唆するのはハンガロフによる採録である‥

かれらは、黒い鍛冶屋 xožir の、そのいずれもまた黒い鍛冶屋であった七人の息子のうち、末弟の鍛冶屋 xatalza-xara をえらんだ。[49]

問題は、かれらが黒い鍛冶屋に属していたという点にある。天の東と西の対立と抗争、それに対応する黒い鍛冶屋と白い鍛冶屋という構成を想起するとき、この民話的な一篇の原型、はむしろゲセルの黒い鍛冶屋退治にあったと考えることはできないであろうか。ハンガロフの採録によれば東テンゲリの降(くだ)した鍛冶屋もまた Xožir-xara-darχan の名を持ち、それに七人の子がある。サンジェーエフもまた、その詳細な鍛冶儀礼の叙述において、xožirēŋ dolōŋ の名をあげている。これらの記述は、この鍛冶屋退治がテンゲリについての神話の一部として理解することによって、はじめてその意味が明瞭になることを教えている。したがって、キタドの王のこの一篇は、ゲセルの黒い鍛冶屋退治および、求婚・難題モチーフという、北アジア・中央アジアの英雄物語に共通する素材から成立しているのである。ブリヤートにおいて、このような起源が伝えられている doloon übgɛd（七人の老人）は、それにもかかわらずモンゴルでは特にあつい信仰の対象であって、シャマンの祈禱文にもしばしば見られる。例えば、

Doluγan ebügen terigüten tüg tümen odud-un　七老人（大熊座）をはじめ幾万の星々の
Boyan kesig-i γuyunam　栄えを乞い願う

Öggün suyurqa qurui qurui[50]
Doluγan ebügen-i odus ǰiγsaču iretele,
Toγalasi ügei γalab-tur kürgegči odus[51]
Yaγun-du tüdem, iren soyorq-a.

与え給え……
七老人（大熊座）の星々列をなして来るも、
無限の劫に到る星々よ
何故に停まるか、来させ給え。

モンゴルではこのように尊崇され、献祭されねばならなかった[52]大熊座がブリヤートでは黒い鍛冶屋と考えられているというこの二つの観念の対立が何にもとづくのか、未だ説明は得られていない。

六　結論にかえて

筆者は以上のかぎられた叙述においては、結論のすべてを予見するに至らなかったので、以下におおまかな見とおしを点描したい。

一　ブリヤートには仏教侵入以前、尨大な神話の体系があり、それはすぐれてシャマン的であった。この神話は後に発展して一部は英雄叙事詩 üliger に転化し、または派生させた。そしてそのいずれもが起源的にはゲセル物語とは何らの関係をもたぬものであった。

二　ゲセル物語はチベット語からモンゴル語に翻訳され、大部分は書写によって流布した。[53] これらのモンゴル語版は仏教的色彩を強く帯びて、ブリヤートの仏教化をされ、かつモンゴル文語の行なわれている地域に進出した。エヒリト・ブラガト版は仏教、書写いずれの影響からも自由であった地域に成立したので、よりシャマン的根元的なかたちを保存し得ている。

三　西テンゲリの長老は本来 Esege Maʿaan 或いは Qoqodai Mĕqûn Qubín に類する存在であったかもしれない。Manzan-görmö は至高神的な地位を占めていたかもしれない。明らかなことは、これらは仏教的・文書の伝統の強いところでは駆逐されているということである。実は、これらの神々の物語を抹殺したところに、書写版が成立し得たのである。ここでは、書写版のもつ枠がほとんど土着のものを圧倒した。しかしその力の及ばぬところでは、土着の枠がかなりよく保たれた。ドミトリエフ版は書写版に引きつけられた状態を示している。

四　ゲセルの前身は、ブリヤートの英雄叙事詩ウリゲルに現れる一群の英雄に属するものであった。それはゲセルの名によって置き換えられ、「ゲセルの」物語を成立させたけれども、テンゲリがその男児を地に降（くだ）すというモチーフはブリヤートの多くの地域で温存された。

筆者の以上の研究にとって大きな刺激となったA. I. ULANOVの著においては、もっと大胆で断定的な結論がくだされている。[54] それを筆者のことばで以下のように要約することができる：

ブリヤートには母系制から父系制への移行があった。天の祖母Manzan görmöはその母系的なものの残存である。このような社会組織の上での変化に対応して、狩猟から牧畜への生産様式の移行があった。一五―一七世紀にかけて、モンゴリアからの断続的な移住のあった地域ではこの過程が一層促進されてすでに草原的封建制を経験し、家父長的イデオロギーを形成していた。これはまた牧畜への移行に拍車をかけた。このような変化に対応して伝承はシャマン的なものからepicなものへと変質した。父系的イデオロギーが神話にはたらきかけてこれを作りかえた。狩猟的・母系的なものはエヒリト・ブラガト版の型に、牧畜的・父系的なものはウンガの型に認められる。モンゴリアからの移住は、北京木版の基礎となった口承のゲセルを持ちこむことによっても、伝承の変化に或る力をかした。

御覧のように、以上の図式は部分的に重大な問題点を残しながらも、この地域の伝承研究に魅力ある一方法を暗示している。数多いブリヤート伝承の資料が入手しがたい現状なので、筆者としては断定的な結論を出しえないのを重々承知のうえで、ともかく、何よりも原語資料にもとづくたしかな研究の可能性を試そうとつとめた。同時にULANOVの研究が生産的な意義をもっていることを認めることにもなった。

（付記）ブリヤート語・モンゴル語の表記は、各版の文字面を機械的にローマ字に移したので、語形に若干のゆれを生じた。

DMITRIEV, P. D. 1953. Geser, zapisal Xalturin, Ulan-Ude.

RINTCHEN, B. 1959-61. Les matériaux pour l'étude du chamanisme mongol. I. Sources littéraires. II. Textes chamanistes bouriates. Wiesbaden.（紹介：『民族学研究』27/3. 1963）

XANGALOV, Matvej Nikolaevič. 1958-60. Sobranie sočinenij I-III, Ulan-Ude.（書評：『民族学研究』25/3, 1961）

（注）

（1） DAVID-NEEL, *The Superhuman Life of Gesar of Ling*, London 1952^{2}: 11.

（2） *Voyages du prof. Pallas, dans plusieurs provinces de l'empire de Russie et dans l'Asie septentrionale.* Paris 5. tome.

（3）I. J. Šmidt, *Podvigi ispolnennago zaslug geroja Bogdy Gesser Xana*, S. Peterburg, 1836. Osnabrück 1965.

（4）*Die Thaten Bogda Gesser Chan's*, St. Pétersburg, 1839.

（5）*A Journey in Southern Siberia*, London, 1909.
これらの訳書の存在は大林太良氏の御教示によってはじめて知った。

（6）Damdinsüren, *Istoričeskie korni Geseriady*, Moskva 1957: 141-2.

（7）Xangalov II str. 320.

（8）モンゴルの本来の表現では dörben ǰüg nayiman ǰobkis（四方八方）という。十方という表現は主として仏典にあらわれる。多くの例から説明しうるが、ここでは挙げないでおく。明らかに異国起源であるこの表現は、四方とその中間位に上・下方向を加えたものである。

（9）Curtin: 39.

（10）Abaj Geser-xubun, častj 1, Ulan-Ude, 1961: 2.

（11）Ibid: 229.

（12）Abaj Geser-Xubun: 228.

（13）Ibid.

（14） Xangalov I : 403. 同様の記述は Ɣarma Sandschejew, Weltanschauung und Schamanismus der Alaren-Burjaten, *Anthropos* Bd. XXVIII: 976. に見える。
（15） Abaj-Geser xubun 14-23.
（16） Dmitriev: 177-184.
（17） Dmitriev: 188-194.
（18） Sobranie sočinenij: 81. バンザロフにあってはテンゲリの中核は九つの Yisün sülde tngri である。
（19） Xangalov I: 405.
（20） Rintchen II: 46.
（21） Abaj Geser-Xubun: 1770-1774.
（22） Abaj Geser-Xubun: 216.
（23） Xangalov III: 210.
（24） Curtin: 121.
（25） Curtin: 122.
（26） Curtin: 123.
（27） Curtin: 122 Esege Malan And Gesir Bogdo (told by Arhokoff).

（28） Curtin: 121.

（29） Curtin: 118.

（30） Curtin: 119.

（31） Curtin: 127.

（32） 『格斯爾的故事（上冊）』、呼和浩特　一九五六年、二ページ　ečim geküle qoton-i öbesüben ebderegsen aǰuɣu.

（33） Xangalov II: 246. Banzarov は Čornaja vera, ili šamanstvo u mongolov.

（34） Curtin: 123. においてシャマンの儀礼の一つにこの天への灌礼をあげ、雷雨のばあい、春の最初の雷鳴のばあいにそれが行なわれることを記している。ホルムスタが Indra 的性格を帯びていることを考え併すと興味深い。（*Sobranie Sočinenij*, Moskva, 1955, str. 94）

（35） Abaj Geser-Xubun: 40-44.

（36） Damdinsüren によればチベット人が中国の皇帝を呼ぶ敬称 goŋ-ma に由来する。*Istoričeskie korni geseriady*, Moskva, 1957.

（37） Corpus Scriptorum Mongolorum, Ulaanbaatar.

（38） 276-285.

(39) Dmitriev: 5977-5984.
(40) いずれも強い酒、ホルゾは特に四回目の蒸溜により得られる。
(41) Dmitriev: 6090-6099.
(42) すなわち大熊座。
(43) Dmitriev: 6159-6165.
(44) 6180-6187.
(45) *Les représentations religieuses des peuples altaïques*, Paris, 1959: 30.
[『シャマニズム1』(二〇一三年、東洋文庫、平凡社)二一〇ページ以下参照]
(46) 北京版、NQ版。
(47) Caya版。
(48) Poppe, Khalkha-Mongolische Grammatik, Wiesbaden: 138.
(49) Xangalov II: 277.
(50) Rintchen I: 22.
(51) Rintchen I: 25.
(52) Banzarov: 50.
(53) 現在知られているゲセル物語のモンゴル書写版の代表的なものは筆者によって比

較研究され、その相互関係についてある程度の見とおしが立てられた。「ゲセル物語のモンゴル語書写版諸版の相互関係について」『一橋論叢』第五〇巻、第一号、一九六三年。

（54） K xarakteriskike geroičeskogo eposa burjat, Ulan-Ude 1957; Burjatskij geroičeskij epos, Ulan-Ude 1963.

（『民族学研究』1965年1月第29巻第3号 日本民族学会）

【二〇一八年における注記】

日本のモンゴル研究者は、その研究業務を、せまい専門家のために限定した学会誌などに好んで発表する傾向がある。研究は一部の専門家だけに知られるにとどまり、広いコンテキストで語られるチャンスを失う。ぼくはそうなることをおそれて、このように民族学会の雑誌に好んで発表してきた。この一篇はロシア語にも翻訳されて議論されたが、日本ではほとんど知られていないので、あえてここに収録した。注（53）に引用されている『一橋論叢』の論文も併せて収録すべきであったが、一般の読者にはめいわくになりそうな専門的な内容なので断念した。

「北方系神話」について

一　いわゆる「北方系」「南方系」要素

「日本神話」というときの「神話」は、たとえば「ギリシャ神話」「北欧神話」というばあいの「神話」とは等価ではない。民族の精神形成に参与する伝承の一形態としての神話という点からすれば、今日も政治的に存続している天皇制と不可分の関係にある「日本神話」は、たとえばヨーロッパ諸語が共通にミュートスから発する語によって称ぶものとは質的なちがいがある。この認識は一種の学問外的な直感をまじえているのであるが、だからといって、この直感を消去し、ただちにユニバーサルに「神話」というジャンルを設定して、各民族の伝承を同次元に並べることにはためらいを覚えずにはいられない。

しかし、こうした問題があるにもかかわらず、記紀の伝承に含まれる個々の要素を、日本列島周辺のあれこれの民族の伝承に引きあてることによって、日本文化形成にあずかった諸源流を割り出そうという試みは、「日本神話」観に大転換を迫らずにはいなかった。とりわけ、騎馬の術にたけた外来者がこの列島に乗り込み、軍事力にものを言わせて遂に支配者の座を占め、天皇族として今日に至ったとする、いわゆる騎馬民族説などは、もっとも激烈な例である。そこには、日本神話を包む神秘性をはぎとって、科学の観察の対象にすえるという大きな意味が認められる。

このような立論に際しての主たる関心は、「日本神話」における伝承の史料的側面にあり、神話の構造とりわけ機能それ自体を対象とはしていない。この種の研究が、日本文化の素性を洗い出す作業の上で用いて来た、いわゆる「北方系」および「南方系」要素の指摘は、すでに伝統となっている。ことに前者は、「アルタイ語族」という本来は言語の系統に関する概念と持ちつ持たれつ、説得的なよそおいをこらすことが多い。

アルタイ語族の仮説がヨーロッパからの輸入品であるのに対し、日本神話論における、「北方系」「南方系」の使用は日本独自のものであると思われる。「北方系」とは、いうまでもなく、「北方アジア系」の略であり、ときに「満蒙系」とも言いかえられることがある。日本神話論において欠くことのできないこの概念は、かなり不用意に、使用されるのが常であって、深い反省が加えられることは稀であった。そこで、記紀の記述の細部にわたってこまかい神経を示した同一の論者が、奇妙なほどの無神経さで「北方系」要素について語ることができるのである。極端なばあいには、ある一つのモチーフについて、議論の立役者たちの間にさえ、「北方系」と「南方系」との混乱が起きている。例として、最近ひろく読まれた、ある著作の一節を掲げよう。

記紀神話が北方アジア的類型のみに直結するかというと、話はそう簡単ではない。高句麗の朱蒙の場合でも加羅の場合でも、降臨する始祖は、卵から生まれるという卵生型が特徴になっている。新羅の神話では、(中略)やはり卵生の神話となる。ところがわが国の場合には、卵生型はまったくない。

(上田正昭『日本神話』[一九七〇年]一九一ページ)

この一文だけからは著者のいう「北方アジア的類型」の担い手として、どのような民族が考えられているかは明らかでない。文脈から、高句麗とか新羅とか、朝鮮半島の諸族が考えられているようであるが、そのことは、著者の別の場所での発言から明らかとなる。

卵から生まれるという卵生型神話は、北方系神話の特徴ですが、日本には卵生型神話伝承はほとんどない。

(一九七〇年六月二三日「毎日新聞」——傍点引用者)

以上の二つの文章をつないで読むと、高句麗、新羅などの神話は「北方アジア的類型」に属し、一族の始祖が卵から生まれるというモチーフは、従って北方的であり、この要素が日本には欠けているという指摘になるのである。

ところで上田氏は、引用の一節に付した注において、卵生型神話に関し、「ひろい視野に立つ考察をなした」労作として、三品彰英氏の研究を掲げている。そこで、われわれも、上田氏とともに、三品氏の所論にあたって見よう。

始祖神話に於ける卵生要素はインドネシヤ諸族の間にその分布があり（中略）、朝鮮の卵生始祖神話の比較資料の探究に当って、特に吾人は最も近しい関係の予想される満蒙方面の諸族の間に之を求めたのであったが、にも拘わらず、そこに一個の実例をさえ見出し得なかった。

（『神話と文化境域』五三ページ）

「満蒙方面」の口頭伝承にある程度親しんできた私としては、三品氏のこの確言は正しいものと言うことができる。三品氏の所論で重要な点は、朝鮮と「満蒙方面」との間に分布の境界が引けるということである。氏の所論は、さらに次のような結論へと導かれる。

吾人はアジア大陸内部の諸民族固有の始祖神話には卵生要素の存しなかったことを想定すると共に、朝鮮のそれがこの種要素の最も栄えている南方海洋諸族と連繋せることを強く主張するものである。

（上掲書五五ページ――傍点原文）

『神話と文化境域』［大八洲出版］が昭和二十三［一九四八］年に発表されて以来、上田氏の近著があらわれるまでに二十年以上の時が流れている。二十年以上の昔に、卵生要素は南方系のものであると指摘しているこの一節に、いかなる批判を加えることもなく、今日にいたって、いきなり「北方アジア的類型」に加えるにはどのような手続きがあったのだろうか。

上田氏のばあい、「北方系」「南方系」の問題は関心の中心にはないようである。私もこの二分法を拒否しつつ日本神話を論ずる立場が当然あってよいと考える者であるが、だからといって、この二つの概念をルーズに混同してよいということにはならない。もともと、ある一つのモチーフが「北方系」「南方系」のいずれか一方に、一義的に属するものと断定できるばあいは極めて少ない。したがって、「北方系」「南方系」の議論は、常にこうしたもろい立論の上に足を乗せた砂上楼閣になりかねない。それだけに、かなりの確実度をもって「北方的」要素ではないと言い得る卵生型モチーフを、あらためて「北方系」に加えるにはよほどの慎重さを期待したいのである。

北方要素にかぞえられている有力なモチーフの一つは、天孫降臨に見られる「あまくだり」であって、日本神話の研究にたずさわる多くの識者の間に一致した見解がある。たとえば「天神が、その子や孫を地上の統治者として山上に天降らせるというモチーフは(中略)朝鮮半島から内陸アジアにかけてあとを辿ることができる」(大林太良『日本神話の起源』二一二ページ)という要約によってそれを代表させることができよう。そこで、三品氏の「わが日の御子が天降る古い信仰は実は南方系の信仰の流れを受継いだもの」(「日本建国神話の三類型」論文集第一巻三〇ページ)という文章につきあたれば、素朴な読者は目まいすら覚えるであろう。この見解の背景には、「北方アジアの神子の出誕は降臨型ではなく、日光感精型であります」(前掲書三一ページ)という論拠がある。

「日光感精型」とは、光に感じて懐妊するという、いくつかのモンゴル年代記にあらわれる所伝をさして名づけられたものであるが、このモチーフは三品氏の利用した資料の限界のために、最も「北方アジア」的でない特徴を代表している。北方アジア型の代表例の一つであって、伝承がもっぱら口承で行なわれている北方アジアの諸族の中では例外的に固有の文字の使用の経験をもつモンゴルの伝承を見れば、書の介在によって、伝承の世界がいかに大きく引き裂かれたかに気づくのである。そして言うまでもなく、書写の風は、より一層強く外来の世界と結びついてその刻印をとどめやすいものである。口承に残り、したがって中国化をまぬかれたモンゴルの伝承には、三品氏の言う日光感精型はほとんど見られず、そこにあるのはほかでもない降臨型であり、さらに特殊化して言えば、天上の子が地上の女性、多くは老いたる女性に宿って誕生するやどり型である。このように書と口承の世界の分裂に大きな注意が払われないのは、日本神話の存在形態になれてしまっているからである。極めて特殊な政治目的のために書写に凍結され、その残余が切り捨てられた日本の伝承とは異なり、ほとんどそのような経験を経なかった北方アジアでは、神話、一般に伝承の歴史はまったく別の道をたどったのである。

二　わが国における北方神話の紹介過程

北方神話と呼ばれるものの中には、『三国遺事』に見られる、いわゆる壇君神話と、シベリア、モンゴルの諸族の伝承が含まれている。前者には原資料ともよべる文献が存在しているのに対し、後者の資料、あるいはテキストとなると、その取り扱いには極めて注意深くなければならない。二〇世紀に入ってはじめて文字の使用に入ったこれらの諸族には、書かれた神話というものは存在しない。その中で唯一の例外をなすのはモンゴル人であるが、かれらの書写の世界からは神話的伝承はほとんど放逐されるか、外来のものによって置き換えられている。この事実は、かえって、書——したがって書を占有する階級——がいかに拒否的であるかを鮮やかに示している。そこで、北方神話として、もっぱら書かれた資料を用いる研究者と、口碑を用いる者との間にある程度見解の相違が現れるのは当然である。ただし、口碑を用いるといっても、所詮は書かれたかたちで、しかも外国語に翻訳されたかたちで用いられているのである。こうした資料は周到な用意なしに利用されてきたとは言え、ある段階では日本神話論の展開の上に大きな役割を果たしてきた。

たとえば、鳥居龍蔵の『人類学上より見たる我が上代の文化』(大正一四〔一九二五〕年)がそれである。日本神話を論ずる人たちには、あれこれのモチーフを周辺民族のどれかに引きあてるばあい、典拠をひとつひとつ明らかにしない悪癖があり、それは多く原資料によらず、孫孫引きをカムフラージュするのに役立っている。その点、三品氏が鳥居のこの著を明記しつつ引用したことは、われわれ後進の者には、極めて有益である。これによって北アジアの伝承に関する知識が、いかなる資料にもとづきつつ我が国に導入され、どのような過程で定着したかをたどることができるからである。本書における「高天ヶ原の位置と其神々」、「高天ヶ原と蒙古人(Buryat)の宗教」等の章を見れば、たとえばヤクートについてはトロシチャンスキー、ブリヤート・モンゴルについてはハンガロフ、クレメンツ、バンザロフなどの当時としては最も信頼できる基本的著作を利用したことがわかる。しかし、固有名詞のかな書きなどから見て、ロシア語の原著によらず、英語たとえばチャプリツカの著書などから引用したと思われるが、この部分はシベリアのシャマン伝承にもとづくかれらの世界像の紹介としては適切なものであった。たとえばここで用いられるアガピトフ、ハンガロフ共著の『イルクーツク県ブリヤート人のシャマニズム』は七五年後の一九五八年、ブリヤートで再刊されている（紹介『民族学研究』一五―二、一九六一年）。今日一般的な使用となっている垂直型、水平型の用語は、すでに鳥居のこの著書の中に、垂直説、水平説というかたちであらわれている。

鳥居による紹介が極めて簡明である反面、類型的にならざるを得ないのは、ハンガロフによるまとめがそうなっているからであって、ハンガロフ自身は、さまざまな変種に富む長大な英雄叙事詩やシャマン伝承をふまえ、その一部から、五十五の西テングリ（大神）、四十四の東テングリによる天上界の二元的構成を抽き出したのである。このような天上界と地上を結ぶ物語は、鳥居が紹介したような断片としてではなく、まとまった長篇の語りの一部をなすものである。日本神話における天くだりとタカマガハラのモチーフを、北方諸族の伝承の中に求めるならば、このような伝承の全体的研究が、北方説をたてると同時に、あるいはその前提としてすすめられなければならなかったはずである。

　ここで長篇の語りとよんだものの一つは英雄ゲセルについての物語である。その多くの部分がチベットの起源に帰せられるこの物語のアジア内陸における分布はすこぶる広く、伝承地による変異の幅もさまざまである。その中の一つが英語を介して我が国に伝えられた。前田太郎篇『世界風俗大観』(大正三〔一九一四〕年)に収められている「蒙古の神話」および中田千畝『蒙古神話』(昭和一六〔一九四一〕年)がそれであり、いずれもジェレミア・カーチン(Jeremiah Curtin)旅行記からの翻訳である。ブリヤートにおけるゲセル物語の伝承は、私がしらべただけでも二十種を超える版が記録されている。ハンガロフだけでも四種を伝えており、後にジャムツァラノーが採録したテキストは一万詩行を超える量に達している。カーチンの英語テキストの性格については、すでに触れたことがあるので(「ブリヤート口承ゲセル物語にあらわれた二つの文化層」『民族学研究』二九―三、一九六四年)〔本書セレクションⅣ五二〇ページ以下に収録〕くり返さないが、一九〇〇年、イルクーツク近傍に滞在して、数人の語り手から採録したものをもとにしている。さいわいなことに、カーチンの英語テキストの内容は、ブリヤート語による諸版と比較してみて、価値の高いものであることが明らかになり、しかもその語り手は、ジャムツァラノーに語った人物と同一である可能性が高い。

三　神話の解体

カーチン版が価値の高いテキストであると言ったのはどういう根拠によるかを以下に述べなければならない。ゲセル物語の分布領域が広く、変異に富んでいることは前に述べておいた。これは言うまでもなく口承のものについてのことである。一連の口承版のほかに書写でも数種が伝わっており、それらは相互に深い依存関係にあることが明らかになっている（「ゲセル物語のモンゴル語書写版諸版の相互関係について」『一橋論叢』五〇―一、一九六三年）。これらの写本群の中心に立っているのが、一七一六年に北京で木版となったためによく知られている一篇である。この木版本系統の伝承は、ブリヤートの一部の口承版といちじるしく異なる構成をもちつつ、対極をなしている。書写版の系統が仏教的色彩の濃いものに組みかえられ、仏教の進出したブリヤート地帯の伝承が、その強い影響下に置かれているのに対し、シャマニズムが仏教による打撃をこうむらなかった地域の伝承は依然シャマン的である。カーチン版の内容は、この非仏教的、シャマン的地域の伝承をよく反映しているのである。

仏教的、シャマン的と言っても、ゲセル物語の本体は典型的な英雄物語であって、神話的な要素は、そこから、意図をもって取り出せるにすぎない。物語の英雄ゲセルは、その誕生の瞬間から、襲い来る魔物や怪物と闘って危難を逃れ、高貴の女性との婚姻をかち得る。スサノオ伝説においてはヤマタノオロチはただ一度のみ登場し、婚姻もクシナダヒメと一度行なわれるきりであるが、ゲセル物語においては、怪物は物語の進展とともに、新たにより強大なものが登場し、ついには百を超える頭をもつものさえ現れる。こうして、物語はいくつにも増殖する。書の世界が奪いとることなく、真に口承的民衆の手にゆだねられた伝承はこのような展開を示すものであって、日本のばあいのように、記紀というかたちで口承世界の芽をつみとってしまえば、英雄叙事詩への展開の途はふさがれてしまうのである。その代償として、日本には、独得の政治神話が誕生し、そのままの姿で今日に伝えられた。モンゴルにはすでに神話というものはない。それはかつて存在したとしても、英雄叙事詩へと分解した伝承の中から、神話的要素としてとり出し得るにすぎない。

体系をそなえた高級宗教の波をかぶった地域では、神話は、別の神話によって置きかえられ、その原理によって再編成される。イスラム教や仏教に対抗できるような強固な体系をそなえた宗教を欠いていた内陸アジアに、今日、神話らしい神話が伝えられていることはほとんど無い。ゲセル物語におけるように、神話的要素が断片として織りこまれていることがあっても、その一つ一つがどのような意味をもっていたかは、一つの版単独では明らかでない。さきに述べた両極をつなぐ、一連の類話を比較することによってはじめて、一つ一つのモチーフが持っていた本来の意味が明らかになるという場合が多いのである。

以上に述べたいくつかの点を、以下にわずかではあるが、書写版の物語とブリヤートの口承とを比較しながら例示しよう。

ブリヤート版によれば西天の主ハン・チュリマスは地上の人間の生活を脅かす魔物どもを平らげるために、中の子ブヘ・ベリクテを地に降す。書写版でホルマスダ・テングリと書かれるこの天上の存在は、すでにシゲムニ・ボルハン（釈迦）のもとに従属している。仏教の支配する地域では、非仏教的存在を釈迦の上に置くことは許されないのである。またブリヤートのチュリマスという語形は、書写版のホルマスダによって、ペルシャのアフラマズダに結ばれる。そこで、ブリヤートにおいても天上の最高神は外来神であることが明らかになる。ゾロアスターの二元論がブリヤートの神話的世界に深く根をおろしていることを考えると、本来の最高神まで、ペルシャの神によって置き換えられたのであろうか、あるいは最高神の機能は残しつつ名称のみが入れかわったのであろうかという疑問が出て来る。ブリヤートの本来の最高神が何であったかという問題は、いわゆる北方神話の研究にとって本質的な重要性をもつ。この点で、ホルマスダと首位を争う神は、各版から抽出すれば二つ存在する。その一つはエセゲ（父）・マラン・テングリで、いま一つは老婆マンザン・グルメである。後者のはたす役割の中で特に注目すべき点は、それが、二分された東西二つの天をあわせる縫い目とされる銀河に住んでいると述べられている点である。時には手に持つ運命の書を開いて、神々からの問いあわせに答える。また鍵を入れた小箱をもっていて、ゲセルは酒をかもし、この老女を酔わせて鍵を盗む。ソビエトの研究者たちによれば、マンザン・グルメは、かつて存在した母系制を証明するということであるが、神統はこのように乱れている。しかし書かれたゲセル物語においては、これらの神名はすべて消滅しており、したがって天上の物語も存在しない。

書写版によれば、ホルマスダ・テンゲリは下界に息子の一人を降すよう命を受けていたが、約束の時が来てもそれを忘れていた。そのため、居城の一角が崩れた。アスラ（阿修羅――ここにも仏教の跡がとどめられている）の仕業であるかとあらためたところ、それは「おのずと」崩れたのだと述べられていて、仏による警告であるかのような記述となっている。ブリヤートの口承版によれば、災厄と疫病に苦しむ地上の人間の歎きの訴えを聞き入れたシャマンが、人間たちの膿と涙を集めて天に投げつける。ためにホルマスダ・テンゲリの居城の一角が崩れたと述べられている。書写版は、このようなシャマン的背景を切り落として、仏教的にまとめようとしたため、この個所の説明をなっとくできるようにしていない。口承版と重ねてみることなしに、この一節のもつ意味は明らかにならないのである。

四　断片となった神話

天上の物語においては、チベット起源のゲセルという名は現れず、それはただ地上における顕現の姿にのみ用いられる。「あまくだり」のモチーフには、その細部の道具立てに至るまで、記紀の伝承によく似た点が指摘できる。たとえば武器（神器）と戦士、守護神、かじやなどの随行者の授与を受けて地に降るという点である。また地上の母の肉体のさまざまな部分からの誕生、天との通い路となる梯子などである。それにもかかわらず、ゲセル物語は宇宙の創造と人間の誕生を語っていないので、記紀の所説を神話と呼ぶような意味ではどうしても真正な神話ということはできない。それでは、モンゴル人やブリヤート人が神話的伝承をそれ自体として持っていないかと言えばそうではない。たとえば、ハンガロフが報告している「最初の夫婦」と題する次のような例をあげておこう。

元初、大地はなく、あったのは水と火だけだった。火は水面についた道のような筋の上を漂っていた。水面には銀の小舟が二つ浮かんでいて、一つには女性器が乗っていた。もう一つには男性器が乗っていた。二つの小舟は右まわりに二度円を描いたが合わさらなかった。そこで左にまわったところ、うまく合わさって受胎をなした。結婚式のとき、花嫁花むこがショールをかけ、その下で左にまわるのはその名残りである。

この原文はロシア語であるが、小舟に乗ったものを指す語にはブリヤートの原語が付してある。すなわち、「男性器」と訳されているのは、「父の銀の柱」、「女性器」は「母の黄金のトーノ」となっている。トーノとは遊牧民の天幕の上端に位置する煙出しの穴となる環形の木部の名であり、柱とは、それを支える支柱を指している。

言うまでもなく、この説話は、記紀における最初の男女神イザナギ、イザナミの婚姻説話に対応しているが、ブリヤートの説話において、行為をなすのは神ではなく性器そのものであって、ここに伝承の著しい脱神話化がおこなわれている。私が注意を喚起したいのは次の点である。記紀は、二神の婚姻において、女神が先に誘いのことばを発したのがわざわいとなってヒルコが生まれたとする点で共通している。しかし紀の「一書」は女神がすすんでことばをかけるとともに男神が右まわりをしたときにヒルコが生じたと記している。ヒルコが生まれた原因を、女が先に誘いをかけたとする記紀の所説は当時の倫理観を介入させたものであって、本来はブリヤートの説話と同様、柱のまわり方にあやまりがあったからではなかろうか。

シベリアと中央アジアの伝承は、西欧の研究者たちによって紹介され、それを通じて日本の研究者もまたかなりの知識をもっている。特にハンガロフの諸報告は最もよく知られたものに属するが、それでもやはり注意からもれることがある。日本の研究者であれば、当然着目すべきモチーフでありながらとりあげられないのは、日本神話の研究者とは着眼点が異なることによる。ここにあげた説話もその一つであろう。

五　北方神話の内的比較

北方アジアにおける本格的な神話のモチーフは、この例のように、くずれた形で、断片としてしか残っていないのが実情である。口承作品の一形態としての神話は、進化し、解体する。それが口承作品の運命である。話し手と共に死滅する口承作品の存立の場は聞き手であり、聞き手を失えば語り手もまた消えるという、口承作品をつらぬく一般法則を考えるならば、日本に見るようなかたちで神話が残されているのは稀有の例であるといえよう。さらに、日本のように、神話の単一性がまもられている例も珍しいと思われる。それは記紀の段階において、それまでの矛盾しあう様々の特徴が一つの目的のために切りそろえられたからであり、したがってその後におけるいっさいの展開の契機を許さなかったからである。これはとりもなおさず神話の民衆からの切断であり、神話の文芸化の封鎖であった。

それに対して、生きている北方アジアの伝承は、社会主義社会時代のできごとをも反映しつつ生きつづけているが、これが生きるということの現実にほかならない。

いわゆる「北方系」神話について語るばあい、このような伝承のもつ本来のダイナミックスが充分に考慮されないために、日本神話との比較においても適切でない結びつけが行なわれることがある。つぎに困難な問題は「北方系」神話は複数であるという事実であり、それらは構造をもつと共に歴史をもつという点である。人は日本神話における北方要素を指摘するばあいに、それがあたかも均質な統一体であるかのように取り扱うが、現実に記録されている「北方系」神話は、日本神話にまさるとも劣らぬ多要素からの混淆体である。ちょうど記紀の伝承を扱うにあたって、さまざまな角度からの分析が必要であったと同様に、「北方系」要素を論ずるばあいには、北アジアの伝承一般の中から神話的部分を析出し、それに対する一種の資料批判的作業が行なわれねばならない。決して均質ではない、現存する北方神話のさまざまな部分から北方神話の原型が再構成できるならば、冒頭に述べた砂上楼閣的議論の、はてしないどうどうめぐりを断つことができるかもしれない。

（『文学』1971年11月Vol.39　岩波書店）

モンゴル神話と日本神話

一　はじめに

日本の神話が、モンゴルをはじめ、アジア諸民族の伝承と比較される動機は、日本民族と日本文化の源流を、周辺諸民族の文化の中に追求しようという意図に発している。このような、文化の系統論的比較研究の対象には、広く文化一般がなり得ることは言うまでもないが、中でもその特質と確立した方法論によって目だった位置を占めているのは言語である。ところで、言語の歴史がさかのぼれるのは、それが何らかの方法で記録の手段をもって以来のことである。その期間は、人類が人類として歩んできた全道程のうち、最後の何歩かにすぎないのである。しかしこの数歩について、一九世紀はインド・ヨーロッパの諸言語を扱いつつ、その音変化のしかたに一定の傾向と規則性を認めるまでに、精緻な方法を確立した。相互に関係のない、ばらばらの存在であった諸民族の言語が、単一の起源に還元され得るならば、同様に、一見別々に関係なく伝えられている伝承の中に、伝承の共通性につながれた文化の親縁関係を見出すことができはしないかという期待が現れるのは当然のなりゆきである。

ところで、異なる言語が共通の起源をもつという証明の前提になるのは、言語の少なくともある部分は、変化しにくいか、あるいは変化するとしても変化のしかたに一定の方向性があるという仮定である。変化をとどめる力は、その言語をコミュニケーションの具として有効であり続けるため、できるだけ、現状の規範にとどめようという、暗黙の意志にもとづいている。同様に神話は、伝承の中でも、最も規範の意識が強くはたらく、変化しないことに価値が置かれる言語作品である。それは、人類の言語活動が生みだした作品の中でも、最も恒常性、規範性の強いものである。伝承はこのような性質をもつ反面、生命あるものとして生き続けるには、聞き手の支持、すなわち、関心と価値意識による支えを必要とする。このような興味、関心は歴史的な産物であるのに対し、神話は歴史を超えたものとして、人々の上にはたらきかける、いわば万古不易の一般原理であることを主張する点で、神話そのものと、それを支える人々とのあいだには、絶えざる緊張関係が支配している。神話をこのような緊張関係の脈絡からきりはなすことなく、文芸生活全体の中で機能している姿のままで観察する作業は、神話がごく最近まで文字によって記録・固定されるという経験をもたなかった諸民族にとっては、その各部分が異民族の伝承のあれこれの部分に対応すると指摘することなどよりは、よほど重要なことであるが、いわゆる日本の比較神話学的研究が提出している問題は別の次元に属する。そこでは何よりもさきに、記紀を中心とする記録の中に、周辺民族の伝承の中から、同系と目される構成要素をひろい出すことに関心がある。そして多くのばあい、「北方系」、「南方系」といったわく組みを用いて操作されてきた。このわく組みの用法には、時に混乱が見られる。

このような地理的区分によるほか、「北方系」はさらに、言語の系統に対応させながら、より具体的に「アルタイ系」と称されることもある。この表現は言語の系統と神話の系統が同一であるとの断定にたっているわけではないが、アルタイ語族全般に少なくともある程度共通する文化の均質性を前提にしていることは否めない。ところで、このアルタイ語族という概念じたいが、いまだ証明を待っている仮説にすぎないなどといって、水をかけるにはおよばない。いまここでさしあたって問題となるかぎりでは、モンゴル高原よりシベリアにかけて、狩猟と遊牧を生業とする、モンゴル、ツングース、テュルク系諸語を話す諸族の文化をさすものという程度のゆるい限定で充分であろう。その中で、なぜモンゴル族だけが特に問題となるのであろうか。それは、モンゴル族の一部には、テュルクのようにイスラム化されず、それでいて、長大なまとまった伝承をよく保持してきたものがあるという資料的な事情によっている。あとでみるように、日本神話との比較研究を行なう上で、モンゴルの伝承のほかにヤクートの伝承は極めて多くを示唆することができる。またツングースとモンゴルの伝承の比較研究など行なうべき作業は多いが、それを可能にする前提となるのは、ひとえに資料上の限界を除去することである。

日本文化の源流にアルタイ的要素をつきとめようとの趣旨は、言語研究と神話研究とが相互に刺戟しつつ具現させてきた。言語の同系関係の証明には、インド・ヨーロッパ語比較言語学をモデルとしつつ、すでにある程度開拓されたかたちで日本に迎えられた。しかし神話研究の方は、アルタイ学というわく組みの中では、ヨーロッパの研究者がそれほど力を傾注せず、まとまったモデルを提示することもしなかったため、好もしい影響をうける機会に恵まれなかった。一方では天皇制、国家神道による政治的抑圧も、自由な研究にブレーキをかけていた。

二　モンゴル神話の資料上の特質

以上述べてきた中で、モンゴル神話という用語を避け、伝承という、より広い概念を用いてきたことに読者は気づかれたであろう。神話というジャンルが、その民族の中で成立しているかどうかという問いは、神話の比較研究にさきだって避けることができないし、かりにそのようなものがあるとしても、それぞれの民族の言語作品の中で占める位置には大きなちがいがあるであろう。このようなことわりを、先まわりして言っておかなければならない理由は、モンゴルには神話としてまとまった作品が一つもないからである。しかし、「神話」と称ばれている諸伝承と対照できるような性質をもった伝承は存在する。それらは史書、英雄叙事詩、伝説などの中に部分的に含まれているにすぎない。ただそれらは、意識的に構成されてはいないので、変異の幅はかなり広い。じつは、日本神話との比較にさきだって、モンゴル神話内部での比較研究と再構成が要請されるのである。しかし、それへの努力はまだ十分になされてはいない。

モンゴル民族が、はじめて、強力な政治的統一体として姿をあらわす一二～一三世紀は、『元朝秘史』の漢訳名で知られる『モンゴル族の秘めたる歴史』という、モニュメンタルな作品を生んだ。その叙述のスタイルは、文字以前の叙事詩的世界という背景を思わせる香りをとどめてはいるが、厳密な意味で神話的内容として指摘できる個所は皆無といってよい。冒頭の「高き天のさだめをうけて生まれた蒼い（あるいは灰色の）狼が、妻の美しい牝鹿と共に大きな湖水を渡って来て、オノン河のみなもとの、ボルハン・ハルドン山に住みつき、バト・ツァガーンという息子を生んだ」という一節は、作家や通俗本を介して、ひろく知られるようになった。

モンゴル族をはじめ、その周辺のシベリアの諸民族は、動物をトーテム的始祖とする、このような始祖説話を豊富に伝えていて、しかもそれがよく記録されているのは、ソビエトの民族学者たちが、民族・種族的集団の形成の解明になみなみならぬ関心をよせてきたからである。それらの説話の中で、始祖を狼とする例は、あまり一般的ではない。白鳥、カラス、その他種々の鳥が話題になっていて、鳥はたしかに、これら民族に重要な、天界との交通というシャマン的観念にとって、極く自然である。また狩猟の対象となる鹿などの動物が始祖であるばあいも、その民族の生活上の依存関係から、おのずと理解できる。だが、狼は異様である。年代的前後関係からみて、モンゴルの狼は、突厥始祖伝説の狼を継承した可能性が強い。天命をおびて地上に降った狼と、鹿との婚姻は、単なるトーテム的表象を超えて、二つの集団の政治色の濃い合体、あるいは支配関係のたとえであると考えるならば、この一節には神話のかげりすらも認められない。この点でモンゴル最古のまとまった文献『元朝秘史』は記紀とは性質を異にしている。

モンゴル族が豊富に文献を残した一七世紀は、一群の年代記によって黄金時代として特徴づけられるが、そのすべてはインド、チベット文化の圧倒的影響下にあり、特にそれらの導入部は、ステレオタイプな、インドの神話的宇宙観の叙述をもってはじまっている。この種の文献は、口碑の世界にも深く滲透していて、ポターニンなどの採取したものの中にもその影響が見られるから、これらの資料を利用するばあいには十分に警戒しなければならない。神話を論ずる人たちが、文献と口承世界との交流の問題を視野に置かないのは致命的な欠点である。また、年代的に古い作品がより神話的内容を多くとどめていることにはならない。たとえば、一三世紀の『元朝秘史』がむしろ観念の要素を拒みつつ、事実への執着を特色としているのに反し、一七世紀の年代記は仏教神話的世界観から出発して一貫したスタイルをまもっている。加えて中国文献からの影響も少なくない。要するに、文字で書かれた資料、特に史書は、モンゴルのばあい、かれら固有の神話的世界を再構成する手がかりには、ほとんどなり得ないと言ってよい。

この点で、モンゴルの神話は、朝鮮のばあいとならんで参考に供される代表的な例でありながら、資料面での性格において異なっている。朝鮮のばあい、人は一三世紀にさかのぼる資料をさえ手にすることができるのに対し、モンゴルにはそのようなまとまったかたちでは便宜が存在しない。なぜか。モンゴル人のもとでは一九世紀になって伝承の採取者がとりかかるまで神話が記録されなかったからである。

神話は一つのイデオロギーであって、シャマニズムを圧殺しながら権威を確立した仏教にとって、シャマニズム世界のイデオロギーを代表する神話を、もとの形のままで保存することは許さなかった。

モンゴル神話学、より好もしい表現で言うならば、モンゴル伝承研究は、一九世紀から二〇世紀にかけてシベリア諸民族に起こったナショナリズムの高揚下にはじめて条件が熟し、口承の記録という作業から第一歩を踏み出したのである。この作業をすすめて行く上で大きな影響力をもったのは、政治犯としてシベリアに流されたロシア人、ポーランド人などのインテリであったり、あるいは好奇の研究旅行家たちであった。かれらの蒐集した資料は西欧の研究者に利用され、我が国の学界が知識を得たのは、これらの研究を介してだった。

このような、いわゆる「北方系」神話に関する知識を我が国に紹介して、「北方系」神話として一つの型、あるいは観念を定着させた人として、たとえば鳥居龍蔵をあげることができるであろう。(1) ただ、この種の紹介は、ヨーロッパの著作の中からの断片的な引用にもとづいているため、日本神話との比較に際して、恣意的に類似点をあげるという範囲を出るものではなかった。他方、「北方系」神話を伝承する民族の側からする、日本神話との比較研究の試みはほとんどなされなかったし、将来も当分は期待できないであろう。というのは、かれらの側からすれば、かつて軍国日本のプロパガンダに登場した、あまりにも悪名高い神々の名を取り扱うことに抵抗もあるだろうし、日本神話との比較研究を敢えて試みる必然性も薄いからである。したがって、日本神話を中心にすえた、これらの伝承との比較研究において、目的にかなった資料の蒐集と取り扱いは、日本神話のたちばから行なわれなければならないが、そのための便宜はまだ提供されていない。以下において、私は、日ごろ、目にふれる機会の多いモンゴルの神話的伝承と記紀の伝承とに認められる共通点を指摘しつつ、議論をすすめるための足がかりにしたいと思う。

三　ブリヤート口頭伝承の意義

モンゴルの伝承を記載した資料について述べつつ、私は、書かれた資料はこの種の研究にとって価値が低く、利用する際には強い警戒が必要であると述べた。その中で、ほとんど唯一の例外的位置を占めるのは、『十方の十害の根を断った恵みのボグダ・ゲセル・メルゲン・ハーンの物語り』と題する、一七一六年の北京であらわれた木版本である。この物語の主人公の名ゲセル（Geser）は、チベットの有名な物語の英雄ケサル（Kesar）のモンゴル化された形であること、また、四方、八方、あるいは、五方などではなく、十方という表現がえらばれていることからうかがわれるように、仏教、チベット文化のわく内の産物であることは明らかである。またモンゴルにおけるゲセル物語成立の背景には、チベット版からの翻訳、もしくはそれに近いなぞりがあったことも明らかである。

この物語をモンゴル人の所有から切りはなし、外来のものと見なすには、さらに論をすすめて、ケサルの名をカエサル（シーザー）と結びつけ、アレクサンダー伝説に比肩されるような、巨大なケサル伝説圏を設定しようという着想もあらわれた。想像の翼をかく拡げるのは思いとどまるとして、チベットの物語とモンゴルのゲセル物語が、どの点で対応し、どの点で対応しないかということを確定する仕事は、まだ十分にすすめられているとは言えず、将来に残された極めて価値ある課題である。

ところで、今日我々がモンゴル版ゲセル物語に接しうるのは、一九世紀ロシアにモンゴル学のとびらを開いた、アムステルダム生まれのI・J・シュミットのおかげである。シュミットはさきに述べた、北京で出た木版本にもとづくモンゴル語のテキストを刊行し、一八三九年にそのドイツ語訳を世におくった。このドイツ語訳は、シュミットのモンゴル語についてのおそるべき学識を証明している。

我々はそれが書写の世界のものであるゆえにこのテキストに対して慎重な態度を持しつつも、そこに見られるモンゴル起源の宇宙観要素を引き出すための一つのてだてとすることはできる。とは言え、それはチベットの物語のわく組みからの強い圧力を見せつけている。仏教的色彩の濃い作品群の中で、どうして、これだけが自由であり得ようか。

このように、このシュミット版を批判的に眺めることができるのは、一方において、口承のまま残ったモンゴル圏における伝承を利用することができるからである。モンゴル圏といっても、カルムィクに残されたゲセル物語は、北京版に近い版から、単にオイラート文字に移されたものにすぎないし、また一八〇二年から同三年まで、ベルクマンがカルムィク草原で得た二書も、[2] 翻訳を通してみるかぎり、北京版系統の物語であるから、これらの書写作品から比較的自由な伝承はブリヤートにしか存在しない。内外モンゴル、あるいはカルムィクほどには全面的な仏教化をうけなかったブリヤート諸族のあいだではシャマニズムと結びついた口頭伝承は比較的維持されやすかっただけでなく、また文字の世界からの介入も避けることができた。とはいえ、物語に登場する神名、英雄名など、北京版ゲセル物語の影はどこどこまでもつきまとっている。しかし、これらの伝承それぞれに刻印された、外来要素の濃淡をしらべていくことによって、起源的なものの維持されている段階をおしはかることができる。このような便宜は、生きていない、遺物として固定された日本神話の研究においては求めて得られないものである。

ブリヤートの伝承研究は着手されてまだ一世紀を経ていない。伝承者にはまだ存命しているものもあり、採録も継続中である。シャラクシーノワは、一九六九年現在で百十四名の伝承と五十九名の採取者の名をあげている。[3] 採録されたテキストのうち刊行されたのはごく一部分のみで、そのうち、入手できるのも、すべてではない。しかしそれらを資料として行なわれた研究には極めて注目すべきものが多い。ただ、さきにも述べたように、日本神話との比較という視野は含まれていない。まず、ブリヤートの伝承そのものの研究が課題となっているのである。

この種の伝承群には、いくつかの類別ができるが、相互に密接な関係をもっている。その中で、量的にも質的にも群を抜いていて注目されるのは英雄叙事詩であり、とりわけ長大なのは、ゲセルを主人公として登場させる諸篇である。ブリヤート口承版ゲセル物語の採録で特に記憶されるべき人はハンガロフ(一八五八~一九一九)であるが、ロシア語で行なわれたため、内容を知るには便利である反面、テキストのこまかい比較にとっては十分でない。それはおそらく、ポターニンをはじめ、ロシア人学者に見せるのが大きな目的であったからだろう。本格的に音声字母を用い、より周到な用意をもってこれにのぞんだのはジャムツァラノー(一八八一~一九四二)で、ともにブリヤート人であった。この二人が、この分野について残した第一次的資料は、わが国にはほとんど知られておらず、したがって利用もされていなかった。ジャムツァラノーのブリヤート語による採録は、ロシアでも、そのままでは広汎に利用するわけには行かないので、一九六一年になって、ブリヤートの学者ホモノフは、これを現代正書法に書きなおし、ロシア語訳を付して出版した(4)。同様な作業は、ジャムツァラノーの他のテキストについても進められた。ゲセル物語のブリヤート語諸版の採録と出版は、その頃強力にすすめられ、ブリヤート版ゲセル物語の比較研究が可能となったのである(5)。

では、モンゴル族の神話的伝承を、より起源に近いかたちで見るには、ロシア語とブリヤート語の資料以外に無いのであろうか。ほとんど唯一と思われる例はジェレミア・カーチン（?～一九〇六）の『南シベリア紀行』に収められた英語による採録で、その中のゲセル物語についての部分には二種の邦訳が存在する。[6] カーチンは一九〇〇年夏、イルクーツク近傍で、マンシュートという語り手からこの話を聞きとって採録した。おそらく、マンシュートはブリヤート語で語り、それをロシア人通訳がロシア語で伝え、さらにカーチンが英語に訳したものであろう。年代的にはそれに六年おくれてジャムツァラノーがブリヤート語で記録したゲセル物語は、その内容が、カーチンの英語版と極めてよく似ているだけでなく、語り手はマンシュート・エメゲーエフとなっている。採取時期と内容の二つの点で、私はこの二人のマンシュートは同一人物ではないかとかつて推定しておいた。[7] この推定はシャラクシーノワ女史からとどけられた近著[8]によって支持された。この著作には、マンシュートの簡単な家系が示されているだけではなく、かれの肖像と、かれが住んでいた丸木小舎の写真まで掲載されている。カーチンとジャムツァラノーは、そのようなわけで同一の伝承者から話を聞きとっていたことになる。

このように、日本神話との比較の対象としてのモンゴル神話を語るばあい、日本には、すぐれた伝承者からの質のよい口承版が邦訳されていたという事実は意外なさいわいであった。しかし、ブリヤートの伝承研究ははるかに進み、原語のテキストにもとづく研究が可能になっている折から、ロシア語を介した英訳版からの更に日本語訳は、いかにももどかしいという感じをまぬがれない。

伝承というものの性質上、採録の段階までおりてみないと、その資料に信頼をよせることはできないのであるから、まわりくどいようでも、以上のような予備知識をふまえておくことが必要であった。そこで、いよいよ、日本神話との対比へとすすむことにしよう。

四　高天が原と天降り

わが国において、シベリアの伝承、いわゆる「北方系」神話が問題となったのは、高天が原と天降りの観念に関してであった。天上によりつどう神々の世界と、そこから使命をおびて地上に降される天孫のモチーフは、垂直的世界観として特徴づけられてきた。

たしかに、北方説において一つの伝統とさえなったこの指摘は、基本的には誤りではないとしても比較の成果をさらに展開させるには、むしろ相違点をもあわせて留意する必要がある。少なくともブリヤートにおいては、天上の神々と創造行為とはつながっていない。また神々の名は系譜となってはおらず、舞台が地上に移ってからも系譜意識は極めて微弱である。創造行為がないゆえに、天上界も地上界も、あるいはヤクートのばあいのように地下界も、すでにできあがったものとして前提されている。

ブリヤートのパンテオン［神殿、八百よろずの神々］は、シベリア諸族の中でも、おそらく最も整ったものであり、西天に拠る五十五のテンゲリ（天神）、東天に拠る四十四のテンゲリから構成されており、双方あわせて九十九神となる。すでに述べたように、これらの神々相互のあいだには、ほとんど系譜関係はない。強いて言えば職能的な特徴づけがなし得る程度にすぎない。九十九神の名称のリストと職能の一つ一つについて、叙事詩の伝承からは明らかにならないが、ハンガロフは別の伝承をもとに、それを洗い出した。(9) 神々は自然現象の一つ一つに対応しているか、あるいは鍛冶屋である。

東西両天の中間にセゲーン・セブデク・テンゲリという、独立の一天が残されており、これを九十九天に併せれば百という全体が満たされる。モンゴルの伝承の中で、このような数字をあげているのは、ブリヤートだけであり、他は三十三という、明らかにインド起源の数字に変わっている。この中間の天の帰属を主張しあって、東西両天のあいだに争いがはじまる。

西天五十五神の首長はホルモスダ・テンゲリあるいはエセゲ・マラーン・テンゲリ（Esege Malaan Tengeri）、東天四十四神の首長はアタイ・オラーン（Atai Ulaan）・テンゲリとなっているのが一般的である。中間の天を争いあった結果、東天のアタイ・オラーン・テンゲリは地上に墜落し、その死屍の各部から、魔物や怪物が化生し、それ以後、絶えず地上の人間を脅かし続ける災害、疫病などの原因となった。これが諸悪の起源を説明する。たとえばナムジル・バルダノ版[10]ではその頭からは太陽と月を呑み込もうとするアルハン・シュドヘル、その首からは、背には十万の目、胸には四万の目をもったガル・ノルマ・ハーン、右腕からはオルゴリという虎、左腕からは子供を食べつくす怪物シェレム・ミナータが生じた。この物語は、イザナキが子のカグツチの神を殺し、その頭、胸、手、足などからヤマツミの神々を生じた話と似ているところがある。ただちがっているのは、ブリヤートにおいては、化生したこれらの魔物は、それを退治するためにゲセルが遣わされたように、英雄叙事詩の各篇の構成子となっているのに、ヤマツミの神々はその後、物語の展開には参与していない。

西天五十五神は、月あるいはすばる星につどい、魔物を退治すべく地上に降(くだ)すに適当なものは誰かと評定する。多くの版では、ホルモスダの三子のうちの中の子に決まるが、その決定に至るまでの経緯がながながと述べられる。伝承によって多少のずれはあるけれども、三人の子らは、この大任を引きうけることへのためらいを述べてかわるがわる辞退するが、神々は、中の子がこれまでに示した武勇のほまれの高いことをほめそやして承知させる。地上に降すべき適任の神の選定をめぐる評定は、また記紀におけるアマテラスと、神々との会話を思わせる。

中の子はウイレ・ブトゥーゲクチ（北京版）、アミ・サヒダク・メルゲン（ドミトリエフ版）[11]、ブフ・ベリクテ（ハンガロフ版）など一様ではないが、それが地上に生まれたときの名はいずれもゲセルとなる点で一致している。そして、このゲセルという名はモンゴル固有の語源に帰することのできない、チベット起源のものである。物語の展開によって異なる名称が付与されるということは、天界の部分と地上の部分とからなる二つの別の起源を有する異なる伝承が熔接されたか、もしくは地上の物語にあった、本来の名称が置きかえられたかのいずれかである。

未来のゲセルは降下する条件として、神々から種々の武器と馬を要求する。武器は弓・矢・剣・よろい・かぶと・斧・その他であって、これらは記紀のいわゆる神器にあたるものではあるが、まがたま、鏡のように象徴性をもった、あるいは儀礼用の品々ではなく、すべて実用の武器である。馬は言うまでもなくモンゴルに特徴的であるだけでなく、ヤクートの伝承にあっても天降り（あまくだり）に際して馬の授与が行なわれる。馬を単に交通の具と考えれば、記紀における天の鳥船が対応物としてあげられるかもしれない。ただ、モンゴル・ヤクートの馬の役割は一時的ではなく、英雄に絶えずつき添っている。

高天が原における神々の集いと、降下すべき者の選定に関する評定、神器の授与――これら一連の項目に関するかぎり、日本とブリヤート（に代表されるシベリア）神話との類似には顕著なものがある。さらにこれらの項目に追加するならば、ゲセルは地上での活動にそなえて、ともに地上に化成する兄と、庇護役をつとめる三人の姉などを要求する。物語の中では、特にこの三人の姉の変化自在の魔力に富む役割がきわだっている。これらの同伴者を［記紀の］五伴緒（いつのとものを）にたとえれば、高天が原と天降（あまくだ）りの物語は双方の伝承においてますます類似の度合いを高めるように見うけられるであろう。

五　地上界への誕生――神から英雄へ――

問題は地上に降（くだ）ってからの展開である。ニニギノミコトはそのままの姿で、アシハラノナカツクニでコノハナサクヤヒメとの婚姻をとげ、次いで次第に歴史としての叙述に引きつがれる。しかしゲセルは地上の人となるために、劇的な転生を経ねばならなかった。いいかえれば、天上の神々の物語の終結と地上世界の物語の展開とが、ここに截然と区分されるのである。ウイレ・ブトゥーゲクチ、あるいはブフ・ベリクテと称された神の子は、地上の英雄となるためにゲセルとなり、名称の転換をも行なうのである。

ゲセルは地上の老人と老婆の子として受胎する。多くのばあい夫は七十歳、老婆は六十歳となっているが、この年齢は凛冽な自然条件のもとでの平均寿命を考えるならば超高齢である。すなわち、これは尋常ならざる出生の次第を説こうとするものである。特徴的なのは、ゲセルが黒ガラスに変身して地上に降り、胎内に入ると述べていることであり（エヒリト・ブラガト版）、また老人と若い女の「間に生まれた」児として述べている北京版系統の物語では、若い女は雪上に残された巨人の足跡を見て妊娠することになっている。話を必要以上にこみ入らせることをおそれながら、ここでもう一つの補足をすれば、ゲセルを生むべき地上の母として、太陽の娘ナラン・ゴーホンの片腕を断ち、片日をえぐり取り、片足を切って、不具で薄幸の老女として地上に降した（ナムジル・バルダノ版）。これらの多様さの起源は様々に推測されるとしても、ねらいは異常な出生を印象ぶかく描出するための道具立てである点では一致している。

次にその生まれかたである。版によって伝えは一様ではないが、ゲセルに伴って天降りした者たちは、その頭頂、脇の下、へそ、などから誕生し、ゲセルのみは最後に通常の場所から現れる。誕生にあたり、この児はすでに胎内から母親に話しかけて指示をする。胎内から出た児は、すぐに立ちあがって走りまわり、親が追いかけてもつかまえることができなかったと大部分の伝えは一致して述べている。子供は「日に日にというよりは刻々と」成長し、誕生の瞬間からその生命をねらう魔物に対して武勇を発揮する。モンゴルにかぎらず、知られているヤクート、特に中央アジアの英雄叙事詩は、老人に子供がやどり、誕生後の異常に速い成長を描出している。ここから物語は神話の世界から離れて、英雄の物語に移行していく。ここで、シベリアの諸族の伝承の中に、ゲセル物語を置いてみると、異様な感じが伴うのは、体の各部からの誕生というモチーフである。日本神話との類似の項目を増やしたい気持ちからすれば、記紀とも共通するこの個所を北方系共通要素として掲げたくなるかもしれないが、北方狩猟民のものというよりは、南方の農耕文化からの流入要素である可能性の方が高いであろう。

英雄の物語は、相次いで襲い来る悪魔退治と、その結果としての花嫁の獲得を連鎖としながら展開してゆく。神話的部分が、その物語の各部を必要に応じて伸展させたり展開させたりしにくい、いわば閉じられた構成をもっているのに対し、英雄の物語は新たな怪物、新たな障害をつけ加えつつ増殖しつづけることができる。文芸を求める時代の要求は、したがってこの部分に最も濃く反映するようになる。

ところでゲセルの幼年時代には、人々のひんしゅくを買うような、悪ふざけ、いたずらが多く語られている。花嫁を競いあうばあいにも、ことさら醜い姿と、不潔ないでたちを好んでとる。このことは、英雄の非凡な性格を示すためのたくみであるとしても、天降（あまくだ）る厳粛なモチーフとは相容れない。このようなどことなくそぐわぬ感じを残しながらも、ゲセル物語に代表される、天界から地上へ、天の使命を帯びた子が降（くだ）るというモチーフは、いわゆる天孫降臨のモチーフに親縁な話として指摘されてきた。だが同じ天から地に降るにも、スサノオのように、「勝ちさび」——いたずら、腕白、乱暴のゆえに、追われて下界に降るばあいもある。このような点から見てくると、ゲセルの幼児の腕白にはスサノオの性格と相通ずるところがある。あるいは、故意に醜い姿に身をやつしつつ、並み居る武勇の花むこ候補者をしのいで、輝くばかりの花嫁を得る趣向は、八十神のなかにあって袋をかつぐ身でありながらもヤガミヒメを得るオオクニヌシを思わせる。このような点を思いあわせるならば、北方系神話の天降りのモチーフは、ひとえに天孫降臨に類似が求められてきたが、じつは出雲系神話との類比をもさぐらなければならない。天降る動機が同じ天命によるものであっても、追放であるような、そのような降下のモチーフは、たとえばヤクートには典型的な例が知られている。

六　ヤクートにおける天降りの二型

ヤクート族はテュルク系諸族の中では地理的に最東端に位置し、ツングース、モンゴル両族と深い接触をもってきただけでなく、北方シベリアの周辺の民族とは異なって、馬と土器を所有するという顕著な特徴をもつ。かれらの伝承の中で特別な叙事詩的ジャンルを形成する、オロンホという作品群は、ウヴァロフスキーによる一つの伝承がヤクート語とドイツ語の対照で発表されて(12)以来、研究者たちの注意を引いてきた。ヤクートの言語作品について名高いペカルスキーやヤストレムスキーの労作は、いま私の手にとどかない。その点で、ボヤロフの採録の要約を附し、オロンホを多角的に論じたプホフの著作[13]は現状においては極めて貴重である。

オロンホとは、伝承の一ジャンルを総称する一般名称であって、立役者となる英雄の名はさまざまであるが、多くのばあい、至高神ユルュン・アユー（或いはアール）・トヨンの孫、まれに息子として天界に生まれ、地上へ降（くだ）される。伝承によって降下の動機は二つに分かれる。一つは、ゲセルの天降（あまくだ）りと同様、地上を混乱から救い、人間の生活をまもるためであり、いま一つは、腕白の罰として、あるいは天界において神々とうまく折りあって行けぬための追放による。腕白の例として、次のような物語を挙げておこう。

ユルュン・アユー・トヨンは、あるとき盛大な馬乳酒祭[14]を催した。馬乳酒の桶をもった天神が通りかかったとき、この英雄は、母の胎内でまだ九か月であったのに、足で「桶を」蹴とばして馬乳酒をこぼさせ、神聖な儀式を台なしにしてしまった。そのたたりで、天上には三年間神は生まれず、家畜も仔を産まなかった。ユルュン・アユー・トヨンはこの子を中の地（中つ国）へ降（くだ）して、そこの父祖にならせることにした。中の地に生まれるに至ったこのような事情を英雄に話してやったのは馬であるが、英雄自身は自分の出生の由来を知らない。ゲセル物語と同様、伴侶、助言者としての馬と姉の役割は甚だ大きく、馬がこのように出生の由来を告げるほか、姉が話して聞かせる次のような例もある。

英雄の誕生の際、天はまっくらとなり、揺れ動いた。そこで天神らは相謀って、末おそろしい乱暴者を鉄の綱につなぎ、地上の聖樹に託して降(くだ)した。天の子は九年にわたって、この樹の乳を吸い育った、この母なる樹のモチーフが、ヤクートの神話の中で極めて顕著な項目であることは、ウノ・ハルヴァの著作から詳しく知ることができる。(15)注目に値するのは、ヤクートの英雄の誕生のありさまであって、「山川悉(ことごと)に動(とよ)み、国土(くにつち)皆震りき」と記されたスサノオの形象と、いかによく似ていることだろうか。また、馬乳酒祭の儀式を台なしにした乱暴のエピソードは、これを農耕民に移してみれば、やはり儀式をぶちこわしにした「大嘗を聞看(きこしめ)す殿にくそまり散らしき」に対応させることができる。じじつ、オロンホの英雄もクソをまき散らしていやがられているし、地上に誕生したゲヤルについても、この種のいたずらが、物語の中で、聞かせどころの一つとなっている。

さてオロンホにおいて神の子は地上に降って最初の人間――エル・ソゴトホとなるが、その後の物語は、ゲセル物語をはじめ、中央アジアの英雄叙事詩と多くの点で共通することは以下に見るとおりである。

英雄の宿る母胎はまたもや老婆である。父は九十歳、母は八十歳ともされる。それのみならず、この子は月たらずのかたわ者である。にもかかわらず、この子は生まれてすぐにしゃべり、走りまわり、父が追っても捕えられなかったと伝えられる。

　伝承によっては、月たらずの出産の次第を次のように説明する。老女のお産は重く、三人の女シャマンが、出産神アユースット[16]の宮殿へ、うかがいを立てに行く。そこでは、まだ生まれぬ児の魂がゆりかごに入れてあった[17]が、女シャマンたちは、そそっかしかったので、それをひっくりかえしてしまった。魂は飛び去って新生児の肉体に入り、こうして月たらずが生まれてしまった。そこでこの子を牛飼い女に渡したところ、女は糞の中に埋めてしまったが、生きのびてやがて英雄としての姿をあらわす。——このような物語は、英雄に異常な、不遇な出生をもたせることによって、その武勇にますます光をあたえるという文芸の効果をもっている点で、それ以外の物語と似ているが、月たらず、不具の子の誕生の言及は、オノゴロジマのヒルコ伝説と何かの親縁関係をもっているかもしれない。ただ、ヤクートにあっては、不具の子が未来の英雄に接続するのに、日本ではヒルコはただ失敗の結果として終わり、再び物語に登場することはない[18]。

　以上述べてきたオロンホの内容を、ゲセル物語と比較してみれば、北方系とされる「天（あま）降（くだ）る」モチーフにも二つの型が区別でき、一つは追放天降り型として扱われなければならない。これを単に「天界からの放逐」と扱っては、問題の本質を見失うおそれがあることは、オロンホの例を予め視野におけば明らかであろう。それに対して、東天の主アタイ・

オラーンは地に落ちて様々の怪物に化生し、やがて天から追ってきたゲセルに退治されるが、このばあいは放逐と呼んでさしつかえない。ブリヤートとヤクートの物語の中にスサノオを対置してみるときスサノオのは使命によらない、追放による降下であり、しかも魔物退治と花嫁の獲得が語られる点で、よりヤクートの英雄に接近しているのである。

七　記紀神話とのその他の類似点

この世の悲惨の起源を説明するものとしての天界における抗争の発端は、たとえば、エヒリト・ブラガト版が次のように述べている。

東西両天の中間にあって、そのいずれにも属さぬセゲーン・セブデク・テンゲリは、両天が互いに所有を主張しあってゆずらぬ争いのたねとなった。あるとき両天の首長は相まみえ、三日後に再び会って雌雄を決する約束を交して別れた。ところが両天の首長、ハン・ホルマスダ・テンゲリは、祖母マンザン・グルム（Manzan Görmö）（これについては後述）のもとに助言を求めに出かけたが、そこで酒に酔いつぶれてしまったあげく、約束を思い出したのは七日後だった。その時、わずか三歳だったゲセルは、ゆりかごからとび出して、東天の首長アタイ・オラーンと対決し、みごと勝利して下界につき落とした。滅びたその肉体の各部より、様々な怪物が生じたことはすでに述べた。

ナムジル・バルダノ版においては、アタイ・オラーンは、年長のホルマスダに、セゲーン・セブデク天を譲った。その好意に報いるため、ホルマスダはアタイ・オラーンを祝宴に招待した。そこで、約束の日に訪れたけれども、誰も迎える者がなかった。ホルマスダは、約束を忘れて、妻の父を訪問しに出かけていた。この遇しかたを不満としたアタイ・オラーンはホルマスダに戦いを挑み、こうして両天の抗争ははじまった。――ここに引いた代表的な二例は、いずれも「約束の忘却」という点で一致しているが、口承とは大きなへだたりを見せる北京版では、「約束の忘却」は次のような形をとってあらわれる。

あるとき、ホルマスダ・テンゲリの居城の西の一角がひとりでに崩れた。アスリ〔阿修羅〕どものしわざであろうかとも考えたが、そうではなかった。三十三テンゲリを集めて相談しているうち、かつて釈迦がネハンに入る以前、五百年たったら、宇宙は大いに乱れるだろうから、その時、三人の子のうちの一人を下界に降(くだ)し、混乱をしずめさせるよう申しつけたことを思い出した。そして、その時よりすでに七百年が経過していたのだった。

ここでもまた「忘却」が登場するが、このばあいのは釈迦との間にむすんだ誓約の忘却であった。人類の全歴史を通じて、その重荷となっている災禍、病苦、貧困、争いなど、すべていとわしいものの出発は、ホルマスダの何者かとの約束の忘却に発しているが、それと、居城の崩壊は、どのように関係しているのだろうか。この点で、ハンガロフは見過ごすことのできない重要な記録を伝えている。

毎日、人も馬も百ずつ死んだ。そこで女シャマンのシャルハンが、寡婦とみなしごの涙とよだれをあつめて天に投げ、これによって「そそぎの礼」をおこなった。涙は天の西南隅にある、ハン・テュルマス〔ホルマスダ〕の白銀宮に落ち、宮居はゆらぎ、その一角がこわれた。不思議に思ったハン・テュルマスが祖母マンザン・グルムのところへうかがいを立てに行く。すると、東テンゲリの首長アタ－・オラン・テンゲリが地に落ち、その肉体から、ガル・ドルムハンが生じ、それが地上の生類を苦しめていることを知り、中の子メルゲン・トグルドルを降した。

ハンガロフの注によれば、その時、寡婦とみなし子を激しく叩いて泣かせ、その涙とよだれを集めた。これらは極めて毒を含むものであったからである。モンゴルのシャマンが馬乳酒、乳などをふりまいて行なう「そそぎ」の儀礼はこの時にはじまるという[19]。すなわち、ブリヤートの、より起源的と思われる伝承を助けとして解釈すれば、宮居の崩壊は地上の人間からの訴えの表現であり、シャマン儀礼の結果であるのに、文芸化した伝承の中では、忘却の要素の方が肥大したものと解釈できよう。このように、一つの物語に複数の発展の道が与えられているばあい、その結果だけから原意に達するばあいに、比較例は重要な役割を演ずる。

この機会に、もう一つ指摘しておきたいのは、ブリヤート神話と、『日本書紀』が共通して述べている、つば、よだれにそなわる厄払いの、あるいは呪術的効果である。『日本書紀』の一書が、スサノオを乱暴の科で追放するとき、「唾を白和幣（しろにぎて）とし、洟（よだり）を青和幣として、こを用いて解除（はら）へき」と述べていることについて、このブリヤートの例は、それに極めて近い、祈願儀礼の対応例を示しているように思われる。

ブリヤートにとどまらずモンゴル全域におよぶ英雄叙事詩の中で、ただちに類似が目につくのは、ヤマタノオロチに対応する多頭怪獣の表象である。モンゴルではこのような怪獣はマンガタハイ、あるいはマンガスと呼ばれ、ヤマタに止まらず、その頭は七七、一〇八、五〇〇、六〇〇、一〇〇八といった調子で増えつづけながら登場する。ただ、この類似の怪獣はアルタイ系伝承に特有というわけにいかない。ロシアのブィリーナにもまた、英雄の敵手として登場するからである。

あまりにもよく似ているのは、オオクニヌシが受けた様々の迫害の中に登場する、「蛇の室（むろや）」「むかでと蜂の室」である。ゲセル物語では、例を北京版にとるならば、ゲセルはその第二章で中国（キタド）の王によって、次々と獄に投じられるが、その第一は「蛇の獄」、次いで「蟻の獄」「しらみの獄」「蜂の獄」などである。ゲセルがそれらをことごとくきりぬけられたのは、天の祖母マンザン・グルムを酔わせて手に入れた秘物によってである。ドミトリエフ版では、獄の数は三つで、それぞれ、「しらみ」「だに」「ぶよ」となっていて、これらは遊牧民にとって、最も日常的な、痛切な敵であった。

これらの室、あるいは獄に投じられる動機もまた、日本神話とモンゴルの伝承では一致している。すなわち、日本にあってはスセリヒメを得るための試練、モンゴルにあっては、中国の王女を得るための試練として課される。要するに、両者ともに、英雄物語に通有の障害をこえて花嫁を得るというすじがきに発展する芽を含んでいるのである。

八　「北方系神話」における南方要素

前節において、西天の主、ホルマスダ・テンゲリが困難に遭遇してはその助言を仰ぎ、あるいは、ゲセルを「蛇の獄」「蜂の獄」から救う秘宝をもつ、天の祖母マンザン・グルムという女神の名をあげた。この老婆は西天を庇護する立場にあらわれるだけでなく、しばしば東西両天の上にたつ至高神的性格を示している。その住みかも銀河の傍である。モンゴルの銀河は、星伝説の体系の中で中心的な位置を占めるだけでなく、銀河の名称そのものが「天の縫い目」という象徴的な意味をもっている。ウノ・ハルヴァは地におおいかぶさる天蓋全体を遊牧民のテントに見たてて、その縫いあわせたところが銀河であるとする観念を紹介し、また天を縫いあわせた神についての物語を引用している。[20] しかし、モンゴルの伝承をよりこまかく観察してみるならば、この「縫いあわせ」は天の分裂を防ぐための、したがって、東西両天の対立、分裂を統合するための縫い目であり、マンザン・グルムはその統合のための主宰神的な地位を占めている。

天の統合の中心はまた、テュルクの伝承によれば北極星と見なされている。北極星は、夜空の不動の一点として、遊牧の諸族によって馬つなぎの杭に見たてられている。

このような、天空の何かを星座の体系の中心に位置づける表象のほかに、たとえば西欧諸語が「乳の道」と名づけているような、銀河の表象もある。ゲセル物語の中で、ゲセルが献じた酒で酔ったすきに宝を奪われたマンザン・グルム老女神は、くやしまぎれに、逃げゆくゲセルの背にむけて乳房をしぼり、その時ほとばしり出た乳のあとが銀河だとする考え方は、ギリシャのヘラ女神の伝説との直接的な関係を暗示している。「天の縫い目」と「乳の道」の表象は、まったく異なる系統に由来すると思われるが、それにもかかわらず、両者とも、この老女神にかかわりがある点では一致している。大熊座もまた、ゲセルとマンザン・グルムをつなぐ伝説の一環をなしている。すなわち、ゲセルは七人の鍛冶屋を退治し、その頭蓋骨から製した杯に酒を盛って、マンザン・グルムに献じたが、それが天空に散って北斗七星となったという。

高天が原における「天の安の川」を銀河の河にあてて解釈するのは、あまりにも恣意的にすぎるように思われるかもしれない。少なくとも、記紀の日本において銀河にどのような表象がつきまとっていたかは明らかでない。しかし、「天の安の川」は少なくとも天界の一地点ではなく、やおよろずの神々が、重要な議題を評定するための集会に定められる場所であり、あるいはまた、日の神アマテラスと、スサノオとが、この河を隔てて相対し、ウケイする場所である。すなわち後者のばあいでは、二つの領域を分かつところの犯すべからざる境界として示されている。天界におけるこのような境界の意識は、マンザン・グルムの主宰する銀河においても見ることができる。

モンゴルの銀河の起源に、系統を異にすると思われる二つの物語が存在することから予想されるように、その神話的伝承もまた決して均質ではない。とりわけ、主要な神々の名称すら外来の神名によって置き換えられていることから見ると、外来の高級宗教の影響がいかに大きかったかが想像できる。

たとえば西天の主ホルマスダ・テンゲリの名は、イランの神アフラマスダのモンゴル形である。ブリヤートの一部で、ホルマスダの位置に来るエセゲ・マラーンはより起源的であるように思われる。さらに北京木版本のゲセル物語では、ホルマスダの上位にたつ至高神として釈迦が登場するに至っている。ここには、マンザン・グルムもしくはそれと同類の神が起源的であったと考える方がより自然であろう。英雄叙事詩ではなく、断片的な創造神話の中にはシベゲニ（シャーキャムニ）、マイダリ（マイトレーヤ）［弥勒］なども登場し、あたかも仏教伝説のくずれた形を思わせる。他方仏教の到達しなかったヤクート地方のエベンキ族の洪水説話には「クリストス」、「サタン」、「ノイ」など、旧約聖書と同一人物が登場している。[21] 天降る天孫ゲセルの名に至ってはチベットの作品からの直接の移入である。

　必要なことは、ゾロアスター教、仏教、キリスト教などの外来の神々の名によって占拠された諸伝承の中から、このような神名にまどわされることなく、本来の「北方系」神話のパンテオンと構成を見破ることである。しかし現状においては、そのような作業が進められていないために、日本神話について比較神話学的結論を急ぐ人たちは、断片的資料にもとづく、根拠の弱い判断をくだすおそれがある。その点で、日本神話との重要な一致と指摘される、例えば棒で海をかきまぜて陸地を作る、大地創造についてのカルムィクの伝承は、ポターニンが一例を挙げているのみであり、また、明らかにモンゴル神話の体系からはみだしているように思われる。カルムィクのように仏教の圧倒的な影響下にある民族のもとで採録されたこの種の伝承は、やはりインド起源と見当をつけて見るのが順序であり、しかもこのモチーフは一六世紀以降の比較的新しい時代の受容とさえ考えられる。カルムィク族のもとに残された仏教文献の中に、このような一節をつきとめる作業が期待される。

奇妙なことだが、記紀の伝承を、周辺民族のそれと比較する人たちは、かれらの断片的な伝承とばかり比較したがる。英雄叙事詩に含まれる神話的部分には体系化の力がはたらいているので構造化されたわくからはずれて、断片となった伝承には、時として、古層をよくとどめているものもある。しかし割合としては、仏教的宇宙観を叙べた書物に由来するものの方が圧倒的に多い。このような要素をとり除く方法として、民族誌的資料を傍証としつつシャマン儀礼との対応関係も求められねばならないだろう。

以上のことから、次の点については、特に留意しておきたい。モンゴルおよびその近隣の伝承と日本神話との間には少なからざる共通要素が指摘できる。これら共通要素のあるものは、モンゴルあるいはアルタイ系本来の起源に由来することもあれば、インド、チベット、中国、イランその他、いずれにせよ南方から、日本とは別の経路を通じて得た共通財のこともある。しかも、このような南から（「南方系」という意味ではなく、単に相対的な地理的位置の意味で）の流入物の割合はかなり高い。この種の流入物は文献の力に支持されて、継続的に滲透しつづけたから、逆に文献説話の研究が、外来要素を選別する上で大きな効果をもち得るのである。日本神話の比較研究に堅固な土台を提供しうるためには、いわゆる「北方系」神話の中から、慎重に南方要素を濾過する手だてを見出さなければならないのである。

（注）

（1）たとえば『人類学上より見たる我が上代の文化』（大正一四（一九二五）年）

（2）Bergmann, Benjamin, Nomadische Streifereien unter den Kalmücken in den Jahren 1802 und 1803, Riga 1804-1805, Oosterhout [2]1969.

（3）Шаракшинова, Н. О., Героический эпос о гэсэре, Иркутск 1969.

（4）Абай гэсэр-хубун, Часть I Улан-Удэ 1961.

（5）代表的な例は Уланов, А. И., К характеристике героического эпоса бурят, Улан-Удэ 1957.

（6）「蒙古の神話」前田太郎篇『世界風俗大観』大正三（一九一四）年所収

中田千畝『蒙古神話』昭和一六（一九四一）年

なお前者は『現代のエスプリ第二二号』「神話」に収録。

（7）田中「ブリヤート口承ゲセル物語にあらわれた二つの文化層」『民族学研究』29／3、一九六四年。本書五二〇―五五八所収。

（8） Шаракшинова, Н. О., Героический эпос о Гэсэре, Иркутск 1969.
（9） Хангалов, М.Н., Новые материалы о шаманстве у бурят 1890. Собрание сочинений I, Улан-Удэ 1958. に収録。
（10） Абай гэсэр хүбүүн, Улан-Удэ 1969.
（11） Дмитриев, П. Д., Гэсэр, Улан-Удэ 1953.
（12） Böhtlink, A., Über die Sprache der Jakuten, St. Petersburg, 1851. The Haag ^{2}1964.
（13） Пухов, И. В., Якутский героический эпос олонхо, Москва 1962.
（14） ヨヘルソン「ヤクート族の馬乳酒（タミス）祭り」『現代のエスプリ六〇号』（儀礼）所収を参照。
（15） ウノ・ハルヴァ著、田中訳『シャマニズム1――アルタイ系諸民族の世界像』（平凡社　東洋文庫）七八―八一ページ参照。
（16） 前掲書一七七ページ参照。
（17） 将来、人間となって生まれるはずの「魂」（オミア）は天の樹の上に生じ、そこから鳥となって地上に降（くだ）るという観念については、前掲書八七ページ参照。
（18） 舞台は全く異なるが、不具の子が川に流されて王家の祖をなす物語は『蒙古源流』その他、一七世紀の年代記に見られるように、チベットに存在する。インドのマガダ国のコーサラ王サルバには五人の子があり、末子は生まれ落ちたとき、青い眉毛、鳥のように水かきのついた扁平な手足、鳥のように上向きに閉じる目をしていた。異様な風貌をもつこの子は銅の箱に納めてガンジス河に捨てられたが、チベットで老人に拾われたときは美しい男の子になっていた。

(19) Хангалов, М. Н., Собрание сочинений II, стр. 246.

(20) ウノ・ハルヴァ前掲書三八ページ。

(21) Романова А. В. и Мыреева, А. Н., Фольклор эвенков якутии, Ленинград 1971. стр. 326.

(『日本神話の比較研究』1974年　大林太良編　法政大学出版局)

【二〇一八年の所感】

ここで論じたテーマはぼくにとっては古いものだが、この研究に強い期待を示された大林太良(たりょう)さんが亡くなられた後もずっとぼくを圧しつづけている。もし神様が許されるならば、またこの地点へもどって来て論じつづけたいものである。なお、この一篇は К вопросу о параллелях в монгольской и японской мифологиях として抄訳されて、論文集 Актуальные проблемы Гэсэриады: эпический текст и этнокультурные традиции,Улан-Удэ 2009 に収録された。

シベリア・日本 結ぶ英雄伝説

バイカル湖周辺一帯に住むブリヤート・モンゴル族のもとでは、今、各地に仏教寺院の建設が進んでいる。草原の彼方(かなた)から、金色に輝く伽藍(がらん)の威容は、いやでも旅人の心を惹(ひ)きつけないではおかない。ソビエト時代に破壊されたのを、一九九一年は、ロシアの女帝が仏教を公認した二百五十年目にあたるというので、ダライ・ラマをも招いて盛大に祝われたという。ところが、寺院のようには目立たず、まことにささやかなただの棒にすぎないが、おそらくもっと大きな意味をもっているかもしれない「ゲセルのセルゲ」が方々に建ち始めた。セルゲとは馬に乗ってきた人が、一時馬をつないでおく柱のことである。言うまでもなく、草原の生活においては、「大地に」打ち込まれた一本の柱が、はかり知れないほど、大きな拠(よ)りどころになるのである。

天上の神々の命をうけて、邪悪とたたかうために地に降(くだ)った伝説の英雄ゲセルが、再びこの世に現れて、このセルゲに馬をつないで憩うであろうと人々は期待している。チベットに発し、モンゴルを経て中央アジアにも達したこの伝承は、今世紀の初頭には、まだいきいきと伝えられていて、九夜もかかる長編をおぼえている人がいた。

一九〇〇年、イギリスの一旅行家が、これもロシア直轄となったバイカル湖西岸で、この伝承の一部を採録し、英訳を世に送った。日本では特別の関心が寄せられた証拠に、一九一四年、四一年の二度にわたり、この英訳からの日本語訳が現れ、比較神話学の立場から、石田英一郎、大林太良などによって注目されてきた。

ブリヤートの口承版に含まれる、天上における神々の物語、天孫の降臨、アマテラスに対するスサノオの乱暴、ヤマタノオロチ退治などを思わせるモチーフは、ブリヤートと日本の太古の宇宙観に多くの共通点があったことをほのめかしている。しかし私の研究は中断したままであった。一つには、ソビエト時代、ブリヤートは日本人の立ち入りを拒む禁断の地であり、研究上、数々の障害があったからである。

ところがこの六月、チタ州アガ自治管区でゲセルの祭典と研究会を催すので参加するようにとの招きを受けとったのである。アガ地方は、ブリヤートの最もすぐれた知識人を生んだ土地［ドイツでたとえればケーニヒスベルクのような］であり、また一九三七年九月、自治共和国から奪われて、ロシアのチタ州に編入された、問題の地であった。私は夢をみているような気持ちでアガへと旅立ったのである。

祭典は極めてよく組織された、民族的な大事業だった。ブリヤート共和国の首都ウラン・ウデから出発した四台の車の列は、やがて数十台にまでふくれあがって、目指すアガまでの八百キロの道のりを五日間かけて旅した。作家同盟の詩人たち、ゲセルの各地の伝承者、いくつかのコルホーズの議長たち、さらには共和国文化大臣も加わった一行は、道中、峠にさしかかるたびに、古式ゆかしく天地の神々に乳と酒をささげて庇護を祈願し、八十五歳になる盲目の伝承者が、輝くようなことばでゲセルの一節を吟じた。道すがらブリヤート人の集落に立ち寄って、ゲセルの馬つなぎ柱に祈りをささげたのみならず、古くからその地に住むロシア人たちは、ロシアの古い伝統に従って、パンと塩で出迎えた。

道中立ち寄った集落や宿営地では、毎夜のようにゲセルの伝承の一節が吟じられた。その都度、ゲセルの物語は、四散したブリヤート族を結ぶだけでなく、ユーラシア的スケールをもつ文化遺産として、諸民族をも結びつけるものであると強調された。

私が参加を求められたのはゲセルの集会だけではなかった。全く予想もしていなかった「日本の夕べ」が催されて、近代の啄木だけでなく、土佐日記や伊勢物語の中から詩歌が朗読された。私は和歌や俳句の伝統について話をさせられた。それというのも、ゲセル祭りを計画した中心人物の一人が、和歌俳句に熱い思いを寄せる詩人だったからである。

この集会には、私が再会を期していた一人の女性がやってきて、メモを渡すとすぐに立ち去った。目下入院中のところを抜け出してきたのだという。

この人をはじめて見たのは、昨年秋ブリヤートを訪れた際、劇場の舞台でだった。明かりを消した闇の中に、この人の裸身のシルエットが浮き出た。エロチックな雰囲気さえただよわせたこの人と、舞台がはねたあとで知りあってみると、七十五歳だという。彼女は一九四九年発行の、黄ばんだ古い、日本語の新聞を示した。そこにはまだ二十代の彼女が、若い日本人捕虜の前で活発に踊る写真があった。この新聞は、捕虜の日本人兵士を赤色思想で教育するために発行されていた『日本新聞』で、二年前、朝日新聞社が三巻にわけて復刻している。「この人を女性だと思っていたが、実は男だと説明された。今でも信じがたい。」病院を訪ねた私は、さらにまた、彼女の海外公演の舞台写真とともに、半世紀前、日本の若き捕虜の兵士たちと歓談している写真をも受けとった。兵士たちも若ければ、この「人民芸術家」の称号をもつバレリーナも若かった。いろいろとたずねてみたい気がしたが、それは「この場にそぐわない」あまりにも詩的でないことと思われた。

ユネスコの支援を受けたゲセル伝承の研究と祭典は、今後も強力にすすめられて、必ず成果をおさめるにちがいない。それはまた、忘れられた太古から、忘れることのできない現代までの、日本とシベリア諸族とのつながりを思い起こさせてくれるきっかけにもなるものと思われる。

（朝日新聞夕刊　1993年11月8日）

生きゆく英雄叙事詩

――ブリヤート・モンゴルの草原より――

シベリア、中央アジアのモンゴル、テュルク系諸族のもとでは、それぞれの英雄の名を冠した長篇の英雄叙事詩が語り伝えられている。たとえばブリヤートのゲセル、サハ（ヤクート）のオロンホ、キルギズのマナス、カルムィクのジャンガルなどのように。とりわけマナスに至っては、全篇の吟唱に四〇夜もかかるものが知られている。これらの口碑の採集は、一九世紀の初頭から、まずロシア人やヨーロッパ人の探険旅行家によって着手され、二〇世紀に入ってからは、それぞれの民族の出身者たちによって引きつがれた。ソビエト時代に、こうした研究は奨励され、とりわけロシア語訳、ロシア語との対訳テキストがさかんに出版されて、ソビエト時代の成果の一つに数えていいと言えるほどである。

ところがソ連邦崩壊後、こうした英雄叙事詩の研究は、単に民族史を過去にさかのぼらせるための史料としての、あるいは、比較文芸学的な関心をこえて、実践的、時には政治的な意味を帯びはじめてきた。たとえば一九九五年夏、キルギズでは、叙事詩マナス成立一千年を記念して、一か月をかけて騎馬で千マイル（一千六百四十キロ）を駆ける祭典が催されたということである。コースは隣接のカザフスタン、ウズベキスタン、さらにトルクメニスタンにも延びたという。

この計画が物語っているのは、何よりもキルギス共和国の独立と、同様に独立を果たした、他のテュルク系諸共和国との連帯であろう。独立共和国たるものは、独自の憲法、独自の国旗、独自の通貨と並んで、独自の英雄叙事詩を持つべきものなのだ。

西モンゴル諸族の一つ、カルムィク族のジャンガルについて言えば、それがかれらの居住地であるロシアにとどまらず、モンゴル国や中国の内モンゴル自治区、新疆ウイグル自治区にいる同族にもそれぞれ伝承されている点で、その研究じたいが、いまある、仮りの国境を越えているのみならず、他面においては、ロシア研究、中国研究、モンゴル研究の一部をなしているのである。民族的英雄崇拝の主人公という意味でならば、このような口碑の中の英雄よりは、史実に裏打ちされた人物の方がよりふさわしいはずである。この点ではチンギス・ハーンを越える人物はいない。

ソビエト時代のモンゴルでは、チンギス崇拝は、かれの肖像をデザインした郵便切手の発行すら禁じられていた。ところがいまでは、その名を顕彰することに、何の気兼ねもなくなった。チンギスの像がたてられ、火酒の商標にも使われ、その名を冠した新しい豪華なホテルが現れた。こうしたことはすべて聖主に対する冒瀆ではないかといきどおるモンゴル人も少なくない。チンギスの名は禁じられていたために、深く心に秘めておくべき信仰の対象として、いっそう聖化された結果である。

中国では、チンギス崇拝が抑えられたことは一度もなく、そのことが、漢化のはげしい内モンゴル人の民族感情に対して、一種の埋めあわせとして作用している。

それに対してロシアでは、たとえソ連邦が崩壊した後であっても、チンギス崇拝は手放しでは表明できない。法律が拒んだわけではないが、日常的な感情として抵抗があろう。それにもかかわらず、著名な作家、チンギス・アイトマートフのように、その名を帯びた実在の人もある。モンゴルでなら、こどもたちにこのような名をあえて贈る親は、その思いあがりに対しておそらく社会的な非難をあびるであろう。

さて、キルギズでは一九九五年を、叙事詩マナス成立千年祭として盛大に祝ったことはさきに述べたとおりであるが、この同じ年を、ブリヤートでもまた、ゲセル物語誕生千年祭として祝ったことは注目にあたいする。それはキルギズに学んだものであるのか、あるいはその逆であるのかは速断できない。

ブリヤートのゲセル祭は、一九九五年をめざして九一年を皮切りに、毎年行われ、目標の九五年までに総計五回を重ねた。それは物語で述べられている通りに、英雄ゲセルが、混乱と苦難に満ちたこの世を救うため、天から馬に乗って地上に降(くだ)り、旗をかざしてブリヤートの各地を経巡るというものであった。この行事は、一面では、学問的な考証に裏打ちされていた。なぜなら、第一回、第二回目は、バイカル湖西側の、マンシュート・エメゲーエフ、ピョーホン・ペトロフなどの、著名な語り手の生地を訪ねるというものだったからである。残念なことに、私はこれら最初の二回の催しに参加する機会を失ったが、九三年のアガ、九四年のモホルシビリ、九五年のトゥンカ、アハなどのめずらしいコースは、私はゲセルの旗とともに、行列の先頭を歩んだ。

とりわけ印象ぶかかったのは、アガ・ブリヤート自治管区への旅であった。今世紀に重要な文化・政治的な活動を行なったブリヤート人たちを輩出させたこの豊かな草原地帯は、一九三七年、ブリヤートから引き離され、チタ州直属とされたのである。アガへはチタの町を通って、六百数十キロを行進し、途中ロシア人の村々でも塩とパンの出迎えを受け、ブリヤート村ではもちろん凝乳と乳酒を差し出されながら目的地へ到着した。

特筆すべきは、ゲセル伝説はもともとブリヤート人だけのものであるのに、その千年祭は、ロシア人をも含む全ブリヤート規模で祝われたことである。何しろブリヤート人は、共和国人口のほぼ二十五パーセントを占めるにすぎなくなり、七十パーセントをこえるロシア人の行事ともなったのである。祭典の費用は共和国最高会議の議決によって国家的に保障され、これを受けてユネスコも協力した。いまやゲセル伝説は、民族の象徴であるにとどまらず、多民族の住む地域統合の象徴へと発展しなければならなくなった。もともと、英雄の名ゲセルは、チベットの伝承「ケサル」がモンゴルを経てブリヤートに伝わったものであるから、ジャンガルと同様に、特定の民族のわくをこえているのである。

研究者としての私の目からみると、このゲセル祭はいくつかの矛盾を含んでいる。まずこの伝承の最古層は、仏教弘通（ぐずう）以前のシャマニズム世界の反映であるのに、この祭典ではラマ僧やラマ寺が重要な役割を演じている。かれらもまたソビエト体制下での犠牲者だったからである。しかし最大の問題は、ゲセル物語誕生の起源を九五〇年にさかのぼらせようという試みである。私はこの行事の首謀者に、それはあまりにも思いきった計算ではないかと、自分でもやぼだと思われる問いを発したとき、かれはそんなことはわかっていると答えた。

英雄叙事詩の主人公は、歴史上実在の人物のようには、史実に拘束されない。それは人々の意識の中で、歴史をこえて共時化され、超時間の存在となるからである。英雄叙事詩とは固まった不変の作品ではなく、常に作られ、新たな機能を帯びて生きつづけていくものだということをまのあたりにしたのである。

（『岩波講座　日本文学史　月報17』１９９７年３月第17巻　岩波書店）

原題「世界の文学から⑰シベリア・中央アジア　生きゆく英雄叙事詩―ブリヤート・モンゴルの草原より―」

おわりのことばにかえて

公用語という用語は一九世紀中頃、多言語状況の重圧にあえいでいた中部ヨーロッパにおいて登場したもので、その規定は、住民にとっては権利を、公務につく側にとっては義務を意味した。

すなわち、国内で、それを用いることが当然とされる優勢言語と並んで、相対的に劣勢な言語を話す住民集団があるばあい、政府は、その劣勢な住民の言語を公的に用いる権利を法律によって認めて公用語に指定する。大切なことは、そのことを保証するために、公務員は、その言語を身につけ、住民の母語使用の権利に応じなければならないということである。

したがって、たとえば英語を公用語として導入するということは、国家の機関である省庁から市町村役場、警察、郵便局、交通機関に至るまで、住民から要求があれば英語で応待し、文書を作らなければならないことを意味する。閣僚をはじめすべての官僚は、その職につくにあたって、英語の能力を示す義務を負うことは言うまでもない。

このように、公用語の規定がただちに重大な問題をひきおこすのは、就職の機会を限定するからである。一九世紀のオーストリア・ハンガリー帝国のボヘミア地方で、ドイツ語と並んでチェコ語を公用語としたために、チェコ語のできないドイツ人は公職から閉め出されることとなったために大混乱におちいった。

英語を「日本の」公用語にしようと主張する人たちには、公務の側としてこのような、英語による公務の執行の義務をひきうける覚悟ができているのであろうか。もしそこまで考えられていないのであれば、そこに言う公用語は実体を欠き、単に英語に堪能になってほしいという、一般的な願望を表明したものにすぎない。いったいどの国で、国内にその言語を母語とする定住集団がいないにもかかわらず、「外国語」を公用語として導入した例があるだろうか。

このように考えてくると、英語公用語化論は法的な実体のないものである。しかしその着想には、日本の指導層の状況認識と、その教養のせまさとでも言うべきものが現れている。かれらはたぶん、もっぱらアメリカで学び、そことひんぱんに往来する機会が多いので、自らに英語を用いる能力の重要さをひしひしと感じていることであろう。日本人は外国語が得意でないために、多くのチャンスを失っているという切実な実感もあろう。そこから権利としてではなく、義務として、国民に英語を学ぶよう圧力をかけようという着想が生まれる。それはかつて、植民地において、住民にとっては非母語である日本語を「国語」として課したあの言語イデオロギーの再来である。

英語が国際的なコミュニケーションの場で、最も多用される、有用な外国語であることはもはや否定できない。最近はロシアにおいてさえ、ソ連邦崩壊後、英語は新しいチャンスをもたらす有用な言語であるのみならず、自由と解放のひびきすら帯びている。

このような現状からすれば、すべての日本国民が英語の知識をもそなえていることは、潜在的な「国力」の一つだと考えるのは、むしろ当然のことである。

とはいえ、世界の諸民族とかかわっていくのに、英語は唯一の言語ではない。英語で置きかえることのできない様々な地域や局面があることを忘れてはならない。もしかして、英語以外の諸言語に熱中するという、英語公用語論者から見れば、目ざわりでムダな努力をしている人も決して少なくはなく、大切なことは、その人たちもまた英語の有用性を痛いほど認めた上でなお、そうした言語に従事しているのである。

いま日本の指導層が国民に対して教えを垂れるとすれば、特定の言語を「公用」として押しつけることではなく、「神の国」語以外にも世界の様々な言語のうち、何か一つ知ってみるように好奇心をかきたて、そのことによって、この「神の国」語が、どのような状況にあるかを自覚するきっかけを作ることであろう。

土着の英語住民集団がいないところで英語を公用語化するという大胆さに対しては、次のような大胆な実現計画を提案してみたい。すなわち、毎年数万人単位の新生児を日本から英語国に送り出して、「英語を母語とする日本国民」を製造し、大学生となったところで日本に連れもどす。これを二十年間にわたってくり返すならば、百万人ほどの英語日本国民が定着することになり、英語公用語化実現のために、後もどりのないくさびを打ち込むことになるであろう。

（『英語青年』2000年9月　研究社）
原題「英語を公用語にするためには」

【二〇一八年における感概】

セレクション全四巻を編み終えた後、どういうわけでか、この短い文章が、どの巻にも収められることなく残っていることに気がついた。そしてこれを書いた動機が、あの『英語青年』からの求めによるものであったことを思い出した。その後、英語道の正統の守り手とあがめてきた『英語青年』が二〇〇九年に休刊（Web版も二〇一三年に休刊）になったと聞いて、「英語栄えて英語道すたる」の感慨ひとしおである。この思いをとどめるために、あえて、このあたり散らしたような小文を同誌への深い敬愛をこめ、「おわりのことば」にかえて収めることにしたのである。

全セレクション収録目録（年代順）

●1961年

カザフスタンの文化活動家 ―チョカン・ワリハーノフのこと―（『一橋研究』1961年第7号　一橋大学大学院学生会）……Ⅳ 435

●1962年

モンゴルにおける言語生活の近代化とモンゴル語（『言語生活』1962年7月号　国立国語研究所監修　筑摩書房）……Ⅳ 133

アルタイ［諸］語のゆび尺語彙について（『民族学研究』1962年9月26巻4号　日本民族学会編集　誠文堂新光社）……Ⅳ 22

●1963年

日本語を考える（『国語通信』1963年12月　筑摩書房）……Ⅱ 14

●1965年

ブリヤート口承ゲセル物語にあらわれた二つの文化層（『民族学研究』1965年1月第29巻第3号　日本民族学会）……Ⅳ 520

●1968年

受難の歴史を生きる「流浪の民」（『世界の秘境シリーズ』1968年6月号第75集　双葉社）……Ⅰ 189

戦後日本における言語学の状況（『文学』1968年9月　岩波書店）……Ⅱ 25

言語観の再検討を（『国語教育』1968年12月　三省堂）……Ⅱ 53

●1969年

新しい人間関係の発見のために（『おしえの泉』1969年5月第60号　財団法人全国青少年教化協議会編）……Ⅰ 43

論理学に対する現代言語学の立場 ―山田広行『論理学』をめぐって―（『新日本文学』1969年7月　新日本文学会）……Ⅱ 62

●1971年

モンゴル ―内陸アジアの視点（『中央公論』1971年11月特大号　中央公論社）……Ⅳ 101

「北方系神話」について（『文学』1971年11月Vol.39　岩波書店）……Ⅳ 559

モンゴル研究者として（『城北会誌』1971年12月№19　社団法人城北会）……Ⅳ 96

●1972年

言語学と言語学的現実（『思想』1972年2月　岩波書店）……Ⅱ 85

●1973年

山紫水明・地方大学のすすめ（『中央公論』1973年4月　中央公論社）……Ⅰ 16

●1974年

天皇制の言語学的考察 ―ベルリン自由大学における講義ノートより　亀井孝（一橋大学教授・言語学）（『中央公論』1974年8月特大号　中央公論社）……Ⅰ 259

チベットと日露戦争（『歴史読本』1974年9月号　人物往来社）……Ⅳ 394

モンゴル神話と日本神話（『日本神話の比較研究』1974年

大林太良編　法政大学出版局）……Ⅳ 577

●１９７５年

科学論としてのソビエト言語学論争（『言語における思想性と技術性』１９７５年　エネルゲイア刊行会編　朝日出版社）……Ⅲ 178

モンゴル人民共和国の言語生活（『言語生活』１９７５年10月号　国立国語研究所監修　筑摩書房）……Ⅳ 155

味覚における民族性と国際性（『朝日アジアレビュー』１９７５年冬　朝日新聞社）……Ⅳ 217

●１９７６年

馬乳酒と骨つぎ（『朝日アジアレビュー』１９７６年春　朝日新聞社）……Ⅳ 221

民族にとって言語とはなにか（『国語の授業』１９７６年７月　児童言語研究会編　一光社）……Ⅲ 209

恥の日本語（『展望』１９７６年９月　筑摩書房）……Ⅱ 108

●１９７７年

カランダーシ――借用の構造――（『ロシアの思想と文学：その伝統と変革の道』１９７７年１月20日　金子幸彦編　恒文社）……Ⅳ 36

文体の国際化（『月刊翻訳の世界』１９７７年４月　日本翻訳家養成センター）……Ⅳ 52

「読む」ことと「見る」こと　現代詩への一考察（『現代詩手帖』１９７７年７月　思潮社）……Ⅱ 143

●１９７８年

「エッタ」を私はこう読んだ（『新日本文学』１９７８年11月　新日本文学会）……Ⅱ 173

地域と言語（『地域主義――新しい思潮への理論と実践の試み』１９７８年　玉野井芳郎・中村尚司・清成忠男編　学陽書房）……Ⅱ 159

●１９７９年

発酵しない馬乳（月刊『健康』１９７９年５月　月刊健康発行所）……Ⅳ 225

●１９８０年

Leo Weisgerber と社会言語学――いかに私は Weisgerber を読むか（『ドイツ語教育部会会報』１９８０年No.18　日本独文学会ドイツ語教育部会）……Ⅲ 221

《読書ノート》『文字学の現在』（月刊エディター『本と批評』１９８０年12月　日本エディタースクール出版部）……Ⅰ 74

●１９８１年

《対談》教条と現実のあいだで――モンゴル文字の可能性――（『新日本文学』１９８１年１月号No.４０１　新日本文学会）……Ⅳ 186

モンゴルの民と国家（『国際協力』１９８１年？月　国際協力機構研究所）……Ⅳ 181

専門が人と思想を殺す（『思想』１９８１年５月　岩波書店）……Ⅰ 48

●１９８２年

言語批判の視点『国語の将来』『国語史』『標準語と方言』その他（『國文學　解釈と教材の研究』１９８２年１月　學燈社）……Ⅱ 198

国語愛と教育のことば（『解放教育』１９８２年６月　全国解放教育研究会編　明治図書）……Ⅱ 210

●1983年

思想の風貌に向き合う（『翻訳の世界』1983年6月　日本翻訳家養成センター）……I 166

支配の装置としての学術語　社会科学用語のジャルゴン性を撃つ（『翻訳の世界』1983年6月　日本翻訳家養成センター）……II 228

ロシア語と民族語（世界の国シリーズ9「ソビエト連邦」1983年8月　講談社出版研究所）……IV 55

エスペラントを包囲する　言語学イデオロギー（『言語』1983年10月　大修館書店）……II 239

[田中克彦著『チョムスキー』の］書評にこたえて（『言語』1983年10月　大修館書店）……III 233

知識の支配とことばの自由（月刊『チャペル・アワー』No.116　1983年12月20日　同志社大学宗教部）……I 95

●1984年

《本から本へ》誤解と理解（月刊『太陽』1984年1月　平凡社）……I 130

《本から本へ》クレオール　くずれたフランス語の学び方（月刊『太陽』1984年2月　平凡社）……II 246

《本から本へ》帝国の現実――ソ連の民族問題――（月刊『太陽』1984年3月　平凡社）……I 135

いしゃだおし（月刊『健康』1984年11月　月刊健康発行所）……I 140

●1985年

ことばと向きあう人（季刊『飛ぶ教室』No.15　1985年　光村図書）……I 147

新しい「文化方言」の試み（新書にんげん4『ぼくもまた〈反差別編〉』1985年　財団法人解放教育研究所編　明治図書出版）……I 155

《読書ノート》『ロシアの東方進出とネルチンスク条約』（『日中経済協会会報』1985年3月　日中経済協会）……IV 169

《読書ノート》『言語と精神　カヴィ語研究序説』（『週刊ポスト』1985年9月6日号　小学館）……I 171

ヨーロッパと言語イデオロギー（『地理』1985年Vol.30 No.9　古今書院）……II 251

●1987年

エスペラント百年に思う（『學鐙』1987年1月　丸善）……II 278

《講演録》社会言語学的にみた日本文化の気質（『如水會々報』1987年2月　如水会）……II 263

《読書ノート》『うつりゆくこそことばなれ――サンクロニー・ディアクロニー・ヒストリア――』（月刊『言語』1987年5月　大修館書店）……I 161

《百科問答》外国語における「差別語」は？（『月刊百科』1987年8月　平凡社）……II 270

●1988年

言語・エトノス・国家（『シリーズ・人間と文化①言語とコミュニケーション』1988年1月　竹内敬人編　東京大学出版会）……II 286

野菜と私（月刊『健康』1988年9月　月刊健康発行所）……I 142

●1989年

「法則」にとって人間はじゃまもの（『思想』1989年1月　岩波書店）……Ⅲ 255

「影響」の影響力（『現代思想』1989年2月　青土社）……Ⅱ 308

《読書ノート》『耳の中の炬火』（月刊『悠（はるか）』1989年4月　ぎょうせい）……Ⅰ 177

言語と階級と民族の問題　エヌ・ヤ・マルのたたかい（『現代思想』1989年5月　青土社）……Ⅲ 260

ことば（『思想の科学』1989年6月　思想の科学社）……Ⅰ 174

《講演録》「国際」の政治意味論（『立命館　言語文化研究』1989年12月1巻1号〈創刊記念〉立命館大学国際言語文化研究所）……Ⅱ 312

●1990年

《読書ノート》『ホテル・ウランバートル』（『English Journal』1990年11月号　アルク）……Ⅳ 238

●1991年

《読書ノート》『現代の英雄』（NHKテレビ『さわやかくらぶ』1991年1月　日本放送出版協会）……Ⅰ 180

《読書ノート》『饗宴』（『文學界』1991年8月　文藝春秋）……Ⅰ 184

カルメンの穴あきくつ下（讀賣新聞　1991年9月9日）……Ⅰ 187

《読書ノート》『フィンランド初代公使滞日見聞録』（『文學界』1991年9月　文藝春秋）……Ⅰ 209

《読書ノート》『ファーブル伝』（『文學界』1991年10月　文藝春秋）……Ⅰ 206

《読書ノート》『チベット受難と希望――「雪の国」の民族主義』（信濃毎日新聞　1991年10月6日）……Ⅰ 212

《読書ノート》『ブダペストの世紀末　都市と文化の歴史的肖像』（信濃毎日新聞　1991年10月27日）……Ⅰ 214

ピジン、クレオールが語る言語の本質（『季刊　民族学』1991年秋58号　財団法人千里文化財団）……Ⅱ 324

●1992年

辞書――自由のための道具（『辞書を語る』1992年1月　岩波新書編集部編　岩波新書）……Ⅰ 218

《読書ノート》『言語とその地位――ドイツ語の内と外』（信濃毎日新聞　1992年12月20日）……Ⅰ 216

黎明期の近代日本をうつす鏡（『復刻　仮名読新聞』パンフレット　1992年　明石書店）……Ⅰ 303

●1993年

《読書ノート》『セヴストーポリ』（『LDノート』1993年1月15日　No.660　総合労働研究所）……Ⅰ 226

ブリヤートの旅から（信濃毎日新聞　1993年7月28日、7月29日）……Ⅳ 266

シベリア・日本　結ぶ英雄伝説（朝日新聞夕刊　1993年11月8日）……Ⅳ 613

●1994年

トゥバという国（『図書』1994年1月号　岩波書店）……Ⅳ 355

悪魔くんに思う（『図書』1994年4月　岩波書店）……Ⅰ 228

自立とやさしさ（月刊『れいろう』１９９４年６月　財団法人モラロジー研究所）……Ⅰ 235

草加せんべいと入試問題（『ちくま』１９９４年８月　筑摩書房）……Ⅰ 237

書くことは自由か（『文学』１９９４年夏号　岩波書店）……Ⅱ 329

アガ草原をめざして（『同時代ライブラリー１９９　私の海外旅行術』１９９４年10月　岩波書店編集部編　岩波書店）……Ⅳ 272

●１９９５年

《講演録》ことばとエコロジー（『大谷学報』１９９５年１月　大谷学会）……Ⅱ 334

亀井先生と過ごした日々（『三省堂ぶっくれっと』１９９５年３月　№１１４　三省堂）……Ⅰ 242

亀井孝先生と共にあった日々（『言語研究』１９９５年３月　第１０７号 pp.１８９－１９６　日本言語学会）……Ⅰ 245

西先生がお住持になるのをやめた話（『西順蔵　人と学問　西順蔵著作集　別巻』１９９５年４月　木山英雄編　内山書店）……Ⅰ 35

大根の葉っぱとイナゴとタニシ（月刊『健康』１９９５年９月　月刊健康発行所）……Ⅰ 144

《講演録》明治日本における「国語」の発見（『ＪＧＣＢ』ベルリン日独センター機関紙１９９５年10月12日号　ベルリン日独センター）……Ⅱ 349

●１９９６年

《読書ノート》『トゥバ紀行』（『週刊読書人』１９９６年８月２日　読書人）……Ⅰ 290

トゥバとカルムィク―ロシアの二つの共和国（『図書』１９９６年８月号　岩波書店）……Ⅳ 364

《講演録》二一世紀の世界における日本語（『平成八年関東甲信越地区国立学校等広報・文書研究協議会』１９９６年９月19日　文部省・一橋大学）……Ⅱ 404

国語の形成（岩波講座　現代社会学５『知の社会学／言語の社会学』１９９６年10月　井上俊編　岩波書店）……Ⅱ 373

《読書ノート》『徳王自伝―モンゴル再興の夢と挫折―』（『アジア経済』１９９６年12月 Vol.37 №12　アジア経済研究所）……Ⅳ 472

●１９９７年

世界・日本・ローマ字（『国文学　解釈と鑑賞』１９９７年１月　至文堂）……Ⅱ 438

《講演録》草原のペレストロイカと言語・民族（『聖徳大学総合研究所論叢４』１９９７年３月第17巻　聖徳大学総合研究所）……Ⅳ 227

生きゆく英雄叙事詩―ブリヤート・モンゴルの草原より―（『岩波講座　日本文学史　月報17』１９９７年３月第17巻　岩波書店）……Ⅳ 617

《講演録》一言語主義から多言語主義へ―フランス語の未来（『１９９６年６月１日共催シンポジウム「一言語主義から多言語主義へ―フランス語の未来」記録』１９９７年５月23日　日本フランス語フランス文学会・日本フランス語教育学会）……Ⅱ 362

《新聞連載コラム》私空間
・トルコの鞄（朝日新聞　1997年10月13日）……Ⅰ293
・水没した村（朝日新聞　1997年10月14日）……Ⅰ294
・神話の語り手（朝日新聞　1997年10月15日）……Ⅰ296
・二匹の出迎え（朝日新聞　1997年10月16日）……Ⅰ297

人間にとってことばとは何か（『AERA Mook　日本語学のみかた。』1997年10月　アエラ編集部編　朝日新聞出版）……Ⅱ453

言語学の日本的受容—ガーベレンツ、ソシュール、上田万年（『ライブラリ相関社会科学4　言語・国家、そして権力』1997年　田中克彦・山脇直司・糟谷啓介編　新世社）……Ⅲ279

●1998年

言語の多様性を憎むこころ（『新英語教育』1998年7月、8月　三友社出版）……Ⅲ313

「スターリン言語学」と日本語（『現代思想』1998年8月　青土社）……Ⅲ318

コトバ学の手ほどき（『現代英語教育』1998年8月　研究社）……Ⅰ299

国語と国家語（『思想』1998年10月　岩波書店）……Ⅱ458

《講演録》ことばの環境と経済（『如水會々報』1998年12月　如水会）……Ⅱ491

●1999年

意識の底までもぐり込む新聞のことば（『新聞研究』1999年3月 No.572　日本新聞協会）……Ⅰ305

多言語主義と言語学（『言語』1999年3月　大修館書店）……Ⅲ14

近代言語学イデオロギーと日本国語イデオロギー（『ことばの二〇世紀　二〇世紀における諸民族文化の伝統と変容』1999年5月　庄司博史編　ドメス出版）……Ⅲ50

《講演録要旨》外国語を学ぶということ（『くにたち公民館だより』1999年6月5日　国立市公民館）……Ⅲ75

《読書ノート》『脳外科の話』（『ちくま』1999年9月　筑摩書房）……Ⅰ316

ノモンハン事件から六十年—残留捕虜の「その後」を追う—（朝日新聞夕刊　1999年9月30日）……Ⅳ294

喝さい称賛　ブリヤート（信濃毎日新聞　1999年11月1日）……Ⅳ290

《講演録》人類史における言語共同体（第4回国際シンポジウム「国際語から民際語へ」—地球規模の新たな言語交流をめざして—　報告書　1999年11月27日　神戸大学国際文化学部）……Ⅲ41

敬語は日本語を世界から閉ざす（『言語』1999年11月　大修館書店）……Ⅲ64

《講演録》人類史における言語（『EX ORIENTE』大阪外国語大学言語社会学会誌）1999年 Vol.2　大阪外国語大学言語社会学会）……Ⅲ25

《インタビュー》言語は変わるから言語なのだ—イデオロギーとの拮抗（『談』1999年 No.62　公益財団法人たばこ総合研究センター）……Ⅲ341

●2000年

カザフ人の過去と未来—民族の歴史構造を解読する—

（『季刊民族学』２０００年新春91号　国立民族学博物館監修財団法人千里文化財団）……Ⅳ 450

公用語とは何か（『言語』２０００年８月　大修館書店）……Ⅲ 81

ロシア語 地域公用語化の構想を（讀賣新聞夕刊　２０００年９月21日）……Ⅰ 321

おわりのことばにかえて　英語を公用語にするためには（『英語青年』２０００年９月　研究社）……Ⅳ 622

ヘレン・ケラーが明らかにした「ことばとは何か」（「奇蹟の人」パンフレット２０００年　東京演劇アンサンブル）……Ⅰ 91

●２００１年

大学の授業と市民講座のちがいについて（『総合文化研究センター報告書』２００１年３月　椙山女学園大学文学部）……Ⅰ 54

ヨーロッパ人と中国語（『中国語』２００１年７月　内山書店）……Ⅲ 92

馬上のことばと書物（『季刊・本とコンピュータ』２００１年秋号　株式会社トランスアート）……Ⅳ 241

●２００２年

《読書ノート》『マルクス主義と民族問題』（『ナショナリズム論の名著50』２００２年１月　大澤真幸編　平凡社）……Ⅳ 63

人と「ことば」（『母の友』２００２年２月　福音館書店）……Ⅲ 94

国家なくして民族は生き残れるか —ブリヤート＝モンゴルの知識人たち—（『民族の運動と指導者たち』２００２年５月　黒田悦子編　山川出版社）……Ⅳ 299

トゥバ共和国の静かな戦い —二一世紀の民族自決権を考える—（朝日新聞夕刊　２００２年11月21日）……Ⅳ 371

●２００３年

騎馬民族説と江上波夫の思い出（『図書』２００３年７月　岩波書店）……Ⅰ 325

●２００４年

チョムスキーの魔術（『チョムスキー入門』２００４年　ジョン・C．マーハ／ジュディ グローヴス著　明石書店）……Ⅲ 240

《新聞連載コラム》私の心に生きる言語学者

・始まりはグリム兄弟（朝日新聞　２００４年９月３日）……Ⅲ 404

・ソシュール（朝日新聞　２００４年９月10日）……Ⅲ 407

・フォスラーとコセリウ（朝日新聞　２００４年９月17日）……Ⅲ 410

・シューハルトとマル（朝日新聞　２００４年９月24日）……Ⅲ 414

・チョムスキー（朝日新聞　２００４年10月１日）……Ⅲ 417

《講演録要旨》英語教育の目的と方法 —受難の時代の英語教師—（『JACET 通信』２００４年11月 №１４６ PP.10－11「２００４年９月４日 第43回 JACET 全国大会基調講演より」大学英語教育学会）……Ⅲ 101

●２００５年

ショパンのディアパゾン —一つの音楽社会学的考察—（２００５年１月 CD「ŻAL」解説文／若林工房）……Ⅰ 334

トゥバ共和国 —ロシアとモンゴルの間で（『ユーラシア研

究』２００５年11月号 No.33 ユーラシア研究所編 東洋書店）……Ⅳ 375

母語という秘密（『Anjali あんじゃり』２００５年12月10号 親鸞仏教センター（真宗大谷派）編 親鸞仏教センター〈真宗大谷派〉）……Ⅲ 106

●２００６年

グローバル化にのぞむ少数言語のストラテジー（『ｍｙｂ』２００６年３月 みやび出版）……Ⅲ 110

カルムィク（『ユーラシア研究』２００６年５月号 No.34 ユーラシア研究所編 東洋書店）……Ⅳ 384

《講演録》日本語学と言語学（『日本語学会２００６年秋季大会予稿集』２００６年11月11日 日本語学会）……Ⅲ 116

《読書ノート》『パックス・モンゴリカ――チンギス・ハンがつくった新世界』（産経新聞 ２００６年11月12日）……Ⅰ 339

スターリン批判前・後の言語学（『ユーラシア研究』２００６年11月 ユーラシア研究所）……Ⅲ 362

●２００７年

地上最北の仏教国（『大法輪』２００７年２月 大法輪閣）……Ⅳ 334

ブリヤート民族――二一世紀を生き残れるか？（『ユーラシア研究』２００７年５月号 No.36 ユーラシア研究所編 東洋書店）……Ⅳ 336

《読書ノート》『西北蒙古誌（第二巻）民俗・慣習編』（『日本近代文学館』２００７年７月15日第２１８号 日本近代文学館）……Ⅰ 341

●２００８年

真実の歴史 まず理解を――チベット問題を考える（朝日新聞夕刊 ２００８年４月19日）……Ⅳ 399

《新聞連載コラム》随想

・兵庫県の北と南（神戸新聞 ２００８年５月２日）……Ⅰ 346

・開戦と敗戦（神戸新聞 ２００８年５月21日）……Ⅰ 347

・ある日の東条首相（神戸新聞 ２００８年６月５日）……Ⅰ 349

・トンビに腰巻き（神戸新聞 ２００８年６月20日）……Ⅰ 351

・神戸のために炭を焼く（神戸新聞 ２００８年７月７日）……Ⅰ 352

・雪中行進と弁当検査（神戸新聞 ２００８年７月23日）……Ⅰ 354

・清子さんとの別れ（神戸新聞 ２００８年８月７日）……Ⅰ 356

・はじめてのヒッチ旅行（神戸新聞 ２００８年８月22日）……Ⅰ 357

チベット動乱が明らかにするもの（『ｍｙｂ』２００８年７月号 みやび出版）……Ⅳ 402

『エスペラント――異端の言語』（岩波新書）についての著者の弁明（『エスペラント La Revuo Orienta』２００８年11月 一般財団法人日本エスペラント協会）……Ⅲ 120

●２００９年

ある突飛な空想（『高杉一郎・小川五郎追想』２００９年１月9日 田中泰子発行［私家版］）……Ⅰ 359

カントの嗅ぎタバコ（『Tasc Monthly』No.３９８ ２００９年

2月　公益財団法人たばこ総合研究センター）……Ⅰ 364

自然と人工の間のことば（『本』２００９年５月号　講談社）……Ⅰ 129

日本のユーラシア研究の貧困について（『ユーラシア研究』２００９年５月 №.40 ユーラシア研究所編　東洋書店）……Ⅳ 78

ノモンハン戦争とは何だったのか　奪われた民族統合の夢（朝日新聞夕刊　２００９年６月25日）……Ⅳ 488

●２０１０年

沖縄に仕掛けるアメリカの謀略（『T・U・F・S　PEACE 9』２０１０年４月５日第７号　東京外語大・九条の会）……Ⅰ 367

レクラム文庫から草原の読書へ（『図書』２０１０年５月　岩波書店）……Ⅰ 375

辞書に近代語の語源を（『ｍｙｂ』２０１０年春　みやび出版）……Ⅲ 135

《講演録》民族と自由 ―モンゴルとチベット―（『第10回チベットの歴史と文化学習会の記録』２０１０年11月　チベットの歴史と文化学習会）……Ⅳ 408

●２０１１年

日本語と漢字（『国文学　解釈と鑑賞』２０１１年１月　至文堂編　ぎょうせい）……Ⅲ 151

ローマ字運動の理想と現実（『Rômazi no Nippon』2011 n 1gt Int,dai 655 gô　公益財団法人日本のローマ字社）……Ⅲ 164

《講演録》『ノモンハン戦争 ―モンゴルと満洲国』に書き漏らしたこと（『善隣』２０１１年４月 №.４０６ 通巻６７３　社団法人国際善隣協会）……Ⅳ 492

《インタビュー》言葉と国を見つめて（毎日新聞　２０１１年６月７日）……Ⅳ 246

榎本武揚のブリヤート（『こころ』２０１１年10月 Vol.３　平凡社）……Ⅳ 346

馬頭琴のいわれ（リストランテ国立文流チラシ　２０１１年11月）……Ⅳ 250

《講演録》言語からみたジェンダーの問題（『アジア太平洋研究　研究紀要』２０１１年11月 №.36　成蹊大学アジア太平洋研究センター）……Ⅲ 141

●２０１２年

究極の浪費は軍備（『3・11と私 ―東日本大震災で考えたこと』２０１２年８月30日　藤原書店）……Ⅰ 371

●２０１３年

キルギスへの旅（『如水會々報』２０１３年３月　一般社団法人如水会）……Ⅳ 468

●２０１４年

「表現」ということばのエネルギー（『世界思想』２０１４年春　世界思想社）……Ⅰ 377

民族と国家 ―「ナシオン」と「民族」の隘路をくぐり抜けて―（『環』２０１４年春号 Vol.57　藤原書店）……Ⅳ 81

《読書ノート》『ヒトラー演説』（『中央公論』２０１４年９月　中央公論新社）……Ⅲ 230

●２０１５年

豊かにして、おそろしい世界（「ローズ通信」13号　２０１５年５月17日　シアターX）……Ⅰ 389

《読書ノート》『ブラッドランド ―ヒトラーとスターリン　大虐殺の真実　上・下』（「Ｗｅｂ ちくま」２０１５年10月23

日　筑摩書房）……I 385
今日の大学と学問を考える——文学部不用論をめぐって——（『ｍｙｂ』２０１５年10月25日新装２号　みやび出版）……I 61
《講演録》言語学はエスペラントをどう扱ったか——大島義夫の忘れてはならない功績（『エスペラント La Revuo Orienta』２０１５年11月　一般財団法人日本エスペラント協会）……III 171

●２０１６年

大学と人文学の伝統（朝日新聞　２０１６年２月７日）……I 71
石母田正と「スターリン言語学」（『歴史評論』２０１６年５月号　校倉書房）……III 377
しのばるる安丸良夫についての断章（『現代思想』臨時増刊号　２０１６年９月　青土社）……I 392
《講演録》ロシアの最初のモンゴル研究者——P・S・パラス（２０１６年度第４回日本モンゴル国際シンポジウム「日本とモンゴルの過去・現在・未来～環境（政策）と社会～」２０１６年10月21日　於：桜美林大学町田キャンパス）……IV 252
《雑誌連載コラム》今、世界は
・ナシオンが「民族」を食いつぶす（『機』２０１６年４月　藤原書店）……I 403
・フランス革命が排他的「国語」をつくる（『機』２０１６年５月　藤原書店）……I 405
・ソビエト同盟（連邦）の歴史的役割（『機』２０１６年６月　藤原書店）……I 406
・国語ではない「国家語」の出現（『機』２０１６年７月　藤原書店）……I 408
・「国家語」の花ざかり（『機』２０１６年８月　藤原書店）……I 410
・「ソビエト人」と「中華民族」（『機』２０１６年９月　藤原書店）……I 411
・ことばのへだたりと国家の独立（『機』２０１６年10月　藤原書店）……I 413
・似かよった言語でも一つになりにくい（『機』２０１６年11月　藤原書店）……I 415
・マルクス主義と青年文法学派（『機』２０１６年12月　藤原書店）……I 416

●２０１７年

《雑誌連載コラム》今、世界は
・ソシュールの反逆（『機』２０１７年１月　藤原書店）……I 418
・構造の自然と人工の規範（『機』２０１７年２月　藤原書店）……I 420
・神と民族のあいだの言語（『機』２０１７年３月　藤原書店）……I 421

●２０１８年

パンモンゴリズムという語の起源と発展（『MONGOLIAN and Northeast Asian Studies　モンゴルと東北アジア研究 Vol.3 2017』２０１８年３月　『モンゴルと東北アジア研究』編集委員会編　風響社）……IV 508

Katsuhiko Tanaka Selection II

本セレクションに用いられているシンボルマーク
「酔っぱらって、よれよれのチェーホフ」のいわれについて

一八九〇年、二十歳になったチェーホフは、囚人の島サハリン（樺太）へと一大旅行を企てた。モスクワを四月二一日に出発し、七月一一日にアレクサンドルフスク港に上陸した。シベリア鉄道もまだない、片道全行程、三か月に及ぶ長旅であった。サハリンでは「一万人以上の流刑囚や住民の調査カードを作り」、「学位論文の三つぐらいに相当する」成果をあげたと自慢している。この旅の途次、チェーホフはトムスクに立ち寄ったのである。六月の頃だった。

ぼくは二〇〇七年九月、はじめてトムスクを訪れたとき、トミ河々畔に立つチェーホフの像に出会った。よれよれのコートをはおり、傘を後手にかかえた、酔っ払いのチェーホフである。ぼくはすぐさま、その傘の柄に手をかけて写真におさまった。道路をへだてた向かい側にはかれが泊まった宿屋で酒場のスラヴャンスキー・バザールがあった。その得意の写真を装丁家に見せたところ、かれはぼくをはね出して、チェーホフだけをとりあげてデザインし、本コレクションのマークにしてしまったのである。

チェーホフにはかなわない。

田中克彦（たなか・かつひこ）
1934年兵庫県生まれ。東京外国語大学モンゴル語学科、一橋大学大学院社会学研究科、ボン大学哲学部・中央アジア言語文化研究所（フンボルト財団給費）でモンゴル学・言語学・民族学を学ぶ。一橋大学名誉教授。社会学博士。モンゴル国立大学名誉博士。2009年モンゴル国北極星勲章受賞。著書に『ことばと国家』『ノモンハン戦争――モンゴルと満洲国』『「シベリアに独立を！」諸民族の祖国（パトリ）をとりもどす』（すべて岩波書店）、『差別語からはいる言語学入門』（ちくま学芸文庫）、『従軍慰安婦と靖国神社　一言語学者の随想』（KADOKAWA）、『田中克彦 自伝 あの時代、あの人びと』（平凡社）、『言語学者が語る漢字文明論』（講談社学術文庫）、『田中克彦セレクションⅠ　カルメンの穴あきくつした』『田中克彦セレクションⅡ 国やぶれてもことばあり』『田中克彦セレクションⅢ カナリヤは歌をわすれない』（新泉社）など多数。

田中克彦セレクションⅣ ――モンゴルと中央アジア篇――

はるけきモンゴル

2018年11月21日　第1版第1刷発行

著　者　田中克彦

発行者　株式会社 新泉社
東京都文京区本郷2-5-12
電話 03(3815)1662
FAX 03(3815)1422

印刷・製本　萩原印刷株式会社

ISBN 978-4-7877-1824-2 C1310